FOM-Edition
FOM Hochschule für Oekonomie & Management

Dieses Werk erscheint in der FOM-Edition, herausgegeben von der FOM Hochschule für Oekonomie & Management.

David Matusiewicz · Marco Muhrer-Schwaiger
Herausgeber

Neuvermessung der Gesundheitswirtschaft

Herausgeber
David Matusiewicz
FOM-Hochschule
Essen, Deutschland

Marco Muhrer-Schwaiger
Klagenfurt-Viktring, Österreich

FOM-Edition
ISBN 978-3-658-12518-9   ISBN 978-3-658-12519-6 (eBook)
DOI 10.1007/978-3-658-12519-6

Die Deutsche Nationalbibliothek verzeichnet diese Publikation in der Deutschen Nationalbibliografie;
detaillierte bibliografische Daten sind im Internet über http://dnb.d-nb.de abrufbar.

Springer Gabler
© Springer Fachmedien Wiesbaden GmbH 2017, korrigierte Publikation 2018

Gedruckt auf säurefreiem und chlorfrei gebleichtem Papier.

Springer Gabler ist Teil von Springer Nature
Die eingetragene Gesellschaft ist Springer Fachmedien Wiesbaden GmbH
Die Anschrift der Gesellschaft ist: Abraham-Lincoln-Strasse 46, 65189 Wiesbaden, Germany

Geleitwort

Die Gesundheitswirtschaft zwischen Theater, Raumfahrt, Jagd und 3D-Druck!
Was kann die Gesundheitsbranche von einem Schiffskapitän lernen? Welche Einsichten offenbart ein Blick auf die Medizin antiker Hochkulturen? Und wo liegen Parallelen zwischen Orchestern und der Zusammenarbeit in Gesundheitsgremien oder Abteilungen von Krankenkassen? Antworten auf diese und andere Fragen liefert dieses ungewöhnliche Buchprojekt. Expertinnen und Experten aus ganz unterschiedlichen Bereichen offenbaren in über 40 Beiträgen ihren Blick auf die Gesundheitswirtschaft.

Viele Akteure in der Gesundheitswirtschaft sind mutlos. Die Patienten sind mutlos. Die Politik ist allzu oft mutlos. In diesem Bermudadreieck der Mutlosigkeit kann natürlich kein kühner Plan funktionieren – der kommt meist gar nicht erst auf die Agenda. Es ist jedoch essenziell, dass sich eine Innovationskultur entwickelt und Risiken eingegangen werden, denn Stillstand bedeutet am Ende des Tages sogar Rückschritt.

Dieses Buch trifft den Nerv der Zeit und vielleicht liefert der Input aus fachfremden Bereichen die nötigen Impulse, damit die Gesundheitswirtschaft aktuelle Herausforderungen meistern kann – vom demografischen Wandel bis zur Digitalisierung. Denn nur ein vernetztes, interdisziplinäres Denken und Handeln kann dazu beitragen, diese wichtige Branche in die Zukunft zu führen und dies ist zwingend notwendig angesichts der aktuellen Herausforderungen.

Dieses Buch will und kann keine Revolution anstiften, aber es wirft einen Stein in den Teich und schlägt dabei Wellen.

Ulf Fink, Senator a. D.
Büro für Gesundheit und Prävention e. V./Gesundheitsstadt Berlin e. V.

Vorwort

Was kann die Gesundheitsbranche von einem Schiffskapitän lernen? Welche Einsichten offenbart ein Blick auf die Medizin antiker Hochkulturen? Und wo liegen Parallelen zwischen einem Orchester und einem OP-Saal? Antworten auf diese und weitere spannende Fragen liefert dieses Buch. Expertinnen und Experten aus ganz unterschiedlichen Bereichen werfen einen interdisziplinären Blick auf die Gesundheitswirtschaft. Das Buch liefert einen wertvollen Input aus fachfremden Bereichen und setzt wichtige Impulse, damit die Gesundheitswirtschaft aktuelle Herausforderungen – vom demografischen Wandel bis zur Digitalisierung – meistern kann.

Das Buchkonzept hat gleichermaßen die erfahrenen Autorinnen und Autoren sowie die Herausgeber stark gefordert. Es war eine große Herausforderung, wirklich Out-of-the-box zu denken. Wir mussten viele Diskussionen führen, um die Philosophie des Buches verständlich zu machen und uns selbst von der sonst üblichen Schreibweise zu verabschieden. Wir sind froh, dass die Autorinnen und Autoren motiviert bei der Sache geblieben sind, akribisch an ihren Texten gefeilt haben und schließlich dieses neue Opus gemeinsam fertiggestellt haben. Wir danken der FOM Hochschule für das Vertrauen, auch ein derart andersartiges Buchprojekt in die FOM-Edition des Springer-Gabler Verlages aufzunehmen. Auch an den Verlag einen großen Dank für den Mut für so einen Titel als auch die konstruktive Unterstützung während der gesamten Buchentwicklung.

Schon im Entstehungsprozess des Buches gab es Vorbestellungen für den Titel. Zudem wurde das Buchkonzept durch den Health Media Award 2016 ausgezeichnet. Wir freuen uns auf Zuschriften, Kommentare und Kritik jeglicher Art.

Wir wünschen eine interessante Lektüre.

Die Herausgeber,

Prof. Dr. David Matusiewicz   Marco Muhrer-Schwaiger

Inhaltsverzeichnis

Teil I
Fortbewegung

Was kann die Gesundheitswirtschaft aus der internationalen Schifffahrt lernen?

Fachkräftemangel – Erkenntnisse aus der internationalen Schifffahrt für die Pflege

Hartmut Clausen

Zusammenfassung

Die Gesundheits- und Sozialwirtschaft wird beeinflusst durch einen Mangel an Pflegefachkräften. Die demografische Entwicklung wird diesen Mangel noch verstärken. Es gibt bereits Initiativen, dieser Situation entgegenzuwirken. Hierzu gehört neben der generalisierten Ausbildung auch die Einstellung von Arbeitskräften aus dem Ausland.

In der Schifffahrt ist bereits die Zusammenfassung verschiedener Ausbildungsrichtungen erfolgt. Ferner ist die internationale Schifffahrt geprägt vom Umgang mit unterschiedlichen Kulturen. Güter werden um den ganzen Globus transportiert. Hierbei bekommt man nicht nur Kontakt zu unterschiedlichen Ländern und deren Kulturen, sondern man muss auch mit ihnen arbeiten. Es spielen vor allem die Kommunikation, aber auch die Religionen und die Umgangsformen eine große Rolle. Sie erarbeiten sich keine Wertschätzung bei Ihrem asiatischen Gegenüber, wenn Sie seine Visitenkarte nehmen, den QR-Code scannen und ihm die Karte wieder zurückgeben.

Was können wir aus den kulturbedingten Verschiedenheiten für die Gesundheits- und Sozialwirtschaft lernen? Dieser Beitrag untersucht zunächst die demografische Entwicklung in Deutschland und deren Auswirkung auf den Fachkräftemangel in der Pflege. Aus den Erfahrungen der internationalen Schifffahrt vor allem hinsichtlich der Generalisierung der Ausbildung und der internationalen Herkunft von Mitarbeitern wird die Brücke zur Pflege geschlagen, die zukünftig multikulturell sein wird.

H. Clausen (✉)
22395 Hamburg, Deutschland
E-Mail: Clausen@hzhg.de

© Springer Fachmedien Wiesbaden 2017
D. Matusiewicz und M. Muhrer-Schwaiger (Hrsg.), *Neuvermessung der Gesundheitswirtschaft*, FOM-Edition, DOI 10.1007/978-3-658-12519-6_1

1.1 Hintergrund

Die Gesundheitswirtschaft wird bereits aktuell stark durch die demografische Entwicklung beeinflusst. Der Anteil der älteren Menschen in Deutschland wird über die nächsten Jahre weiter zunehmen.

Die Bevölkerungsstruktur wird sich erheblich verändern. In ihrer Vorausberechnung bis zum Jahr 2030 haben die statistischen Ämter des Bundes und der Länder einen Zuwachs der älteren Menschen (Altersgruppe 65 Jahre und älter) in Höhe von ca. 33 % ermittelt. Das bedeutet ein Wachstum von 16,7 Mio. (im Jahr 2008) auf 22,3 Mio. ältere Menschen im Jahr 2030. Der Bevölkerungsanteil dieser Gruppe wird dann 29 % betragen (Statistische Ämter des Bundes und der Länder 2011, S. 24). Das Geburtendefizit, also die Differenz zwischen Neugeborenen und Verstorbenen, wird um ca. 150 % auf 410.000 Menschen pro Jahr steigen (Statistische Ämter des Bundes und der Länder 2011, S. 15).

Der Trend zu kleineren Haushalten wird sich verstärken. Bei einer um ca. sechs Prozent schrumpfenden Bevölkerung wird die Anzahl der Haushalte um ca. zwei Prozent steigen.

Betrachtet man die Gruppe der älteren Menschen, dann wird deren Anzahl insgesamt bis zum Jahr 2035 steigen und danach stagnieren (Statistisches Bundesamt 2015a, S. 23–24). Allerdings wird sich innerhalb dieser Gruppe die Welle der geburtenstarken Jahrgänge immer weiter in die Zukunft schieben. Aufgebrochen in Altersgruppen bedeutet das, dass die Anzahl der 65- bis 79-Jährigen bis zum Jahr 2035 ansteigen wird und danach wieder abnehmen wird. Die Gruppe derjenigen, die 80 Jahre und älter sind, wird bis zum Jahr 2050 steigen und danach leicht sinken.

Dieses spiegelt den Alterungsprozess der Bevölkerung wider. Die Menschen werden aufgrund der besseren Versorgungssituation älter, aber in dem hochbetagten Alter auch teilweise morbider. Die Anforderungen an den Umgang mit diesen Altersgruppen werden sich vor allem im Pflegesektor ändern. Nicht jeder der älteren Menschen wird pflegebedürftig sein. Der Anteil der Pflegebedürftigen liegt in der Gruppe der 70- bis 74-Jährigen bei fünf Prozent, jedoch bei den über 90-Jährigen bei 64 % (Statistisches Bundesamt 2015b, S. 8).

Insgesamt ist bis zum Jahr 2050 mit steigenden Pflegezahlen zu rechnen. Die Vorausberechnungen liegen bei ca. 2,2 Mio. zusätzlichen Pflegefällen auf ca. 4,7 Mio. Pflegefälle. Es handelt sich also nahezu um eine Verdoppelung. Legt man die Erkenntnisse von Schulz zugrunde (2008), dann wird es einen Anstieg der Menschen mit höherer Pflegebedürftigkeit im stationären Bereich geben. Ebenso wird der Anteil der ambulanten Pflege im Verhältnis zur stationären Pflege deutlich steigen (Clausen 2013, S. 29).

Diese Steigerung der absoluten Zahl der Pflegebedürftigen im ambulanten Bereich sowie die stärkere Steigerung der leichten Pflegestufen im ambulanten Bereich berücksichtigen noch nicht die Einflüsse aus den neuen Pflegegesetzen. Unter anderem erhält der Pflegebedürftige eine stärkere finanzielle Unterstützung, wenn er in der häuslichen Umgebung verbleibt, indem er beispielsweise Tagespflege nutzen kann oder Beträge der Pflegekasse für Kurzzeitpflege mit Verhinderungspflege kombinieren kann. Die finanzielle Unterstützung der Pflegekasse hat sich zwischen ambulant und stationär nahezu angeglichen und ist im ambulanten Bereich in Teilen sogar besser (Bundesministerium für Gesundheit 2015). Diese gesetzlichen Regelungen werden die zuvor genannten Zahlen eher in der Entwicklung dahingehend stützen, dass die ambulanten Leistungen noch verstärkter in Anspruch genommen werden. Die Menschen verbleiben länger in der eigenen Häuslichkeit und werden später mit einer höheren Pflegestufe in das stationäre Heim ziehen.

Ein anderer Aspekt ist das Verhältnis von Arbeit zu Versorgung. Im Jahr 2030 wird es 17 % weniger Kinder und Jugendliche in Deutschland geben (Statistische Ämter des Bundes und der Länder 2011, S. 8). Im Jahr 2060 wird der Anteil der unter 20-Jährigen auf 16 % geschrumpft sein. Die arbeitende Bevölkerung wächst nicht nach. Betrachtet man den Altenquotient (Anzahl älterer Menschen im Verhältnis zu 100 Personen im erwerbsfähigen Alter von 20 bis 64 Jahren), dann beträgt dieser heute 34 und wird im Jahr 2040 auf 58 und im Jahr 2060 auf 65 steigen. Der Jugendquotient (Anzahl der unter 20-Jährigen im Verhältnis zu 100 Personen im erwerbsfähigen Alter) entwickelt sich nahezu konstant zwischen 30 und 32. In Summe bedeutet dieses, dass im Jahr 2060 der Gesamtquotient bei 97 liegt, also auf jede Person im erwerbsfähigen Alter nahezu eine Person kommt, die versorgt werden muss (Statistisches Bundesamt 2015b, S. 26). Die Erhöhung des Rentenalters auf 67 Jahre federt die Belastung der sozialen Sicherungssysteme nicht komplett ab (Statistische Ämter des Bundes und der Länder 2011, S. 23).

Dieses sich zuspitzende Verhältnis vor allem von Erwerbspersonen zu älteren Menschen wird die ohnehin bereits angespannte Lage am Arbeitsmarkt verschärfen. Die absolute Anzahl der Bevölkerung im Erwerbsalter wird sinken (Statistisches Bundesamt 2015b, S. 6). Die für die Pflege und Versorgung von älteren Menschen benötigten Fachkräfte sind bereits heute nicht in ausreichender Zahl vorhanden (Bundesagentur für Arbeit 2015, S. 29).

Insofern gehen viele Anbieter in der Pflege bereits andere Wege. Zuwanderer könnten als mögliche Arbeitnehmer betrachtet werden. Auch der Weg der Rekrutierung von Arbeitskräften aus dem Ausland wird genutzt. In beiden Fällen spielen viele Aspekte eine Rolle, die sich vor allem auf Fragen der Kultur, der Religionen und Lebensgewohnheiten konzentrieren. Die internationale Linienschifffahrt handhabt seit Anbeginn diese Aspekte. Eine weitere Möglichkeit der Reaktion auf die Arbeitsmarktsituation ist die Zusammenlegung der Ausbildungsgänge Krankenpfleger, Kinderkrankenpfleger und Altenpfleger zu einem generalisierten Beruf des Pflegers. In der Schifffahrt hat es vor vielen Jahren auch eine solche Zusammenlegung gegeben, aus der gelernt werden kann.

1.2   Die internationale Linienschifffahrt

Die internationale Linienschifffahrt verbindet Orte auf der ganzen Welt. Aufgabe ist es, einen Transport von einem Ort zum anderen zu organisieren und durchzuführen. Hierbei hat man mit vielen verschiedenen Ländern, Sprachen und Gebräuchen zu tun. Allein in der Ausbildung zum Schifffahrtskaufmann musste man die lediglich 400 wichtigsten Häfen der Welt auswendig lernen. Hinzu kommt das Wissen in Bezug auf wichtige geografische und wirtschaftspolitische Faktoren, wie zum Beispiel Anbaugebiete, Industrieerzeugnisse, Wirtschaftssektoren und Wirtschaftsdaten.

Bereits in diesem Verständnis für die sachlichen Rahmenbedingungen liegt die Anforderung in dem Verständnis für das jeweilige Land. Beispielsweise sei hier die Beschreibung aus dem Flyer zur Ausbildung von Schifffahrtskaufleuten bei Hapag-Lloyd genannt (Hapag-Lloyd 2016):

„Weltweit … 7000 motivierte Mitarbeiter an 300 Standorten in 114 Ländern, vernetzt durch ein branchenweit konkurrenzloses IT-System: Hapag-Lloyd gehört zu den führenden Linienreedereien der Welt und ist einer der großen Player in der globalen Logistik. Eine moderne Flotte von etwa 150 Schiffen sorgt in einem Netzwerk aus fast 100 Liniendiensten für regelmäßige Verbindungen zwischen allen Kontinenten … "

Die Anforderungen an den Beruf des Schifffahrtskaufmanns werden wie folgt beschrieben: „Hervorragende Schulzeugnisse sagen nur bedingt etwas über Ihre Fähigkeiten im praktischen Berufsleben aus. Mitbringen sollten Sie unbedingt Freude am Umgang mit Menschen und Interesse an Neuem sowie ständige Lernbereitschaft und viel Engagement. … Haben Sie gute bis sehr gute Englisch- und Geografiekenntnisse, ein gutes Zahlenverständnis und Interesse an der internationalen Wirtschaft? … "

Die hier benannten Aspekte zeigen bereits einige grundlegende Anforderungen an den Beruf. Da man viel Kontakt mit anderen Kulturen hat, muss man Freude am Umgang mit anderen Menschen haben und Interesse an Neuem. Dabei sind Themen wie Kommunikation, Religion und Umgangsformen wichtig.

Eine persönliche Erfahrung soll dieses verdeutlichen. Hapag-Lloyd hatte seinerzeit weltweit drei Regionszentralen: in New York, Singapur und Hamburg. Es wurde ein neues IT-System eingeführt, und in Singapur wurden alle Vertreter der östlichen Hemisphäre zur Schulung eingeladen – aus jedem Büro einer. Es waren insgesamt ca. 30 Personen aus den unterschiedlichsten Ländern, wie China, Südkorea, Thailand, Japan, aber auch Saudi-Arabien, Indien, Australien und Neuseeland. Sprache während der Schulung war Englisch. Während der Schulung kam es einerseits zu Verständigungsschwierigkeiten, da der indische Kollege eine wesentlich andere englische Aussprache hatte als die Chinesin und diese beiden wiederum eine andere als der Australier. Bemerkenswerter war aber eine Situation, als die chinesische Kollegin mittleren Alters sich die Hände waschen musste. Da es ihr außerordentlich unangenehm war, ging sie im Entengang von hinten durch den Raum bis zur vorne liegenden Eingangstür. Im Gegensatz dazu ging der deutsche Kollege gleichen Alters keine fünf Minuten später aufrecht und mit einer Körpergröße von 1,85 m aus dem gleichen Grund durch die Reihen.

An diesem kurzen Beispiel wurde ein Unterschied der Kulturen deutlich. Bemerkenswert ist auch der Umgang mit Rückfragen. Während vom indischen Kollegen laufend Fragen kamen, werden von anderen Teilnehmern Fragen als unangenehm und möglicherweise als Eingeständnis, Dinge nicht verstanden zu haben, betrachtet und daher nicht gestellt.

Diese Aspekte, Erfahrungen und Erkenntnisse sind wichtig, wenn es um die Integration von Mitarbeitern aus anderen Kulturkreisen in der Sozialwirtschaft geht.

Auch das Verständnis für unterschiedliche Religionen und deren Integration kann gelingen. Ebenfalls in Singapur gibt es viele verschiedene Religionen mit jeweils vielen Gläubigen: Buddhismus, Christentum, Islam, Taoismus und Hinduismus. Die Berücksichtigung findet sich einerseits in den teilweise nahe beieinander liegenden und unproblematisch genutzten unterschiedlichen Glaubenshäusern. Im praktischen Alltag war der Einfluss vor allem in unterschiedlichen Arten des Toilettenraums zu erkennen sowie in glaubensbezogenen Pausenzeiten.

Anders hingegen waren die Erfahrungen in San Francisco, wo die Kollegen der US-Westküste aus Seattle, Los Angeles und San Francisco geschult wurden. Dort spielten die Religionen eine geringere Rolle, sondern vielmehr die fachlichen Dinge schnell zu verstehen und dann den Tag an der Bucht ausklingen zu lassen.

Ähnlich unterschiedlich verhält es sich natürlich auch an vielen anderen Stellen der Welt. Daher ist es wichtig, die einzelnen Länder und Gebräuche zu kennen und zu verstehen. Dieses spielt vor allem bei der Besetzung von Projektaufgaben eine Rolle. Bei Projekten handelt es sich in der Schifffahrt meistens um internationale Projekte. Sollen diese zum Erfolg führen, dann müssen diese Aspekte berücksichtigt werden.

Die Kommunikation wird dabei durch einen wesentlichen Punkt beeinflusst: die Sprache. Es ist unabdinglich, dass alle Personen, die miteinander arbeiten sollen, sich auch sprachlich verstehen. Erst dann können sie sich inhaltlich verstehen. International wird dafür in der Regel Englisch gewählt. Hapag-Lloyd unterstützt dieses, indem regelmäßig Englischkurse weltweit für Nicht-Muttersprachler angeboten werden. Gerade für die unproblematische Durchführung von Telefonkonferenzen ist dieses unabdinglich.

Bereits für Auszubildende werden in Deutschland parallel Englisch-Intensivkurse durchgeführt, da normalerweise das Schulenglisch sowohl in der abgeschlossenen Schule als auch in der Berufsschule nicht ausreichend ist.

Die Schifffahrt gliedert sich im Wesentlichen in zwei Bereiche: die Trampschifffahrt und die Linienschifffahrt. In der Trampschifffahrt werden Schiffe nach Bedarf gechartert (gemietet) und fahren entweder nur für eine Reise von einem Ort zum anderen (Reisecharter) oder für eine gewisse Zeit zwischen verschiedenen Orten (Zeitcharter). Trampschifffahrt ist also vergleichbar mit dem Reisebus, der jeweils einzelne unterschiedliche Reisen macht. In der Linienschifffahrt hingegen fahren die Schiffe nach einem festen Fahrplan zu festen Zeiten auf festen Routen. Die Linienschifffahrt ist also vergleichbar mit einem Buslinienverkehr.

1.3 Learnings für die Gesundheits- und Sozialwirtschaft

1.3.1 Pfleger – Ein Engpassberuf

Bereits heute ist der Beruf der Pfleger, sei es der Krankenpfleger, Kinderkrankenpfleger oder Altenpfleger, ein Beruf, in dem der Bedarf an Arbeitskräften höher ist als das Angebot. Analysen der Bundesagentur für Arbeit hinsichtlich der Engpassberufe zeigen, dass die Dauer der Besetzung von neuen Stellen zwischen 106 und 126 Tagen liegt. Diese liegt damit um ca. 50 % über dem Durchschnitt aller Berufe. Auf 100 offene Stellen kommen lediglich 46 Arbeitslose. Ebenso ist der Anteil der Zeitarbeitskräfte in diesen Berufen mit 22 bis 23 % sehr hoch (Bundesagentur für Arbeit 2015, S. 29). Beides sind Indikatoren für eine immer schwerer werdende Besetzung offener Stellen.

Betrachtet man die Situation in Deutschland nach Bundesländern, dann zeigt sich, dass in der Krankenpflege die Situation noch nicht ganz so angespannt ist wie in der Altenpflege. Der Beruf des Altenpflegers ist mit Ausnahme von Sachsen-Anhalt in jedem Bundesland als Engpassberuf erkannt.

Bereits seit 2009 übersteigt die Anzahl der offenen Stellen die Anzahl der Arbeitssuchenden in der Altenpflege. Neben anderen Aspekten trägt auch diese Situation sicherlich dazu bei, dass der Krankenstand in der Altenpflege hoch ist. Mit insgesamt durchschnittlich 25,7 Tagen pro Jahr je Versichertem liegt der Beruf des Altenpflegers bundesweit an fünfter Stelle der krankheitsbedingten Arbeitsunfähigkeit (Bonin et al. 2015, S. 18 ff.).

Wie zuvor dargestellt wird die Anzahl der Pflegebedürftigen in Zukunft stark steigen. Nach den Vorausberechnungen wird die Anzahl im Jahr 2030 bei ca. 3,5 Mio. und im Jahr 2050 bei ca. 4,7 Mio. liegen. Aufgrund des höheren Alters der Pflegebedürftigen wird es mehr Personen mit chronischen Erkrankungen sowie mehr Personen mit Demenz geben. Die Demenzfälle werden bis zum Jahr 2050 um ca. 1,1 Mio. zunehmen.

Pflegebedürftige werden unter anderem aufgrund der zuvor geschilderten politischen Steuerung in einem immer höheren Alter und mit einem höheren Pflegebedarf in Pflegeheime ziehen.

Insgesamt wird sich allerdings auch die Anzahl der Familienmitglieder, die bisher pflegerisch unterstützen konnten, reduzieren. Zum einen reduziert sich die Bevölkerung insgesamt und zum anderen werden immer mehr Personen berufstätig sein. Hierdurch wird der Bedarf an professioneller Pflege zusätzlich steigen.

Dieser Entwicklung läuft entgegen, dass sich die technische Unterstützung verbessern wird. In einzelnen Fällen gibt es bereits heute technische Unterstützungssysteme, die beispielsweise die Vitaldaten und die Bewegungsstruktur in der eigenen Häuslichkeit überwachen und frühzeitig Alarm bei ungeklärten Situationen geben. Dieses ersetzt natürlich nicht die Pflege, unterstützt sie jedoch und macht sie bedarfsgerechter.

Aufgrund dieser vielfältigen Einflussfaktoren schwanken die Prognosen des zukünftigen Personalbedarfs in Pflegeberufen zwischen 152.000 fehlenden Beschäftigten im Jahr 2025 bis zu 490.000 fehlenden Vollzeitkräften im Jahr 2030 (Bonin et al. 2015, S. 24 f.).

Wenn man die Unterteilung der Berufsfelder Gesundheits- und Krankenpfleger (einschließlich Gesundheits- und Krankenpflegehelfer) und Altenpfleger (einschließlich Altenpflegehelfer) betrachtet, dann sind deutlich mehr Personen als Gesundheits- und Krankenpfleger (einschließlich Helfer) beschäftigt (71 %). Betrachtet man die Teilbranchen, dann zeigt sich erwartungsgemäß, dass in Krankenhäusern eher Gesundheits- und Krankenpfleger, in Altenheimen eher Altenpfleger beschäftigt sind. In der ambulanten Pflege allerdings halten sich beide Berufsgruppen ungefähr die Waage.

Es gibt verschiedene Ansätze, der vorbezeichneten Mangelsituation in den Pflegeberufen entgegenzuwirken.

1.3.2 Die Generalisierung der Ausbildung

Das Bundeskabinett hat Anfang 2016 die generalistische Pflegeausbildung beschlossen. Innerhalb des Jahres 2016 soll ein Gesetz verabschiedet werden, das seine erste Auswirkung ab dem Ausbildungsjahrgang 2018 zeigen könnte.

Zielsetzung des Referentenentwurfs zum Pflegeberufsgesetz ist die Steigerung der Qualität der Pflege und der Attraktivität des Pflegeberufs (Bundesministerien für Gesundheit sowie für Familie, Senioren, Frauen und Jugend 2016).

Die veränderten Versorgungsstrukturen und Pflegebedarfe verändern die Anforderungen an die Pflegefachkräfte. Die dreijährige Ausbildung wird mit der Bezeichnung „Pflegefachfrau/-mann" abschließen und soll kostenfrei sein. Es soll keine geregelte Deckelung der Anzahl der Auszubildenden geben und eine ausbildende Einrichtung soll keinen Wettbewerbsnachteil erhalten.

Vor allem der letzte Punkt wird in einigen Bundesländern bereits mit Hilfe der Ausbildungsumlage umgesetzt. Hierbei melden die ausbildenden Einrichtungen ihre Kosten an eine zentrale Stelle. Diese verteilt die Kosten gleichmäßig gemäß der Anzahl der Plätze beziehungsweise der geleisteten Fälle unter allen Einrichtungen. Diese erhalten über einen einheitlichen Zuschuss zum Pflegesatz einen Erlös, der diese Kosten wieder deckt.

Wenn man diese Maßnahme mit anderen Branchen, wie zum Beispiel der Linienschifffahrt, vergleicht, dann müssen zwei Aspekte betrachtet werden: die Zusammenlegung bisher getrennter Berufsbilder und die Refinanzierung der Ausbildung.

Hinsichtlich der Berufsausbildung hat die Schifffahrt auch einen Prozess des Zusammenwachsens durchlaufen. Zunächst gab es einen Ausbildungsberuf für die Trampschifffahrt und einen anderen für die Linienschifffahrt.

Viele Abläufe in beiden Gebieten sind gleich, aber viele auch unterschiedlich. Das Grundwissen hinsichtlich Länder und Märkte ist bei beiden gleich, ebenso die Abläufe in den Häfen. Die Kunden und die Art der Buchung beziehungsweise Vermietung sind aber unterschiedlich. Aus diesem Grund wurde ein einheitlicher Ausbildungsberuf zum Schifffahrtskaufmann gebildet. Hierbei muss sich der Auszubildende aber für den Schwerpunkt der Linienschifffahrt oder Trampschifffahrt entscheiden und vertieft auf gemeinsamer Grundlage dann jeweils in den Bereichen Marktbeobachtung, Befrachtung und Logistik (Bundesgesetzblatt 2004). Die Ausbildung unterscheidet sich vor allem im dritten Lehrjahr (zeitliche Gliederung – Anlage 2 Bundesgesetzblatt 2004).

Erfahrungen hieraus liegen nicht strukturiert vor. Aus eigenen Beobachtungen der Branche kann ohne Nachweis festgehalten werden, dass die Mitarbeiter meistens in der Teilbranche verbleiben, in der sie den Schwerpunkt ihrer Ausbildung gelegt haben. Dennoch gibt es eine Durchlässigkeit der Teilbranchen Linienschifffahrt und Trampschifffahrt, die genutzt werden kann. Somit kann flexibler auf Personalbedarfe reagiert werden.

Die Refinanzierung erfolgt in der freien Wirtschaft durch den Betrieb selbst. Wer ausbildet, muss auch die Kosten dafür tragen. Dieses wird bei den Pflegeberufen anders sein (und ist es teilweise schon). Wer ausbildet, der erhält seine Kosten über die Pflegesatzerlöse refinanziert. Die einzige Hürde, mehr Personal auszubilden, wird sich auf die organisatorische Umsetzungsfähigkeit einer Organisation beschränken, die Auszubildenden auch vernünftig zu betreuen. Dieser Aspekt ist jedoch aufgrund der bereits engen personellen Situation nicht zu unterschätzen.

Insgesamt wird es voraussichtlich aber dazu führen, dass sich die Anzahl der Auszubildenden erhöhen wird. Wichtig wird dann sein, dass die Pflegerinnen und Pfleger in dem Beruf bleiben und nicht aufgrund persönlicher Belastung und Krankheit den Beruf wechseln.

1.3.3 Fachkräfte aus dem Ausland

Eine weitere Maßnahme dem Fachkräftemangel entgegenzuwirken ist die Rekrutierung von Mitarbeitern im Ausland. Hierbei handelt es sich entweder um die direkte Werbung im Ausland oder um die Einstellung von Flüchtlingen oder Asylbewerbern im Inland.

Zunächst soll der Erfolg der Ansprache geeigneter Arbeitnehmer im Ausland beleuchtet werden.

Die Bereitschaft der Rekrutierung von Pflegefachkräften aus dem Ausland ist trotz der angespannten personellen Situation eher ein letztes Mittel. In einer Studie der Bertelsmann-Stiftung geben 59 % der befragten Unternehmen an, dass sie auf keinen Fall im Ausland nach Arbeitskräften suchen werden. Nur vier Prozent geben an, dass sie dieses auf jeden Fall tun (Bonin et al. 2015, S. 41 ff.).

Das wichtigste Land, in dem deutsche Unternehmen bisher aktiv rekrutiert haben, war Spanien. Danach folgten mit Abstand Polen, Kroatien, Rumänien, Italien. Die Rekrutierung war häufig mit Problemen verbunden, die vor allem darin lagen, dass der Zeitaufwand und die bürokratischen Hürden hoch waren.

Die Anfangsprobleme der neuen Mitarbeiter selbst konzentrierten sich auf Themen wie Behörden, Wohnungssuche und Familiennachzug. Ein weiter wichtiger Aspekt war die teilweise fachliche Überforderung. Eine geringere Rolle spielten interkulturelle Themen oder Konflikte mit Kollegen.

Bei den Mitarbeitern wurde vor allem deren Einsatzbereitschaft und Sozialkompetenz als besonders gut hervorgehoben. Eher schlechter waren die Bereiche Fachwissen und Praxiserfahrung. Es ist offensichtlich eine Einarbeitungsphase notwendig, in der das Fachwissen und die Praxiserfahrung verbessert werden. Das mag ein Grund sein, warum die Zufriedenheit mit den im Ausland rekrutierten Pflegekräften überwiegend als positiv beurteilt wird (Bonin et al. 2015, S. 49). 60 % sind sehr zufrieden oder zufrieden. Nur elf Prozent sind eher unzufrieden.

Es zeigt sich, dass der Einsatz von im Ausland geworbenen Pflegekräften eher positiv ist, wobei administrative Hürden zu überwinden sind und eine Einarbeitung erfolgen muss.

Ähnliche Erfahrungen lassen sich aus der Schifffahrt berichten. Hier ist es so, dass im seefahrenden Bereich in der Regel spezielle Firmen die Rekrutierung von Arbeitnehmern im Ausland vornehmen und die bürokratischen Hürden überwinden. Entweder sie tun dieses als Serviceleistung oder sie fungieren selbst als eine Art internationale Zeitarbeitsfirma. Solche spezialisierten Firmen könnten auch ein Vorbild für den Pflegemarkt sein.

Auch in der Schifffahrt wird die Einsatzbereitschaft der internationalen Arbeitnehmer geschätzt. Häufig ist jedoch ebenfalls das Fachwissen geringer, was in der Branche dazu führt, dass sich die Einsätze auf eher einfachere Tätigkeiten beschränken. Auch wenn eine solche Arbeitsaufteilung vielleicht nicht zu bevorzugen ist, dann sollte dieser Aspekt zumindest als Anlass genommen werden, über die Arbeitsprozesse und -aufteilung in der Pflege nachzudenken.

Betrachtet man nicht die Rekrutierung im Ausland, sondern die Zuwanderung in Deutschland, so zeigt sich aufgrund der Zuwanderung der letzten Jahre ein erhebliches Potenzial. Insgesamt hatten im Jahr 2013 5,5 % der sozialversicherungspflichtig beschäftigten Pflegerinnen und Pfleger eine ausländische Staatsangehörigkeit. Damit liegt die Branche bei der Beschäftigung von Ausländern eher im unteren Bereich. Allerdings nimmt die Anzahl der Pfleger mit ausländischer Staatsangehörigkeit vor allem in der Altenpflege stärker zu. Dort steigt die Anzahl der Beschäftigten aus der EU um 20 %, aus Drittstaaten um 14 % und aus Deutschland um fünf Prozent (Bonin et al. 2015, S. 28 f.).

Dieses deckt sich mit der Entwicklung am gesamten Arbeitsmarkt, wonach in den Jahren 2010 bis 2013 insgesamt 1,2 Mio. Menschen mehr zu- als abgewandert sind, wovon 700.000 Personen dem Arbeitsmarkt zur Verfügung standen (Vollmer 2015, S. 18). Betrachtet man nur die Gruppe der Flüchtlinge und Asylbewerber, dann waren 77 % im erwerbsfähigen Alter von 15 bis 64 Jahren. Langfristig werden von dieser Gruppe ca. 55 % erwerbstätig sein (Institut für Arbeitsmarkt- und Berufsforschung 2015, S. 10).

Ein wesentlicher Aspekt bei der Berufsanerkennung, als auch bei der Integration der Arbeitnehmer in die Gesellschaft und den Arbeitsalltag, ist die Sprache (Bonin et al. 2015, S. 31, 51). Auf diesen Gesichtspunkt und weitere kulturelle Aspekte soll im Abschn. 1.3.4 eingegangen werden.

1.3.4 Das Zusammenwirken der Kulturen

Als eine der Schlüsselqualifikationen für eine erfolgreiche Integration von Arbeitskräften wird der Spracherwerb gesehen (Hansen 2015).

Die Anerkennung einer ausländischen Berufsausbildung kann in bestimmten Berufsbereichen an den Nachweis von Sprachkenntnissen gebunden werden (§ 2 Abs. 1 Nr. 4 Krankenpflegegesetz). Dieses ist sicherlich für eine gute Ausübung des Berufes notwendig, da es gerade in der Pflege auf den Austausch mit dem Patienten beziehungsweise Bewohner ankommt. Aber auch korrekte Schichtübergaben und der Austausch unter den Kollegen werden dadurch positiv beeinflusst.

In der Schifffahrt wird sehr viel Wert auf eine verständliche Kommunikation gelegt. Weltweit ist dabei Englisch führend. Häufig erfolgen berufsbegleitend Sprachkurse in Englisch oder Spanisch. Einerseits befördert die Fähigkeit zu einer besseren Sprache eine Kommunikation ohne Missverständnisse. Andererseits haben die Erfahrungen gezeigt, dass international die Anerkennung besser ist, wenn man sein Anliegen besser ausdrücken kann. Das ist vor allem bei Verhandlungen oder Schulungen vorteilhaft.

Ein anderer Aspekt des multikulturellen Zusammenwirkens sind Religionen. Die evangelische Kirche hat hierzu bereits 2003 Stellung genommen. Sie schreibt: „Zur theologischen Klärung des Verhältnisses der christlichen Kirche zu den Angehörigen anderer Religionen gehört eine gründliche Kenntnis dieser anderen Religionen, die in der Regel eine lange Geschichte in anderen Teilen der Welt haben – eine Geschichte, die man verstehen muss, wenn man sich zu den Angehörigen anderer Religionen in ein angemessenes Verhältnis setzen will." (Kirchenamt der EKD 2003, S. 4)

Auch die Erfahrungen aus der Schifffahrt aus dem Umgang mit anderen Kulturen und Religionen zeigen, dass der Respekt und die Wertschätzung für den anderen essenziell sind. Respekt kann aber nur durch Verständnis der Geschichte entstehen. In einigen Ländern gibt es beispielsweise die Situation, dass es selbstverständlich ist, dass mehrmals am Tag einige Mitarbeiter die Arbeit für ein Gebet unterbrechen, während die anderen Mitarbeiter der anderen Religionen weiterarbeiten.

Eine solche Unterbrechung wäre auf den ersten Blick im Schichtbetrieb der Pflege sicherlich ungewöhnlich, aber auf den zweiten Blick für bestimmte Einrichtungen vielleicht nicht abwegig.

Ebenso ist in den Religionen der Umgang mit Krankheiten unterschiedlich. Dieses zeigt sich beispielsweise in der Einschätzung, in welchen Fällen Medikamente oder traditionelle Heilmethoden angewendet werden sollten (Take Care Project 2016). In der Pflege bezieht sich dieses sowohl auf den Umgang mit Patienten und Bewohnern als auch auf Mitarbeiterinnen und Mitarbeiter.

Es gibt sicherlich viele weitere kulturelle Aspekte, die an dieser Stelle aufgegriffen werden können. Insgesamt ist es vor allem wichtig, miteinander kommunizieren zu können und füreinander Respekt und Wertschätzung aufzubringen.

1.4   Zusammenfassung und Ausblick

In Deutschland besteht bereits ein Mangel an Fachkräften in der Pflege. Diese Situation wird sich aufgrund der demografischen Entwicklung noch verschärfen. Verschiedene Maßnahmen sind bereits eingeleitet worden. Aus politischer Sicht gehören hierzu vor allem die Pflegestärkungsgesetze und das neue Pflegeberufegesetz. Letztere führt zu einer Zusammenführung der Ausbildungszweige zu einer generalisierten Pflegeausbildung.

Auf Seiten der Dienstleister in der Pflege wird dem Fachkräftemangel einerseits dadurch begegnet, dass vermehrt junge Menschen ausgebildet werden. Dieses wird voraussichtlich auch das Pflegeberufegesetz unterstützen. Eine andere Maßnahme ist die

Einstellung ausländischer Mitarbeiter. Die Rekrutierung von Mitarbeitern aus dem Ausland ist zunächst noch zurückhaltend, nimmt aber zu. Die Erfahrungen sind nach der Überwindung anfänglicher Hürden positiv. Aspekte, die besonders zu berücksichtigen sind, sind die sprachliche Förderung und die Stärkung der Fachlichkeit. Auch das kulturelle Miteinander und die Berücksichtigung der Religionen spielen eine Rolle.

Bei den zuvor genannten Aspekten können die Erfahrungswerte aus der internationalen Schifffahrt helfen. Die Ausbildung ist bereits vor vielen Jahren zusammengeführt worden und hat zu einem Erfolg geführt. Der Umgang mit verschiedenen Kulturen gehört zum Tagesgeschäft. Hierbei wird bestätigt, dass vor allem der Spracherwerb eine große Rolle spielt. Ebenso ist das Verständnis für die anderen Kulturen und deren Geschichte wichtig und sollte nach Möglichkeit im Berufsalltag berücksichtigt werden.

Der Mangel an Pflegefachkräften wird sich voraussichtlich auch trotz der zuvor geschilderten Maßnahmen und der Integration von Mitarbeitern mit ausländischer Staatsangehörigkeit weiter verstärken. Dabei wird es wichtig sein, eine Vielzahl von Maßnahmen durchzuführen, die sich in den Bereichen Personalbindung und Personalgewinnung bewegen. Gerade zur Erhöhung der Personalbindung muss beispielsweise über technische Unterstützungsmöglichkeiten und die Verbesserung der Arbeitnehmerzufriedenheit nachgedacht werden. Im Bereich der Personalgewinnung wird die Anzahl der Auszubildenden zu erhöhen sein und es werden verstärkt ausländische Mitarbeiter eingestellt werden. Dabei wird deren Integration eine wesentliche Rolle spielen.

Drei Learnings für die Gesundheitswirtschaft

1. Begegnen Sie dem Fachkräftemangel in der Pflege – sollte er Sie noch nicht erreicht haben, dann wird er Sie erreichen.
2. Bilden Sie Mitarbeiter in der Pflege aus.
3. Suchen Sie ausländische Mitarbeiter und integrieren diese, indem Sie sich mit ihrer Kultur beschäftigen und diese im täglichen Ablauf berücksichtigen.

Literatur

Bonin, H., Braeseke, G., & Ganserer, A. (2015). *Internationale Fachkräfterekrutierung in der deutschen Pflegebranche – Chancen und Hemmnisse aus Sicht der Einrichtungen.*

Bundesagentur für Arbeit (2015). *Der Arbeitsmarkt in Deutschland – Fachkräfteengpassanalyse, Nürnberg 2015*

Bundesgesetzblatt (2004). *Teil I Nr. 39, Verordnung über die Berufsausbildung zum Schifffahrtskaufmann/zur Schifffahrtskauffrau.*

Bundesministerien für Gesundheit sowie für Familie, Senioren, Frauen und Jugend (2016). Die Reform der Pflegeausbildung – der Entwurf des Pflegeberufsgesetzes. http://www.bmfsfj. de/RedaktionBMFSFJ/Abteilung3/Pdf-Anlagen/reform-pflegeberufegesetz,property=pdf, bereich=bmfsfj,sprache=de,rwb=true.pdf. Zugegriffen: 29. Jan. 2016.

Bundesministerium für Gesundheit (2015). *Pflegeleistungen ab 1. Januar 2015*

Clausen H (2013), Ambulant oder Stationär – die ökonomische Vorteilhaftigkeit der Angebotsformen in der Pflege, e-Dissertation, Hamburg 2013

Hansen, D. (2015). Flüchtlingshilfe – alle mal anpacken. *Wohlfahrt intern*, *10*, 22–24.

Hapag-Lloyd (2016). Flyer zur Ausbildung zum Schifffahrtskaufmann. https://www.hapag-lloyd. de/downloads/pdf/Flyer_Ausbildung_Schifffahrtskaufmann_frau.pdf. Zugegriffen: 26. Jan. 2016.

Institut für Arbeitsmarkt- und Berufsforschung (2015). Asyl- und Flüchtlingsmigration in die EU und nach Deutschland, Aktuelle Berichte 08/2015.

Kirchenamt der EKD (2003). *Christlicher Glaube und nichtchristliche Religionen – Theologische Leitlinien*. EKD-Texte, Bd. 77. Hannover.

Schulz, E. (2008). Zahl der Pflegefälle wird deutlich steigen. *Wochenbericht des DIW Berlin*, *2008*(47), 736–744.

Statistische Ämter des Bundes und der Länder (2011). *Demografischer Wandel in Deutschland, Heft 1 Bevölkerungs- und Haushaltsentwicklung im Bund und in den Ländern*

Statistisches Bundesamt (2015a). *Bevölkerung Deutschlands bis 2060*. 13. Koordinierte Bevölkerungsvorausberechnung.

Statistisches Bundesamt (2015b). *Pflegestatistik 2013, Pflege im Rahmen der Pflegeversicherung Deutschlandergebnisse*.

Take Care Project (2016). http://www.takecareproject.eu/de-4. Zugegriffen: 29. Jan. 2016.

Vollmer, M. (2015). *Bestimmung von Fachkräfteengpässen und Fachkräftebedarfen in Deutschland – Fokusstudie der deutschen nationalen Kontaktstelle für das Europäische Migrationsnetzwerk (EMN)*. Bundesamt für Migration und Flüchtlinge.

Dr. Hartmut Clausen hat nach seiner Ausbildung zum Schifffahrtskaufmann bei einer internationalen Reederei ein betriebswirtschaftliches Studium absolviert. Insgesamt hat er 12 Jahre vorwiegend im Controlling in der internationalen Schifffahrt gearbeitet und dabei mehrere globale Projekte begleitet. Danach wechselte er als kaufmännischer Leiter zu einem großen gemeinnützigen Komplexdienstleister im Sozial- und Gesundheitswesen. Er schloss eine Geschäftsführung eines Beratungsunternehmens in der Sozialwirtschaft an und promovierte zu Themen der Pflege. Schließlich wurde er Vorstandsvorsitzender eines großen gemeinnützigen Anbieters der Altenhilfe.

Was kann die Gesundheitsbranche aus dem Automobilhandel lernen?

Thomas Breisach und Marcel Hattendorf

Zusammenfassung

Eine wichtige Grundfrage der Bewertung der Akteure im Gesundheitswesen ist, inwieweit in einem schwieriger werdenden Markt tatsächlich von einer Kundenorientierung gesprochen werden kann, solange man den Endverbraucher als Patient, als „Geduldigen" oder „Ertragenden", sieht. Ergebnis dieser Denkweise und fehlenden Kundenorientierung sind horrende jährliche Kosten für das Gesundheitssystem durch fehlende Adhärenz. Hier gilt es von anderen Branchen zu lernen, die eine ähnliche Entwicklung durchmachen mussten und sich in einer noch schwierigeren Situation befanden. Ein Beispiel hierfür ist der deutsche Automobilhandel. Er hat sich im Laufe der Zeit vom Herstellermarkt zum Kundenmarkt entwickelt, in dem nun der Handel der Getriebene ist. Dies hat zu einem Umdenken und zu einer vollständigen Neuorientierung im Servicebereich durch verstärkte, stark kundenorientierte Digitalisierung der Leistungen geführt. Der reine Abverkauf der Fahrzeuge ist in der Branche schon lange kein Erfolgsgarant mehr. Der Kunde erwartet von einer Marke mehr, nämlich ganzheitliche Kundenorientierung. Um diesen Trend für sich nutzen zu können, haben die Hersteller auf eine digitale Revolution gesetzt. Die dabei eingesetzten Innovationen zeigen, dass ein branchenübergreifender Transfer der Erkenntnisse zum gegenseitigen Nutzen machbar ist. Die entsprechende Technik steht jedenfalls zur Verfügung.

T. Breisach (✉)
85356 Freising, Deutschland
E-Mail: thomas.breisach@fom.de

M. Hattendorf
MHP GmbH A Porsche Services Company
Major-Hirst-Str. 11, 38442 Wolfsburg, Deutschland

© Springer Fachmedien Wiesbaden 2017
D. Matusiewicz und M. Muhrer-Schwaiger (Hrsg.), *Neuvermessung der Gesundheitswirtschaft*, FOM-Edition, DOI 10.1007/978-3-658-12519-6_2

2.1 Hintergrund

Unnötig aber wahr. Mit diesen drei Worten könnte man vorhandene Berührungsängste bezüglich des Einsatzes technischer Möglichkeiten der Kundenorientierung im Gesundheitsmarkt beschreiben. Vielen Verantwortlichen in der Branche ist es immer noch nicht bewusst, dass neue Ansätze für eine stets aktivere Zielgruppe benötigt werden. Daher kurz und knapp: Die Zeit der Geduldigen ist vorbei, Patienten haben es auch im Gesundheitsbereich verdient, als Kunden sprich als Kundige betrachtet und betreut zu werden. Dies ist nicht allein der Tatsache geschuldet, dass das Internet in allen Lebensbereichen einen Siegeszug ohnegleichen angetreten hat. Eine Tatsache, die wahrscheinlich niemand in seinem privaten Umfeld infrage stellt. Aber gilt das wirklich auch für die Gesundheitsbranche? Inwieweit lässt sich bei einem der Kostentreiber der Gesundheitswirtschaft, der (fehlenden) Therapietreue, von Kundenorientierung sprechen? Kann es sein, dass man hier Kosten für die Allgemeinheit auflaufen lässt, weil man sich immer noch nicht als Gesundheitsdienstleister für einen gleichberechtigten Geschäftspartner sieht? Widerstrebt es aufgrund von Standesdenken manchem Leistungserbringer, sich mit Bedürfnissen und Sprache des Kunden auseinanderzusetzen? Kann es sich die Branche überhaupt leisten, in Bereichen wie Adhärenz nicht stärker auf Dienstleistungs- und Kundenorientierung zu setzen?

Seit Jahren wird geklagt, dass fehlende Persistenz und Adhärenz zu den Kostentreibern im Gesundheitsmarkt gehören. Wenn dem so ist, muss man sich jedoch fragen, warum viele Entscheider in diesen allseits beliebten Klagekanon einstimmen, jedoch nicht wirklich lösungsorientiert handeln. In Fachmedien kursieren horrende Summen, wenn von den verursachten jährlichen Kosten die Rede ist. Es wäre jedoch zu einfach, in diesem Zusammenhang die Verantwortung nur bei den Patienten zu suchen. Es ist an den Herstellern und den Ärzten, die Patienten in der Therapietreue gezielt zu unterstützen. Hier werden einfache kundenorientierte Lösungen benötigt, um das geschätzte Sparpotenzial von jährlich 13 Mrd. € (Laschet 2013) auch wirklich abrufen zu können.

Es wäre daher hilfreich, sich an Best Practices aus anderen Dienstleistungsbranchen zu orientieren. In diesem Zusammenhang wäre bereits viel erreicht, wenn man dem Patienten rechtzeitig und verständlich kommuniziert, warum der Arzt eine bestimmte Therapie verordnet hat und was von ihm selbst erwartet wird. Es gilt zudem den Patienten stets aufs Neue zu motivieren. Vor allem Letzteres scheint gerade bei langwierigen Therapien eine grundlegende Erfolgsvoraussetzung zu sein. Damit dies erfolgreich funktionieren kann, ist es nötig, auch digitale Möglichkeiten genau unter die Lupe zu nehmen und auf deren Tauglichkeit zu überprüfen. Dass es keine allgemeingültige Vorgehensweise gibt, dürfte hierbei jedoch jedem klar sein, der sich mit dem Thema beschäftigt.

Weitere Aspekte, die bei den jeweiligen Lösungsansätzen berücksichtigt werden müssen, sind sozioökonomische Situation, Geschlecht und Alter, Vertrauen, Bildung, Wissen über die Erkrankung und der Aufbau einer Beziehung zum Patienten sowie die jeweilige Therapiephase. Es müssen also umsetzbare Lösungen sowohl für die initiale Akzeptanzphase als auch die nachfolgende Einbindungs- sowie die Betreuungsphase gefunden werden.

Um die Effektivität der therapeutischen Maßnahmen zu sichern, gilt es effiziente Lösungen für die einzelnen, den Therapieerfolg verhindernden Herausforderungen zu finden. Ein Knackpunkt sind jedoch die unterschiedlichen Auslöser für eine ungenügende Adhärenz: mangelnde Informiertheit, Nebenwirkungen, schwierige Arzt-Patient-Beziehungen, ungenügende soziale Unterstützung und komplexe Einnahmeschemata. Dies spricht für stark individualisierte Lösungen. Mit diesen kennt sich der moderne Autohandel bestens aus. Deshalb könnten dessen Digitalisierungsansätze zur verbesserten Kundenbindung interessant für eine kundenorientierte Therapiebegleitung sein.

2.2   Der digitalisierte Automobilhandel

Die Automobilindustrie steht vor keinem herkömmlichen Wandel, sondern vor einer Revolution: der Dritten in ihrer Geschichte. Nach der fließbandgetriebenen Massenproduktion und der Einführung schlanker (Produktions-)Prinzipien tritt nun die Digitalisierung mit voller Kraft ein. Nicht nur die Veränderungen, sondern auch der Veränderungsdruck sind so dramatisch, dass sich zurzeit keine verlässlichen Aussagen über die globale Struktur der Automotive-Branche in 20 Jahren machen lassen. Es ist offen, wer die weltweiten Marktspieler in der Zukunft sein werden. Es gibt gute Chancen, dass die deutschen Premium- und Volumenmarken eine bedeutende Rolle dabei spielen werden. Sicher ist das aber keineswegs. Die Entwicklungen in der Musik- und Fotoindustrie sowie die Schicksale von Traditionsmarken wie Polaroid, Telefunken und Triumph-Adler schimmern am Horizont, welche Parallelen sich für die Automobilindustrie ziehen lassen, vermag kein noch so gutes Zukunftsmodell extrapolieren.

Gewiss ist nur, dass sich etwas Gewaltiges in der Industrie abspielt. Schon das Aufkommen elektrisch betriebener Fahrzeuge, in welcher Form auch immer, traf ins Herz automobiler Kernprozesse. Viele Fragen rund um den Antriebsstrang waren neu zu beantworten und verlangten Fähigkeiten abseits der Motoren- und Getriebeentwicklung, ebenfalls mit dramatischen Veränderungen im Expertise-Portfolio der Entwicklungsabteilungen.

Der aktuelle Wandel addiert gleichwohl zusätzliche Punkte, die vieles prekärer als bei früheren Veränderungen erscheinen lassen. Der maßgebliche Beobachtungspunkt ist die Geschwindigkeit: Traditionelle Fahrzeugzyklen bewegen sich im Rahmen von 72 Monaten – alle sechs Jahre kommt es also zur Markteinführung einer neuen Fahrzeugversion, Produktaufwertungen (Facelifts) finden innerhalb dieses Zeitraums statt. Bei der Digitalindustrie geht es hingegen um Zeiträume von sechs plus x Monaten. Apple bringt beispielsweise jedes Jahr ein neues iPhone auf den Markt. Auch wenn nicht jede neue Version als neues Modell einzustufen ist, bleibt doch ein spektakulärer Zyklusunterschied, der die bisherigen Sichtweisen in der Automobilindustrie durcheinanderwirbelt. Gleiches gilt für die gesamten Vertriebsprozesse. Der Wandel trifft den Automobilhandel in einer ungünstigen Situation: Bei einer durchschnittlichen Umsatzrendite von weniger als einem Prozent befinden sich viele Betriebe an der Grenze der Überlebensfähigkeit. Hinzu kommt ein hoher Verschuldungsgrad, der auf von den Herstellern vorgegebene (fremd-) kapitalintensive Investitionen in moderne Verkaufsräume, Werkstattausstattungen etc. zurückzuführen ist. Das rein quantitative Abschmelzen der Händlerdichte in Deutschland belegt diese Entwicklung eindeutig.

Die Digitalisierung des Automobilhandels verändert die Schnittstelle zum Kunden dramatisch – sowohl auf der operativen als auch auf der konzeptionellen Ebene. Und nicht nur das: Schon seit Längerem belegen Kundenstudien, dass die Bedeutung des Autos als Statussymbol abnimmt. Kunden verlangen uneingeschränkte Mobilität – unabhängig von einer bestimmten Marke und Verkehrsmittel. Im Vordergrund steht die physische Überwindung räumlicher Distanzen, also das bequeme Verbringen von Punkt A nach Punkt B, und gerade nicht das Zurschaustellen wirtschaftlicher Leistungsfähigkeit als Begründung eines sozialen Hegemonialanspruchs. Damit einhergeht eine substanzielle Abnahme der Markenloyalität. Allein die Bedienung digitaler Kopplungsmöglichkeiten im Fahrzeug verführt Kunden zur automobilen Untreue: 67 % der Deutschen sind bereit, für ein vernetztes Auto auch die Marke zu wechseln (Statista 2015).

Was bedeuten diese Entwicklungen für den automobilen Handel?
Aus konzeptioneller Sicht steht die Kundenerfahrung (Customer Experience) im Mittelpunkt. Das verlangt geradezu empathische Fähigkeiten an der Kundenschnittstelle: Durch welche (digitalgestützte) Produkterfahrung durchlebt der Kunde einen singulären Bedarfsprozess, der sich von anderen nachhaltig differenziert und ihn an die Marke bindet? Dem zugrunde liegt keineswegs ein Kunde mit dem Habitus eines emotionslosen Konsumroboters. Im Gegenteil: Die Produkterfahrung ist nicht nur kognitiv, sondern insbesondere auch intuitiv zu bedienen. Warum sonst gelingt es Apple mit seinen Verkaufsflaggschiffen in exponierten Lagen, Kunden zu begeistern, ohne dass der Verkaufsabschluss im Shop die Kundenerfahrung krönt? Denn: Der eigentliche Kauf findet in der Regel im Netz statt und das häufig genug nicht einmal beim Hersteller Apple, sondern bei einem attraktiven Wiederverkäufer. Die Schlussfolgerung muss daher lauten, dass die emotionale Aufladung eben auch wesentliches Ziel der Kundenerfahrung ist, für die der Kunde offensichtlich Premiumpreise zu zahlen bereit ist.

Auch auf der operativen Ebene verlieren die bisherigen Abgrenzungen ihre Bedeutung: Die klassische Trennung von Verkauf auf der einen und Kundendienst, Service oder After Sales (je nachdem, welchen Begriff die Automobilhersteller verwenden) auf der anderen Seite ist nicht länger zielführend. Das alles ist viel zu unelastisch und zu wenig integrativ gedacht. Die Digitalisierung bricht die Prozessketten in Richtung einer digitalen Wertekette auf, die ganzheitlich die Attribute Leistungsbereitstellung und -sicherstellung bedient.

Wie lassen sich die Auswirkungen der Digitalisierung im Automobilhandel methodisch abschätzen – und zwar konkret? Zwei Vorschläge dazu: Der pragmatische Ansatz zur Deutung des digitalen Wandels auf Prozessketten fragt pro Teilprozess neue Möglichkeiten der Kundenerfahrung ab und konsolidiert die Ergebnisse in einer Kundenreise (Customer Journey). Damit ist die Hoffnung verbunden, dass sich die Teilergebnisse zu einer umfassenden Connected-Strategie verdichten, die die Unternehmen für künftige Herausforderungen digital aufmobilisiert. Der innovationsgetriebene Ansatz hingegen klopft neue Technologien auf ihre Nutzbarkeit ab und qualifiziert ihren Mehrwert im Hinblick auf verbesserte Kundenerfahrungen. So eröffnen sich Chancen, die bei der pragmatischen Variante nicht im Fokus stehen. Beide Vorgehen haben ihre Berechtigung. Der empfohlene Königsweg liegt in einem Zweisprung, der die Ansätze im Sinne eines Gegenstromverfahrens integriert und sich so zu einer digitalen Gesamtstrategie verdichtet.

Am Beispiel des Servicekernprozesses, das heißt der Leistungssicherstellung, sollen an dieser Stelle die Chancen der Digitalisierung prozessorientiert zur Diskussion gestellt werden.

Schon der Einstieg in die **Terminfixierung** skizziert die neuen technologischen Möglichkeiten: Traditionell geht die Kontaktaufnahme beim Serviceereignis vom Kunden aus. Eine gesteigerte Kundenerfahrung verlagert diese Initiierung jedoch zum Hersteller, der anhand der datenlogisch hochintegrierten Servicehistorie proaktiv mit dem Kunden Kontakt aufnimmt, um zum Beispiel Inspektionsintervalle terminlich abzustimmen. Auf Basis bisheriger und prognostizierter Ergebnisbeiträge kalkuliert der Hersteller einen kundenindividuellen Kostenvoranschlag (Predictive Maintenance) und fragt im Hintergrund die Bonitätseinstufung des Kunden über den (herstellereigenen) Finanzdienstleister ab, um so eine servicespezifische Finanzierung der Dienstleistung zu unterbreiten. Das alles geschieht natürlich in Echtzeit.

Bei der **Terminvorbereitung** läuft – nach Freigabe – eine Ferndiagnose per Funk OTA (over the air) über das Kundenfahrzeug, um vorbereitende Maßnahmen beim Servicestützpunkt des Herstellers einzuleiten, beispielsweise die Bereitstellung geeigneter Werkzeuge oder Ersatzteile, deren Verfügbarkeit, Beorderung und Verfolgung zeitgerecht in die Logistikkette eingepflegt werden.

Während der eigentlichen **Fahrzeugannahme** dominieren noch traditionelle Vorstellungen. Der Kunde übergibt sein Fahrzeug, für das idealerweise schon ein Ersatzfahrzeug bereitsteht. Einen Schritt weiter gehen Ideen, bei der die Fahrzeugannahme ebenfalls im Aufgabengebiet des Herstellers liegt, sodass das Fahrzeug beim Kunden abgeholt und wieder bereitgestellt wird. Ein Trend geht dabei in Richtung „stiller Wartung", die Serviceaktivitäten per Nachtsprung organisiert, um die Mobilitätslücke für den Kunden und den Ressourceneinsatz (Werkzeuge, Material etc.) für den Servicedienstleister auf ein Minimum zu reduzieren – alles digital gestützt.

Den Kunden interessiert der aktuelle Status der **Reparatur- und Leistungserstellung**. Es ist selbstverständlich, dass der Fortschritt anhand digital verfolgbarer Meilensteine dokumentiert und bereitgestellt wird – auf welchem Frontend/Ausgabegerät auch immer. Das umschließt natürlich auch den interaktiven Austausch zwischen Servicedienstleister und Kunden, um beispielsweise Freigaben für sich ergebende Zusatzreparaturen situativ abzufragen. Verzögerungen in der Leistungserstellung führen automatisch zur angepassten Kalkulation des Fertigstellungstermins, was gegebenenfalls zur Reduktion des Leistungsentgelts führt – ebenfalls online und in Abstimmung mit der bisherigen Servicehistorie und -treue. Auch hier gibt es weitergehende Überlegungen in Richtung mobiler Servicestützpunkte: Auf Trucks montierte Werkstätten sind räumlich mobil, leisten Service auf der flexiblen Hebebühne vor Ort und haben substanzielle Auswirkungen auf die Rechnungslegung des Servicedienstleisters. Eine Werkstätte ohne stationäre Werkstatt wird nicht im Aktiva bilanziert und reduziert so die Kapitalbindung im Anlagevermögen.

Der Servicekernprozess schließt mit **Qualitätskontrolle** und Fahrzeugrückgabe ab. Die Endabnahme vergleicht das eingescannte Ergebnis der Servicedienstleistung mit den Vorgaben des Herstellers, dokumentiert, analysiert und behebt Abweichungen, die gleichzeitig als Nachweis der Servicequalität vor Kunden dienen und automatisch in die datenbankgestützte Servicehistorie einfließen.

2.3 Learnings für die Gesundheitswirtschaft

Wenn man von der strategischen Neuorientierung des Autohandels lernen möchte, sollte jedem klar sein: Um langfristig in Gesundheitsmarkt erfolgreich sein zu können, ist eine Serviceorientierung grundlegend. Man muss daher auf diejenigen digitalen Möglichkeiten setzen, die einen echten, wahrnehmbaren Nutzen für den Kunden bieten. Und ein Therapieerfolg, der das Leben lebenswert macht, ist für alle Beteiligten ein wahrnehmbarer Erfolg.

Für einen durchgehenden Mehrwert darf nicht erst in der dritten Phase der Adhärenz, der Maintenance, über eine Nutzung der Potenziale der Digitalisierung nachgedacht werden. Wie im Automotive-Bereich kann schon zu Beginn einer möglichen Therapie die Akzeptanz der Medikation sowie des Patientenprogramms durch digitalisierte Maßnahmen erhöht werden. Gerade zu diesem Zeitpunkt ist es wichtig, eine einfache Grundlage für ein besseres Verständnis von Adhärenz und ein therapiekonformes Verhalten zu schaffen. Auch die zweite Phase des „Onboardings" bietet allen Beteiligten zahlreiche Möglichkeiten des Einsatzes der Digitalisierung zur positiven Wahrnehmung von Patientenprogrammen und für eine verbesserte Teilnahmebereitschaft.

In der dritten Phase „Maintenance", ist die Herausforderung für alle Beteiligten am größten. Doch auch hier unterscheidet sich die Herausforderung nicht von denen des Autohandels. Der einzige Unterschied ist, dass es hier statt um Markenbindung um Therapietreue geht. Es handelt sich um zwei Seiten der gleichen Medaille: langfristige Kundenbindung basierend auf Kundenorientierung. Der Kunde muss daher in den Mittelpunkt der digitalen Innovation gerückt werden, da der reine Verkauf als Umsatztreiber mittel- und langfristig auf dem Prüfstand stehen wird. Damit dies gelingen kann, muss der Patient als derjenige gesehen werden, der die Richtung vorgibt. Es geht hier nicht um digitale Spielereien, sondern um einen echten Mehrwert, den der Kunde erfahren muss. Frei nach Ishikawa: Der Kunde entscheidet, was Qualität ist.

Leistungsanbieter müssen von einem kundigen Gegenüber sprechen, dessen Haltung nicht mehr von unendlicher Geduld geprägt ist, sondern der sehr wohl Mehrwerte angedachter (digitaler) Services wahrnimmt. Dies wird letztendlich zu faktenbezogenen Entscheidungen auf Kundenseite führen, die sich unter anderem auf dessen Loyalität gegenüber dem Anbieter oder in einer verbesserten Teilnahme an Patientenprogrammen auszahlen werden. Dafür muss ernsthaft gelernt werden, aus der Kundenperspektive zu denken und digitale Lösungsansätze mit einem entsprechenden Mehrwert für den Patienten zu entwickeln. So muss das Leben des Patienten als auch die Therapietreue erkennbar erleichtert werden, ohne dass dies mit einem Gefühl der Bevormundung und Erziehung geschieht.

Generell geht hier nicht um Gadgets oder Me-too-Lösungen, sondern um echte Innovationen, die den entscheidenden Unterschied zum Wettbewerb ausmachen.

Basierend auf diesem Denken wird es auch in bereits eingeführten Patientenprogrammen darum gehen, den Patienten als Treiber zu behandeln. Es geht bei den digitalen Lösungen aus Kundensicht vorrangig eben nicht um das permanente Betreutwerden. Genau das Gegenteil muss der Fall sein. Es geht hier um ein lösungsorientiertes Denken und Handeln aus Patientensicht. Der „Connected Patient", der zuvor freiwillig einer Programmteilnahme zugestimmt hat, muss im Mittelpunkt stehen Darum gilt es also nicht, komplizierte Patientenprogramme zu entwickeln, sondern um einfache digitale Lösungen, die die Programme effektiver machen. Der Patient muss die Vorteile dieser einfachen Digitalisierung sehen und bei Laune gehalten werden. Alles andere wäre kontraproduktiv. Das kann jedoch nur gelingen, wenn es Rückmeldungen einer positiven Customer Experience gibt, möglichst ohne eigenes Zutun und Erbringen besonderer intellektueller Fähigkeiten. Automatischen Lösungen gehört daher die Zukunft.

Auch im Compliance-Bereich muss etwa zum Vermeiden von unerwünschten Nebenwirkungen einer Medikation das Rad nicht neu erfunden werden, wenn man mit Hilfe digitaler Medien auf eine Optimierung des Regimes achtet. Das gleiche könnte auch bei komplexen Einnahmeschemata gelten, in dem man die verwendeten Tablettenpackungen beispielsweise mit digitalen Erinnerungs-Tools verbindet. Das ist finanziell und technisch problemlos machbar und stellt sofort einen deutlich erkennbaren Mehrwert für den Kunden dar. Außerdem bekäme man ohne aufwendige Befragungen durch den Einsatz digitalisierter Packungen, einen lückenlosen Einblick in das Einnahmeverhalten der Patienten, was einer Qualitätskontrolle gleich käme. Es wäre der Fortschritt des Patienten gegenüber hinsichtlich Adhärenz und Persistenz digital dokumentiert und er selbst könnte unabhängig vom jeweiligen Frontendgerät einen einfachen Überblick über sein Verhalten haben, was ihm das Gefühl von Selbstbestimmtheit zurückgibt und somit seine Bereitschaft zur verbesserter Therapietreue erhöhen könnte. Für manche Menschen eine nicht zu unterschätzende Tatsache.

Schlechter sozialer Support: Umfeld einbinden, Mentorenschaften, Selbsthilfegruppen

Es bestehen zahlreiche Ansatzpunkte, die Erfahrungen aus dem Automobilhandel auch bei Medizinpatienten zum Einsatz zu bringen. Ein naheliegendes Vorgehen richtet sich, wie schon beschrieben, am Adhärenz-Prozess vom „Onboarding" bis zur „Maintenance" aus und fragt, welche technologischen Innovationen einen Mehrwert für den Patientenservice leisten. Auch ist es richtig, dass eine alleinige operative Neu-Ausrichtung die Komplexität des Sachverhalts nicht ausreichend berücksichtigt, sondern auch das konzeptionelle Selbstverständnis im Sinne der Customer Experience einen bedeutenden Beitrag zur Ausschöpfung technologischer Synergien leistet. Der digitale Ball kommt nur vors pharmazeutische Tor, wenn der Spielzug als Doppelpass – operativ *und* konzeptionell – in die Tiefe geht. Ansonsten bleiben die Nachwuchsspieler im Gesundheitsunternehmen (vermutlich) die ewigen Talente.

Gleichwohl steckt auch hier die Arbeit im Detail: Keineswegs können die Erfahrungen aus dem Automobilhandel einfach übertragen werden und schon gar nicht „analog", dafür drehen sich die Verhältnisse auch im Bereich Automotive einfach zu schnell. Selbst die Leitindustrie, um die es hier geht, ist nicht Treibende, sondern die Getriebene – was ihr offensichtlich schwerfällt zu akzeptieren.

Allein schon im Prozessualen wäre es kurzsichtig, die traditionelle Dichotomie zwischen Vertrieb und Service auf „Onboarding" und „Maintenance" zu verlängern. Auch im Automotive-Umfeld entwickeln sich die Begriffe weiter: So beinhaltet beispielsweise der Kundendienst eben auch Verkaufsanteile abseits herkömmlicher Vorstellungen. Dabei geht es nicht nur um Reparaturen, sondern auch um die Verlängerung von Fahrzeuggarantien – es entstehen Produktbündel, die sich aus der Kombination automobilspezifischer und -ferner Dienstleistungen zusammenfügen. Ein Lösungsansatz ist die Trennung in Leistungserbringung und -sicherstellung, sodass nur noch eine primäre, hochintegrierte Wertekette im Automobilhandel am Kunden entsteht, was aus datenlogischer Sicht auch sinnvoll erscheint.

Ohnehin ist die Datenlogik einer der wichtigsten Bausteine im Gesamtkonzept. Von der analogen Welt häufig unterschätzt. Dieses Unterschätzen der Analogen geht mit einer großen Fundamentalenttäuschung einher: Die Erkenntnisse aus den kolossalen Datenbeständen beruhen eben nicht auf hochanspruchsvollen ingenieurwissenschaftlichen Denkanstrengungen. Hier kommen nicht industriespezifische Expertisen, automobilnahe Kernkompetenzen und vertriebsorientierte Wissensbestände zum Einsatz. Nein, im Gegenteil: Automobilunabhängige Algorithmen liegen den Big-Data-Analysen zugrunde. Statistische Korrelationsberechnungen extrapolieren die Abwanderungsquoten (Churn Rate) von Bestandskunden und liefern so wichtige Steuerungsgrößen für das Kundenbeziehungsmanagement der Automobilhersteller. Die wiederum fließen in den Customer Satisfaction Index (CSI), auf dessen Basis Boni kalkuliert, Managerkarrieren befördert und Budgets freigegeben werden. Doch im Vergleich: Welches Pharma- oder Medizintechnikunternehmen steuert schon heute darüber die Kundenzufriedenheit der Patienten – und zwar digital integriert?

2.4   Zusammenfassung und Ausblick

Das Beispiel Automobilhandel zeigt, dass die aktuellen Herausforderungen der einen mit den Erkenntnissen der anderen Industrie zum gegenseitigen Nutzen kombinierbar sind. Die Frage bleibt, warum es gerade diese beiden Industrien sind, die hier in Bezug zueinander gebracht werden.

Auch wenn der Automobilhandel heute der Getriebene ist, so war die Automobil-industrie in Summe doch über hundert Jahre hinweg in weiten Teilen ein Leitbild für viele andere. Neue technologische und prozessuale Ansätze haben hier ihren Ursprung: Kontinuierlicher Verbesserungsprozess (KVP), Lean Management, carbon-basierte Kon-struktionen – alles Begriffe, die mit der Automobilindustrie in direktem Zusammenhang stehen. Noch immer ist sie ein (innovatives) Schwergewicht, insbesondere in Deutschland.

Ebenso die Gesundheitsindustrie. Auch hier gibt es große Global Player, die eine be-deutende Rolle einnehmen. Gleichwohl liegen abseits der wirtschaftspolitischen Bedeu-tung die Chancen in den prozessualen Charakteristika des jeweiligen Geschäfts: Beide Industrien bedienen ein Volumengeschäft und für beide ist der intensive Kundenkontakt entscheidend, auch wenn der Vertrieb über Dritte läuft. In Summe sind das gute Startpunk-te für eine aussichtsreiche Ehe. Zudem sind die wirklichen Integrationsmöglichkeiten in diesem Text noch gar nicht zur Sprache gekommen: Warum sollen beispielsweise Adhä-renz-Prozesse nicht OTA auf dem Entertainmentsystem im Fahrzeug laufen?

Notwendig sind jetzt erste automobilinduzierte Digitalpiloten in der Healthcare-Bran-che. Die Technologie ist da, die Expertise ist da, das Konzept ist da – ein Doppelpass gleich nach dem Anstoß, das wäre jetzt das Richtige.

> **Drei Learnings für die Gesundheitswirtschaft**
>
> 1. Nutzen Sie die Erfahrung der Digitalisierung im Kundenservicebereich, um Patien-ten eine personalisierte, bestmögliche Therapiebegleitung bieten zu können.
> 2. Stellen Sie den Endkunden in den Vordergrund Ihres Denkens und Ihrer Kommu-nikation, denn er entscheidet letztendlich über die Effektivität eines medizinischen Angebots.
> 3. Verabschieden Sie sich von Ihrem Denken, dass die Gesundheitsbranche nicht mit anderen Branchen vergleichbar ist.

Literatur

Connected Cars – Statista-Dossier (2015). Hamburg: statista.

Laschet, H. (2013). Mangelnde Therapietreue – Das Milliardengrab. http://www.aerztezeitung. de/politik_gesellschaft/versorgungsforschung/article/849016/mangelnde-therapietreue-milliardengrab.html. Zugegriffen: 1. März 2016.

Prof. Dr. Thomas Breisach ist Professor für Gesundheits- und Sozialmanagement am Standort München der FOM Hochschule für Ökonomie und Management gGmbH sowie als strategischer Berater für internationale Life-Sciences- und Hightech-Unternehmen tätig.

Dr. Marcel Hattendorf verfügt über eine langjährige Erfahrung in der Automotive-Branche und ist zurzeit als Senior Manager Customer Experience Retail bei der führenden Prozess- und IT-Beratung MHP, einem Tochterunternehmen der Porsche AG, tätig.

Was kann die Gesundheitswirtschaft von der Luftfahrt lernen?

Ansätze zur Qualitätssteigerung und Senkung der systemischen Kosten

Sebastian Baum

Zusammenfassung

Unsere Krankenhäuser stellen den Patienten und seine Gesundheit nicht in den Vordergrund – so die weitläufig vorherrschende, weil stets medial wiederholte, Meinung. Sie operieren zu viele Patienten und bieten im Verhältnis zum Aufwand eine zu schlechte Qualität. Das System der Krankenhäuser sei damit insgesamt zu teuer, auch oder vielleicht, weil es zu viele Krankenhäuser gibt. Die Krankenhäuser haben ihre Ablaufprozesse nicht aus der Sicht des Kunden „Patient" strukturiert. Unnötige Wartezeiten und fehlende Information beziehungsweise Kommunikation führen zu unnötiger Unzufriedenheit. Der Kunde selber kann nur eine erlebbare Servicequalität bewerten, da er nicht über die Multiprofessionalität der Fachlichkeiten im System Krankenhaus verfügt. Die konkreten Serviceerlebnisse prägen die Erwartungen der Kunden im System der Zweiklassenmedizin, die nur eine scheinbare Differenzierung der Medizin bietet. Best Practices aus der Luftfahrt zeigen, wie der Patient im Behandlungsprozess eingebunden werden kann, wenn Besitzstands- und Abteilungsdenken zugunsten einer kundenorientierten Prozessgestaltung über Bord geworfen wird. Welche Ansätze es gibt, die bestehenden Behandlungsprozesse tatsächlich medizinisch und ökonomisch zu verbessern, zeigt eine Anleihe aus der Luftfahrt.

S. Baum (✉)
50226 Frechen, Deutschland
E-Mail: Sebastian.Baum@sah-eschweiler.de

© Springer Fachmedien Wiesbaden 2017
D. Matusiewicz und M. Muhrer-Schwaiger (Hrsg.), *Neuvermessung der Gesundheitswirtschaft*, FOM-Edition, DOI 10.1007/978-3-658-12519-6_3

3.1 Einleitung

Es steht schlecht um sie, die deutschen Krankenhäuser. Dies zumindest berichten unsere Medien. Gestützt wird ihre Berichterstattung insbesondere durch die Aussagen einer, wenn nicht der derzeitig mächtigsten Interessengruppe im Gesundheitswesen, den Krankenkassen. Zumindest ist diese Interessengruppe besser organisiert, weil einheitlicher in ihrer Außendarstellung, als die Lobby der Krankenhäuser. Gegenüber der Öffentlichkeit verkörpern Krankenkassen eine wichtige Vertrauensfunktion. Die Krankenkassen versichern für unsere Gesundheit. Damit verbindet der eine oder andere bewusst oder unbewusst, dass die Krankenkassen auch die persönliche Gesundheit jedes Einzelnen in den Vordergrund allen Handelns stellen. Ob dem so ist, wagt der Verfasser weder anzuzweifeln noch zu bestätigen. Er stellt zumindest fest, dass diese Frage in der Diskussion nicht gestellt wird. Dennoch erscheint sie wichtig, da im Hintergrund der offen geführten Diskussion vielmehr eine Diskussion im Verborgenen zwischen den Krankenkassen als Kostenträgern und den Krankenhäusern als deren Verursachern einzig und allein über die Frage geführt wird, welche Leistung die Krankenkassen künftig noch bezahlen und mit welchen Mitteln bestehende Kosten gesenkt werden können. Doch bleiben wir im Bereich des Offiziellen.

Unsere Krankenhäuser stellen den Patienten und seine Gesundheit nicht mehr in den Vordergrund – so die stets medial wiederholt dargebotene Meinung. Sie operieren zu viele Patienten und bieten eine zu schlechte Qualität. Das System der Krankenhäuser sei zu teuer, auch oder vielleicht, weil es zu viele Krankenhäuser gibt. Doch welches Krankenhaus geschlossen werden soll, mag keine Interessengruppe bestimmen, zu stark wäre der lokal zu erwartende Widerstand. Daher erfolgt ein sukzessiver Rückbau der Standorte über gewollte Insolvenzen, die zukünftig über qualitätsinduzierte Abschläge beschleunigt werden soll.

Gibt es denn heute eine Grundleistung „Krankenhaus"? Nein, denn faktisch hat Deutschland bereits eine Zwei-Klassen-Medizin, die Airline-Economy-Class im Standard-GKV-Tarif. Hier muss alles günstig, zweckmäßig und ausreichend sein. Der Flieger muss schnell und günstig am Ziel ankommen, gegebenenfalls auch ohne Gepäck. Für den Patienten bezahlt die Kasse nur das, was sein muss und üblich ist. Das Wirtschaftlichkeitsgebot im Sozialgesetzbuch (Fünftes Buch (V) § 12) fordert „Die Leistungen müssen ausreichend, zweckmäßig und wirtschaftlich sein; sie dürfen das Maß des Notwendigen nicht überschreiten." Sicherlich ist dies nicht das, was der mündige Versicherte sich wünscht, wenn er persönlich betroffen ist. Doch neuartige medizinische Verfahren oder Untersuchungsmethoden werden ihm in der Economy von der Krankenkasse nicht übernommen, das Getränk an Bord müsste dieser Patient sozusagen selber zusätzlich einkaufen, wenn er sonst verdurstet. Im Flieger wird das Reisen in der Business- oder First-Class zum Erlebnis als solches. Privatpatienten im Krankenhaus erleben deutlich verkürzte Wartezeiten für Untersuchungen und Behandlungen und auch die volle Kostenübernahme für teurere Hightech-Angebote, höhere Vergütungen für die ärztlichen Leistungen, denen damit auch mehr Zeit für den Patienten gegenüberstehen, ergänzt um ein Komfort-Unterbringungspaket, das nicht nur im ländlichen Bereich so manchem Vier-Sterne-Hotel Konkurrenz bereiten würde. Neben diesem simplen Beispiel der Tarifierung von Gesundheitsleistungen gibt es weitere Anleihen aus der Luftfahrt im Krankenhaus, die im Folgenden betrachtet werden. Der Autor ist der Meinung, dass die Luftfahrt und Krankenhäuser noch deutlich ähnlicher funktionieren, als man bislang denkt. Das Problem am Beispiel der Tarifierung ist bisher nur, dass diese in der Luftfahrt längst akzeptiert und etabliert ist und im Krankenhaus die Zwei-Klassen-Medizin gerügt und diskreditiert wird.

3.2   Die Luftfahrt

Bestehen grundsätzliche weitere Gemeinsamkeiten und können diese genutzt werden? Am Beispiel der Kundenperspektive, also der Erwartung derjenigen, über deren Gesundheitsversorgung wir diskutieren, ziehen wir den ersten Vergleich. Der Kunde im Informationszeitalter informiert sich vorab im Internet und wählt bewusst eine Dienstleistung aus (Cancom 2015). Ein Fluggast bucht dort den Flug, wo dieser am günstigsten ist. Wenn der Preis nicht im primären Fokus steht, wählt er das Angebot, das seinen persönlich gewünschten Servicelevel abdeckt. Kein Fluggast bucht bewusst Lufthansa oder Air Berlin, um zwei große Anbieter zu nennen, weil diese aus seiner Wahrnehmung beziehungsweise seiner Möglichkeit der Beurteilung besser fliegen. Dass die Fluglinien Flugzeuge und Piloten sowie Crew-Personal vorhalten, das es ihnen ermöglicht, von A nach B ohne Absturz zu reisen und dabei beim Check-in ohne viele Wartezeiten durchzukommen und an Bord freundlich behandelt zu werden, das setzt der Fluggast voraus (Bundesverband der Deutschen Luftverkehrswirtschaft 2014).

Dennoch wird das Sicherheitsgefühl nach dem aktuellsten Report der Luftverkehrswirtschaft als wichtigstes Auswahlkriterium von Kunden benannt. Gleichzeitig zeigt die Umfrage, dass den Passagieren eine sichere, preisgünstige und reibungslose Abwicklung der Basisdienstleistung wichtiger ist, als zusätzliche Services.

Im Krankenhauswesen verhält es sich völlig analog. Patienten wählen, sofern ihre Erkrankung eine Wahl zulässt, das Krankenhaus, von dem sie glauben und hoffen, dass das Personal dort freundlicher ist, die Wartezeiten möglichst kurz sind und das Essen schmeckt. Dass der Mediziner gut operieren kann, wird vorausgesetzt und erwartet. Denn auch im Fokus der Krankenhauspatienten stehen die Faktoren der ärztlichen Versorgung und das Sicherheitsgefühl an erster Stelle der nach Wichtigkeit gruppierten Aspekte, die Patienten bei Befragungen definieren (Das Krankenhaus 2013).

Beide Kundengruppen wünschen sich einen schwer zu beurteilenden Faktor. Der Patient vermag genauso wenig die medizinische Qualität zu beurteilen, wie der Fluggast die tatsächliche Sicherheit eines Flugzeuges und das persönliche Können des Piloten einer Airline. Wenn mündige Konsumenten der Luftfahrt und Krankenhäuser diese primär wichtigen Indikatoren beurteilen wollten, müssten sie sich deutlich vertieft mit fachwissenschaftlichen Unterlagen auseinandersetzen und detaillierte Informationen zur Ausstattung und Wartung (Systemsicherheit), den Fähigkeiten des Personals (Qualifizierungsgrad und Schulung) sowie der Fehlerkultur als solche (Lernfähigkeit des Unternehmens) erhalten können. Dies bieten weder Krankenhäuser noch Fluggesellschaften offen im Internet an.

Dennoch hat die Luftfahrt bereits auf die Wünsche ihrer Kunden reagiert. Auf einem freien Markt im Wettbewerb agierende Leistungserbringer sind eher gefordert, ihre Angebote dahingehend auszurichten, dass beispielsweise die interne Fehlerkultur deutlich verbessert wird.

Betrachtet man nun die derzeitige Medienberichterstattung genauer, wird behauptet, die deutsche Krankenhausqualität sei schlecht. Dabei wird zwar bisher kein Maß definiert, was gute Qualität wäre, denn es genügt die Aussage, scheinbar schlechte Qualität häufig genug mit der Aussage der zu häufigen Operationen zu kombinieren, damit die Allgemeinheit dies als wahr annimmt. Wenn diese zudem den Aspekt der Sicherheit, der gleichzusetzen ist mit der angebotenen Qualität, bevorzugt, ist das öffentliche Interesse gesichert. Es wird für jedes Krankenhaus unvermeidbar sein, sich sowohl um die Sicherstellung eines hohen Qualitätsniveaus zu bemühen wie dieses auch öffentlich(er) als bisher darzulegen. Denn die Weiterentwicklung der gesetzlichen Qualitätsberichte hilft dem interessierten Bürger bislang ebenso wenig, wie die vermeintlich qualifizierten Krankenhausranking der Krankenkassen eine Grundlage zum Lernen und Verbessern bieten.

Vielmehr definiert sogar das neu geschaffene Institut für Transparenz und Qualität im Gesundheitswesen selbst nur, was schlechte Qualität sei und wie man diese identifiziere. Was genau herausragend gute Qualität sei, könne noch nicht konkret benannt werden (Ärzte Zeitung 2016). Im künftigen System der ergebnisorientierten Vergütung von Krankenhausleistungen soll es nach dem Leiter des Institutes für Qualität lediglich kein Problem sein, Kliniken zu finden, die Qualitätsdefizite aufweisen. Also scheint auch hier die Zielorientierung eher die Basisabsicherung zu sein, der Economy-Tarif. Schnell und günstig gesunden, möglichst ohne auffällige Zwischenfälle. Derjenige, der unter dem gewünschten Mittelmaß liegt, wird ökonomisch abgestraft.

Doch wie steht es denn um sie, die Krankenhäuser? Nur am Rande nimmt der Bürger sie wahr, die Diskussion, die bevorzugt in Fachzeitschriften und kleineren Interessengemeinschaften stattfindet über eine tatsächlich zu geringe Investitionsförderung der Länder, die gesetzlich dazu verpflichtet wären. Noch scheint niemand daran zu denken, dass ein Patient ein Bundesland in Regress nehmen könnte, weil es seinen Investitionsauftrag nicht erfüllt hatte und er deshalb in einem Krankenhaus von – zumindest aus Sicht der Krankenkassen – schlechterer Qualität behandelt wurde.

Doch auf dem Markt der Krankenhäuser gibt es solche, die sowohl qualitativ als auch wirtschaftlich überzeugend arbeiten. Und es gibt andere, die beides nicht schaffen. Was unterscheidet diese Gruppen? Welche Maßnahmen haben zu ihrem Erfolg beigetragen?

Um die steigenden Kosten im Gesundheitswesen abzumildern, scheint der derzeit gewollte politische Lösungsansatz die zunehmende Überführung des Systems in eine unregulierte Marktwirtschaft zu sein, in der sich das theoretische Marktgleichgewicht von Preis und Menge selber finden sollte. Dies wird zwangsweise begleitet von Leistungsausweitungen in Bereichen, die attraktiv vergütet sind. Doch Patienten gewinnt ein Krankenhaus nur, wenn es deren Primärerwartungen „Sicherheit und Qualität" erfüllt. Nur dann ist es möglich, selbst monetär attraktiven Leistungen wie Knie- und Hüftprothesen auszuweiten. Zwar führen auch diese Leistungsausweitungen wieder zu einem schlechten Ruf der Branche, doch beweisen diese Häuser auch, dass es bereits einen Markt gibt, auf dem Patienten – bewusst oder unbewusst gesteuert über vorhandene Marktakteure – bewusst einzelne Häuser auswählen.

Also ist das grundlegende Ziel für Krankenhäuser, tatsächlich eine überdurchschnittliche Qualität in Indikationsstellung, Behandlung und Versorgung in auch effizienten Abläufen anzubieten, um dauerhaft bestehen zu können.

3.3   Was kann die Gesundheitswirtschaft aus der Luftfahrt lernen?

Mit welchen Mitteln kann ein Krankenhausmanagement die Herausforderungen meistern, ihr Krankenhaus zukunftsorientiert und nachhaltig aufzustellen? Welche Branche bietet Anhaltspunkte und zeigt Lösungswege auf? Wo kann das Management ansetzen, um die Qualität zu verbessern und die Prozesse zu optimieren, um die angebotenen Leistungen auch kostendeckend bei sinkenden Erlösen erbringen zu können?

3.3.1   Standardisierte Verfahren in Expertenorganisationen

Das Krankenhaus ist eine Expertenorganisation, in der primär der Mediziner, der Arzt, die Kernleistung bestimmt. Aufgrund der historischen Entwicklung der Finanzierungssysteme standen lange Zeit weder (Prozess-)Effizienz oder Kostenoptimierung im Fokus. Dadurch hat sich auch die Organisation Krankenhaus „um den Arzt" entwickelt. Erst mit der Einführung der DRG war es notwendig, Maßnahmen zu ergreifen, um bei sinkenden Erträgen weiterhin wirtschaftlich auskömmlich zu wirtschaften. Der meistgewählte Ansatz der seitdem im Management Einzug nehmenden Ökonomen bestand primär in der Ausweitung der Leistungsmenge bei unverändertem Ressourceneinsatz. Die Folge sind die durchaus berechtigten Kritiken insbesondere der Pflege, dass diese eine sehr deutliche Verdichtung an Arbeit erfahren hat.

Unterstellt man, das System Krankenhaus sei nun am Rande der Effizienz angelangt, dürfte es keine Möglichkeiten zur Optimierung von Abläufen geben, die nicht zwangsweise eine negative Auswirkung auf den Patienten und seinen Gesundungsprozess haben.

Doch der Autor ist der Überzeugung, dass es Möglichkeiten zur Verbesserung der Versorgung gibt, die zugleich auch eine Senkung der Kosten ermöglichen. Was klingt wie ein Paradoxon bedingt nur eins: Die konsequente Auseinandersetzung mit dem Weg, den ein Patient im Krankenhaus durchläuft. Eine prozessoptimierende Herangehensweise im Sinne einer Hochzuverlässigkeitsorganisation Krankenhaus kann nicht nur eine bessere medizinische Versorgung, sondern auch eine Effizienzsteigerung gewährleisten.

Hierzu wird nun in die Überlegung einbezogen, ob und was die Medizin von anderen hochkomplexen Organisationen lernen kann. Eines dieser Organisationsmodelle ist die Luftfahrt. Sicherheit hat dort im betrieblichen Alltag ebenfalls den höchsten Stellenwert – noch vor Wirtschaftlichkeit, Pünktlichkeit und Passagierkomfort. Genauso wie die Entscheidung und das Handeln des Arztes im Operationssaal über das Leben oder den Tod des Patienten entscheiden, wirkt sich das Handeln des Piloten im Cockpit aus. Beide Berufsgruppen haben ein ähnlich hohes Ansehen in der Bevölkerung und genießen ein hohes Vertrauen. Und – die Mediziner haben selbst längst Bezug zur Luftfahrt genommen: Das klinische Risikomanagement entstammt aus der Fehlerkultur der Luftfahrt (Schmidt et al. 2008).

Standardisierte Verfahren zur Erledigung alltäglicher, weil sich wiederholender Routinetätigkeiten (wie die Traigierung eines Patienten oder die Methoden der Ersteinschätzung), aber auch die akute Behandlung von primär ungewollten aber möglichen Stör- beziehungsweise Zwischenfällen (wie eine mögliche Nebenwirkung) sind eine der Sicherheitssäulen in der heutigen Luftfahrt. In der Luftfahrt erübrigte sich die Frage nach dem Sinn von Standardverfahren („standardoperating procedures", SOP), denn Standardverfahren erleichterten die Koordination und Absprache innerhalb eines Teams, gerade in Ausnahmesituationen. SOP verbessern die Sicherheit bei der Zusammenarbeit von Flugzeugbesatzungen untereinander. Nur bei wenigen Fluggesellschaften arbeiten die Besatzungen in konstanter Zusammensetzung.

Dank der SOP muss nicht jeder Arbeitsablauf im Vorfeld besprochen werden, sondern es findet eine Beschränkung auf die jeweiligen Besonderheiten des gemeinsamen Fluges, damit der interprofessionellen Zusammenarbeit, statt. Das Risiko möglicher Fehlerquellen wird auf ein Minimum reduziert. Besprechungen sind ein verbindlicher Teil der Flugvorbereitung. Inhalte und Handlungsabläufe sind dezidiert festgelegt und werden konsequent umgesetzt. SOP dienen damit der Fokussierung der Mitarbeitenden auf die Besonderheiten, die die Umsetzung des vordefinierten Prozesses beeinflussen können. So informiert beispielsweise der Pilot die Kabinenbesatzung beim gemeinsamen Briefing über eventuelle Schlechtwettergebiete, damit diese den Service entsprechend planen kann. Jeder aufgetretene Beinahefehler wurde und wird in der Luftfahrt analysiert und Methoden zur Situationsbewältigung in das in jedem Team geschulte Routineprogramm übernommen.

Ähnliches findet heutzutage immer häufiger in Operationsbesprechungen, dem sogenannten „Time-out" vor einem Eingriff statt. Hier werden eventuelle Komorbiditäten, Voroperationen im jeweiligen Operationsgebiet, Medikamentenunverträglichkeiten etc. besprochen, aber auch Banalitäten, wie die Personalien des Patienten, um sicherzustellen, dass der richtige Patient auf dem richtigen OP-Tisch die richtige Operation erhält.

Durch die Etablierung medizinischer SOP wurden die Wahrscheinlichkeiten für systemische und personalisierte Fehler reduziert, indem die Ausnahme, der medizinische Notfall, mit einem Standardvorgehen versehen wurde. Leider herrschte aber lange in der Medizin eine Kultur der Schuldzuweisung, die Fehler in erster Linie als personalisiertes Versagen bewertete. Das Benennen des Einzelnen erfolgt in der Absicht, das Team beziehungsweise System zu entlasten, daraus resultiert der überhöhte Anspruch, keine Fehler zu machen. Im Gegensatz zu Piloten gaben zum Beispiel Chirurgen in Untersuchungen an, trotz Müdigkeit weiterhin fehlerfrei arbeiten zu können oder waren davon überzeugt, dass unerfahrene Teammitglieder nicht die Entscheidungen der Erfahreneren (Chefärzte) in Frage stellen sollten (Sexton et al. 2000). Diese Generationen sind heute noch im Krankenhaus tätig und so erfolgt eine Adaption der offenen Fehlerkultur nur sukzessive oder nur in Subbereichen.

Fokussieren sollten Krankenhäuser sich daher nicht nur auf individuelle Einzelfehler, sondern primär auf die Etablierung einer abteilungsübergreifenden Betrachtung der Prozesse, in der Luftfahrt-Crew Ressource Management genannt. Gemeint ist damit die interprofessionelle methodische Arbeit mit nicht-fachlicher Expertisen wie Kooperation, Führungsverhalten, Kommunikation und Entscheidungsfindung aus Prozesssicht (Sax et al. 2009).

3.3.2 An Schnittstellen von Teilprozessen entstehen Fehler und Verschwendung

In der Luftfahrt wird der Pilot, der die wichtigsten Entscheidungen während des Fluges alleine im Cockpit trifft und verantwortet, unterstützt. Sukzessive wurden Verantwortlichkeiten für einzelne Teilprozesse fernab des Cockpits delegiert: Die optimale Betankung gewährleistet der Field Manager, die Boarding Crew verantwortet die zeitgerechte Be- und Entladung des Fliegers. Der Fluglotse bestimmt nicht nur, auf welcher Start- und Landebahn der Pilot starten darf, sondern auch in welcher Höhe er fliegen soll. Die Bord-Crew verantwortet den perfekten Service am Fluggast und die Einhaltung der Sicherheitsvorschriften sowie die Aufklärung der Fluggäste in der Kabine. Nur so kann der Pilot sich auf seine Kernaufgabe konzentrieren: einen optimalen, ruhigen und sicheren Flug. Er ist voll verantwortlich für seine Fluggäste und während der besonders kritischen Start- und Landephase auch völlig auf sich selbst gestellt. Ähnlich müssen wir ein modern geführtes Krankenhaus verstehen, indem zwischen unterstützenden Prozessen und denen der primären medizinischen Indikation und Behandlung durch den Arzt differenziert wird und alle Teilprozesse von demjenigen beeinflusst und verantwortet werden, der dazu am besten befähigt ist.

Im Krankenhaus scheitern einige Versuche der Standardisierung selbst von unterstützenden Abläufen zu etablieren, weil sich ein Arzt durch Verfahrensregelungen in der Freiheit seiner handwerklichen Kunst unzulässig eingeschränkt fühlt, nach dem Motto: „Medizin ist immer ein Einzelfall". Die Statistik hingegen zeichnet ein anderes Bild. Nicht selten haben Selbstüberschätzung und Risikofehleinschätzung als entscheidendes Element zu Unfällen beigetragen. Heutzutage ist deshalb neben den bereits angesprochenen Standardverfahren genau diese Aufteilung in Teilprozessverantwortlichkeiten eine nicht wegzudenkende Sicherheitssäule in der Luftfahrt, in der die Teilprozesse ineinander verzahnt wie synchronisierte Zahnräder routiniert und störungsfrei ablaufen.

Genauso bilden die medizinischen Leitlinien der ärztlichen Fachgesellschaften die Grundlage der Behandlungsabläufe aus medizinischer Sicht. Doch bilden diese eben nur die Therapieart einer definierten Grunderkrankung ab, wie beispielsweise die Wahl des geeigneten Medikamentes und/oder erforderlicher Diagnostik zur Sicherung der Diagnose. Eher sehr selten finden wir heute medizinische SOP verknüpft mit der Frage, wie man den Behandlungsablauf zugleich logistisch optimieren und damit Wartezeiten der Patienten während des Krankenhausaufenthaltes verringern oder sogar vermeiden kann. Täglich warten unsere Patienten im Krankenhaus darauf, dass ihnen Termine beim Labor, der Radiologie oder der Prämedikation vereinbart werden und werden dann, wenn der Termin von der Station vereinbart wurde, zu einer Untersuchung geschickt, auf deren Durchführung die Patienten dann wieder vor Ort warten. Im OP ist jede Minute, in der ein Team wartet, besonders teuer, da hier eine Vielzahl von Experten nur gemeinsam am Patienten tätig sein kann. Aufgrund von Organisationsdefiziten werden kumulierte Wartezeiten und damit „Verschwendung" in Höhe von ganzen Arbeitstagen als „optimal" angesehen, weil jede einzelne Wartezeit als gering bewertet wird. Der Blick aus der Perspektive der Organisation auf die kumulierten Warte- und damit Leerzeiten wird aus medizinischer Sicht als simpler Versuch des Ökonomen der weiteren Arbeitsverdichtung beurteilt. Doch zeigt er durchaus auf, wo bildhaft gesprochen „Sand im Getriebe" vorhanden ist. Eine Erhöhung der Last auf eines solch in der Synchronisation gestörten Getriebes führt auf Dauer zu einem Kollaps und Bruch der Zahnräder. Wenn wir die Abläufe verbessern möchten, müssen wir in der Medizin an der Synchronisation der Zahnräder arbeiten.

3.3.3 Abläufe im System Krankenhaus aus Kundensicht

Wer bereits einmal Patient im Krankenhaus war, wird leider noch selten dieselbe synchronisierte Organisation vorfinden, die ein Fluggast auf dem Weg zu seinem Flieger in den Urlaub erlebt:

Luftfahrtunternehmen und Flughafenbetreiber haben logistisch ihre Prozesse maximal vereinfacht, um den Kunden zu befähigen, aktiver Teil der Dienstleistung zu werden. Der Kunde findet seinen Flugtermin vereinfacht durch eine Online-Flugbuchung. Vor Ort befähigt die konsequente Ausrichtung der Beschilderung bereits auf der Anfahrt zum Flughafen den ortsunkundigen Fluggast, den Abflugbereich oder das Parkhaus zu finden. Er kann sogar online zuvor einen Parkplatz buchen – zu reduzierten Kosten versteht sich. Auf seinem Fußweg vom Parkhaus bis zum Check-in ist nicht nur die Beschilderung, sondern auch das Gebäudelayout fokussiert darauf, den Kunden möglichst störungsfrei und einfach auf dem Weg zu leiten, damit er den Check-in-Bereich erreicht. Wenn man sich die überwältigende Zahl an Flugpassagieren täglich an den großen deutschen Flughäfen betrachtet, sind umherirrende Fluggäste oder unnötige Wege für diese doch eher selten anzutreffen. Am Security-Check kommt der Fluggast so informiert an, dass er selbstständig ordnungsgemäß den Laptop aus dem Handgepäck holt und die Plastikbeutel mit den Flüssigkeiten (<100 ml) zur Schau stellt. Die wenigen, die noch „aus der organisierten Reihe tanzen", ziehen von den Umstehenden kritische Blicke auf sich, weil sie den optimalen Ablauf aufhalten. Der Kunde ist hier die letzte – schwerer zu beeinflussende – Störgröße und weniger die Organisation an sich.

Wäre es nicht ein sinnvolles, weil ressourcenschonendes, Ziel, den Patienten ebenso zum mündigen Teil des Behandlungsablaufes im Krankenhaus zu befähigen? Doch wie häufig kann heute ein Patient denn seinen Angehörigen schon sagen, wann er ca. wieder aus dem Krankenhaus entlassen wird? Wir bilden Medizin in DRG ab, die eine normierte, weil ähnlich durchschnittliche Verweildauer und Kosten haben. Dennoch weiß kaum ein Patient, wann er – bei üblichem und nicht komplizierendem Verlauf seiner Aufnahmediagnose – wieder das Krankenhaus verlassen wird. Oder welcher Patient weiß denn schon, was ihn am nächsten und übernächsten Tag an Untersuchungen und Behandlungen erwartet? Meist weiß der Patient höchstens, was es zum Mittagessen gibt – und auch das wird selbst bei elektiven Einbestellungen am Aufnahmetag als Zugangsessen ohne Wahlmöglichkeit und selten in hoher Qualität geliefert. Dies basiert auf der Tatsache, dass wir im Krankenhaus den Ablauf nicht konsequent aus Sicht eines mündigen Kunden „Patient" vom ersten Weg in eine ambulante Sprechstunde, über die Terminierung einer elektivplanbaren OP und die vorstationäre Aufnahme sowie erste Voruntersuchungen ausgerichtet haben.

Warum bauen private Klinikketten Krankenhäuser meist neu? Weil die ursprünglichen Altbauten nicht funktional genug gebaut sind und unnötige Wege bedingen, die täglich auch Zeit und damit Ressourcen kosten. Haben Sie schon einmal versucht, nur der Beschilderung in einem Krankenhaus zu folgen, ohne einen Mitarbeiter nach dem Weg zu fragen? Dann werden Sie festgestellt haben, dass Beschilderung Sie auch in Sackgassen führt, weil nach einem Umbau nicht immer der Blick aus Sicht des Patienten aufgesetzt wurde.

Es ist ein wichtiger Schritt und auch ein Zeichen von Qualität, wenn wir den Patienten befähigen, aktiv Teil seiner eigenen Behandlung zu werden. Dazu gehört eine umfängliche Aufklärung, nicht nur über die Risiken des Eingriffes und möglicher Komplikationen. Diese sind heute Standard, weil genug Haftungsprozesse zu immer aufwendigerer Aufklärung geführt haben, um weitere Haftungsprozesse zu vermeiden. Doch wie wäre es, wenn wir dem Patienten bereits im Vorfeld genauer erklären, was ihn im Verlaufe seines Krankenhausaufenthaltes erwarten wird? Beispielsweise, dass er am besten bereits vor dem Aufenthalt an einem sogenannten vorstationären Tag eine Besprechung mit dem Narkosearzt hat, damit dieser optimal die Narkose individuell auf den Patienten einrichten kann. Dazu wäre es hilfreich, wenn der Narkosearzt bereits alle Medikamente kennt, die der Patient bereits regelhaft einnimmt. Ich bin der Überzeugung, dass jeder mündige Bürger eine Liste mitbringen würde, wenn wir ihm den Sinn erklären, statt ihn auf einem von vielen Handzetteln darauf hinzuweisen.

Wenn wir Patienten zur OP oder Sprechstunde planen (einbestellen), dann können wir auch ein Bett für die Zeit nach der OP auf einer Station oder einen Untersuchungsraum „buchen". Doch einige Häuser definieren diese Details mit dem vorgeschobenen Argument der Unplanbarkeit aufgrund eines unplanbaren „Notfallaufkommens" erst am Tag des OP- oder Ambulanztermins selber. Statt vorausschauend zu agieren, ist die Suche nach dem Bett und die Terminierung der Erstuntersuchungen im Krankenhaus Teil des Tagesgeschäftes und bindet qualifizierte Mitarbeiter, die mit einer Arbeit am Patienten selber einen höheren Wertschöpfungsgrad erreichen würden.

3.3.4 Human Factors als Schlüssel im System Krankenhaus

Ziel ist es nicht, dass jeder Patient unreflektiert in einen medizinischen Behandlungspfad gedrängt wird. Ziel ist es, durch die Erhöhung der Aufmerksamkeit für wiederkehrende Abläufe aus Sicht des Patienten die Chance zu nutzen, unsere SOP zu verbessern. Wir können diese um Informationen ergänzen, wann ein Patient wahrscheinlich welche Therapie oder Untersuchung erhält. Mit diesen Mitteln wären wir befähigt, unsere eigene Organisation an den Stellen zu verschlanken, an denen heute unser Personal einen scheinbaren Mangel verwaltet. Statt von Arztvisite zu Arztvisite zu denken und dazwischen kleinteilige Arbeitsaufträge abzuarbeiten und Röntgentermine zu suchen und auf diese zu warten, können wir anhand vereinfachter standardisierter Abläufe solche Termine vorausschauender planen. Damit vermeiden wir Warteschlangen in der Radiologie, weil wir vorhersehen können, wann es zu einer Terminverdichtung kommt.

Dieser Ansatz bedingt ein „Lean-Management", nämlich eine Fokussierung auf strukturierte Abläufe und ein Bewusstsein, dass Standards und Regeln zu einer Erhöhung auch der medizinischen Wertschöpfung beitragen. Um dieses Bewusstsein zu erreichen, bedarf es einer Veränderungskultur, die die klassisch fragmentierte Organisation aus ihrer klassischen Hierarchie herauslöst und aus dem Blick des Patienten neu denkt (Hofinger 2013).

Das System Krankenhaus verhält sich heute im Kern oft führungslos (Gottschalk 2015). Aus der Sicht von Geschäftsführungen entziehen sich Chefärzte dem Versuch Unternehmensstandards zu etablieren, während sich der Chefarzt als Mittelpunkt der medizinischen Versorgung und manch einer sogar des Krankenhausbetriebes verhält. Doch wir haben am Beispiel der Luftfahrt unter Abschn. 3.3.2 bereits definiert, dass synchronisierte Prozesse weder Abteilungsgrenzen und Interessen einzelner Berufsstände, sondern deren Auflösung bedingen. Eine effiziente und patientenorientierte Organisation wird einen qualitativ herausragenden medizinischen Behandlungsprozess erreichen und durch Reduzierung der Verschwendung auch den Arbeitgeber Krankenhaus dauerhaft wirtschaftlich überleben lassen. Die Organisationskultur wird damit zum Schlüssel der Zukunftssicherung, der Ansatz liegt in der Befähigung der Organisation Krankenhaus und seiner Berufsstände Gewohnheiten zu verändern, neue Erfahrungen zu machen, Veränderungen auch herbeizuführen. Ein intern geführter Stellvertreterkrieg zwischen Ökonomen und Medizinern schafft keine verbesserte Patientenversorgung, er bindet nur Ressourcen. Doch wurden in der Medizin Aspekte der Systemgestaltung bislang wenig beachtet (Catchpole 2013). Das mag damit zusammenhängen, dass in der Luftfahrt längst etablierte Prinzipien wie die Zusammenarbeit und die Einbindung auch des TOP-Managements in systemische Trainings und Coachings mit den Führungskräften und ein strukturiertes Projektmanagement in unseren Krankenhäusern bislang noch selten umgesetzt werden (Carayon 2012).

Die Bedeutung der „menschlichen Faktoren" wird in der Medizin leider zu häufig auf ein Fehlverhalten und dessen Vermeidung reduziert anstatt auf die Befähigung der Organisation zur Steigerung der Patientensicherheit (Catchpole 2013).

Wie Krankenhäuser sich patientenorientierter entwickeln können

1. Die Luftfahrt ist eine dem Krankenhaus extrem ähnliche Branche, in der Experten in Teilprozessen alleinig hauptverantwortlich für das Überleben des Kunden sind.
2. Die wichtigsten Kundenansprüche beider Branchen sind identisch – Sicherheit und Qualität zu einem möglichst günstigen Preis.
3. Durch eine Standardisierung von Haupt- und Nebenprozessen und auch das Trainieren im Umgang mit ungewünschten aber möglichen Fehlern hat die Luftfahrt die Steigerung von Prozesseffizienzen und gleichzeitig eine Reduktion von Fehlerhäufigkeiten erreicht.
4. Die Umsetzung einer kundenorientierten Aufbau- und Ablauforganisation erfolgte in der Luftfahrt durch die Auflösung der Berufsstandsdiskussion und konsequente Fokussierung auf Prozess aus Kundensicht.
5. Mit einer verstärkten Fokussierung auf den Patientennutzen kann ein Krankenhaus medizinisch herausragend und wirtschaftlich erfolgreicher agieren als der Wettbewerb.
6. Die Umsetzung dieser Ansätze bedingt die Berücksichtigung der Human Factors, der erste Schritt ist die Befähigung der Organisation zum selbstständigen und systemischen Lernen. Ziel sollte es sein, eine Auflösung von ineffizienten Abläufen oder Prozessschnittstellen dadurch zu erreichen, dass die Kultur lernt, eine sachliche, zielorientierte Diskussion zu führen und nicht in der medizinisch-tradierten personenbezogenen Diskussion zu bleiben.

3.4   Zusammenfassung und Ausblick

Ebenso wie die Luftfahrtindustrie werden unsere Krankenhäuser einem zunehmenden Markt und damit Wettbewerb unterliegen. Im Wettbewerb bestehen diejenigen Anbieter, die besonders erfolgreich die primären Erwartungen ihrer Kunden in einer effizienten und auch wirtschaftlichen Organisation erfüllen.

Aus den dargestellten Branchenvergleichen lassen sich folgende Schlüsse ableiten:

a. **Die Mediziner in unseren Krankenhäusern haben bereits in Ansätzen die Fehlerkultur der Luftfahrt adaptiert.**
b. **Eine Fortführung der Adaption auf operative und unterstützende Prozesse birgt signifikante Potenziale im Hinblick auf Wirtschaftlichkeit und Patient Outcome.**

c. **Eine Transformation zur Patientenorientierung bedingt ein Umdenken der Berufsgruppen.**

d. **Die Grundlage der erfolgreichen Transformation sind Human Factors.**

Zu a. Die Mediziner in unseren Krankenhäusern haben bereits in Ansätzen die Fehlerkultur der Luftfahrt adaptiert

Das systematische Aufarbeiten von aufgetretenen Behandlungsfehlern oder Beinahefehlern im medizinischen Kernprozess entspricht der Fehlerkultur der Luftfahrt. Wenn das Ziel der Gesundheitswirtschaft und ihrer Akteure eine herausragende beziehungsweise effiziente Medizin ist, müssen sich alle Akteure daran beteiligen, Instrumente zu etablieren, die eine Fehlerkultur zulässt. Vergleiche von Qualitätsindikatoren unterstützen dies nur dann, wenn sie als Instrument dienen, Verbesserungen zu erreichen. Ansätze zur Reduktion der Vergütung erhöhen zwar auch den Druck auf ein System, sich selber zu regulieren, doch ist Hilfe zur Selbsthilfe sicher der effizientere Weg. Das System der Initiative Qualitätsmedizin beinhaltet beispielsweise zwar auch die Erhebung von Qualitätsindikatoren zur Identifikation von statistischen Auffälligkeiten. Sie bilden jedoch keine Basis für einen hausübergreifenden Vergleich, sondern den Ansatz zur Identifikation von Verbesserungspotenzialen durch ärztliche Peer-Reviews, also der externen Unterstützung einer Abteilung zur Analyse der eigenen Abläufe im Sinne eines Best Practise.

Zu b. Eine Fortführung der Adaption auf operative und unterstützende Prozesse birgt signifikante Potenziale im Hinblick auf Wirtschaftlichkeit und Patient Outcome

Denken wir diesen Ansatz der Prozessverbesserung mit dem Ziel der Erhöhung der Effektivität unserer Organisationen weiter, so enden wir nicht bei den medizinischen Kernprozessen der Akutbehandlung beispielsweise im OP. Die ärztliche induzierte Fehlerkultur beschränkt sich bislang zumeist in ihren SOP auf medizinische Abläufe und beinhaltet selten pflegerische Begleitprozesse. Ein System, dass das Ziel der optimalen Ressourcenallokation verfolgt, wird auch seine vorbereitenden, unterstützenden und nachbereitenden Prozesse synchronisieren, um darin enthaltenes Fehler- und Verschwendungspotential zu verringern.

Zu c. Eine Transformation zur Patientenorientierung bedingt ein Umdenken der Berufsgruppen

Eine stringente Patientenorientierung im Sinne der Maximierung des Patient Outcome beziehungsweise der Reduzierung des Ressourceneinsatzes auf das vom Markt gewünschte Maß der Qualität bedingt, dass Veränderungen nicht aufgrund von Individualinteressen einzelner Berufsstände verhindert oder verzögert werden.

Zu d. Die Grundlage der erfolgreichen Transformation sind Human Factors

Dazu erforderliche Human Factors hat die Luftfahrt erkannt und vor der Steigerung der Effizienz in Human Factors durch Trainings und Kommunikation investiert. Diese Fähigkeiten werden weder den Studenten im Medizinstudium noch den Fachpflegern in der pflegerischen Ausbildung noch dem Ökonomen im Studium der Betriebswirtschaft gelehrt. Diese Fähigkeiten bedingen ein interdisziplinäres Interesse an der gemeinsamen Weiterentwicklung einer Organisation.

Appelle an die Entscheider im Gesundheitswesen

1. **Expertenorganisation Krankenhaus – keine Ausnahme, sondern eine vergleichbare Branche**: Best Practices aus der Luftfahrt erkennen. Den Stand der eigenen Organisation beziehungsweise des eigenen Krankenhauses im Grad der Ausrichtung auf das Primärziel einer optimalen Medizinqualität mit marktfähigen Sekundär- und Tertiärprozessen analysieren. Die nächsten notwendigen Maßnahmen identifizieren. Die Prozesse immer nur aus der Perspektive von Endkunden und der interprofessionellen Kollaboration bewerten.
2. **Patientenorientierung setzt die Auflösung von Partialinteressen voraus**: Das Management muss dafür sorgen, dass alle Führungskräfte wissen, was das Kernziel des Unternehmens ist und konsequent davon abweichend divergierende Akteure auf die Zielfokussierung zurückführen. Jeder Nebenkriegsschauplatz bindet wertvolle Ressourcen und behindert das Unternehmen an der notwendigen Weiterentwicklung.
3. **Lernen- und Verbessern-Kultur etablieren**: Unser Krankenhaussystem wird nur dann besser werden, wenn alle – sowohl die Akteure innerhalb eines Unternehmens aber auch auf der Ebene Marktakteure – eine Grundlage für Struktur- und Prozessverbesserungen schaffen. Abstrafende Systeme erhöhen sicherlich den anfangs notwendigen Druck, Veränderungen herbeizuführen. Doch in der bundesweiten Gesundheitsversorgung wird es notwendig sein, einzelne Anbieter, die relevant für die lokale Medizinversorgung sind, auch dann extern zu befähigen, die erforderlichen Maßnahmen umzusetzen. Dies bedingt eine Qualitätsdebatte, die das Ziel einer Grundqualität zu einem Pauschalpreis verfolgt. Sonst besteht die Gefahr und Chance, dass einzelne Krankenhäuser lokal überaus erfolgreich wachsen, weil diese aus eigener Kraft bereits die notwendigen Maßnahmen ergriffen haben. Doch unser Marktziel ist eine Basisabsicherung der Bevölkerung in der Breitenversorgung, die nur in einem regulierten System mit Unterstützung der Länder und Kostenträger erreicht werden wird.

Literatur

(28. Apr. 2016). Klinik-Qualität – Indikatoren für Exzellenz fehlen noch. *Ärzte Zeitung*

Bundesverband der Deutschen Luftverkehrswirtschaft (2014). *Verbraucherreport*.

Cancom (2015). *Der Einzelhandel der Zukunft*.

Carayon (2012). *Human Factors and the Ergonomics in Health Care*.

Catchpole (2013). *Spreading human factors expertise in healthcare: Untangling the knots in people and systems.*

(10/2013). Der andere Blick – Klinisches Risikomanagement aus der Sicht der Patienten. *Das Krankenhaus*

Gottschalk, J. (2015). *Von Medizinern und Ökonomen in Stellvertreterkriegen.*

Hofinger (2013). *Human Factors im Krankenhaus – Konzepte und Konsequenzen.*

Sax et al. (2009). Can Aviation-Based Team Training Elicit Sustainable Behavioral Change? *Arch Surg.*

Schmidt, C. et al. (2008). *Risikomanagement zur Fehlervermeidung im Krankenhaus: Standard Operating Procedures aus der Luftfahrt als Vorbild für eine strukturierte Kommunikation im Klinikalltag.* Orthopädie Unfallchirurgie.

Sexton, J. B., et al. (2000). Error, stress, and teamwork in medicine and aviation: cross sectional surveys. *British Medicine Journal.*

Sozialgesetzbuch (SGB). Fünftes Buch (V) – Gesetzliche Krankenversicherung – § 12 Wirtschaftlichkeitsgebot.

Dipl.-Kfm. Sebastian Baum ist Kaufmännischer Direktor am St.-Antonius-Hospital Eschweiler. Schwerpunkte: Strategieentwicklung, Sanierungsmanagement und Prozessoptimierung. Berufliche Stationen: Leiter Zeitmanagement Uniklinik Köln, Wirtschaftsprüfer und Unternehmensberater im Gesundheitswesen KPMG, Geschäftsleitungsreferent Pro Seniore, Studium Management im Gesundheitswesen Universität zu Köln. Mitglied im Arbeitskreis Ökonomie im Gesundheitswesen derSchmalenbachgesellschaft zu Köln.

Teil II
Industrie & Technik

Was kann die Gesundheitswirtschaft vom Smartphone, als Wegbereiter der mHealth-Revolution, lernen?

Thomas Jäschke

Zusammenfassung

Das Smartphone ist aus dem Leben eines jeden nicht mehr herauszudenken. Im letzten Jahrzehnt hat es sich stetig weiterentwickelt und dient mittlerweile nicht nur ausschließlich zum Telefonieren und SMS-Schreiben. mHealth ist eines der Begriffe, welches durch die rasante Entwicklung der mobilen Technologien, insbesondere auch des Smartphones, entstanden ist. mHealth unterstützt und optimiert die Prozesse innerhalb des Gesundheitswesens und birgt viel Potenzial für zukünftige Einsatzmöglichkeiten. So können Patientenentertainment-Systeme Patienten während des Krankenhausaufenthalts mit Filmen und E-Books unterhalten, aber auch das Wohlbefinden messen oder Termine für anstehende Untersuchungen und Behandlungen anzeigen und ihn somit aktiv in den Behandlungsprozess einbinden und daran teilhaben lassen. Mitarbeiter können von mHealth ebenfalls profitieren, in dem sie Dolmetscher-Apps zur besseren Kommunikation mit internationalen Patienten nutzen, die Standardmedikation in einer mobilen Antibiotikafibel abrufen oder die manuelle Dokumentation während der Operation vermeiden können. Diese und viele weitere technologische Möglichkeiten können dem Gesundheitswesen einen hohen Mehrwert bringen. Seitens der Verantwortlichen im Gesundheitswesen erscheint es jedoch sinnvoll, diese Entwicklungen kontinuierlich zu beobachten und den Nutzen für die eigene Institution strategisch sinnvoll zu bewerten. Denn mHealth ist bereits heute ein wichtiger Bestandteil des Gesundheitswesens und wird zukünftig noch mehr an Wichtigkeit gewinnen.

T. Jäschke (✉)
44309 Dortmund, Deutschland

© Springer Fachmedien Wiesbaden 2017
D. Matusiewicz und M. Muhrer-Schwaiger (Hrsg.), *Neuvermessung der Gesundheitswirtschaft*, FOM-Edition, DOI 10.1007/978-3-658-12519-6_4

4.1 Hintergrund

Die Gesundheitswirtschaft in Deutschland hat eine sehr große, ökonomische Bedeutung. Alleine im Jahr 2013 wurden pro Einwohner knapp 3900 € für die medizinische Versorgung ausgegeben (Bundesministerium für Gesundheit 2016). Der Wirtschaftsfaktor Gesundheit hat somit eine erhebliche Bedeutung für Deutschland und ist dabei, weiter zu expandieren.

Längst ist auch dort, wo der Mensch im Mittelpunkt steht, eine Arbeit ohne Informationstechnologien nicht mehr denkbar. Die Durchdringung des Gesundheitswesens auf allen Ebenen durch IT schreitet stetig voran. Auch wenn in anderen Branchen Investitionen in die IT-Landschaft beinahe doppelt so hoch sind, als dies im Gesundheitswesen der Fall ist, so ist die Unterstützung durch Softwarelösungen in Krankenhäusern, in Arztpraxen sowie Senioren- und Rehabilitationseinrichtungen nicht mehr wegzudenken; nicht zuletzt liegt dies auch an den komplexen Anforderungen an die Prozesse.

In der Vergangenheit stand, neben den Anforderungen zur Optimierung von Prozessen bei den Leistungserbringern, ebenso der Datenaustausch zwischen diesen im Fokus. Insbesondere der sogenannte Austausch über die Sektoren hinweg, also beispielsweise zwischen Krankenhäusern und niedergelassenen Ärzten, soll die Optimierung der Behandlung sowie Steigerung der Qualität bei gleichzeitiger Kostenreduzierung vorantreiben. Dazu wurden Infrastrukturen geschaffen, die für die Kommunikation in der Telemedizin notwendig sind. Die gematik – Gesellschaft für Telematikanwendungen der Gesundheitskarte mbH wurde beispielsweise eigens dafür gegründet, die Infrastruktur für die Nutzung der elektronischen Gesundheitskarte voranzutreiben.

Auf der anderen Seite des Gesundheitssystems steht der Patient. Nach Aussagen der Leistungserbringer steht er im Mittelpunkt – und damit im Weg. Diese nicht ernstgemeinte Aussage wird jedoch nicht selten von den Betroffenen tatsächlich so empfunden. Der Patient will nicht Gegenstand der Behandlung sein, sondern Teil des Behandlungsprozesses. Es geht ihm um seine Souveränität und um die Transparenz von Entscheidungen und Maßnahmen. Ziel muss es deshalb sein, den Patienten und gegebenenfalls seine Angehörigen mehr in den Gesamtprozess einzubinden. Nur so ist die gewünschte personalisierte Medizin umzusetzen und kann den erhofften Nutzen bringen.

Häufig ist es so, dass Patienten, die über mehrere Tage stationär behandelt werden, überwiegend mit dem Warten auf die nächste Behandlung, Untersuchung oder Visite beschäftigt sind. Diese Wartezeit gilt es entweder durch Prozessoptimierung und die Einbindung von IT zu verkürzen oder so zu überbrücken, dass der Patient das Warten nicht wahrnimmt und der Aufenthalt angenehm gestaltet wird.

Die Einführung des Smartphones ist eine Entwicklung aus der Harmonisierung zwischen den sogenannten Electronic Organizers beziehungsweise Personal Digital Assistants und den klassischen Mobiltelefonen, die anfänglich neben dem Telefonieren kleinere Textnachrichten als SMS verschicken konnten. Diese Smartphones haben die Kommunikation revolutioniert, heißt es. Dies wird im Allgemeinen nicht nur positiv gesehen. Aber ist es wirklich eine Revolution, die uns durch die Einführung ereilt hat, oder doch nur die stetige Evolution durch die stetige Weiterentwicklung vorhandener Bausteine?

Das Thema Datensicherheit mit all seinen Schutzzielen und insbesondere die Wahrung des Datenschutzes, der die gesetzlichen Rahmenbedingungen für den Umgang mit personenbezogenen Daten regelt, stehen bei den nachstehenden Betrachtungen nicht im Vordergrund. Kritiker sind bemüht, diese Begriffe als Gründe der Ablehnung und Nichtmachbarkeit anzuführen. Der Alltag zeigt, dass in den meisten Fällen eine technisch sinnvolle Maßnahme auch datenschutzkonform umgesetzt werden kann.

4.2 Mobile Computing im Gesundheitswesen

In den Einrichtungen des Gesundheitswesens hat IT mehr oder weniger intensiv Einzug gehalten. Die elektronisch basierte Verarbeitung von Daten der Gesundheit ist nicht neu und wird nun schon seit knapp 20 Jahren mit E-Health bezeichnet und hat sogar kürzlich zu einem E-Health-Gesetz geführt, welches Anforderungen an die Akteure im Gesundheitswesen stellt (Deutscher Bundestag 2015). Bislang waren die Leistungserbringer überwiegend aus eigenem Antrieb motiviert, die Kommunikation und Dokumentation elektronisch zu gestalten. Mehr und mehr zeichnet sich mittlerweile ab, dass auch die Patienten die Digitalisierung im Gesundheitswesen mit Nachdruck forcieren. Die Durchdringung der Gesellschaft mit mobilen Endgeräten hat dazu geführt, dass sich das Mobile Computing immer weiter durchsetzt und die Betroffenen von den Gesundheitsdienstleistern wie selbstverständlich eine Kommunikationskultur erwarten, die sie aus anderen serviceorientierten Branchen bereits kennen.

Mobile Computing meint die Verwendung, Erreichbarkeit und Bearbeitung von Diensten, Daten und Informationen für den Anwender, die disjunkt von Ort und Zeit und unter Berücksichtigung sicherer Übertragungsverfahren in heterogener Infrastruktur verfügbar sind (Lehner 2003).

Mobile Endgeräte bezeichnen dabei jedoch nicht die tragbaren Computer im klassischen Sinne, welche früher als Portables bezeichnet wurden und heute überwiegend Notebooks genannt werden. Diese Geräte benötigen in der Regel zum Arbeiten eine Unterlage, werden für die Benutzung meist gestartet oder aus dem Ruhezustand aktiviert und die Systemeigenschaften lassen darauf schließen, dass es sich vielmehr um einen Computer handelt, der leicht transportiert werden kann. Die Gruppe der mobilen Endgeräte dagegen ist speziell für den mobilen Einsatz entwickelt worden. Im Mittelpunkt stehen die Aussagen des Design to mobile und die Eigenschaft des Always-On. Smartphones und Tablets sind entsprechend für den Einsatz auch während anderer Aktivitäten hergestellt worden, sie sind stets empfangsbereit und tauschen Informationen aus. Eine besonders hervorzuhebende Funktion sind die sogenannten Push-Nachrichten, über die der Anwender zum Beispiel über Anrufe und Neuigkeiten informiert oder an Termine erinnert werden kann.

Der Übergang in der Bewertung, ab wann es sich um ein echtes mobiles Endgerät handelt und wann nicht mehr, verschwimmt zunehmend durch die verschiedensten Bauformen. Immer mehr Hersteller bringen aber mobile Endgeräte auf den Markt, die nicht mehr der Gruppe der Smartphones und Tablets zugeordnet werden können. Hierbei wird von Wearables gesprochen. Wearable Computing beschäftigt sich mit tragbaren Computersystemen, was wieder nicht die Notebooks meint, sondern ein Computersystem, welches während der Nutzung am Körper getragen wird. Es geht zentral darum, dass Aktivitäten in der realen Welt teilweise automatisiert unterstützt werden (Roßnagel et al. 2012). Bekannte Beispiele für Wearables sind Smartwatches, die weit verbreiteten Activity Tracker und Spezialbrillen wie Google Glasses. Wenn auch nicht wirklich als Wearable wahrgenommen, befinden sich immer häufiger aus logistischen Gründen an Kleidungsstücken NFC-Bauteile (Near Field Communication oder Nahfeldkommunikation) mit denen über eine kurze Strecke über Funk kleine Datenmengen übertragen werden können. Dazu muss der NFC-Chip nicht zwingend selber eine Energiequelle mitbringen. Die Grundidee besteht darin, Informationen kabellos zu übertragen. Dafür muss mindestens ein Teil der kommunizierenden Geräte aktiv sein, also die Kommunikation anregen. Der andere Teil kann ein Chip sein, der lediglich antwortet und damit auch ohne Stromversorgung funktioniert (Langer und Roland 2010).

Auch wenn die Technologie in Deutschland noch zögerlich im privaten Umfeld eingesetzt wird, so werden sich zukünftig beispielsweise Bezahlsysteme im Sinne eines Mobile Payments etablieren. Schon heute wird in vielen Bürogebäuden die Schließanlage mit RFID-Komponenten bedient. Mit RFID (Radiofrequenz-Identifikation) können über Funkwellen Gegenstände, aber auch Lebewesen gekennzeichnet werden (Kern 2007). Es ist nur eine Frage der Zeit, dass die in den Smartphones eingebauten Chips die zusätzlichen Transponder am Schlüsselbund überflüssig machen.

Nicht nur die technische Entwicklung steht in einem kontinuierlichen Wandel, auch das Konsumverhalten in Hinblick auf die Medien Fernsehen und Radio durch die Verbreitung von Smartphones und Breitbandanbindungen hat sich verändert. Die Plattformen wie iTunes, Amazon Prime Video und viele andere, machen vor, dass Video on Demand im Fokus der Benutzer steht. YouTube und Twitch sind weitere Beispiele für die intensive Nutzung auf den mobilen Endgeräten.

4.3   Learnings für die Gesundheitswirtschaft

In Zeiten der fortschreitenden Digitalisierung in allen Bereichen der Gesellschaft, sind auch die Geschäftsabläufe im Gesundheitswesen betroffen. Indiziert ist es daher, fortwährend zu analysieren, welche technologischen Veränderungen in den unterschiedlichen Industriezweigen erfolgreich eingesetzt werden und wie diese anschließend die Bereiche des Gesundheitswesens optimieren können. Im Folgenden werden zukunftsorientierte Beispiele für Entwicklungen aufgegriffen, die den Patienten, Mitarbeiter, aber auch die Prozesse innerhalb einer Gesundheitseinrichtung betreffen.

4.3.1   Patienten

Viele Krankenhäuser haben das Thema Patientenentertainment schon in Planung oder
sogar Projekte gestartet. Damit ist aber nicht der Fernseher an der Wand oder der proprie-
täre Bedside-Bildschirm gemeint. Die Verantwortlichen in den Häusern haben erkannt,
dass der Patient seine Gewohnheiten auch während eines Krankenhausaufenthaltes beibehalten möchte. Dazu gehören selbstverständlich das klassische Fernseh- und Radiopro-
gramm, aber auch die Benutzung der verschiedenen anderen Angebote im Internet von
Livestreams über Video on Demand bis hin zur Lektüre der digitalen Versionen der Ta-
geszeitung und E-Books.

Einige bringen ihre portablen Geräte selber mit in die Klinik, sodass die Infrastrukturen, wie beispielsweise das WLAN, für die Datenmengen vorbereitet werden muss;
wiederum andere nutzen die Tablets, die ihnen in Krankenhäusern zur Verfügung gestellt werden. Die Innovationszyklen im Bereich des Mobile Computings sind so schnell,
dass nicht länger in Langzeitverträge für herstellerspezifische Bildschirmsysteme investiert wird. So wie es zuvor schon den Anbietern von Telefonanlagen ergangen ist, müssen
sich auch die Anbieter von Bildschirmsystemen den neuen Anforderungen stellen. Stand
bislang die einheitliche Bedienbarkeit im Vordergrund und das Argument, dass Menschen
ab einem bestimmten Alter neue Technologien gar nicht bedienen können, so zeigt sich
mehr und mehr, dass die Verwendung dieser Geräte selbstverständlich wird. Tatsächlich
ist es doch so, dass beinahe jeder Fernseher heute ein Smart-TV ist. Die Patienten schaffen
es sehr wohl, die ARD- und ZDF-Apps zu starten oder Apps von TV-Anbietern wie Zattoo
oder MagineTV zu nutzen und wollen auch nicht auf das SkyGo-Angebot verzichten, um
beispielsweise die Spiele der Bundesliga zu verfolgen. Die Anbieter selber haben Interesse daran. mit ihren Angeboten den Patienten den Krankenhausaufenthalt angenehmer zu
gestalten, in der Hoffnung, dass anschließend die Angebote auch im privaten Umfeld genutzt werden. So können der Patienten, die Betreiber der Krankenhäuser und Dienstleister
gleichermaßen davon profitieren. Wenngleich in einigen Fällen dieses Entertainmentan-
gebot zunächst den Privatpatienten vorbehalten ist, wird überwiegend bei den Planungen
die hausweite Verwendung von Tablets am Patientenbett geplant.

Die Verwendung des Tablets durch den Patienten zur Unterhaltung ist aber nur ein erster Schritt dahin, dass er in den Kommunikationsprozess im Krankenhaus eingebunden ist.
Ein nächster Schritt wird sein, dass er auf seinem Tablet auch Informationen zu den anstehenden Terminen, Untersuchungen und Visiten bekommt. Später gegebenenfalls auch die
Möglichkeit auf Teile seiner Dokumentation zu schauen. Auch könnte er dies nutzen, um
selber seine eigene Befindlichkeit zu bewerten und zu dokumentieren, wie zum Beispiel
die Stärke des Schmerzes oder seine (Un-)Zufriedenheit.

Zusätzliche Dienstleistung wie das Vereinbaren eines Friseurtermins, Bestellen von
Produkten aus dem hauseigenen Kiosk und die Auswahl des Mittagessens über die Menü-
anzeige mit Verbindung zum Küchensystem sind weitere Möglichkeiten, die schon jetzt in
Teilen umgesetzt werden. Eine ganzheitliche Strategie, die flexibel genug ist, auch Anfor-

derungen zu integrieren, die die Geschäftsführung von Krankenhäusern jetzt noch nicht auf dem Schirm hat, ist notwendig.

Beispielsweise können auch Dolmetscher-Apps die Kommunikation zwischen dem Pflegepersonal und dem fremdsprachigen Patienten erleichtern. Eine tatsächlich erfolgte und nachvollziehbare Aussage einer Pflegedirektorin eines großen deutschen Krankenhauses war, wie es denn sein könne, dass eine ausgebildete, onkologische Fachkrankenschwester grunzend wie ein Schwein durch ein Patientenzimmer läuft, um in Erfahrung zu bringen, ob der Patienten Schweinefleisch essen darf.

4.3.2 Mitarbeiter

Der Einsatz von Smartphones und Wearables im Krankenhaus kann die Arbeit sinnvoll unterstützen. Angefangen von den kleinen Helferlein, wie zum Beispiel eine Antibiotikafibel oder die schnelle Verfügbarkeit des Hauskatalogs über die Standardmedikation und weitere Informationen, die so gezielt an die Mitarbeiter gebracht werden können. Noch kommt häufig die Aussage, dass die Mitarbeiter keine Zeit haben, sich mit den Smartphones zu beschäftigen. Außerdem würden keine Geräte an die Mitarbeiter ausgegeben werden und die Nutzung privater Telefone sei nicht gestattet. Dennoch besagen Studien, dass die Mitarbeiter die gewohnten Komfortfunktionen eines Smartphones nutzen. Ganz oben auf der Liste steht WhatsApp. Sogar patientenrelevante Informationen werden darüber ausgetauscht. Es ist ja auch eine effiziente Möglichkeit, schnell zu kommunizieren, wenn der entsprechende Kollege nicht direkt per Telefon erreichbar ist. Die Verwendung von E-Mail ist wegen der geringeren Priorität im Arbeitsablauf und Erreichbarkeit maximal eine Alternative bei Mitarbeitern, die überwiegend am Schreibtisch arbeiten.

Waren die Mitarbeiter mit der immer intensiveren Nutzung von IT im Gesundheitswesen, vor allem zur Dokumentation, eher kritisch dazu eingestellt, weil die Zeit am Patienten dadurch verkürzt wurde, so müssen die Verantwortlichen jetzt die Gunst der Stunde nutzen. Die Mitarbeiter kennen und schätzen die kleinen Helferlein ihres Smartphones. Die Verantwortlichen können bei gezieltem Einsatz Profit im Sinne von Prozessoptimierungen und Qualitätsverbesserungen erreichen, die nicht auf Widerstand im ärztlichen Bereich oder in der Pflege stößt. Es braucht dazu aber Regelungen und in Policies festgeschriebene Rahmenbedingungen, um dem Wildwuchs entgegenzutreten und beispielsweise eine akzeptierte Alternative für den Kurznachrichtendienst WhatsApp einzuführen.

Vorstellbar ist auch eine Unterstützung von Augmented Reality, also der erweiterten Realität. Bei komplizierten Eingriffen können die Experten beispielsweise eine detaillierte Darstellung des Operationsbereiches und weitere Informationen zum Beispiel aus der Patientenakte erhalten. Auch die Unterstützung durch virtuelle Teams, beim Heranziehen von Experten an anderen Standorten kann damit unterstützt werden.

4.3.3   Prozesse

Auf der einen Seite müssen die Verantwortlichen in den Kliniken ihre Prozesse standardisieren, um wirtschaftlich arbeiten zu können. Auch die Umsetzung von etablierten Leitlinien aus den Best-Practices-Erfahrungen müssen Berücksichtigung finden. Auf der anderen Seite wird die individualisierte Medizin gefordert, was sich auch sehr gut an den ausgeschriebenen Förderprojekten der vergangenen Jahre ablesen lässt.

So kann der Einsatz von Patientenarmbändern, die derzeit von Barcode- bis hin zu RFID-Technologie reichen, durch Wearables, in der Art wie die weit verbreiteten Fitnessarmbänder, optimiert werden. Diese bieten über die Identifikation des Patienten zur Sicherstellung der korrekten Behandlung hinaus einen größeren und flexibleren Funktionsumfang an. So können Terminerinnerungen, -verschiebungen und Indoor-Routing über diese Geräte kommuniziert werden. Vorstellbar ist auch, dass definierte Maßnahmen, die wie Mengeneinstellungen an Medizingeräten wie Perfusoren und Infusomaten nicht mehr manuell durch das Pflegepersonal, sondern über einen Empfänger, der über das Smartphone bedient wird, angesteuert werden. Die Eingaben falscher Werte werden deutlich reduziert. Gleichzeitig ist eine Dokumentation der tatsächlich verabreichten Menge möglich.

Zahlreiche andere Prozesse sollen untersucht werden, ob und wie diese durch die Technologien des Mobile Computings unterstützt und optimiert werden können. Ein Beispiel könnte die Dokumentation während einer Operation sein. Die Anwesenheit der verschiedenen Mitarbeiter kann automatisiert in die Dokumentation einfließen, das Patientenarmband stellt die eindeutige Identifikation des Patienten sicher und lässt damit den Zugriff auf die Akte zu. Am Ende einer OP müssen die Verantwortlichen die dokumentierten Informationen lediglich freigeben. Die Zeiten für die manuelle Dokumentation können reduziert werden und alle Beteiligten sind auf die eigentliche Behandlung konzentriert.

4.4   Zusammenfassung und Ausblick

Die Gedanken und in der Kürze angeschnittenen Beispiele der vorstehenden Abschnitte sind teilweise schon Realität, teilweise noch unwirtschaftlich oder noch nicht gänzlich ausgereift. Eine Darstellung von jetzt technisch möglichen und dabei wirtschaftlich sinnvollen Maßnahmen sollte nicht das Ziel dieser kurzen Ausarbeitung sein. Vielmehr sollen die Ideen anregen, über jetzige und zukünftige Möglichkeiten nachzudenken und immer wieder das Thema Innovation im Auge zu behalten. Aber in vielen Bereichen des Lebens hat Mobile Computing bereits Einzug gefunden und auch vor dem Gesundheitswesen macht dieser Siegeszug nicht Halt. Im Gegenteil – die Durchdringung des Marktes durch Wearables führt dazu, dass die Leistungserbringer im Gesundheitswesen gefordert sind, diese Kommunikationsmittel zu berücksichtigen. Dies gilt dabei nicht nur für die Patienten und deren Angehörigen, sondern genauso für die Mitarbeiter. Da das Innovationstempo des Mobile Computing überdurchschnittlich hoch ist, kann erwartet werden, dass in einigen Jahren das Smartphone, wie es heute jeder kennt, nicht mehr genutzt wird. Vielmehr wird es eine Reihe von Sensoren und Aktoren geben, die am Körper verteilt als Armband, Gürtel oder modisches Accessoires getragen werden. Gut vorstellbar ist, dass eine Smartwatch oder das Smartphone selber nur noch die Benutzeroberfläche zur Verwaltung und Steuerung sein wird. Eine digitale Brille könnte anstelle des Smartphones die Informationen vor dem Auge sichtbar machen. Ein Knochenschallmikrofon übernimmt die Übertragung der Stimme. Viele Funktionen werden durch Sprach- und Gesten- oder sogar Mimiksteuerung möglich sein, sodass die Bedienung mit den Fingern auf das Nötigste reduziert wird.

Ein Smartphone ist heute ein kleiner, leistungsstarker Computer, der seine Rechenleistung zur Informationsverarbeitung und Unterhaltung nutzt. Wie es in der Vergangenheit immer wieder die Verlagerung der Rechenleistung auf Zentralcomputer mit angeschlossenen Terminals gab, dann wieder die Dezentralisierung, bei der die Endgeräte die eigentliche Rechenleistung erbracht haben, zurück zum Betrieb mit Terminalservern, wird auch das Smartphone dieses Schicksal ereilen. Wenn die Netzinfrastrukturen in einigen Jahren flächendeckenden und ununterbrochenen Empfang bieten, wachsen mobile Endgeräte und Cloud-Lösungen zusammen. Der lokale Speicher auf den Geräten wird nicht mehr benötigt, weil die verfügbaren Übertragungsraten so hoch sind, dass sämtliche Informationen geräteunabhängig mit hoher Geschwindigkeit zur Verfügung stehen. Die notwendige Rechenleistung erbringen die zentralen Server in der Cloud und Drittanbieter bieten Dienstleistungen auf den eigenen Servern an. Zugegeben, dass dies aus aktueller Sicht eine optimistische Einschätzung ist, aber bereits die nahe Vergangenheit zeigt, dass dieses Szenario denkbar und möglich sein wird.

Die Verantwortlichen im Gesundheitswesen sind aufgerufen, diese Möglichkeiten und Entwicklungen im Auge zu behalten und den größtmöglichen Nutzen in der Umsetzung für die Patienten und die eigenen Mitarbeiter daraus zu ziehen.

Am Ende kann sicher behauptet werden, dass die eigentliche Einführung der Smartphones als kleine Revolution bewertet werden kann. Die schrittweise Ausweitung und Verteilung kleinster Sensoren und Aktoren in tragbaren Gegenständen und die zentrale Verwaltung dieser ist aber mehr die stetige Weiterentwicklung und somit die Evolution von der mHealth im Speziellen profitieren wird.

Drei Learnings für die Gesundheitswirtschaft

1. Der Patient will nicht Gegenstand der Behandlung sein, sondern Teil davon.
2. Behalten Sie die Innovationen im Auge und bewerten Sie deren Nutzen für ihre Institution.
3. Profitieren Sie von der Akzeptanz von Smartphone & Co. bei Ihren Mitarbeitern, Patienten und deren Angehörigen zur Optimierung von Prozessen und Steigerung der Behandlungsqualität.

Literatur

Bundesministerium für Gesundheit (2016). Bedeutung der Gesundheitswirtschaft. Wirtschaftliche Bedeutung. http://www.bmg.bund.de/themen/gesundheitssystem/gesundheitswirtschaft/bedeutung-der-gesundheitswirtschaft.html. Zugegriffen: 12. Febr. 2016.

Deutscher Bundestag (2015). Gesetzentwurf der Bundesregierung. Entwurf eines Gesetzes für sichere digitale Kommunikation und Anwendungen im Gesundheitswesen. http://www.bmg.bund.de/fileadmin/dateien/Downloads/E/eHealth/150622_Gesetzentwurf_E-Health.pdf. Zugegriffen: 13. Febr. 2016.

Kern, C. (2007). *Anwendung von RFID-Systemen* (2. Aufl.). Berlin: Springer.

Langer, J., & Roland, M. (2010). *Anwendungen und Technik von Near Field Communication (NFC)*. Berlin: Springer.

Lehner, F. (2003). *Mobile und drahtlose Informationssysteme: Technologien, Anwendungen, Märkte*. Berlin: Springer.

Roßnagel, A., Jandt, S., Skistims, H., & Zirfas, J. (2012). *Datenschutz bei Wearable Computing. Eine juristische Analyse am Beispiel von Schutzanzügen*. Wiesbaden: Springer.

Prof. Dr. rer. medic. Thomas Jäschke ist Medizin- und Wirtschaftsinformatiker. Er lehrt u. a. IT-Security, mobile Computing, Netzwerke und Sicherheitsmanagement an der FOM Hochschule für Oekonomie und Management in den Studiengängen Wirtschaftsinformatik und IT-Management. Als Vorstand der DATATREE AG, mit dem Dienstleistungsbereich des ISDSG Institut für Sicherheit und Datenschutz im Gesundheitswesen, betreut und berät der Datenschutzbeauftragte namhafte Einrichtungen aus Wirtschaft und Gesundheitswesen in den Themenfeldern Datenschutz und IT-Sicherheit. Zudem ist er Vorstand der smartcircles mHealth AG und beschäftigt sich hier mit der Entwicklung von Applikationen zur Prozessunterstützung im Gesundheitswesen.

Was kann die Gesundheitswirtschaft von militärischer Führung lernen?

André Röhl

Zusammenfassung

Gute Führung ist die Grundlage einer erfolgreichen Weiterentwicklung der Gesundheitswirtschaft. Sie ist zwingend notwendig, um technische oder prozessuale Konzepte zum Qualitätsmanagement wirksam werden zu lassen. Gerade aufgrund der hohen Belastung und knapper Ressourcen ist es wichtig, die für die Führung verbliebene Zeit optimal zu nutzen. Die Herausforderungen für Führungskräfte im Gesundheitswesen weisen einige Gemeinsamkeiten mit denen militärischer Führungskräfte auf. Dies betrifft etwa den Umgang mit Komplexität oder Druck einer geringen Fehlertoleranz. Am Beispiel des Führungssystems der Bundeswehr werden Handlungsempfehlungen abgeleitet, wie insbesondere in Krankenhäusern die unterschiedlichen Zielperspektiven von Führung besser abgebildet werden können. Im Mittelpunkt sollten dabei eine verbesserte Aus- und Weiterbildung von Führungskräften stehen. Weiterhin sollte ein stärkerer Fokus auf die Mitarbeiterorientierung und die Ausgestaltung langfristiger Entscheidungsprozesse gelegt werden. Optimierungspotenziale werden auch in der Organisation gesehen. Ansprüche der Mitarbeiter an Führung könnten verstärkt durch Elemente organisationaler Führung wahrgenommen werden, um einzelne Führungskräfte in ihrer Doppelfunktion als fachlicher Entscheider und Führungskraft zu entlasten. Ziel aller Maßnahmen sollte die Förderung eines umfassenden „shared understanding" sowohl bei kurzfristigen fachlichen als auch bei strategischen organisatorischen Entscheidungen sein. Auf dieser Grundlage erweist sich Führung nicht nur als Garant für die zielgerichtete Koordination von Leistungspotenzialen, sondern auch als maßgeblicher Haltefaktor für die Personalbindung.

A. Röhl (✉)
21035 Hamburg, Deutschland

© Springer Fachmedien Wiesbaden 2017
D. Matusiewicz und M. Muhrer-Schwaiger (Hrsg.), *Neuvermessung der Gesundheitswirtschaft*, FOM-Edition, DOI 10.1007/978-3-658-12519-6_5

5.1 Hintergrund

Vor nicht allzu langer Zeit in einem großen Krankenhaus in Norddeutschland. Frage an eine Patientin: „Sind Sie nicht gestern entlassen worden?" – „Ja, aber abends wurde ich zu Hause angerufen. Die Röntgenbilder sind vertauscht worden. Der Arm ist doch gebrochen."

Ein Einzelfall, gewiss. Auch die Tatsache, dass der Beobachter dieser Szene innerhalb weniger Wochen weitere ähnliche Vorfälle erlebte – vertauschte Akten, vertauschte Proben, vertauschte Entlassungsanweisungen – sagt an sich noch nicht viel aus. Es blieb aber die Frage, warum offensichtlich motivierte Spezialisten, die auf einen Außenstehenden einen kompetenten und engagierten Eindruck machten, derartige Vorfälle nicht verhindern können oder anders formuliert, warum die vorhandenen Leistungspotenziale nicht besser gebündelt und koordiniert werden konnten.

Nun sind Dienstleistungen im Krankenhaus keine alltäglichen Dienstleistungen. Vielmehr wird hier aus Sicht der Kunden die Unsicherheit, die Dienstleistungen per Definition aufgrund der Nichtfassbarkeit der Leistung innewohnt, extrem verstärkt. Die unmittelbare persönliche, intime Betroffenheit der Patienten, der große Unterschied im Fachwissen, das potenzielle Risiko für die Unversehrtheit, geringe Mitwirkungsmöglichkeiten – dies alles macht Patienten besonders sensibel bei der Bewertung von allem, was sie im Krankenhaus erleben. Dadurch wächst der Qualitätsdruck auf das Personal, welches sich in einem fachlich aber auch organisatorisch komplexen und anspruchsvollen Umfeld bewegt. Obwohl deutsche Krankenhäuser zu den besten der Welt gehören (Behar et al. 2016) sind Verbesserungen möglich und erforderlich.

Das GAP-Modell der Dienstleistungsqualität beschreibt mögliche Ursachen für eine durch einen Kunden wahrgenommene oder objektiv schlechte Dienstleistungsqualität. Im Kern handelt es sich dabei um eine unzureichende Weitergabe von Informationen innerhalb einer Organisation oder gegenüber einem Kunden sowie um die unzureichende Bereitstellung und Zusammenführung von Fähigkeiten.

Damit sind diese Ursachen letztlich auf Schwächen in der Führung zurückzuführen. Führung ist dabei nicht nur der einmalige Prozess des Anweisens. Vielmehr gliedert sie sich in sachorientierte und mitarbeiterorientierte Führung. Sie wirkt sowohl kurzfristig durch eine direkte Anordnung als auch langfristig durch Motivation oder Entscheidungen zur Personal- und Organisationsentwicklung.

In den letzten Jahren scheint sich diese Ansicht auch in einer größeren Anzahl von Publikationen zum Thema Führung im Krankenhaus niederzuschlagen. Der Trend, Zielerreichung und Qualitätsmanagement einseitig durch technische oder prozessuale Konzepte anzustreben und dabei die zwischenmenschlichen Arbeitsbeziehungen aus dem Blick zu verlieren, könnte dadurch zumindest etwas verlangsamt werden.

Automatisierungen und Standardisierungen können letztlich immer nur einen Teil der Qualitätssicherung sicherstellen. Damit sie ihre Wirkung entfalten, sind Führungskräfte nötig, die Verantwortung übernehmen, über Ausnahmen und Abweichungen entscheiden, Mitarbeiter befähigen und notwendige Veränderungen initiieren. Ausreichend Gründe also, um sich eine Organisation näher anzusehen, deren Berufsbilder per Definition eng mit dem Thema Führung verbunden sind.

5.2 Das Führungssystem der Bundeswehr

Führung in der Bundeswehr – das klingt nach antiquiertem „Befehl und Gehorsam". Dabei wird aber übersehen, dass viele moderne Managementkonzepte ihren Ursprung im militärischen Umfeld haben oder doch zumindest große Ähnlichkeiten zu entsprechenden Verfahren aufweisen. So ist der allgegenwärtige Plan-Do-Check-Act-Circle weitestgehend deckungsgleich mit dem militärischen Führungsprozess, der die Umsetzung von Entscheidungsprozessen beschreibt. Auch wissenschaftliche Erkenntnisse zur Verhinderung von Fehlentscheidungen in einem komplexen Umfeld (Dörner 2008) finden ihre Entsprechung in militärischen Entscheidungsverfahren. Management-by-objectives? Als Auftragstaktik ein Markenzeichen der Bundeswehr. Die Orientierung am Team und die Fokussierung auf den Mitarbeiter? Ein alter Hut: „Nicht Schiffe kämpfen, sondern Menschen." (Ruge 1932) Diese Erkenntnis prägt militärisches Führungsverhalten nicht nur zur See.

Nun sind diese Führungsinstrumente und -konzepte im Militär natürlich nicht aus reiner Erkenntnisfreude heraus entstanden. Vielmehr war es schlichtweg eine praktische Notwendigkeit, sollten militärische Aufgaben erfolgreich umgesetzt werden können. Der Militärtheoretiker Clausewitz begründete diese Notwendigkeit in seinem Werk „Vom Kriege" mit dem Begriff der Friktion: „Diese entsetzliche Friktion, die sich nicht wie in der Mechanik auf wenige Punkte konzentrieren läßt, ist deswegen überall im Kontakt mit dem Zufall, und bringt dann Erscheinungen hervor, die sich gar nicht berechnen lassen, eben weil sie zum großen Theil dem Zufall angehören." (Clausewitz 1880) Die erlebten Schwierigkeiten, in einem komplexen Umfeld in einer der ersten modernen Großorganisationen die richtigen Entscheidungen treffen und unter Beteiligung einer Vielzahl von Menschen in einer schwierigen Situation umsetzen zu können, führten letztlich zu mehreren Entwicklungen, die das Führungssystem im Militär bestimmen.

Ein wesentlicher Aspekt ist dabei der „Führungsprozess". Durch Optimierung der Entscheidungsprozesse und Standardisierung der Weitergabe von Informationen und Anweisungen wird versucht, die Komplexität zu reduzieren und die Fehlerwahrscheinlichkeit zu minimieren. Der Führungsprozess der Bundeswehr ist ein systematischer Denk- und Handlungsablauf, der die Berücksichtigung vorhandener Informationen ebenso sicherstellen soll wie die Abwägung unterschiedlicher Zielhorizonte auf unterschiedlichen Ebenen der eigenen Organisation. Zugleich bietet er eine Struktur zur Weitergabe von Anweisungen, die allen ein umfassendes Verständnis von Absicht, Zielen und Aufgaben ermöglichen. Dies deckt sich mit den Anforderungen an ein „shared understanding" oder „mentale Modelle" zur Vermeidung von Verständnisfehlern in sozialen Gruppen (Badke-Schaub 2012). Und dies ist zugleich die Voraussetzung für eigenständiges Handeln im Sinne der Auftragstaktik. Die Standardisierung führt zu einer hohen Effizienz in der Weitergabe und Reflexion von Informationen, da alle (eingeweihten) Zuhörer wissen, wann die jeweils wichtigen Punkte angesprochen werden und wie sie mit anderen Informationen in Beziehung stehen.

Der Erkenntnis der eingeschränkten Planbarkeit und Kontrollierbarkeit folgt auch eine Schwerpunktsetzung auf die Ausbildung von Führungskräften. Führung wird in der Bundeswehr als Kompetenz betrachtet, deren Inhalte wie bei einem Handwerk durch Ausbildung und Erfahrung erworben werden können – und erworben werden müssen! Damit unterscheiden sich die Streitkräfte maßgeblich von vielen anderen Organisationen, in denen eine gute Fachkarriere ausreicht, um Führungsverantwortung zu übernehmen. Bei der Bundeswehr umfasst die Ausbildung zur Führungskraft eine Vielzahl sowohl praktischer als auch theoretischer, entscheidungsbezogener oder mitarbeiterorientierter Inhalte. Und im Mittelpunkt steht dabei eben nicht der autoritäre Führungsstil, sondern die Kompetenz, situativ angemessen Führungsstile einzusetzen und perspektivisch die Befähigung des eigenen Teams zu stärken. Auch mit dieser Kombination aus situativem und transformationalem Führungsstil entsprechen die Streitkräfte aktuellen wissenschaftlichen Erkenntnissen und dürften zugleich einigen anderen Organisationen weit voraus sein.

Ein dritter Schwerpunkt bezieht sich auf die Mitarbeiterorientierung im Sinne von Motivation und Bindung der Soldaten. Die Förderung des Teamgedankens ist essenziell für Streitkräfte. Gleichzeitig müssen Soldaten auch in unerwarteten, schwierigen Situationen eine verlässlich hohe Leistungsbereitschaft aufweisen. Motivation als Motor der Leistungserbringung und Commitment als Ausdruck positiver Bindung an die Organisation müssen daher hoch sein. Im Idealfall wirken sich hierbei die an der Entwicklung des Mitarbeiters orientierte Führung, aber auch die verbindlich beschriebenen Rechte positiv aus. Hinzu kommen bei der Bundeswehr die normierte „Pflicht zur Kameradschaft", die Fürsorgepflicht des Dienstherrn und der Vorgesetzten, die Orientierung an einer übergreifenden Organisationskultur des „Staatsbürgers in Uniform", berufliche Fördermaßnahmen und Ansprechpartner bei Sorgen und Nöten – sowie natürlich das Wissen darum, dass die eigene Einheit sowieso immer die beste ist, was mit T-Shirts, Coins und Abzeichen auch gerne nach außen kommuniziert wird.

Abgerundet wird das Führungssystem von Streitkräften durch eine Organisationsstruktur mit klaren Verantwortlichkeiten. Dabei entscheidet nicht immer unbedingt die hierarchische Stellung in Form des Dienstgrades darüber, wer Anweisungen zu geben und wer sie zu befolgen hat. Die Befehlsbefugnis ist hinsichtlich ihrer Reichweite klar definiert und auch ein einfacher Soldat kann einem General einen Befehl erteilen, wenn er dazu aufgrund einer besonderen Aufgabe befugt ist. Als Grundsatz gilt, dass Verantwortung nicht delegierbar ist. Der Anweisende ist daher auch immer in der Verantwortung zu prüfen, ob seine Anweisungen richtig ausgeführt wurden. Im Optimalfall soll dies nicht ausschließlich durch eine Ergebniskontrolle erfolgen, denn viele der Aufgaben sind als Dienstleistungen zu klassifizieren, woraus sich unterschiedliche Blickwinkel der Qualitätsbewertung ergeben. Beispielsweise kann neben der Ergebnisbewertung anhand definierter Maßstäbe auch die Orientierung an den tatsächlichen Bedarfen, an Leitlinien für den Umsetzungsprozess oder am Kosten-Nutzen-Verhältnis im Mittelpunkt stehen.

Dabei können Schlussfolgerungen – Ziel erreicht/nicht erreicht – stark voneinander abweichen. Um mehrere Blickwinkel der Kontrolle abzudecken, wird daher die Bedeutung einer „begleitenden Dienstaufsicht" hervorgehoben, welche eine umfassende Bewertung ermöglichen soll. Zur Organisation zählt schließlich auch die Bündelung von fachlicher und Personalverantwortung in der Vorgesetztenfunktion in Organisationseinheiten. Die entsprechenden Führungskräfte sind dabei ebenso wie für die Organisation der täglichen Aufgaben für die langfristige Personalentwicklung verantwortlich.

Nun stellt dieses anhand von vier Schwerpunkten betrachtete Führungssystem auch auf die Bundeswehr bezogen natürlich ein Idealbild dar. Es reicht ein Blick in die jährlich erscheinenden Jahresberichte des Wehrbeauftragten des Deutschen Bundestages, um festzustellen, dass viele dieser Punkte nicht immer und nicht von jedem umgesetzt werden. So werden alljährlich von einer Reihe von Vorfällen berichtet, bei denen insbesondere die mitarbeiterorientierte Führung nicht stattfand oder bei denen mangelndes Engagement von Führungskräften zu Fehlern oder Schäden führte.

Abgesehen von der relativ geringen Zahl dieser Vorfälle bleibt aber auch festzuhalten, dass sowohl Wehrbeauftragter als auch die Bundeswehr sich an diesem Idealbild eines Führungssystems orientieren und dieses als Maßstab anwenden. Überhaupt sind Jahresbericht und Amt des Wehrbeauftragten eine Besonderheit, die die starke rechtliche Einbindung der Soldatinnen und Soldaten in die Streitkräfte deutlich macht. Neben dem Gespräch mit dem Vorgesetzten kann sich ein Soldat in Konfliktfällen auf normierte Beschwerdemöglichkeiten stützen, eine offiziell lokal gewählte und mit Vertretungsrechten ausgestattete Vertrauensperson anrufen oder eben sich an den Wehrbeauftragten wenden. Das Führungssystem der Bundeswehr lebt also davon, dass auch die „Geführten" eine starke Stellung haben.

Zusammenfassend bleibt festzuhalten, dass die Bundeswehr über ein Führungs-„System" im Wortsinne verfügt, in welchem die unterschiedlichen Perspektiven von Führung – kurz- und langfristig, aufgaben- und mitarbeiterorientiert – mit Führungsinstrumenten, Ausbildung und Organisationskultur verzahnt sind. Dabei ließe sich durchaus darüber spekulieren, ob dieses System durch seine Optimierung auf vorrangig praktische militärische Ziele in anderen Bereichen – beispielsweise in der durch industriepolitische und betriebswirtschaftliche Zwänge beeinflussten Rüstung – Schwächen aufweist. Das ist dann aber ein Thema für einen anderen Artikel.

5.3 Learnings für die Gesundheitswirtschaft

Die Gesundheitswirtschaft kann nicht als einheitliches System betrachtet werden. Auch zwischen den Krankenhäusern als den großen maßgeblichen Organisationen der Gesundheitswirtschaft gibt es eine Vielzahl von organisatorischen Unterschieden, während es innerhalb der Krankenhäuser große Unterschiede zwischen den einzelnen Fachdisziplinen gibt. Einige Fachbereiche sind stärker auf interdisziplinäre Zusammenarbeit angewiesen als andere, was sich letztlich auch auf die Führungskultur und Führungspraxis auswirkt.

Unabhängig von der Vielfalt der Rechtsformen und Träger, der Größe oder fachlichen Bandbreite lassen sich Krankenhäuser klassischerweise durch eine 3-Säulen-Struktur aus ärztlichem Bereich, pflegerischem Bereich und Verwaltung beschreiben. Zusätzlich können ein therapeutischer Bereich, in zunehmendem Maße aber auch externe Dienstleister unterschieden werden. Während die unmittelbare Personalverantwortung innerhalb der „Säulen" wahrgenommen wird, richten sich sämtliche ärztlichen, pflegerischen oder therapeutischen Maßnahmen an den Vorgaben aus dem ärztlichen Bereich aus. Gleichzeitig verantwortet die Verwaltung die Haushaltsplanung und -umsetzung für alle Bereiche.

In einer gemeinsamen Studie zum mittleren Management in Krankenhäusern haben das Wirtschaftsforschungsunternehmen Prognos und die Dr. Jürgen Meyer Stiftung vor einigen Jahren gemeinsam Führungs- und Managementstrukturen in Krankenhäusern untersucht. Dabei konstatieren sie zunächst grundsätzlich einen starken Rollenwandel und einen Bedeutungszuwachs der Führungskräfte infolge der neuen Ausrichtung von Krankenhäusern als Wirtschaftsbetrieb und Dienstleistungsunternehmen. Gleichwohl bestünden zwischen den drei Säulen große Unterschiede in der Führungsstruktur. Während der Verwaltungsbereich am ehesten mit anderen Organisationen vergleichbar ist, sei der Pflegebereich dadurch gekennzeichnet, dass eine starke mittlere Führungskräfteebene als Mittler zwischen Führungsspitze und einfachen Mitarbeitern fehle. Der ärztliche Bereich schließlich sei sehr stark durch sein traditionelles Selbstverständnis als Expertenorganisation geprägt. Daraus folgten unter anderem eine starke Orientierung und Bindung an Personen und weniger an Organisationen sowie ein starkes Streben nach Autonomie. Autorität werde daher kaum durch organisatorisch festgelegte Positionen, sondern fast ausschließlich durch fachliche Kompetenz begründet. Dies befördere in letzter Konsequenz die Herausbildung informeller Entscheidungsstrukturen und führe zu Schwierigkeiten bei der Kommunikation zwischen den Entscheidungsträgern der drei Säulen. Die Folge sei die Herausbildung von Koalitionen, die nebeneinander und gegeneinander agieren, wodurch die eigentliche gemeinsame Zielerreichung erschwert werde (Hölterhoff et al. 2011).

Kürzlich durchgeführte – nicht-repräsentative, aber gleichwohl sehr interessante – Interviews mit Führungskräften aus dem System Krankenhaus bestätigen die andauernde Gültigkeit dieser Beschreibungen. Zusätzlich wird allerdings auf das alles überlagernde Problem des Personalmangels beziehungsweise der hohen Aufgabenbelastung verwiesen.

Bevor jedoch die Frage, inwieweit Elemente des Führungssystems der Bundeswehr sinnvoll in Krankenhäusern Anwendung finden können, erörtert werden kann, ist zunächst die Vergleichbarkeit der Führungsaufgaben beziehungsweise des Führungsumfeldes zu betrachten. Dies ist insofern schwierig, weil einer geschlossenen Großorganisation Bundeswehr eine Vielzahl von einzelorganisierten Krankenhäusern gegenübergestellt werden. Gleichwohl lassen sich einige Gemeinsamkeiten feststellen.

Symptomatisch ist etwa die Notwendigkeit, mit Komplexität umzugehen und im richtigen Moment richtige Entscheidungen treffen zu können. Dabei stehen die Entscheider oft vor der Herausforderung, gleichzeitig Fach- und Führungsaufgaben wahrnehmen zu müssen. Führungskräfte im Krankenhaus und Führungskräfte im Militär müssen daher in der Lage sein, eine Vielzahl von Informationen zu filtern, zu bewerten und weiter zu beobachten.

In beiden Organisationen findet die Aufgabenerfüllung in letzter Konsequenz in Extremsituationen statt. Ihnen ist zu eigen, dass sie per Definition nur eine geringe Fehlertoleranz haben. Während das Leben und die Gesundheit der Patienten Kern der Dienstleistung in Krankenhäusern sind, kann in der Bundeswehr bereits in der Ausbildung ein Risiko für die körperliche Unversehrtheit entstehen. Daraus folgen hohe Anforderungen an die fachliche Kompetenz, aber auch ein hoher Druck, keine Fehler zuzulassen. Die physischen und psychischen Belastungen sind, wenn auch in ihrer Ausprägung unterschiedlich verteilt, im Vergleich zu anderen Berufsfeldern oftmals außergewöhnlich hoch, was sich auch in der Führungsrealität widerspiegeln muss.

Auch ein konkreter Vergleich mit den skizzierten Schwerpunkten des Führungssystems Bundeswehr zeigt zunächst Gemeinsamkeiten. So sind trotz der Untergliederung der Krankenhausorganisation Verantwortlichkeiten durch das Primat der ärztlichen Entscheidung eindeutig verteilt. Im Bereich der fachlichen Entscheidungsprozesse sind kaum Unterschiede in der Anwendung spezifischer Informationsanalyse und systematischer Entscheidungsfindung zu erwarten. Diese sind je nach Fachdisziplin in unterschiedliche standardisierte Verfahren zur Durchführung der Visite eingebunden. Das schließt Verbesserungsmöglichkeiten nicht aus, die dann aber konkret und fachlich begründet entwickelt werden müssen.

Betrachtet man nun die Rahmenbedingungen dieser Entscheidungsprozesse im ärztlichen oder pflegerischen Bereich, so stehen der Vielfalt der Aufgaben oftmals zu wenige Ärzte und zu wenig Pflegepersonal gegenüber. Gleichzeitig gibt es einen sehr hohen Dokumentationsaufwand, der dazu führt, dass vorrangig Ergebniskontrolle in Verbindung mit einer möglicherweise starken Wirtschaftlichkeitsorientierung und weniger mitarbeiterorientierte Prozesskontrolle im Mittelpunkt steht. Eine daraus folgende starke Fokussierung auf dokumentierte Anweisungen anstelle eines persönlichen Gesprächs könnte zusammen mit der skizzierten Abgrenzung etwa der ärztlichen von der pflegerischen Säule dazu führen, dass ein umfassendes „shared understanding" über die gemeinsamen Ziele und Herausforderung nicht besteht. Zugleich setzt eine Kontrolle per Aktenlage auch immer voraus, dass die eingegebenen Informationen stimmen (Der eingangs benannte Beobachter hat da andere Erfahrungen gemacht.).

Größere Unterschiede sind ebenfalls für das Themenfeld Personalentwicklung, Mitarbeiterorientierung und Bindung an die Organisation festzustellen. Die grundsätzliche Eigenständigkeit der Personalentwicklung innerhalb der Säulen in Verbindung mit dem aus den Personalvakanzen entstehenden Zeitdruck, die geringe Formalisierung von regelmäßigen Zielvereinbarungs-, Feedback- und Beurteilungsprozessen aber auch Fachorientierung und die traditionelle Erwartung an junge Ärzte, sich als Einzelkämpfer zu beweisen, scheinen im Bereich Mitarbeiterorientierung Optimierungsmöglichkeiten zu eröffnen. Dies betrifft sowohl das Handeln der Führungskräfte für die Mitarbeiter als auch die Einbindung der Mitarbeiter in übergreifende Entscheidungsprozesse.

Den größten Unterschied gibt es aber im Bereich der Aus- und Weiterbildung von Führungskräften im ärztlichen und pflegerischen Bereich. Sowohl im Vergleich zum Verständnis der Führungskräfteentwicklung in der Bundeswehr als auch zu den tatsächlichen Anforderungen in der Praxis sind die berufsvorbereitenden oder berufsbegleitenden Möglichkeiten der Entwicklung von Führungskompetenzen nur gering ausgeprägt und/oder werden kaum nachgefragt.

Basierend auf diesem kurzen Vergleich könnte geschlussfolgert werden, dass Führung in Krankenhäusern einen sehr starken Fokus auf die Sachorientierung und auf kurzfristige Entscheidungsprozesse legt, gleichzeitig aber Optimierungspotenziale in der langfristigen Ausrichtung der Führung und in der Mitarbeiterorientierung hat. Neben den Auswirkungen auf die Qualität der Zusammenarbeit im Krankenhaus ist dies angesichts der notwendigen Personalbindung in besonderem Maße kritisch, handelt es sich hierbei doch um wichtige Haltefaktoren.

Nun kann die Antwort, was aus dem Führungssystem der Bundeswehr in die Gesundheitswirtschaft übertragen werden sollte, eigentlich sehr kurz ausfallen: Mehr Zeit für Führung und Führungskräfte. In einer idealen Welt würden also Chefärzte, Stationsleiter usw. sich einfach mehr Zeit für begleitende Dienstaufsicht und Personalentwicklung nehmen, auf diese Weise verbessernd auf Prozesse einwirken und die Leistungsfähigkeit der Mitarbeiter langfristig entwickeln können.

Bis dahin sollten allerdings vorrangig zwei Punkte im Mittelpunkt stehen. Zum einen sollte die Aus- und Weiterbildung von Führungskompetenzen im ärztlichen und pflegerischen Bereich deutlich intensiviert werden. Gerade, weil im täglichen Dienst nur wenig Zeit für die Mitarbeiterführung zur Verfügung steht, sollte diese Zeit optimal genutzt werden können. Dabei ist der Aufwand für eine wirksame Kompetenzentwicklung durchaus überschaubar. Hierzu bietet der Weiterbildungsmarkt eine Reihe von Angeboten, die das Werden als Führungskraft zielgerichtet unterstützen können.

Darauf aufbauend sollten wann immer möglich interdisziplinäre Teambesprechungen durchgeführt werden. Jenseits der Vermittlung der trockenen Informationen ist es im Sinne des „shared understanding" auch die Art und Weise der Argumentation, die Entscheidungen nachvollziehbarer werden lässt, das Verstehen auch in Zukunft fördert und Kommunikationsbarrieren abbaut.

Zum zweiten sollte organisationale Führung stärker in den Mittelpunkt gerückt werden. Führung bedeutet nicht immer ausschließlich Interaktion zwischen Mitarbeitern und einer einzelnen Führungskraft. Aufgaben der Mitarbeiterorientierung können auch an anderer Stelle wahrgenommen werden. Letztlich geht es darum, Bedarfe der Mitarbeiter zu erkennen und darauf reagieren zu können.

Beispielsweise könnte es sinnvoll sein, Personalentscheidungen im ärztlichen Bereich durch einen sogenannten HR-Business-Partner, wie er in vielen Unternehmen heute üblich ist, stärker aus der Verwaltung heraus zu unterstützen. Einen grundsätzlich ähnlichen Ansatz verfolgt auch die Bundeswehr: Innerhalb des Zentralbereiches Sanitätswesen werden nicht-ärztliche Führungskräfte ausgebildet und als Entscheider für Führungsaufgaben und Personalentwicklung eingesetzt. Das ärztliche Personal wird dadurch entlastet, Aufgaben aber gleichwohl nicht übersehen. Coaches oder Mentorenprogramme können ebenfalls dazu beitragen, Führungskräfte zu unterstützen und ihnen zwar nicht die Verantwortung, aber doch die belastende Einsamkeit der Entscheidung zu nehmen.

Gleichzeitig wäre zu hinterfragen, inwieweit die Möglichkeiten aller Mitarbeiter, sich in strategische Entscheidungsprozesse einzubringen beziehungsweise eigene Erwartungen zu formulieren, verbessert werden können. Eine regelmäßige Besprechung etwa von Vertretern der Assistenzärzte oder Vertretern des Pflegepersonals mit der Klinikleitung verbessert auch hier das „shared understanding" und wird sich positiv auf Motivation und Commitment auswirken.

5.4   Zusammenfassung und Ausblick

Auf kein Krankenhaus werden die hier entwickelten Überlegungen 1:1 zutreffen, oft werden informelle Strukturen mögliche Mängel formeller Strukturen ausgleichen. Entscheidend ist aber, dass jedes Krankenhaus über ein in sich geschlossenes Führungssystem verfügen sollte, welches die angerissenen Perspektiven von Führung – kurz- und langfristige Orientierung, mitarbeiter- und sachorientiert – gleichwertig berücksichtigt.

Welche organisatorischen und prozessualen Veränderungen daraus folgen, kann durchaus unterschiedlich sein. Wichtig ist es dabei, die Bedeutung guter Führung für die Erfüllung der vielfältigen Aufgaben zu betonen. Ein erfolgreiches Krankenhaus kann sich nicht allein auf Dokumentation oder technische Lösungen verlassen, das Führen von Menschen kann nur durch Menschen erfolgen. Wichtig ist auch, die Inhalte von Führung zu reflektieren und Führen als eine Abfolge von Geben und Nehmen zu begreifen. Ob dabei eine einzelne Führungskraft im Mittelpunkt steht oder bestimmte Führungsaufgaben innerhalb der Organisation auf mehrere Entscheider verteilt sind, ist dabei unerheblich.

Entscheidend für die Weiterentwicklung der Führungsqualität in Krankenhäusern und in der Gesundheitswirtschaft insgesamt ist letztlich die stärkere Verankerung des Themas Führung in der Aus- und Weiterbildung. Dies sollte nicht trotz, sondern gerade angesichts der schwierigen Rahmenbedingungen wie Personalmangel und Aufgabeninflation erfolgen. Nur auf dieser Grundlage ist jenseits aller Zahlenprognosen und technologischen Neuerungen eine Zukunftsfähigkeit der Gesundheitswirtschaft zu gewährleisten.

Drei Learnings für die Gesundheitswirtschaft

- Mehr Aus- und Weiterbildung für Führungskräfte.
- Schaffung eines ausgeglichenen Führungssystems, welches mitarbeiterorientiert ist und Mitarbeiter an langfristigen Entscheidungen beteiligt.
- Konzepte der organisationellen Führung verstärken, um Führungskräfte zu entlasten.

Literatur

Badke-Schaub, P. (2012). Handeln in Gruppen. In P. Badke-Schaub, G. Hofinger & K. Lauche (Hrsg.), *Human Factors* (S. 123–139).

Behar, B., Guth, C., & Salfeld, R. (2016). *Modernes Krankenhausmanagement* (S. 1–15).

v. Clausewitz, C. (1880). *Vom Kriege*. Bd. 1, S. 80).

Dörner, D. (2008). Umgang mit Komplexität. In A. Gleich & S. v. Gößling-Reisemann (Hrsg.), *Industrial Ecology* (S. 284–302).

Hölterhoff, M., Edel, F., Münch, C., & Jetzke, T. (2011). Das mittlere Management im Krankenhaus. In A. G. Prognos (Hrsg.), *Studie* (S. 11–25). Dr. Jürgen Meyer Stiftung.

Ruge, F. (1932). Ausbildung zum Seeoffizier. *Marine-Rundschau, 37*, 101.

Prof. Dr. André Röhl ist Professor für Sicherheitsmanagement an der NBS Northern Business School Hamburg. Zuvor war er als Marineoffizier unter anderem Trainer für Nachwuchsführungskräfte und ist heute als Korvettenkapitän der Reserve Verbindungsstabsoffizier in der Zivil-Militärischen Zusammenarbeit. Der Politikwissenschaftler und Organisationspsychologe ist seit mehreren Jahren als Unternehmensberater tätig und ist heute Partner der HR Excellence Group GmbH.

Was kann die Gesundheitswirtschaft von der Automobilindustrie lernen?

6

Oliver van Royen

Zusammenfassung

Der folgende Beitrag beschäftigt sich mit der Frage, warum es Unternehmen wie Audi, BMW, Daimler, Porsche und Co. kontinuierlich gelingt, die Rankings als beliebteste Arbeitgeber anzuführen und somit in der Folge gerade für junge Menschen als attraktiv zu erscheinen. Warum haben es jedoch Unternehmen aus der Gesundheitswirtschaft so schwer, hierbei mit zu halten, obgleich sie mit dem emotionalsten Thema überhaupt – den Menschen arbeiten? Welche Haltungen, Vorgehensweisen und Instrumente aus den genannten Unternehmen der Automobilindustrie können auf die Gesundheitswirtschaft übertragen werden, um diesem Mangel zu begegnen und somit die Attraktivität als Arbeitgeber innerhalb dieser Branche, auch vor dem Hintergrund der demografischen Entwicklung, zu erhöhen?

6.1 Hintergrund

Wir alle kennen, entweder aus den eigenen aktiven oder passiven Erfahrungen, mindestens vom Hörensagen oder aber auch aus den Medien die Arbeitnehmersituation in der Gesundheitswirtschaft. Diese ist gekennzeichnet von einer unterdurchschnittlichen Bezahlung im Vergleich zu anderen Branchen, zu vielen geleisteten Überstunden, zusätzlich oftmals körperlicher und psychischer Belastungen, insgesamt schlechten Arbeitsbedingungen und einem sozialen Status im unteren Teil der Skala bei der Betrachtung aller Branchen im deutschsprachigen Raum. Zumindest ist dies wohl auch die Wahrnehmung vieler Menschen. Diese Sachlage führt hauptsächlich dazu, dass sich für eine Arbeit innerhalb dieser Branche zunehmend weniger Menschen interessieren und begeistern können.

O. van Royen (✉)
wtv Württemberger Medien
Withauweg 5, 70439 Stuttgart, Deutschland

© Springer Fachmedien Wiesbaden 2017
D. Matusiewicz und M. Muhrer-Schwaiger (Hrsg.), *Neuvermessung der Gesundheitswirtschaft*, FOM-Edition, DOI 10.1007/978-3-658-12519-6_6

Somit bekommen die Unternehmen, sicherlich mit einigen wenigen Ausnahmen, nicht die „besten Köpfe und Kräfte" für den Dienst an hilfebedürftige oder kranke Menschen. Es wird zunehmend schwierig, alle Planstellen in der Gesundheits- und Sozialbranche aus eigener Kraft vom deutschsprachigen Arbeitsmarkt zu besetzen. Arbeitskräfte, vor allem Frauen aus dem Ausland, helfen uns mit großem Engagement und Interesse, dieses Defizit einigermaßen auszugleichen und in den Griff zu bekommen. Dennoch wird dies keinesfalls ausreichen. Studien belegen, dass im Jahre 2025 voraussichtlich 200.000 Kräfte allein im Pflegebereich fehlen werden. Erschreckend!

Wir sollten uns anschauen, was Unternehmen tun, damit sie als attraktiv erscheinen beziehungsweise als attraktiv wahrgenommen werden. Es gibt Unternehmen, die es schaffen, aufzuzeigen, dass sie die Arbeitnehmerwünsche erfüllen können – und zwar auch bei potenziellen Mitarbeitern, die noch gar nicht im Unternehmen beschäftigt sind. Leider gehören (noch) nicht sehr viele Unternehmen aus der Gesundheitswirtschaft dazu. Diese gelten in der Wahrnehmung doch eher als unbeliebte Arbeitgeber. Wohingegen Unternehmen wie Audi, BMW, Daimler, Porsche, Google, Apple und SAP es immer wieder schaffen, die Rankings als beliebteste Arbeitgeber anzuführen.

Es scheint so zu sein, dass Unternehmen mit angeblich „emotionalen" Produkten attraktiver erscheinen als Unternehmen, die sich rund um das emotionale Thema „Mensch" kümmern. Diese Aspekte gilt es zu beleuchten, einzuordnen und zu sortieren. Lassen Sie uns somit von den attraktivsten Unternehmen in Deutschland lernen.

6.2 Automobilindustrie

Wir sollten uns zunächst die Mechanismen anschauen, die zu einer hohen Arbeitgeberattraktivität führen und diese dann möglichst auf die Gesundheitswirtschaft übertragen, um somit in diesem Punkt eine Neuvermessung dieser Branche vornehmen zu können.

Es gilt einmal zu betrachten, was sich Arbeitnehmer von ihren aktuellen oder künftigen, potenziellen Arbeitgebern wünschen. Denn genau diese Faktoren werden wohl in der Folge zu einer hohen Attraktivität von Unternehmen führen. Alle gängigen Umfragen und Studien kommen in diesem Zusammenhang zu sehr ähnlichen Ergebnissen. An den ersten Stellen für Mitarbeiterzufriedenheit stehen immer wieder die Wünsche nach einem ausgewogenen Verhältnis zwischen dem Berufs- und Privatleben (Work-Life-Balance), nach Jobsicherheit, nach intellektueller Herausforderung, nach Weiterbildungsmöglichkeiten, einem vertrauensvollen Verhalten der Führungskräfte und einem guten Miteinander im Team. Stellt sich nunmehr die Frage, wie potenzielle Mitarbeiter genau diese genannten Aspekte bei Unternehmen bewerten können. Bei Unternehmen, die sie nur von ihren Produkten und aus der Werbung kennen. Es ist also zunächst mal eine positive Zurechnung dieser Attribute, so ähnlich wie dies auch für die Produkte dieser Unternehmen gilt. Sie genießen eine Qualitätsvermutung und dies wohl vor allem bedingt durch ihre Marke. Wenn Sie sich ein neues Auto kaufen und Sie sich für einen Audi entscheiden, vermuten und erwarten Sie doch ein Fahrzeug der Spitzenklasse in absolut hoher Qualität. Dies wird uns seit Jahrzehnten von der Werbung so vermittelt. Auch eine entsprechende Preis- und Produktpolitik sprechen dafür.

Dies bedeutet, dass es als Unternehmen im Hinblick auf die Arbeitgeberattraktivität sicherlich sehr hilfreich ist, Produkte im Portfolio zu haben, die diese Qualitätsvermutung ausstrahlen. Weitere attraktivitätsfördernde Aspekte gilt es zu identifizieren.

Selbstverständlich verfügen die genannten Unternehmen heute alle über eine umfassende Präsenz im World-Wide-Web und bedienen dieses nicht nur mit modern gestylten und technologisch perfekten Homepages, sondern auch mit zahlreichen Social-Media-Aktivitäten. Ganze Teams von Social-Media-Managern, junge Menschen mit der Zuschreibung ein Digital Native zu sein, sind hier täglich mit posten, liken und anderen interaktiven Kommunikationsformen beschäftigt. Fast weniger digital ist da schon das Engagement dieser Unternehmen auf Personal- oder Bildungsmessen. Diese doch eher klassische Form des Arbeitgebermarketings gehört selbstverständlich zum Attraktivitäts-Mix dieser Unternehmen mit dazu.

Soweit so gut. Nun stellt sich die spannende Frage, was können Unternehmen aus der Gesundheitswirtschaft sinnvollerweise übernehmen, was ist zielführend und wird zu einer höheren Attraktivität führen? Genau dies ist die entscheidende Frage. Die Gesundheits- und Sozialbranche verfügt nicht über „sexy" Produkte, sondern ist eine klassische Dienstleistungsbranche, in der hart gearbeitet wird. Der Dienst am Menschen steht im Mittelpunkt aller Aktivitäten, zumindest gilt dieser Anspruch aus der eigenen Sicht der meisten Unternehmen innerhalb dieser Branche. Attraktive Arbeitgeber können auch einiges außerhalb des direkten Produktportfolios für ihre Attraktivität tun. So haben sie Visionen und kommunizieren über diese sehr stark.

- „Vorsprung durch Technik" (Audi)
- „Freude am Fahren" (BMW)
- „Das Beste oder nichts" (Mercedes-Benz)

In der Regel werden Sie einen Slogan Ihres ortsansässigen Krankenhauses, Pflegeheimes, Kindergartens nicht finden. Damit könnte dies wohl ein echter Ansatzpunkt für die Steigerung der Arbeitgeberattraktivität sein. Der Ausgangspunkt dieser Betrachtung war die Frage, ob das Unternehmen eine Vision hat. Selbstverständlich ist eine Vision viel mehr als nur ein Slogan. Allein die Entwicklung einer werbewirksamen Aussage macht noch lange keine Vision. Visionen werden vor allem von Unternehmern geboren.

6.3 Learnings für die Gesundheitswirtschaft

Was können nun Unternehmen aus der Gesundheitswirtschaft davon übernehmen, um attraktiver zu werden? Was müssen die Unternehmen konkret dafür tun? Sie müssen zunächst vor allem ein Bewusstsein für die genannten Themen entwickeln und dieses schärfen. Anschließend gilt es ein strukturiertes Programm an Maßnahmen anzugehen und abzuarbeiten.

Wenn Sie dies aus eigener Kraft nicht schaffen können, ist die Hinzunahme eines externen Beraters zu empfehlen. Schlussendlich handelt es sich bei einer solchen Thematik um ein klassisches Change-Management-Projekt. Entscheidend wird sein, wie die Unternehmensleitung und die Führungskräfte des Unternehmens der Gesundheitswirtschaft mit dem Thema umgehen. Werden sie es vorantreiben oder werden sie es eher links liegen lassen? Genau das wird die entscheidende Frage sein! Das heißt, es ist zwingend notwendig, dass die Unternehmensleitung das Thema Arbeitgeberattraktivität und somit in der Konsequenz auch das Thema Mitarbeiterbindung vorantreibt und unterstützt. Ist dies zweifelsfrei gegeben, können wir uns an ein Arbeitsprogramm machen. Dieses wird am Ende ganz wesentlich die Arbeitgeberattraktivität erhöhen und somit einen wesentlichen Beitrag dazu leisten, auch zukünftig das notwendige Fachpersonal für das Unternehmen zu erreichen beziehungsweise die bestehenden Mitarbeiter zu binden. Als Dienstleistungsunternehmen ist dies aus meiner Sicht eine essenzielle Aufgabenstellung der Unternehmensleitung.

Für das vor uns liegende Arbeitsprogramm empfehle ich eine strukturierte Vorgehensweise in folgenden Schritten:

1. Eine Vision schaffen.
2. Ein Leitbild entwickeln.
3. Mögliche Attraktivitätskiller beseitigen.
4. Die Arbeitgeberattraktivität nach innen und außen kommunizieren.
5. Die Belegschaft auf gemeinsame Ziele committen.
6. Eine Weiterentwicklung der Führungskräfte.
7. Die kontinuierliche Durchführung von Teamentwicklungsmaßnahmen.
8. Die eigene Arbeitgebermarke als Unternehmen kommunizieren.

Die genannten acht Maßnahmen stellen so etwas wie ein Arbeitgeber-Attraktivitäts-Mix für die Gesundheits- und Sozialbranche dar. Es ist die Klaviatur, auf der Sie als Dienstleistungsunternehmen spielen können, um Ihre Attraktivität als Arbeitgeber zu erhöhen. Und Sie werden sehen, es funktioniert.

Ad 1. Schaffen Sie eine Vision!
Visionen sind Zukunftsbilder, die die Motivation für das eigene beziehungsweise unternehmerische Handeln begründen und beschreiben. Sie sind identitätsstiftend für ihre Teams und bilden in Kombination mit einem entsprechenden Slogan eine Ankerfunktion für Mitarbeiter, potenzielle Mitarbeiter, Interessenten und Kunden. Machen Sie es sich bei der Findung und Nennung der Vision nicht unnötig schwer. Sie ist in den allermeisten Fällen bereits vorhanden und zwar seit der Gründung des Unternehmens. Nur manchmal fällt es schwer, diese Vorstellung von der Zukunft in Worte, in ein bis zwei Sätzen, zu fassen. Es ist keinesfalls notwendig, irgendwelche komplizierten oder psychologisch wirkend ver-

fassten Werbetexte zu kreieren. Es sind die einfachen, prägnanten Aussagen, die Wirkung erzielen werden. Diese sind authentisch und geben am ehesten den Hauptbeweggrund der jeweiligen Unternehmermotivation wider.

Ad 2. Entwickeln Sie ein Leitbild!
Neben der Vision verfügt jedes Unternehmen über eine Mission. Diese sollte die Frage beantworten, warum das Unternehmen überhaupt am Markt existent ist. Sie verbindet den Zweck des Unternehmens mit den ethischen Werten und Ansprüchen des Unternehmens. Leitbilder sind die Verschriftlichung von Unternehmens-Missionen. Sie drücken diese aus und dokumentieren sie.

Für die Entwicklung Ihres Unternehmens-Leitbildes sollten Sie sich schon etwas Zeit nehmen. Ich empfehle Ihnen einen (Ein)Tagesworkshop mit Ihren Führungskräften, sie werden es Ihnen danken, dass sie in diesen wichtigen Prozess einbezogen wurden. Gehen Sie raus aus dem Unternehmen und schauen Sie sich Ihr Unternehmen aus der Helikopterperspektive an. Auch an dieser Stelle können Sie überlegen, ob Sie diesen Workshop durch einen externen Berater moderierend begleiten lassen. Dies würde Sie als Entscheider erheblich entlasten. Sie können sich ganz auf Ihre Rolle als Entscheider konzentrieren und der Berater stellt durch seine Moderation den strukturierten Prozess des Workshops sicher.

Schauen Sie sich im Vorfeld ruhig einmal verschiedene Leitbilder von Unternehmen an. Sie können diese sehr leicht auf den Homepages von Unternehmen im Internet finden. Es ist keinesfalls verwerflich, die eine oder andere Idee aus Leitbildern anderer Unternehmen zu entnehmen. Das Leitbild Ihres Unternehmens muss am Ende authentisch und stimmig für das Ihrige Unternehmen sein.

Ad 3. Beseitigen Sie Attraktivitätskiller!
Denken Sie bitte daran, Sie wollen nun viel tun, um Ihre Arbeitgeber-Attraktivität zu steigern. Gleichermaßen sollten Sie alles dafür tun, vorhandene Attraktivitätskiller zu beseitigen. Mir ist sehr wohl bewusst, dass dies leichter gesagt als getan ist und auch nicht immer alles möglich ist. Dennoch überlegen Sie bitte, was Sie tun können. In der Regel ist es einfacher, etwas Vorhandenes, das Ihnen schadet, zu beseitigen, als etwas Neues zu implementieren.

Eigene Befragungen bei Studierenden im Bereich des Gesundheits- und Sozialwesen ergaben, dass vor allem die Themen Bezahlung und die Arbeitszeiten mit vielen Überstunden innerhalb der Branche kritische Aspekte sind, die diese als wenig attraktiv erscheinen lässt. Mir ist bewusst, dass vor allem die Vergütungsstruktur in der Gesundheitswirtschaft kein triviales Thema darstellt und nicht einfach veränderbar ist. Wenn dies so ist, lassen Sie uns überlegen, welche Aspekte darüber hinaus Möglichkeiten bieten, um zum Beispiel bei den anderen Aspekten (zum Beispiel Arbeitszeiten) mehr Zufriedenheit zu erzielen.

Durchaus sind oftmals Themen rund um die Verbindlichkeit der Arbeitszeiten zumindest einmal denkbar. Hierbei sollten wir uns vor nichts verschließen. Gerade in diesen Aspekten können wir punkten und die Attraktivität als Arbeitgeber erhöhen, vielleicht ja sogar kostenneutral für unsere Unternehmen. Auch diese Überlegungen könnten Sie ja im Rahmen eines Workshops mit Ihren Führungskräften unter Hinzunahme eines Beraters/Moderators entwickeln.

Ad 4. Nach innen und außen kommunizieren!

Tue Gutes und sprich darüber! Dieser Grundsatz ist allseits bekannt, dennoch halten sich leider Unternehmen nur selten an diese Weisheit. Es ist nicht zielführend zu ergründen, warum dies so ist. Vielmehr ist es wichtig für uns, alle getroffenen Maßnahmen zur Steigerung der Arbeitgeber-Attraktivität zu kommunizieren. Und dies ganz bewusst, sowohl nach innen ins Unternehmen, in die Belegschaft hinein, als selbstverständlich auch nach außen. Auch hierbei sind durchaus einfache Lösungen gefragt. Publizieren Sie Ihre Vision und das Unternehmensleitbild über Ihre Homepage. Sollten Sie noch keine eigene Homepage haben, ist es an der Zeit eine erstellen zu lassen. Es ist die absolute Grundvoraussetzung, um positiv auf sich aufmerksam zu machen. Auch die Durchführung von Maßnahmen über Social Media eignen sich selbstverständlich für das Kommunizieren mit der Außenwelt. Nur bitte tun Sie eines nicht, ein bis zwei Posts im Monat werden eher als lächerlich wahrgenommen. Wenn Sie sich für Social Media entscheiden, dann bitte regelmäßig (täglich!). Ansonsten lassen Sie diesen Bestandteil unseres Arbeitgeber-Attraktivitäts-Mix lieber zunächst weg. Gerne können Sie dann zu einem späteren Zeitpunkt durch geeignete Social-Media-Maßnahmen auf Ihrer Attraktivitäts-Skala des Unternehmens punkten.

Bei all dem Kommunizieren wird zu oft vergessen auch nach innen, mit der Belegschaft zu kommunizieren. Mir ist Stand heute kein Unternehmen bekannt, wo dieser Aspekt auf einer Zufriedenheitsskala von eins bis zehn in einer Mitarbeiterbefragung den Wert zehn erreichen würde. Ein Dauerthema für jedes Unternehmen, sicherlich auch für Sie in der Gesundheitswirtschaft.

Hier nun einige Empfehlungen zur Optimierung der Kommunikation nach innen:

- Richten Sie Informationsprozesse über Intranets ein.
- Führen Sie Teammeetings im Sinne von regelmäßigen Jourfix-Terminen durch.
- Stellen Sie sich morgens die Frage, wen muss ich heute über was informieren, dass die Mitarbeiter ohne Probleme arbeiten können. Und dann informieren Sie auch!
- Lassen Sie sich regelmäßig Feedback über Ihr Informationsverhalten geben. Lernen Sie aus dem Feedback!

Ad 5. Committen Sie sich mit Ihrer Belegschaft auf gemeinsame Ziele!

Ziele bilden den Ansporn unseres (wirtschaftlichen) Tuns. Ohne Ziele werden wir keine „Spitzen"-Leistungen erbringen können. Setzen Sie als Unternehmen/Unternehmer der Gesundheitswirtschaft Ziele. Nur wenn Sie die Messlatte ausreichend hoch hängen, werden Sie eine Weiterentwicklung Ihrer Möglichkeiten erfahren. Committen (vereinbaren) Sie sich mit Ihren Mitarbeitern, mit der gesamten Belegschaft zu diesen gesteckten Zielen. Machen sie diese transparent, erläutern Sie sie. Sie haben als Verantwortlicher, als

Entscheidungsträger in der Gesundheits- und Sozialbranche nichts zu verheimlichen. Mit einer solchen Maßnahme werden Sie sich auch das Vertrauen Ihrer Mitarbeiter weiter erarbeiten und sichern. Seien Sie gewiss, Vertrauen ist eines der wesentlichen Aspekte zur positiven Förderung der Mitarbeiterbindung. Die praktische Umsetzung ist auch hier nicht kompliziert. Entwickeln Sie Ihre Unternehmensziele gemeinsam mit Ihren Führungskräften im Rahmen eines Workshops. Anschließend präsentieren Sie das Ergebnis auf einer Betriebsversammlung der gesamten Belegschaft. Fragen Sie bitte, nach Ergänzungen und/oder Anmerkungen. Schaffen Sie somit Akzeptanz für die unternehmerischen Vorhaben. Und ganz wichtig, erklären Sie sich gemeinsam mit allen Mitarbeitenden auf die gemeinsamen Ziele. Dann haben Sie ein klar abgestimmtes Commitment. Auch hier gilt die Empfehlung, fühlen Sie sich unsicher, lassen Sie sich durch einen Berater begleiten. Nur eines wird nicht funktionieren, für die entwickelten Ziele können nur Sie als Entscheidungsträger allein eintreten – dies ist absolut nicht delegierbar. Dies ist genau das, was Ihre Mitarbeiter von Ihnen erwarten.

Ad 6. Entwickeln Sie Ihre Führungskräfte weiter!
Vergessen Sie nie, Ihre Führungskräfte sind das entscheidende Bindeglied zwischen der Unternehmensleitung (Unternehmer) und den Mitarbeitern. Nur wenn Sie möglichst viele Ihrer Führungskräfte von Ihren Überlegungen und Zielen begeistern können, wird es Ihnen gelingen, diese Begeisterung auch an Ihre gesamte Belegschaft zu vermitteln. Insofern kümmern Sie sich bitte um die Führungskräfte Ihres Unternehmens. Diese haben es ohnehin in ihrer Position zwischen Unternehmensleitung und Mitarbeitern im Tagesgeschäft häufig schwer. Geben Sie ihnen die notwendige Aufmerksamkeit und stellen Sie über Personalentwicklungsmaßnahmen sicher, dass sie an ihrer Führungsaufgabe kontinuierlich arbeiten und wachsen. Als Dienstleistungsunternehmen haben Sie nur diese Möglichkeit, Sie können sich als Unternehmen nur über Ihre mitarbeitenden Menschen optimieren und weiterentwickeln.

Ad 7. Führen Sie kontinuierlich Teamentwicklungsmaßnahmen durch!
Bitte vergessen Sie bei alle dem auch nicht die einzelnen Mitarbeiter in den Teams im Unternehmen. Gerade Teams in ihrer Zusammensetzung aus unterschiedlichen Individuen stellen einen enormen Erfolgsfaktor für die Mitarbeiterbindung und die Arbeitgeberattraktivität dar. Selbstverständlich wird das nur dann funktionieren, wenn diese auch als Teams funktionieren und es keine rein zufällige Gruppierung von verschiedenen Menschen darstellt.

Fühle ich mich als Mitarbeiter einem Team stark zugehörig, wird dies automatisch auch eine hohe Mitarbeiterbindung nach sich ziehen, vielleicht auch dann, wenn der Arbeitgeber als solcher gar nicht als so attraktiv wahrgenommen wird. Wir Menschen sind soziale Wesen und suchen diese Zugehörigkeit in Gruppen von Menschen. Dies bedeutet in der Konsequenz für Unternehmen der Gesundheitswirtschaft, wenn auch ihr Produkt oder ihre Dienstleistung als wenig „sexy" und attraktiv erscheint, können sie über eine starke Teamzugehörigkeit ihrer Mitarbeiter eine durchaus starke Mitarbeiterbindung erreichen.

Nun allerdings kommt dazu auch eine schlechte Nachricht. Ein solches Ergebnis werden Sie nicht gänzlich ohne Mitteleinsatz und Aufwand erzielen können. In der praktischen Umsetzung bedeutet dies für Sie, dass Sie kontinuierlich daran arbeiten sollten.

Sie können Teamzugehörigkeiten immer wieder über Teamevents (seien es zum Beispiel Weihnachtsfeiern, Sommerfeste, Besuche von kulturellen Veranstaltungen, gemeinsamer Sport, etc.) stärken. Im Übrigen funktioniert das auch im Kleinen. Der Geburtstagsgruß an Ihre Mitarbeiter, ein kurzes Privatgespräch oder die Zeit für Feedbackgespräche gehören zum kleinen Einmaleins der Mitarbeiterführung und -Bindung und wirken oftmals Wunder. Diese Themen sind für Sie als Führungskraft essenziell und keinesfalls delegierbar. Sorgen Sie als Führungskraft für ein harmonisches Miteinander Ihrer Mitarbeiter am Arbeitsplatz.

Ad 8. Kommunizieren Sie Ihre Arbeitgebermarke als Unternehmen!
Wenn Sie die zuvor beschriebenen Aspekte angegangen sind und diese Schritt für Schritt durchgeführt haben, werden Sie unschwer eine Veränderung in der Wahrnehmung des Unternehmens feststellen können. Wenn dies so ist, den richtigen Zeitpunkt werden Sie erfahrungsgemäß deutlich spüren, dann ist es Zeit mit der eingetroffenen Veränderung nach draußen an den Markt zu treten.

Kommunizieren Sie über Ihre Arbeitgebermarke. Machen Sie deutlich, wer Sie sind, was Sie als Unternehmen der Gesundheitswirtschaft auszeichnet und wie Sie mit den Mitarbeitenden umgehen. Schreiben Sie diese besonderen Merkmale in alle Stellenanzeigen, auf die Homepage, überall dort hin, wo Sie nach außen treten und wahrgenommen werden. Seien Sie stolz und selbstbewusst als Arbeitgeber ohne jedoch überheblich zu werden.

6.4   Zusammenfassung und Ausblick

Alles das, was Sie als Verantwortlicher in der Gesundheitswirtschaft dann getan haben, wird man Ihnen ganz gewiss danken. Sie werden bereits nach kürzester Zeit bemerken, dass Sie mit Ihrem Unternehmen sowohl von außen, als auch von innen als Unternehmen positiver als zuvor wahrgenommen werden. Zusammenfassend können wir es mutig wagen, einige Thesen für unsere Neuvermessung der Gesundheitswirtschaft abzuleiten. Zur Steigerung der Arbeitgeberattraktivität appelliere ich an die Verantwortlichen der Gesundheitswirtschaft.

Arbeitgeberattraktivität ist freilich kein Selbstzweck, und zwar für keine Branche. Sie ist auf Zukunft gesehen allerdings ein zwingendes Attribut für jedes Unternehmen, ohne Attraktivität wird es für Unternehmen nicht funktionieren, bestehen zu können. Dafür ist die demografische Entwicklung im deutschsprachigen Raum zu eindeutig. Fachkräfte können wir nur über eine überdurchschnittliche Vergütung (Das Geld haben wir in der Gesundheitswirtschaft leider in den meisten Fällen der Unternehmen nicht zur Verfügung!) oder jedoch über eine hohe Arbeitgeberattraktivität bekommen beziehungsweise an unsere Unternehmen innerhalb der Branche binden. Beide Wege sind gleichermaßen zielführend.

Drei Learnings für die Gesundheitswirtschaft

1. Geben Sie Ihrem Unternehmen eine Vision und kommunizieren Sie diese auch, sowohl nach innen, als auch nach außen.
2. Haben Sie den Mut, mehr Unternehmertum im Unternehmen zu zulassen. Vertrauen Sie auf den Sachverstand und die Eigenverantwortlichkeit Ihrer Mitarbeitenden.
3. Gehen Sie konkret auf Zielgruppen, die Sie für das Unternehmen erreichen wollen, zu. Dies gilt insbesondere auch für die Rekrutierung neuer Mitarbeitender. Hierbei kann Social Media ein effektives Instrument sein.

Oliver van Royen (Betriebswirt, MBA) ist Lehrbeauftragter der Dualen Hochschule Baden-Württemberg, dort bildet er unter anderem Studierende aus der Automobilindustrie aus. Er arbeitet seit mehr als 20 Jahren als Führungskraft, davon seit 15 Jahren auf Geschäftsleitungsebene. Zusätzlich lehrt er an der FOM Hochschule für Oekonomie & Management im Fach Management für Gesundheits- & Sozialeinrichtungen. Darüber hinaus ist er als ausgebildeter und zertifizierter Business Coach auch beratend tätig.

Was kann die Gesundheitswirtschaft vom TÜV Rheinland lernen?

Dominique Bialasinski und Claudia Kardys

Wer Wandel erreichen will, muss ihn vorleben (Mahatma Gandhi).

Zusammenfassung

Betriebliches Gesundheitsmanagement (BGM) wird angesichts der Entwicklungen in der modernen Arbeitswelt vermehrt als Instrument für die Reduktion und Vermeidung der sich verändernden Gesundheitsrisiken angesehen. Unternehmer reagieren häufig mit gesundheitsförderlichen Einzelmaßnahmen und erwarten in Konsequenz geringere Krankenquoten und eine höhere Mitarbeiterzufriedenheit. Diese Tendenz der zunehmenden Anwendung in der Praxis des BGM spiegelt den hohen Bedarf wider, praktikable Lösungen und Strategien für den Erhalt von Gesundheit sowie Arbeits- und Beschäftigungsfähigkeit von Mitarbeitern nutzen zu können. Als Anbieter für Arbeits- und Gesundheitsschutz praktiziert TÜV Rheinland modernen Arbeits- und Gesundheitsschutz und qualifiziert sich für eine innovative „Präventionsarbeit" mit Entscheidern in der Gesundheitswirtschaft, die mehr umfasst als reine Vermeidung von Unfällen und Gefahren am Arbeitsplatz. Aufbauend auf den klassischen Konzepten zur Abwendung von Gesundheitsgefahren kommt eine ganzheitliche Betrachtung beim Thema Gesundheit hinzu, die erfahrungsgemäß am idealsten multiprofessionell auszuüben ist. Eine interdisziplinäre Zusammenarbeit im betrieblichen Setting kann verhindern, dass aus Mitarbeitern kostspielige Patienten werden. Ein weiterer wesentlicher Fortschritt ist, dass Parallelstrukturen und unnötige Doppelarbeiten überwunden werden können,

D. Bialasinski (✉)
Innere Kanalstr. 91, 50823 Köln, Deutschland

C. Kardys
44575 Castrop-Rauxel, Deutschland
E-Mail: claudia.kardys@de.tuv.com

© Springer Fachmedien Wiesbaden 2017
D. Matusiewicz und M. Muhrer-Schwaiger (Hrsg.), *Neuvermessung der Gesundheitswirtschaft*, FOM-Edition, DOI 10.1007/978-3-658-12519-6_7

indem integrativ in mehreren Sektoren des Gesundheitswesens eine Zusammenarbeit zugunsten der Gesundheit von Mitarbeitern gelebt werden kann.

7.1 Hintergrund

Die demografische Entwicklung, der Fachkräftemangel sowie die stetigen Veränderungen in der Gesellschaft und Arbeitswelt (Arbeitsverdichtung, Technisierung, Komplexität, ständige Erreichbarkeit etc.) wirken sich auf die betrieblichen Akteure aus. Die Auswirkungen spiegeln sich beispielsweise in den veränderten Krankheits- und Frühberentungsstatistiken oder der Alterspyramide wider. Im Jahr 2013 gab es in Deutschland erstmals weniger Berufseinsteiger (20-Jährige) als Rentenanwärter (65-Jährige) (Korge 2013). Der Leistungs- und Zeitdruck auf die alternde Belegschaft steigt und die Kompensation fällt zunehmend schwerer. Dabei sollte Arbeit die Quelle von Energie und Wohlbefinden sein und Menschen dabei unterstützen, Fähigkeiten und Potenziale weiterzuentwickeln sowie persönliche und unternehmerische Ziele zu erreichen. Doch von vielen Menschen wird sie gegenteilig wahrgenommen: Die Arbeit wird als Belastung empfunden und macht einige Menschen krank.

Neben den Muskelskelettbeschwerden haben sich daher viele psychische Erkrankungen in den letzten Jahren zu einem bedeutenden Gesundheitsproblem entwickelt. Branchen- und tätigkeitsübergreifend nimmt der Anteil der Krankmeldungen aufgrund von seelischen Belastungen kontinuierlich zu. Nach einer Schätzung der Weltgesundheitsorganisation (WHO) wird die Depression im Jahre 2020 der Hauptgrund für Arbeitsunfähigkeit sein. Immer mehr Menschen fallen zudem infolge eines Burnout-Syndroms aus. Seit Mitte der 90er-Jahre verzeichnen die Krankenkassen eine Zunahme der Arbeitsunfähigkeitszeiten wegen psychischer Erkrankungen. Der Anteil der von dieser Krankheitsgruppe verursachten AU-Tage betrug 2012 14,7 % – das entspricht einer Verdoppelung seit dem Jahr 2000 (DAK 2013). Die daraus entstehenden Kosten für das Gesundheitssystem und die Betriebe zeigen die hohe gesellschaftliche und volkswirtschaftliche Relevanz auf. Aufgrund des unzweifelhaften Zusammenhangs zwischen der physischen sowie mentalen Gesundheit und der Arbeitswelt stehen die Anbieter der Gesundheitswirtschaft – alle Akteure von Gütern und Dienstleistungen, die der Erhaltung und Wiederherstellung der Gesundheit dienen – vor großen Herausforderungen. In dem komplexen Gebilde mit dem ersten (originäre Gesundheitsversorgung) und zweiten (privat bezahlte Gesundheitsprodukte und Dienstleistungen) Gesundheitsmarkt wird zukünftig eine starke Verzahnung und ein Zusammenwirken für die individuelle und optimale Versorgung der Menschen unabdingbar sein.

Vor diesem Hintergrund leistet auch TÜV Rheinland als unabhängiger Dienstleistungskonzern mit seinem Geschäftsbereich Academy & Life Care einen wichtigen Beitrag. Egal, ob Arbeitnehmer oder Arbeitgeber: Themen der Sicherheit und Gesundheit sind permanent präsent. TÜV Rheinland bietet daher Dienstleistungen für nahezu alle Wirtschaftszweige und Lebensbereiche rund um den Menschen an seinem Arbeitsplatz und in seinem beruflichen Umfeld gebündelt an. Als einer der größten Anbieter in Deutschland im modernen Arbeits- und Gesundheitsschutz mit den klassischen Feldern der Arbeitsmedizin und Arbeitssicherheit reicht das umfangreiche Angebot von Themen der Personal- und Organisationsentwicklung bis hin zum ganzheitlichen Betrieblichen Gesundheitsmanagement (BGM).

Hier eröffnet sich somit eine Attraktivität und zugleich Chance für die Gesundheitswirtschaft, einen Akteur außerhalb des traditionellen Gefüges als wichtigen Schnittstellenpartner für ein gesundes und produktives Lebens- und Arbeitsumfeld neu zu identifizieren, der einen essenziellen Anteil zur Gesunderhaltung beisteuert. Für die Zukunftsfähigkeit von Beschäftigten, Unternehmen und der Gesundheitswirtschaft ist es aus heutiger Sicht von entscheidender Bedeutung, innovative Konzepte und Lösungen zum Erhalt und Ausbau der Gesundheits-, Leistungs- und Arbeitsfähigkeit anzubieten.

Die Bündelung von ineinandergreifenden Maßnahmen aus der gesamten Gesundheitswirtschaft kann in Zukunft ein substanzieller Faktor für jeden Einzelnen als auch die gesamte Volkswirtschaft sein. Aus diesem Grund ist es unentbehrlich, dass Potenziale und Risiken moderner Arbeit vermehrt interdisziplinär betrachtet werden. Die Optimierung der Arbeitsweltgestaltung kann nur auf diese Weise nachhaltig und systematisch gelingen. TÜV Rheinland kann mit seinen vielfältigen Fachkompetenzen und Professionen sowie einer breiten Vernetzung einen erheblichen, marktgerechten Beitrag leisten (Abb. 7.1).

Gemeinsam für die systematische Gestaltung der Nachhaltigkeit der betrieblichen Gesundheit.

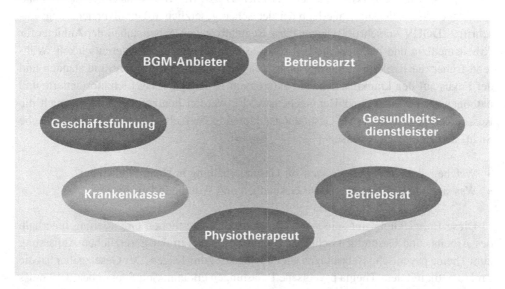

Abb. 7.1 Gemeinsam für die systematische Gestaltung der Nachhaltigkeit der betrieblichen Gesundheit. (TÜV Rheinland)

7.2 Die industrieunabhängigen Arbeits-, Gesundheits- und Sicherheitsexperten des TÜV Rheinland

Zur Ableitung von Handlungsempfehlungen für Entscheider aus dem Gesundheitswesen ist das Geschäftsfeld eines Anbieters für Arbeitsmedizin und Arbeitssicherheit ein interessanter zu berücksichtigender Beobachtungsrahmen, in welchem eine besondere Beratungskompetenz zum modernen Arbeits- und Gesundheitsschutz gelebt wird. Arbeits- und sicherheitstechnische Anbieter setzen an der Rechtskonformität an und arbeiten ferner an weitaus innovativeren sowie praxisnahen Konzepten als nur an reiner Abwendung von Gefahren und Gefährdungen am Arbeitsplatz. Die veränderten Handlungsfelder eines TÜV Rheinland erstrecken sich von Arbeitsmedizin, Arbeitssicherheit über die betriebliche Gesundheitsförderung zur Gestaltung der Arbeitsorganisation bis hin zur Entwicklung der Unternehmenskultur und Schaffung eines langfristigen und nachhaltigen BGM. Fundierte Kenntnisse im Umgang mit Sicherheit und Gesundheit unter anderem im klassischen Umfeld des Arbeitssicherheits- und Arbeitsschutzgesetzes sowie weiterer Normen und Vorschriften, befähigen zur kompetenten Mitsprache bei lösungsorientierten und zukunftsträchtigen Wegen des Gesundheitsmanagements ohne Beschränkung auf spezielle Branchen oder Unternehmensgrößen. Im Bereich von Managementberatungssystemen finden individuelle Unternehmensberatungen je nach Organisation oder Phase zur Erreichung eines modernen Arbeits- und Gesundheitsschutzes statt.

Diese Beratungskompetenz ist eine Konsequenz einerseits aus dem Wandel der Arbeitswelt und andererseits aus den Anpassungen der Gesetze im Arbeits- und Gesundheitsschutz der vergangenen Jahre. Angefangen beim deutschen Arbeitssicherheitsgesetz (ASiG) über das Arbeitsschutzgesetz (ArbSchG) und die Konkretisierung der Rechtsgrundlagen beispielsweise innerhalb der deutschen gesetzlichen Unfallversicherungsvorschrift 2 (DGUV Vorschrift 2) haben diese Regulativen den Arbeitsinhalt der Anbieter für Arbeitsmedizin und Arbeitssicherheit seit den 80er-Jahren stark weiterentwickelt. Während früher die Risikominimierung und Unfallvermeidung im Vordergrund standen und der Fokus auf den krankmachenden Faktoren am Arbeitsplatz lag (defizitorientierte und pathogenetische Sicht- und Herangehensweise), werden heutzutage verstärkt auch die Ressourcen beziehungsweise Gesundheitsfaktoren in Betracht gezogen (salutogenetische Sicht- und Herangehensweise):

- Welche Faktoren/Aspekte tragen zur Gesunderhaltung in Unternehmen bei?
- Was sind die Ressourcen, die für Gesundheit und Wohlbefinden sorgen?

Diese Entwicklung mit seiner proaktiven und ganzheitlichen Orientierung innerhalb des Arbeits- und Gesundheitsschutzes kommt besonders in der gesetzlichen Anpassung zum Thema psychische Belastungen am Arbeitsplatz zum Tragen. Der Gesetzgeber hat die Problematik mit dem Thema psychische Belastungen erkannt: Seit September 2013 muss jeder Arbeitgeber – vom Kleinstunternehmer bis hin zum Konzern – im Rahmen der Gefährdungsbeurteilung auch die psychischen Belastungen analysieren, bewerten und Maßnahmen ableiten. Diese neue Auseinandersetzung mit dem Arbeitsplatz bedeutet nicht zwangsläufig die reine Aufdeckung von Defiziten, sondern bietet einen idealen Raum zur Aussprache und Entwicklung von gesundheitsförderlichen Potenzialen in einem modernen Arbeits- und Gesundheitsschutz.

Eine weitere wichtige Grundlage für die Betreuung im Arbeits- und Gesundheitsschutz stellt die neue DGUV Vorschrift 2 aus dem Jahr 2011 dar. Innerhalb der Gesamtbetreuung von Unternehmen durch Betriebsärzte und Fachkräfte für Arbeitssicherheit existiert seither die Grundbetreuung und betriebsspezifische Betreuung. Erstere umfasst Basisleistungen nach dem ASiG, die unabhängig von betriebsspezifischen Gegebenheiten anfallen. Die betriebsspezifische Betreuung baut auf der Grundbetreuung auf und ergänzt sie auf der Basis der betrieblichen Gefährdungssituation und sonstigen Gegebenheiten um die individuellen Betreuungserfordernisse des einzelnen Betriebs. Damit wird der individuellen betrieblichen Situation Rechnung getragen. Die betriebsspezifische Betreuung hingegen ist unternehmensindividuell aktiv selbst festzulegen und erfordert somit eine deutlich stärkere Eigenverantwortung als bisher. Das funktioniert nur, wenn Unternehmer eine detaillierte Auseinandersetzung mit Gefährdungen, Belastungen, Beanspruchungen und Ressourcen von Mitarbeitern am Arbeitsplatz vornehmen. An dieser Stelle hängen Arbeits- und Gesundheitsschutz sowie BGM für TÜV Rheinland logisch zusammen. BGM kann als strukturiertes Vorgehen für den verpflichtenden Arbeits- und Gesundheitsschutz definiert werden (Faller 2015). Es ist per Definition die (DIN SPEC 91020)

▶ „systematische sowie nachhaltige Schaffung und Gestaltung von gesundheitsförderlichen Strukturen und Prozessen einschließlich der Befähigung der Organisationsmitglieder zu einem eigenverantwortlichen, gesundheitsbewussten Verhalten".

7.3 Learnings für die Gesundheitswirtschaft

Das Erfahrungswissen eines TÜV Rheinland als Berater im modernen Arbeits- und Gesundheitsschutz kann Entscheidern in der Gesundheitswirtschaft wertvolle Impulse geben. Von Interesse ist hierbei, wie TÜV Rheinland aktuell und in der Zukunft mit den Herausforderungen umgeht. In der Praxis befolgen Unternehmen hauptsächlich die gesetzlichen Arbeitsschutzvorgaben, auch wenn sich langsam ein Aktionismus für die noch freiwilligen BGM/BGF-Leistungen als Küraufgabe entwickelt. Dieser ist motiviert durch die Hoffnung der Unternehmer, kurzfristig Effekte wie beispielsweise eine geringere Krankenquote relativ zügig erreichen zu können. Hierbei fällt auf, dass oftmals keine greifbare Vorstellung oder Planung des Themas „Was hält Mitarbeiter im Unternehmen gesund?" existiert. Kleine und mittelständische Unternehmen interessieren sich vermehrt für das Thema, allerdings liegt auch hier bislang kein strukturierter Ansatz vor. Moderner Arbeits- und Gesundheitsschutz zahlt sich für die Unternehmen nur bei einer individuellen und systematischen Herangehensweise aus.

Zur Unterstützung in der Praxis arbeitet TÜV Rheinland bereits heute in sogenannten Präventionsteams aus Arbeitsmedizinern, Fachkräften für Arbeitssicherheit, Gesundheitsmanagern, Arbeits-, Betriebs- und Organisationspsychologen (ABO-Psychologe) und Assistenzpersonal sowie bei Bedarf auch mit weiteren Fachexperten, wie beispielsweise Physiotherapeuten, Ökotrophologen oder klinischen Psychologen. Dieses Gleichnis wird oft für Probleme herangezogen, deren Komplexität mit einer rein disziplinären Sichtweise nicht angemessen Rechnung getragen werden kann. Ein moderner Arbeits- und Gesundheitsschutz in Unternehmen ist häufig ein solcher „Elefant".

▶   Der größte Nutzen dieser intensiven Zusammenarbeit lässt sich mit Hilfe der Parabel von den Blinden und dem Elefanten verdeutlichen (nach John Godfrey Saxe, „Die Parabel von den Blinden und dem Elefanten", 1869 nach einer buddhistischen Weise): Nachdem ein merkwürdiges Lebewesen auftaucht und die besten Gelehrten untersuchen sollen, um welches Tier es sich handeln könnte, stellt sich heraus, dass die blinden Gelehrten das wahre Wesen nicht identifizieren können. Zur Erforschung fasst jeder Gelehrte ein anderes Körperteil des mysteriösen Wesens an (beispielsweise Fuß, Rüssel), sodass jeder zu sehr unterschiedlichen Schlussfolgerungen kommt („Ganz klar, es ist ein Baumstamm", „Nein, es ist eine Schlange!" etc.). Erst als die blinden Gelehrten ihre unterschiedlichen Forschungsperspektiven und Daten miteinander austauschen und zusammenführen, kommen sie zur richtigen Schlussfolgerung: Bei dem mysteriösen Wesen handelt es sich um einen Elefanten.

Um richtige und auch nachhaltige Schlussfolgerungen ziehen und darauf basierende effektive Maßnahmen einleiten zu können, bedarf es einer komplexen Betrachtung. Der Vorteil dieser verschiedenen Blickwinkel in die individuellen Unternehmenssituationen kann zusätzlich durch eine Ausweitung auf die Partizipation von weiteren relevanten Akteuren aus dem ersten und zweiten Gesundheitsmarkt nochmals erhöht werden. Synergieeffekte für Unternehmen entstehen schließlich dort, wo Spezialisten sinnvolle Dienstleistungen bündeln und ein einheitliches und erprobtes Angebot schaffen. Gemeint ist dabei zum Beispiel die Kooperation mit Krankenkassen bei Interventionen im BGM oder in der BGF. Derzeit gibt es noch viele Parallelsysteme, das heißt, dass verschiedene Dienstleistungsanbieter im selben Unternehmen unterschiedliche und nicht aufeinander abgestimmte gesundheitsförderliche Aktionen durchführen – ohne jegliches Wissen voneinander und ohne Einbindung des zuständigen Betriebsarztes. Die Praxis zeigt, dass die meisten dieser Maßnahmen aus arbeitsmedizinischer Sicht nicht die beste Lösung darstellen oder es zu unnötigen Doppelungen kommt.

TÜV Rheinland setzt nicht nur an den rechtlichen Vorgaben des Arbeits- und Gesundheitsschutzes an und entwickelt gemeinsam mit Unternehmen einen Einstieg in dessen modernen Arbeits- und Gesundheitsschutz, er strebt darüber hinaus aktiv eine intensivere Verzahnung aller bedeutsamen betrieblichen Personen und überbetrieblichen Akteure aus der Gesundheitswirtschaft und die geeignete Aufteilung der Kompetenzen an. Zum einen trägt das ArbSchG dieser Entwicklung Rechnung. Anstatt jedes Detail vorzuschreiben und behördlich zu kontrollieren, werden die Verantwortlichen im Unternehmen verpflichtet, für Arbeitsbedingungen zu sorgen, die dem aktuellen Stand von Wissenschaft und Technik entsprechen. Das ArbSchG zeichnet sich durch einen ganzheitlichen und präventiven Ansatz, einen kooperativen und beteiligungsorientierten Ablauf und ein erweitertes Verständnis von Arbeits- und Gesundheitsschutz aus. Auch wenn das perspektivisch Notwendige – ein BGM – noch keine direkte gesetzliche Verpflichtung für den Arbeitgeber ist, bilden das ArbSchG sowie die einschlägigen Rechtsverordnungen (zum Beispiel Arbeitsstättenverordnung, Bildschirmarbeitsverordnung oder Gefahrstoffverordnung) eine wichtige rechtliche Orientierung. Des Weiteren schlägt der betriebsspezifische Betreuungsteil aus der DGUV Vorschrift 2 eine deutliche Richtung BGM bezogener Themen vor:

- Sicherheit und Gesundheit unter den Bedingungen des demografischen Wandels.
- Arbeitsgestaltung zur Vermeidung arbeitsbedingter Gesundheitsgefahren, Erhalt der individuellen gesundheitlichen Ressourcen im Zusammenhang mit der Arbeit.
- Unterstützung bei der Weiterentwicklung eines Gesundheitsmanagements.
- Schwerpunktprogramme, Kampagnen sowie Unterstützung von Aktionen zur Gesundheitsförderung.

Es wird deutlich, dass Unternehmen eine tiefe Kenntnis über die individuellen betrieblichen Rahmenbedingungen, Betriebsstrukturen und Prozesse sowie deren Umfeld haben sollten. Im Sinne der Arbeitgeber kann somit die Devise lauten: möglichst frühzeitig, gemeinsam für eine langfristige Installierung eines modernen Arbeits- und Gesundheitsschutzes ansetzen. Erwartet wird, dass auf Basis der Evaluation der DGUV Vorschrift 2 die aktuellen Veränderungen in der Arbeitswelt auch zu Auswirkungen führen werden. Dabei geht es um die bereits unter anderem vom TÜV Rheinland praxiserprobte und erfolgsversprechende Verstärkung von delegierbaren Leistungen, Kooperation sowie der gelebten Integration weiterer Professionen (Einsatz von internen oder externen Gesundheitsmanagern als Koordinatoren). Die Umsetzung könnte kurz folgendermaßen skizziert werden:

1. Ableitung medizinisch sinnvoller Gesundheitsmaßnahmen aus der Gefährdungsbeurteilung inklusive der Betrachtung psychischer Belastungen und aus den Arbeitsplatzbegehungen, Berücksichtigung von betriebsspezifischen Kennzahlen (harte und weiche Faktoren, wie zum Beispiel Fehlzeiten, Unfälle, Gesundheitsberichte der Krankenkassen, Arbeitszufriedenheit und -motivation).
2. Abstimmung und Auswahl der gesundheitsfördernden Aktionen zwischen Unternehmen, Betriebsarzt, Gesundheitsmanager und Mitarbeitervertretung, Einbindung von Krankenkassen und gegebenenfalls auch weiteren relevanten Akteuren (zum Beispiel BGF-Anbieter).

3. Gemeinsame Abstimmung: Wer macht was, wer bezahlt welche Aktion, wird beziehungsweise kann das arbeitsmedizinische Budget des Anbieters für die Arbeits- und Gesundheitsschutzdienstleistungen genutzt werden, Festhalten in einem Jahresarbeitsplan.
4. Zentrale Auswertung und Evaluation.

Mit der langjährigen Erfahrung vom TÜV Rheinland im modernen Arbeits- und Gesundheitsschutz profitiert die Gesundheitswirtschaft bei der Herstellung von Akzeptanz im Bereich der Prävention und Gesunderhaltung im betrieblichen Setting (vgl. Abb. 7.2). Als Partner von Unternehmen jeglicher Größe und Branche gelingt es den Blick für eine gesundheitsgerechte Arbeitswelt zu schärfen – beim Arbeitgeber als auch Arbeitnehmer. Zu empfehlen ist dabei ein festes strategisches BGM-Steuerungsgremium, in das die Unternehmensführung eingebunden ist und welches die gesamte (strategische) Steuerung und Weiterentwicklung verantwortet. Unabdingbare Voraussetzung eines nachhaltigen BGM ist die Existenz eines Beauftragten beziehungsweise einer koordinierenden Stelle für das BGM. Die Kommunikation mit externen Stellen wird durch diese verantwortliche Stelle geregelt, sodass alle Inhalte eng abgestimmt und koordiniert ablaufen. Die Vernetzung der einzelnen Akteure hat das Unternehmen über fest geregelte Informations- und gegebenenfalls Wissensmanagementprozesse sicherzustellen. Nur mit diesen Grundvoraussetzungen

Zusammenwirken aller (über-)betrieblichen Akteure im modernen Arbeits- und Gesundheitsschutz – angepasst an den individuellen Bedarf des Unternehmens.

Abb. 7.2 Zusammenwirken aller (über-)betrieblichen Akteure im modernen Arbeits- und Gesundheitsschutz – angepasst an den individuellen Bedarf des Unternehmens. (TÜV Rheinland)

ist der Aufbau einer effizienten Steuerung und einem nachhaltigen BGM möglich. Das daraus entstehende Ganze ist also mehr als die berühmte Summe ihrer Teile.

7.4 Zusammenfassung und Ausblick

TÜV Rheinland nimmt einerseits eine wichtige Rolle bei der Vorbeugung von Krankheiten ein, indem er Mitarbeiter durch die Initiierung von „Prävention" am Arbeitsplatz nicht zu Patienten werden lässt und somit den ersten Gesundheitsmarkt entlastet. Andererseits realisiert der TÜV Rheinland als Beratungsdienstleister im modernen Arbeits- und Gesundheitsschutz – über die Basisarbeit des gesetzlich geforderten Arbeits- und Gesundheitsschutzes hinaus – innovative Konzepte und somit ganzheitliche, ressourcenorientierte sowie langfristige Lösungen in sogenannten Präventionsteams in und mit Unternehmen. Der Vorteil der Teamzusammensetzung aus Arbeitsmedizinern, Fachkräften für Arbeitssicherheit, Gesundheitsmanagern sowie ABO-Psychologen und weiteren qualifizierten Fachpersonen besteht darin, dass Synergieeffekte zugunsten einer qualitativ hochwertigen und kontinuierlichen Beratung im modernen Arbeits- und Gesundheitsschutz durch Unternehmer und Mitarbeiter genutzt werden können. Zurzeit finden Dienstleistungen in der Gesundheitswirtschaft wenig aufeinander abgestimmt statt. Die Ausweitung der Zusammenarbeit vom TÜV Rheinland auf die Partizipation weiterer Akteure aus dem ersten und zweiten Gesundheitsmarkt stellt eine neuartige Herangehensweise dar, die zukünftig in der Gesundheitswirtschaft als sinnvolle Strategie zu sehen ist – nicht nur um unwirksame Doppelleistungen zu vermeiden.

Drei Learnings für die Gesundheitswirtschaft

1. Eine frühzeitige und proaktive Auseinandersetzung (systematisch organisiert) mit einer gesundheitsfördernden Herangehensweise im Arbeits- und Beschäftigungsumfeld nicht nur gesetzlich gefordert ist, sondern eine detailliertere Auseinandersetzung mit der individuellen Unternehmenssituation hinsichtlich Risiken und Ressourcen ermöglicht.
2. Die Bündelung von ineinandergreifenden Maßnahmen zur Förderung von Gesundheit eine Voraussetzung für die Etablierung eines moderner Arbeits- und Gesundheitsschutz darstellt, die multiprofessionell erfolgen sollte.
3. Eine gemeinsame interdisziplinäre Arbeit mehrerer Professionen darauf basieren sollte, eine Verzahnung aller bedeutsamen betrieblichen wie auch überbetrieblichen Akteure mit einer geeigneten Aufteilung der Kernkompetenzen zu forcieren.

Literatur

Faller, G. (2015). Den Beschäftigten einbeziehen. *Gute Arbeit kompakt*. https://www.igmetall. de/GuteArbeitNR1_e48ef33a80c789f188cb40de78d6a91f0bb7e676.pdf/. Zugegriffen: 21. Febr. 2016.

DAK Gesundheit (Hrsg.). (2013). *BKK Gesundheitsreport 2013. Analyse der Arbeitsunfähigkeitsdaten. Update psychische Erkrankungen – Sind wir heute anders krank?* Hamburg.

Korge, A. (2013). Checkliste: Wie können sich Unternehmen auf den demografischen Wandel vorbereiten? Den demografischen Wandel gestalten – IAO-Blogreihe zum Wissenschaftsjahr 2013: Die demografische Chance. http://blog.iao.fraunhofer.de/checkliste-wie-konnen-sich-unternehmen-auf-den-demografischen-wandel-vorbereiten/.

Dominique Bialasinski ist studierte Volkswirtin (Bachelor of Arts in Economics) und Medizin-Managerin ebenfalls mit dem Schwerpunkt BGM (Master of Arts in Medical Management). Beide Autorinnen sind tätig als Senior Projektmanagerinnen BGM und Produktmanagerinnen Deutschland für Betriebliche Gesundheitsförderung (BGF) beim AMD TÜV Arbeitsmedizinische Dienste, TÜV Rheinland Group. Ihre Erfahrungen, speziell beim TÜV Rheinland, umfassen die BGM Beratung von Kunden verschiedener Unternehmensgrößen und Branchen zur Einführung, Etablierung und Evaluation von BGF Projekten bis hin zu einem ganzheitlichen BGM sowie bundesweitem Projektmanagement in Präventionsteams nach dem Ansatz des modernen Arbeits- und Gesundheitsschutzes.

Claudia Kardys ist examinierte Gesundheits- und Krankenpflegerin und studierte im Bachelor- und Masterstudium die Fachrichtung Gesundheitsmanagement/-wissenschaften mit der Spezialisierung Betriebliches Gesundheitsmanagement (BGM) (Fachkraft für Betriebliches Gesundheitsmanagement – IHK). Zurzeit promoviert sie an der TU Dortmund im Bereich der Psychologie zu Effekten von körperlichem und mentalem Training auf die kognitive Leistungsfähigkeit bei Arbeitnehmern.

Was kann die Gesundheitswirtschaft von 3-D-Druckern lernen?

8

Jürgen Müller

Zusammenfassung

Das Leben lehrt uns, dass wir die Unversehrtheit unseres Körpers bewahren sollen. Nachdem uns die Wissenschaft gelehrt hat, dass die Größe unserer Erkenntnisse in der Unendlichkeit des Nichtwissens und dessen immer schnelleren Wachstums besteht, haben wir das Problem unseres Lebens in unserem Körper gefunden. Nichts Neues gibt es – wir repetieren die Worte Größerer, die vor uns gelebt haben. Immanuel Kant hat vor Stephen Hawking dokumentiert (Kant 1788; Hawking 2010), dass Nichtwissen der Unendlichkeit des sich stetig schneller ausdehnenden Weltraums entspricht (Garriga und Vilenkin 2001). Entspricht das dem Wachstum unserer Lebenserwartung? Wir können deren Ende nicht sehen und die mathematisch möglichen Formen weiterer Dimensionen nicht erleben. Wir wissen nicht, was sich dadurch um uns verbirgt, denn das Neue liegt darin, das Alte (endlich?) zu verstehen. Zukunft braucht Herkunft (Marquard 2003). Wir skizzieren mit Erkenntnissen unsere Lösungen und wissen von Menschen, die uns davor bewahren wollen, obwohl wir wissen: Was technisch möglich ist wird gemacht. Sollen die Kreise der Wissenden klein gehalten werden? Die meisten Forschungen und Erkenntnisse zu 3-D-Druckern, zur Herstellung von Organen „Bioprinter" genannt, sind im Februar 2016 nicht älter als ein halbes Jahr. Wir lernen zu den Bioprintern jeden Tag Neues. Vor Monaten wurde deren Einsatz für „in den nächsten Jahren" in Aussicht gestellt. Heute lernen wir, dass die ersten praktischen Einsätze belegt werden.

J. Müller (✉)
63322 Rödermark, Deutschland
E-Mail: dozent@juergenpmueller.de

© Springer Fachmedien Wiesbaden 2017
D. Matusiewicz und M. Muhrer-Schwaiger (Hrsg.), *Neuvermessung der Gesundheitswirtschaft*, FOM-Edition, DOI 10.1007/978-3-658-12519-6_8

8.1   Hintergrund

Das Einwirken der Natur in den Lebensraum der Menschen führt dazu, dass weder sie –
als nach Gesundheit Suchende – noch leitende Mediziner in der Lage sind – oder sein
werden – das Rezept für Verhalten und in akuten Situationen das Handeln zu bestimmen. Dabei bleibt es offen, ob Menschen nach diesem Fortschritt ihre Entscheidungen
zur Gesundheit programmieren oder individuell steuern. Wie verhält sich Gesundheit in
Abhängigkeit vom Sozialen (und umgekehrt)? Zwischen beiden liegt die Schnittstelle im
geistigen Bereich. Im Umkehrschluss des populistisch Bekannten fordert das Soziale vom
Individuum Mensch die Sorge um seine Gesundheit. Wenn Menschen diese optimieren
und dafür das für sie Mögliche übernehmen, vermindert sich in der Gesamtheit die Belastung der auch wirtschaftlich relevanten sozialen Aufgaben. Dazu gehört, dass Mediziner
bereit sind, früher als Patienten angesehene Menschen als Kunden zu definieren, um die
Auswahl der technisch bestmöglichen Behandlung zu präsentieren. Nicht Digitales oder
optimale Technik entscheiden, sondern analog der Mensch. Dieser kommt und bleibt in
der Pflicht das Beste für seine Gesundheit auch mit zunächst zu akzeptierenden Belastungen anzustreben, um in seinen Sozialverhältnissen Mitmenschen in seiner Verpflichtung
der Kollaboration die geringste Belastung aufzuerlegen.

Der Mensch wird verpflichtet, das Beste für sich zu tun beziehungsweise zu veranlassen. Diese Erkenntnisse werden durch biologische Forschungen bestärkt. Auf
Meeresböden in mehr als 4000 m Tiefe wurden Lebewesen – eine Kollaboration von
Pflanzen, Schwämmen – entdeckt, die mit Biolumineszenz Lebenserwartungen von etwa
10.000 Jahren haben, indem sie sich immer wieder teilen. Es gibt Lebewesen aus den Familien der Algen, denen eine unendliche Lebenszeit sicher ist. Da Forschungen bei *Calico*
(gegr. 2013) aus dem Konzern *Alphabet Inc.* (= California Life Company) bezogen auf
Menschen angestoßen worden sind, liegt es nahe, dass nach Realisierung von Möglichkeiten der Zellteilung auf Alginat-Basis – nach *Prof. Eckard Alt* über das 120. Lebensjahr
hinaus Ersatz für verbrauchte Körperteile jeder Art geschaffen werden muss (Alt 2016).

8.2   3-D-Drucker (und Bioprinter)

Mediziner wandern durch den Körper, beginnen mit Anatomie und Stabilität, setzen ihre
Forschungen in dem fort, was die festen Elemente umgibt, dem Gewebe. Die festen Ele-
mente, als Knochen definiert, dienen dem Schutz und Halt dessen, was sie umgeben, die
Organe. Das geschieht mit Reproduktion auf dem Papier und setzt sich an künstlichen Ab-
bildern des Körpers fort, um mit Mumien und Skeletten zur Identität dessen zu kommen,
mit dem wir leben. Ohne Schäden zwischen Geburt und Tod könnten wir es mit dieser
Erkenntnis bewenden lassen. Jeder Schaden an Teilen des menschlichen Körpers verlangt
Heilung, Regeneration oder Ersatz. Die Entwicklungen sind in den letzten Jahrtausenden
im Sinne des Menschen erfolgt – mit dem Ziel, ihn soweit wie möglich wieder herzustellen. Dieser Beitrag zieht die Erläuterung der Bioprinter für Organe denen der 3-D-Drucker

von Körperteilen vor, um für deren Reproduktion ganzheitliches Verständnis zu gewinnen. Verglichen mit den Informationen über den eigenen Körper erschüttert dieser Sachverhalt. Der eigene Körper kann Schwächen haben und mechanisch oder chemisch erzeugte Elemente brauchen, die reproduzierbar sind – und das mit immer höherer Geschwindigkeit. An dieser Stelle setzt der Zweck von Druckverfahren ein, die als 3-D-Druck bezeichnet werden. Entscheidend ist nicht der mechanische Ersatz, sondern dessen Annahme im Körper ohne den Versuch das bisher fremde Element abzustoßen. Mehr als Erstaunen, oft Entsetzen breitet sich in Gedanken und Gesprächen aus, wenn das im Empfinden Unmögliche als – in Versuchen machbar – präsentiert wird: Ersatz von Teilen des Gehirns. Über Annahmen ist die Realität hinweggegangen, die den Ersatz von Körperteilen und Organen behandelt und die Grenzen des bisher angenommen Machbaren überschreitet:

• Beispiele erheben niemals einen Anspruch auf Vollständigkeit.
• Vollständigkeit kann Entsetzen bewirken.
• Entsetzen bezieht sich auf das, was die Natur uns bisher als Mystik vorenthalten hat.
• Mystik ist das, was wir als Realität nicht erfassen können oder nicht mehr wissen.
• Realität definieren wir als Wahrheit des Erfassbaren.

Knochen oder Gewebeteile aus dem 3-D-Drucker sind noch Seltenheit, weil der medizinische 3-D-Druck sich in seinen Anfängen befindet und dessen Anschaffungskosten mit fast einer Mio. Euro für viele Krankenhäuser noch zu hoch erscheinen. 3-D-Drucker sind in der Zahnmedizin auf dem Vormarsch.

Es kann einige Jahre dauern, bis medizinische Kunden Knochen oder Weichteile aus einem 3-D-Drucker erhalten. Dies kann aber schneller möglich sein, wenn wir die vergangenen Monate beobachten. Mit in 3-D-Druckern erzeugten Körperteilen oder Organen auf die Lebensqualität oder das Leben selbst Einfluss zu nehmen kennt keine Grenzen mehr. Viele Mediziner haben das noch nicht realisiert. Kunden der Medizin kennen wie beim täglichen Einkauf nicht alle Produkte, für die sie sich entscheiden oder die sie ablehnen können. Die virtuelle Diagnose von nicht gewollten Abweichungen zum anerkannten Normalzustand ist in der Presse zur Kenntnis genommen worden. Der nächste Schritt ist der Austausch von geschädigten Körperteilen einschließlich Organen – ohne Einschränkungen. Technisch sind mechanisch arbeitende 3-D-Drucker von den Produkten einer neuen Technologie zu unterscheiden, die einen „Quantensprung" darstellt: Bioprinter. Dabei haben wir die Wahrheit der Quanten im Sinne der Quantenbiologie noch nicht erkannt. Es kann – bei geringer Halbwertzeit – akzeptiert werden, dass nicht alle Erzeugnisse von 3-D-Druckern und Bioprintern als Körperteile oder Prothesen für jeden jederzeit erstellt werden können und verfügbar sind oder sein werden. Knochen und Zähne können reproduziert werden. Organe aus Bioprintern standen 2015 auf der Liste der Möglichkeiten der Zukunft – 2016? Bioprinter sind spezielle 3-D-Drucker, die computergesteuert mit Techniken des *Tissue Engineering* regelmäßige organische Strukturen wie Bioarrays aus der Molekularmedizin oder Gewebe aus gezüchteten synthetischen Zellen herstellen können.

Bioprinter könnten in der Medizin (*spezifische Organe*) und der synthetischen Biologie (*künstliche Lebensformen*) zum Einsatz kommen.

8.2.1 Funktionsweise

Bioprinter sollen ab 2018 genutzt werden. Organovo plant künstliche Blutgefäße für die Gefäßchirurgie zu erzeugen. 3-D-Biodrucker von Organovo drucken bereits Gewebe für die Leber. Ein Bioprinter ähnelt in seinen Funktionen einem normalen 3-D-Drucker. Ein Extruder baut Formen aus polymeres Gel *mit darin eingeschlossenen lebenden Zellen auf. Es wird auch zur Vermehrung von Stammzellen eingesetzt.* Organovos Bioprinter setzt Tröpfchen ab, die je 10.000 bis 30.000 Einzelzellen enthalten. Diese sollen sich, durch geeignete Wachstumsfaktoren angeregt, selbst in funktionstüchtigen Gewebestrukturen organisieren. Bioprinter haben Komponenten wie Temperaturregulierung für das korrekte Drucken. Es kann zu Ausfällen kommen, da die Steuerung nicht mit Analogsignalen, sondern digital erfolgt. Der Extruder kann nur näherungsweise gesteuert werden.

8.2.2 Medizinischer Einsatz

Für medizinische Zwecke sind Bioprinter (im experimentellen Bereich) seit 2000 bekannt. Noch ist es experimentell nicht möglich, aus mehreren Gewebetypen bestehende Organe zu drucken – obwohl Erfolge präsentiert werden. Die Forschung versucht durch den Druckvorgang grobe Zellaggregationen aufzubauen, die anschließend durch biologische Selbstorganisation zu Organen „reifen" sollen.

Wesentliches Problem ist die Erzeugung eines funktionstüchtigen Blutgefäßsystems, denn Bioprinter beziehungsweise damit erzeugte Organe sollen Spenderorgane ersetzen können. Von Vorteil ist bei mit Bioprintern erzeugten Organen die Abstimmung auf den vorgesehenen Körper. Bei Spenderorganen müsste abgewartet werden, bis ein Organ verfügbar ist. Die Initiative kann von 3-D-Druckern begleitet werden, die im Körper weiteres Wachstum eingepflanzter Elemente bewirken – wie Haut auf der Basis eingepflanzter Epidermis. Dass ein Spenderorgan zur Verfügung steht, ist meist unwahrscheinlich. Die mehrstündige „Druckzeit" eines künstlichen Organs kann bei Unfallverletzungen eine Barriere sein.

8.2.3 Gedruckte Organteile versus Tests an Patienten

Bei ihrer Arbeit setzen die Forscher auf den medizinischen 3-D-Druck, um Haut, Gewebeteile und Organteile herzustellen. Die Haut muss sich dabei auf der Epidermis aufbauen. Das erste Ziel der Wissenschaftler war die Fertigung von Haut, weil diese einfach aufgebaut ist und nur aus einer Schicht besteht. Wie erklärt, sind andere Organe schwieriger durch den 3-D-Druck herzustellen, da die Blutversorgung aller Zelltypen mitgedruckt werden muss, damit das Gewebe am Leben bleibt. *Mironov* unter anderem haben das zum „Organ Printing" 2009 erforscht (Mironov et al. 2009). Neben dem 3-D-Druck von Gewebe, Körperteilen und Forschungen renommierter Elite-Universitäten sind es Anwendungsbeispiele, die dank 3-D-Druck die (medizinische) Welt smarter werden lassen. Komplizierte Gehirn- oder Herzoperationen lassen sich besser vorbereiten, wenn die Chirurgen vor der Operation an den plastischen Modellen der Körperteile den Eingriff planen und gegebenenfalls üben können. Die Reihenfolge der Ansprache der Möglichkeiten für Implantate beginnt mit dem Ansatz bekannter Implantationen, für die – bei oft unbefriedigenden Ergebnissen – keine 3-D-Drucker erforderlich waren.

8.3   Learnings für die Gesundheitswirtschaft

Beginnen wir außen, bei dem, was wir ohne Anspruch auf Dimensionen sehen:

Der menschliche Körper ist mit Haut, dem Horn von Nägeln, Knorpeln und Zähnen nach außen begrenzt. Der Einsatz von künstlichen Körperteilen hat anders begonnen und verspricht mit der Systematik von sichtbaren vor unsichtbaren Körperteilen dem Wandern in den menschlichen Körper Erlebnisse der Spannung und des Erstaunens.

8.3.1   Zähne beinhalten für viele Menschen „Leiden mit Bestand"

Zähne sind Knochen im Kleinen. Beide sind vom Körper des Menschen nicht regenerierbar, aber meist reparierbar. Der Zahnersatz ist in der Breite der Bevölkerung bekannt, wobei Implantate als schwierig einzusetzen und/oder als (zu) teuer gelten. Der Einsatz eines Zahnes wird als spektakulär angesehen oder in der breiten Bevölkerung als Vision für die Zukunft angesehen. Zahnärzte sollen noch in diesem Jahrzehnt Zähne aus dem 3-D-Drucker Minuten nach dem Druck einsetzen können.

Für Patienten, die Knochen oder Zähne verloren haben, wird durch **3-D-Druck die Heilungszeit reduziert** und die Gesamtstruktur der betroffenen Körperregionen verbessert. Zahnärzte sollen in Zukunft über 3-D-Scanner und 3-D-Drucker verfügen, um „zahnlosen" Patienten Zähne implantieren zu können. Im Idealfall sollen Scannen und Drucken 20 min, das passgenaue Einsetzen des Zahnes innerhalb von zehn Minuten möglich sein. **Erwartet werden sinkende Kosten und kürzere Behandlungszyklen, da mit einem 3-D-Drucker echte Gewebe, Knochengerüste und Haut schneller als bislang hergestellt werden könnten.**

Ein Wissenschaftlerteam der **Universität Groningen** aus den Niederlanden hat Zähne aus Kunstharz entwickelt, die andere Zähne vor Karies schützen können. Der Zahnersatz wurde mit einem 3-D-Drucker hergestellt. Das Kunstharz für den künstlichen Zahn beinhaltet Salz, welches eine positive elektrische Ladung besitzt und bei dessen Berührung

Bakterien sterben. Die negativ geladenen Membranen der Bakterien werden zerstört. **Bei einem Zahn mit Spezialsalz verschwanden 99 % aller Bakterien.**

8.3.2 Knochenelemente

Dieser Beitrag berichtet über unerwartete Konstellationen und Problemlösungen. Pionier(in) auf dem Gebiet des 3-D-Knochendrucks ist unter anderem Frau Prof. *Susmita Bose* (1998). Sie schaffte in 2011 mit einer modifizierten Form eines ProMetal-3-D-Druckers Chemikalien zu einem keramischen Pulver zu verbinden und komplizierte Gerüste herzustellen, die jedes Wachstum fördern sollen. Mit der Geburt können erste Aufgaben für das Bioprinting entstehen. Missbildungen von Händen und Füßen sind der Ansatz von Studenten bionische Extremitäten mit dem 3-D-Druck zu erstellen. Es sprengt den Rahmen, alle Erfolge aufzuzeigen. Ihre Zahl vervielfältigt sich weltweit in Monaten. Eine funktionsfähige Hand kann mit einem Biodrucker für 500 € hergestellt und implantiert werden. Eine neue Zeit bricht an – dies mit Elementen die Mitmenschen sehen können! Diese erste erfolgreiche Operation am Schädel mit Unterstützung des 3-D-Drucks wurde wegen einer seltenen Krankheit ausgeführt, welche die Knochen der Schädeldicke fünf Zentimeter dicker werden ließen. Im schlimmsten Fall hätte die Patientin erblinden können und wäre bald gestorben. Dank der 3-D-Drucktechnik und des künstlichen Schädels konnte das Leben der Patientin gerettet werden. Drei Monate nach der Operation konnte sie wieder sehen und ins Arbeitsleben zurückkehren. In San Jose entdeckte der 61-jährige Patient Billy Crawford einen schwarzen Punkt auf seiner Nase. Bei ihm war Krebs diagnostiziert worden. Innerhalb von Stunden fraß sich eine Pilzinfektion durch sein Gesicht. Von der Haut zwischen seiner Stirn und der Oberlippe und von einem Auge blieb wenig übrig. Crawford habe noch einen Tag zu leben, sagten die Ärzte und schickten ihn nach Hause. Dennoch besuchte er ein Krankenhaus in Dallas, wo die Infektion korrekt diagnostiziert und behandelt wurde. Er überlebte – völlig entstellt. Eine Anaplastologin versucht, entstellten Menschen durch Prothesen ein normales Leben zu ermöglichen – mit dem völlig entstellten Gesicht ein Härtefall.

Ein chinesischer Landwirt hatte bei einem Unfall seinen halben Schädel verloren und mit Hilfe einer maßgeschneiderten Titanplatte aus dem 3-D-Drucker seine verlorene Schädelhälfte wieder erhalten. Die Titanplatte wurde vom 3-D-Drucker passgenau gefertigt und in seinem Schädel gepflanzt. Ein australischer Mann wäre an dem Wirbelsäulenkrebs gestorben. Geholfen hat ihm nun der medizinische 3-D-Druck. Die Neurochirurgen setzten dem Australier *Drage Josevski* im Dezember 2015 einen Halswirbel aus einem 3-D-Drucker ein. Damit wurde nun weltweit zum ersten Mal ein Halswirbel aus dem 3-D-Drucker bei einem Menschen erfolgreich eingepflanzt. Der Krebstumor hatte die zwei oberen Halswirbel angegriffen. Es wurde von Neurochirurg *Ralph Mobbs* durch ein **passgenaues Implantat** aus einem 3-D-Drucker ersetzt. Ohne diese lebensrettende Operation wäre *Josevski* qualvoll gestorben. Er kann mit dem maßgeschneiderten Halswirbel aus dem 3-D-

Drucker wieder ein ganz normales Leben führen. Und in naher Zukunft können das andere Patienten vielleicht auch (Mobbs 2016).

8.3.3   Gewebe mit Blutgefäßen

Forscher der Harvard University haben sich auf die Entwicklung des 3-D-Drucks für Gewebe mit Blutgefäßen spezialisiert und erzielen Fortschritte von Bedeutung. Ziel ist es, Gewebe drucken zu können, das zur Blutversorgung beiträgt. In dem Labor haben *Jennifer Lewis* und ihr Team einen 3-D-Drucker entworfen, der mit einer speziellen „Biotinte" arbeitet und dieses Forschungsziel erreichen soll. An der Wake *Forest School of Medicine* entwickelte der Wissenschaftler *James Yoo* einen 3-D-Drucker, der Haut direkt auf Verletzungen von Verbrennungsopfern auftragen kann. Die Tinte setzt sich aus Enzymen und Kollagen zusammen. Sein Team plant die Entwicklung eines 3-D-Hautdruckers, mit dem Kriegsverletzungen durch Direktauftragung künstlicher Haut geheilt werden können. Es ist eine synthetische Hauttransplantation erforderlich, damit die Kunsthaut die gleiche Färbung wie die echte Haut aufweist. Das Team von *Sophie Wuerger* an der Universität von Liverpool arbeitet am Einsatz von 3-D-Kameras, Bildbearbeitung und Modellierung, verbunden mit dem Ziel, eine genaue Textur und Farbe bei der Kunsthaut zu erreichen. Forschern und Medizinern der Medizinischen Hochschule Hannover (MHH) ist es gelungen, mittels 3-D-Drucker Zellen zu drucken, aus denen Haut entstehen wird. Der 3-D-Drucker, ein Eigenbau der Hochschule, erzeugt Hautzellen im Druckverfahren. Das Verfahren wurde an Mäusehautzellen getestet und soll im Rahmen weiterer Forschungsarbeiten um Funktionen echter Haut ergänzt werden.

Mit dem neuen Verfahren könnte es möglich werden, Hauttransplantation – zum Beispiel nach einem schweren Unfall mit schwerwiegenden Hautverbrennungen – zu vereinfachen und bessere Ergebnisse zu erzielen, als es heute möglich ist (Rychveldir 2014). Ein Team der Cornell University, Ithaca, NY-USA (CUI), setzt auf eine 3-D-Drucktechnik, die eine 3-D-Druckform für das Ohr eines Patienten aus Tinten-Gelee mit lebenden Zellen fertigt. Die Druckprodukte werden mit Rinderknorpelzellen und Rattenkollagen injiziert, bevor sie drei Monate später für eine Transplantation in einen menschlichen Körper bereit sind. Der Forscher *Lawrence Bonassar* der Cornell University arbeitet an einer Möglichkeit, mit 3-D-Druck die für den Ohrknorpel verwendete Struktur schichtweise aufzubauen.

Dem Unternehmen Fripp Design und Research aus London gelang es mit Stapeldruck bis zu 150 Augenprothesen herzustellen. Die Serienfertigungstechnologie der Firma verspricht eine beschleunigte Herstellung von Augen-Prothesen verbunden mit einer Kostensenkung. Jedes Auge kann individuell entsprechend seiner Farbe ausgedruckt werden und bedeutet ein besseres ästhetisches Ergebnis für die Patienten.

8.3.4 Organe

Jonathan Butcher konnte eine Herzklappe ausdrucken, die an Schafen getestet werden soll. Der dafür eingesetzte 3-D-Drucker verfügt über einen Doppel-Extruder und druckt Alginat, glatte Muskelzellen und Ventil-interstitial Zellen, um die Steifheit des Ventils zu steuern. Vor wenigen Monaten publizierte das US-Unternehmen Organovo diese Ankündigung: „In 3–4 Jahren drucken wir die erste lebende Leber." Heute überleben 3-D-gedruckte Leberzellen von Organovo mehr als 40 Tage und werden von der Pharmaindustrie für das Testen von neuen Produkten eingesetzt. Vor einigen Monaten ging das Schlagwort um, dass mit 3-D-Druck und Bioprintern alles für den menschlichen Körper hergestellt werden kann – einschließlich des Gehirns. Für Gehirne gibt es bereits Versuche diese durch Bioprinter herstellen zu lassen. Der menschliche Körper soll die biologischen Adaptionen in Ergänzung vornehmen.

8.4 Zusammenfassung und Ausblick

Was ist die Meinung von möglicherweise Betroffenen zum medizinischen 3-D-Druck? Wo liegen die Chancen, wo die Risiken? Welche Potenziale bietet der medizinische 3-D-Druck für die westliche Welt, aber vor allem den Ländern der Dritten Welt? Weitere Beispiele für die Entwicklung von 3-D-Druck in der Medizin können diskutiert werden, um über den medizinischen 3-D-Druck und dem damit verbundenen technologischen Wandel zu informieren. Damit steht die Welt des 3-D-Drucks nicht still. Es muss jeder Klinik klar sein, dass sie, bezogen auf ihre Spezialisierung, einen Bioprinter in ihr Leistungsprogramm einbeziehen muss. Entwicklungen in diesem Bereich der Medizin beschränken sich nicht auf den Status quo von morgen. Modifikationen können wochenweise erforderlich werden. Die Qualität der Gesundheit ungeduldiger Kunden (früher: geduldiger Patienten) wird von Ärzten bestimmt, die sich dafür einsetzen, ohne erst Äskulap zur Befragung heranzuziehen. Entscheidend ist, dass 3-D-Drucker und in der Fortentwicklung als Bioprinter Kostenersparnisse in nicht vorstellbarem Ausmaß in der Gesundheitswirtschaft bewirken.

Drei Learnings für die Gesundheitswirtschaft

1. Investieren Sie in jede Fortentwicklung von 3-D-Druckern und Bioprintern.
2. Sehen Sie diese Technologie als Verpflichtung an die Gesundheit Ihrer Kunden.
3. Senken Sie mit 3-D-Druckern und Bioprintern die Kosten der Gesundheitsversorgung.

Literatur

Alt, E. ISAR-Klinikum München; InGeneron Inc., Houston Texas (Aufruf JPM: 2016-02-26 14:15 h)

Bose, S. School of Mechanical and Materials EngineeringSchule für Maschinenbau; Washington State University; PO BOX 642920; Pullman, WA 99164–2920 – Registriert MME 1998 PhD. in Physical-Organic Chemistry from Rutgers University in 1998 in Physikalisch-Organischer Chemie an der Rutgers University im Jahr 1998

Butcher, J. T. *Herzklappe aus 3D-Drucker*. Cornell University, Ithaka NY, USA

Garriga, J., & Vilenkin, A. (2001). *Many worlds in one.*

Hawking, S. (2010). *Der große Entwurf – Eine neue Erklärung des Universums.* Rowohlt.

Kant, I. (1788). *Kritik der reinen Vernunft.* Felix Meiner Verlag. (Sonderausgabe 2003 – deutscher Philosoph der Aufklärung; bedeutender Vertreter der abendländischen Philosophie, geb.: 22.04.1724; gest.: 12.02.1804, jeweils Königsberg)

Marquard, O. (2003). *Zukunft braucht Herkunft.* Reclam.

Mironov, V., Visconti, R. P., Kasyanov, V., Forgacs, G., Drake, C. J., & Markwald, R. R. (2009). Organ printing: Tissue spheroids as building blocks. *Biomaterials, 30*(12), 2164–2174. doi:10.1016/j.biomaterials.2008.12.084.

Mobbs, R. (2016). Neuro Spine Clinic. In Sydney; Krämer, A. – Forschung 2016-02-23

Rychveldir. Medizinischen Hochschule Hannover Deutschen Forschern gelingt das „Drucken" von Hautzellen 3D-grenzelos.de; 26.04.14 11:12 + 16:45 h: Es werden nicht konkret Hautzellen, sondern Haut aus Zellen gedruckt. Der gedruckten Haut fehlt die Funktion, die natürliche Haut erfüllt und „in Zukunft" bedeutet laut Quelle in 10–20 Jahren.

Jürgen P. Müller arbeitet seit 1969 im Finanzmanagement und ist Gesellschafter der TVVG Treukapital Vermögensverwaltungs GmbH im Rhein-Main-Gebiet und Berlin. Sein Studium hat er in Wirtschaftsphilosophie, Betriebswirtschaftslehre und Jura mit dem Abschluss eines „Master of Business Administration" (MBA) absolviert. Schwerpunkte seiner Arbeit sind Controlling, die Gesundheits- und Sozialwirtschaft, das Immobilienrecht, Rechnungswesen und Steuern. Diese Bereiche ergänzt er mit interdisziplinären Aspekten weiterer wissenschaftlicher Fachthemen. Herr Müller publiziert in mehreren Fachinformationsdiensten und in Beiträgen für relevante Fachbücher.

Teil III
Kommunikation, Marketing & Vertrieb

Was kann die Gesundheitsbranche von der Telekommunikationsbranche lernen?

Marion Geiger

Zusammenfassung

Die Digitalisierung der Gesellschaft macht vor der Medizin nicht halt. Die Szenarien könnten nicht unterschiedlicher sein. Schätzungsweise besitzen rund 40 Mio. Bundesbürger ein Handy. Einer IKK-Umfrage zu Folge nutzt bereits jeder fünfte Bundesbürger Gesundheits-Apps. Aufgrund des demografischen Wandels werden die Menschen immer älter. Die Kosten im Gesundheitswesen können nicht mehr getragen werden. Ländliche Regionen leiden darunter, dass kaum noch Ärzte vorhanden sind. Pflegedienste sind teuer und haben kaum Zeit. In vielen Fällen müssen tägliche medizinische Kontrollen durchgeführt werden. Medikamente müssen zu bestimmten Zeitpunkten eingenommen werden. Welche Produkte und Dienstleistungen ermöglichen es älteren Menschen, solange wie möglich ein selbstbestimmtes Leben zu Hause zu führen? Was für Möglichkeiten gibt es? Die Digitalisierung unterstützt entsprechende Innovationen. Hierbei können Lösungen im Bereich E-Health helfen.

Doch wie sieht die Akzeptanz aus? Welche Anwendungen sind sinnvoll? Wie sieht es mit der Sicherheit der Daten aus? Apps gibt es für alle Lebenslagen und machen auch vor dem medizinischen Bereich nicht halt. Wird bald der Arzt durch ein Smartphone ersetzt? Dr. Handy, Wohnzimmer statt Wartezimmer, App statt Arzt ist die neue medizinische Zukunft. Was kann die Gesundheitsbranche von der Telekommunikationsbranche lernen?

M. Geiger (✉)
24119 Kronshagen, Deutschland
E-Mail: Marion.Geiger@telekom.de

© Springer Fachmedien Wiesbaden 2017
D. Matusiewicz und M. Muhrer-Schwaiger (Hrsg.), *Neuvermessung der Gesundheitswirtschaft*, FOM-Edition, DOI 10.1007/978-3-658-12519-6_9

9.1 Hintergrund

Digitalisierung ist das neue Zauberwort. Alles kann messbar gemacht werden. Ein neues Zeitalter, wie seinerzeit die Industrialisierung, bricht heran: das Zeitalter der Digitalisierung. Doch was versteht man darunter? Zwei expandierende Welten, die unterschiedlicher nicht sein können, stoßen aufeinander. Zum einem der wachsende Gesundheitsmarkt und zum anderen ein immenses Angebot an digitalen Hilfen in Form von Apps, Wearables und scheinbar unendlichen Speichermöglichkeiten. Big Data macht dies möglich. Wie kann der gesundheitsbewusste oder kranke Mensch an dieser Welt teilhaben und welche Risiken und Möglichkeiten birgt sie für ihn und die Gesundheitsbranche?

Mark Twain sagte einmal: „Seien sie vorsichtig beim Lesen von Gesundheitsbüchern: ein Druckfehler kann ihr Tod sein." Im digitalisierten Zeitalter entscheidet in der Zukunft eine entsprechende App. Hieraus ergeben sich für den Gesundheitsmarkt viele neue Produkte, Prozesse und Innovationen. Eine Voraussetzung ist, dass der Mensch digitalisiert wird. Betrachtet man diesen Satz aus der medizinischen Sicht, heißt es: Der Patient wird mit Digitalis behandelt. Neu interpretiert wird der Mensch in Daten zerlegt und in kleinste Bits und Bytes gespeichert. Diese Daten können dann in riesigen Mengen in Clouds gespeichert werden. Gigantische, bisher nicht vorstellbare Datenmengen lassen sich so in Echtzeit sammeln, auswerten, miteinander verknüpfen und neu zuordnen. In der falschen Dosis bergen beide Bedeutungen des Begriffes „Digitalisierung" für den Patienten Gefahren. Welche Innovationen tauchen in dieser schönen neuen Welt auf und wie verändern sie das tägliche Leben?

Gesundheits- und Fitness-Apps, auch Medical Apps genannt, können für viele gesundheitliche Probleme, insbesondere für die Volkskrankheiten Diabetes, Übergewicht, Herzerkrankungen Daten sammeln, Verläufe darstellen. In übersichtlicher Form hat der Patient/Anwender ein Gesamtbild über seine körperliche Konstitution und seine Gesundheitsdaten.

Die grundlegenden Messwerte sind die persönlichen Daten wie Größe und Gewicht. Hinzu kann eine Liste der Allergien und Medikationen kommen, angereichert wird das Ganze durch Fitness und Bewegungsdaten. Denn hier legt man den Grundstein für den gesunden Körper. Es fehlt dann die Ernährung mit Ernährungsprogramm und auch wieder Allergien und Unverträglichkeiten (zum Beispiel Laktoseintoleranz). Die Grenzen zwischen Information und Medizinprodukt sind fließend (Gärtner 2015). Der Patient kann sich entscheiden, mit wem er seine Daten teilen möchte. Er kann die Daten seinem Arzt, der Krankenkasse oder sogar Freunden zu Verfügung stellen. Bislang werden diese Daten an verschiedenen Stellen und in unterschiedlichen Medien gesammelt. Jeder Arzt, den man aufsucht, hat eine eigene Krankenakte. Wird man im Krankenhaus eingeliefert, werden erneut Krankenakten angelegt. Das einzige Verbindungsglied ist womöglich der Anamnesebogen, den der Patient selbst nach besten Wissen und Gewissen ausgefüllt hat, hinzu kommen Arztbriefe, aber nur vom überweisenden Arzt. Für Allergien hat der Patient einen eigenen Allergiepass. Impfungen werden im Impfpass eingetragen, aber nur, wenn man den auch mit sich führt und vom Arzt die Eintragungen vornehmen ließ. Im Notfall hat man noch ein weiteres Schriftstück am besten direkt in der Tasche: den Notfall-Ausweis (Emergency Certificate) – sicher ist sicher.

Für die medizinische Forschung ist es wichtig, große Mengen von Daten zu ermitteln und diese auswerten zu können. Nie war das so einfach wie jetzt. Der Mensch vermisst sich quasi selbst.

Die Liste der Beispiele, die Möglichkeiten der neuen vernetzten Welt im Rahmen der medizinischen Forschung bieten, ist nahezu unendlich. Zahlreiche Start-ups überbieten sich im Erfinderreichtum. Apple bietet zum Beispiel eine Forschungs-App unter dem Namen Research-Kit an. Spätestens jetzt merkt man bei diesem riesigen Angebot, dass es hier einen kompletten Wandel von der persönlichen Medizin hin zum „Homo Digitalis", den in Bit und Bytes zerlegten und wieder zusammengesetzten Patienten gibt. Alles scheint möglich zu sein. Ausgestattet mit Wearables, Gadgets und Apps und der eigenen Selbstvermessung des Patienten kann der Patient scheinbar gesünder altern. Es entsteht ein völlig neuer Wirtschaftszweig. Hierbei werden Telekommunikation, Datenübertragung und Datenspeicherung zunehmend miteinander vernetzt.

9.2 Die Telekommunikationsbranche

Die Digitalisierung findet ihren Ursprung in einer völlig anderen Branche, der Telekommunikationsbranche. Die Geschichte der Telekommunikationsindustrie beruht auf einem Grundbedürfnis der Menschen, sich auszutauschen und Gedanken und Neuigkeiten miteinander zu teilen. Dies nicht einseitig, sondern im gegenseitigen Dialog ohne große Entfernungen zurücklegen zu müssen. Eine technische Erfindung hat dies möglich gemacht: das Telefon. Als der deutsche Physiker Johann Philip Reis 1861 in Frankfurt seinen Vortrag „über die Fortpflanzung musikalischer Töne auf beliebige Entfernung durch Vermittlung des galvanischen Stromes" hielt, waren nicht alle begeistert von dieser Verrücktheit und dachten, dass das doch keine Zukunft haben könnte. Aufgrund dieser Erfindung gab es die erste Veränderung und ein Umdenken: Die Post, die bisher für Kommunikation in Form von Briefen und Paketen, also Papier zuständig war, bekam einen technischen Bruder, das Fernmeldewesen. Der Unterschied war die persönliche Kommunikation. Entfernungen spielten keine Rolle. Menschen konnten mit dem anderen sprechen, so als ob sie ein Gegenüber hatten. Dies wurde durch die entsprechende Technik möglich: Akustische Wellen wurden in elektromagnetische Schwingungen umgesetzt, dadurch konnte die Sprache analog über große Entfernungen transportiert werden.

9.2.1 Von der Behörde zur Privatwirtschaft

Mit der Postreform von 1989 und der damit verbundenen Marktöffnung für Post- und Fernmeldedienste vollzog sich ein kompletter Wandel von einer Behörde zu einer marktwirtschaftlichen Branche mit Unternehmen im Wettbewerb. Man sprach jetzt auch nicht mehr von Fernmeldewesen, sondern von Telekommunikation. Es änderte sich aber nicht nur die Struktur, sondern auch die Technik, akustische Signale wurden in Daten umgewandelt. Dieses war wesentlich schneller, weniger störanfälliger. Es begann das Zeitalter der Digitalisierung. Ein weiterer Fortschritt war, dass auch andere Kommunikationsformen, alles was sich in Daten zerlegen ließ, übertragen werden konnten: Text, Bild, Sprache. Möglich ist dies durch die Digitalisierung.

Dadurch, dass Telekommunikation nicht mehr hoheitlich als Behörde wahrgenommen wurde und durch den technischen Fortschritt, wurden neue Berufsbilder benötigt. Die Digitalisierung verlangt andere Fähigkeiten und Fertigkeiten von den Mitarbeitern. Früher vermittelte das Fräulein vom Amt die Gespräche, dies erfolgte nun durch die Technik. Die Mitarbeiter waren nun in der Überwachung und im Service für Kunden tätig.

Es gibt keine Antragssteller mehr, die bei Beamten einen Antrag auf ein Telefon stellen, sondern man hat speziell für die Branche ausgebildete Kundenberater, die einen sowohl in kaufmännischer als auch in technischer Sicht beraten. Hinzu kommen die Callcenter, die für jegliche Kundenanliegen zur Verfügung stehen. Durch Prozessänderungen und Erfassung von Kundendaten in einem speziellen Customer-Relation-Management-System, hat der Callcenter-Agent bei jedem Anruf des Kunden alle verfügbaren Informationen auf dem Bildschirm, der Kunde soll das Gefühl haben, dass man ihn kennt.

Durch weitere Innovationen und bedingt durch den technischen Fortschritt, machte die Telekommunikation den nächsten Schritt in die Zukunft.

9.2.2 Telefonie im Taschenformat

Eine visionäre Vorstellung von der Kommunikation der Zukunft hatte Erich Kästner 1932 in seinem Kinderbuch „Der 35. Mai oder Konrad reitet in die Südsee". Hier verblüfft die Vision Kästner zu Elektropolis, der automatischen Stadt: „Ein Herr, der vor Ihnen auf dem Trottoir lang fuhr, trat plötzlich aufs Pflaster, zog einen Telefonhörer aus der Manteltasche, sprach eine Nummer hinein und rief (...). Dann steckte er sein Taschentelefon wieder weg" (Kästner 1961).

Diese utopische Idee der mobilen Kommunikation wurde erst Anfang der 80er-Jahre Wirklichkeit. Kleiner, schneller, massentauglich. Einen großen Schritt in der technischen Entwicklung war die Einführung des Mobiltelefons, das in Deutschland auf den vermeintlich englischen Namen „Handy" hört. Flächendeckende D1-Mobilfunknetze wurden in Deutschland in den 80er-Jahren eingeführt. Anfang der 90 Jahre brachte IBM das erste Smartphone auf den Markt. Das Smartphone sollte mehr können als nur telefonieren. Mit dem Urvater IBM Simon konnten bereits E-Mails und Faxe versendet werden, Adressen im Adressbuch gespeichert und Spiele gespielt werden. Hier startet die Entwicklung vom Kommunikationsmittel zum Allroundtalent. Dazu beigetragen hat der große Markt von Apps. Die ersten Apps von Apple kamen 2008 auf den Mark. In den letzten acht Jahren explodierte der App-Markt, zurzeit sind mehr als 1,5 Mio. Apps der Firma Apple auf dem Markt. Hinzu kommen die Apps der Konkurrenz für Google Play, Android und andere

Systeme, sodass man auf ca. 3 Mio. Apps kommt. Auf einmal wandelte sich das Mobiltelefon von einem Kommunikationsmittel zu einem Multitalent, Ratgeber, Unterstützer und Freund in allen Lebenslagen und zu einem tragbaren Entertainmentcenter. Ständig ist die Branche auf der Suche nach neuen Innovationen. Viele Produkte sind Substitute für andere altbekannte Produkte wie zum Beispiel das E-Book.

Aufgrund der Miniaturisierung der Speicher und der fast unbegrenzten Möglichkeit zu speichern, ist die Fantasie für Produkte, die weit über die Telekommunikation hinausgehen, scheinbar grenzenlos. Alle erdenklichen elektrischen Geräte sind mit Chips und Übertragungsmöglichkeiten ausstattbar. Das reicht vom intelligenten Haushalt über das intelligente Auto bis hin zu vielen Geräten, die im alltäglichen Leben unterstützen. Man spricht hier vom Internet der Dinge im privaten und von Industrie 4.0 im wirtschaftlichen Bereich.

Um diese schöne neue Welt umzusetzen und sicher zu machen, sind bestimmte Rahmenbedingungen einzuhalten. Die Telekommunikationsbranche in Deutschland ist streng reguliert. Die Marktregulierung bezieht sich auf Deutschland und Europa. Eine Regulierungsbehörde wacht über die Einhaltung. Der Schutz des gesprochenen Wortes ist im Grundgesetz geregelt. Hinzu kommen Spezialgesetze wie das Telekommunikationsgesetz und das Bundesdatenschutzgesetz.

9.3   Learnings für die Gesundheitswirtschaft

Die Digitalisierung der Gesundheit ist ein riesiger Zukunftsmarkt. Hierbei gibt es unterschiedliche Interessensgruppen, die sich auf diesem Marktplatz tummeln. Es werden zwei völlig wesensfremde Branchen miteinander vermischt. Die Digitalisierung dient nicht mehr nur zur Kommunikation und um Prozesse zu vereinfachen, sondern es werden Grenzen aufgebrochen für Bereiche, die vorher in diesem Umfang keine Berührung miteinander hatten. Zusätzlich zu den Kommunikationsprozessen fällt auf einmal ein höchst interessantes Produkt an, dass es vorher in dieser Art und Detaillierung überhaupt nicht gegeben hat: der digitalisierte Mensch.

In der Telekommunikationsbranche, wie in jedem wirtschaftlichen Unternehmen, steht der Mensch/Kunde im Mittelpunkt. Bei aller Begeisterung für den technischen Fortschritt darf die Gesundheitswirtschaft nicht vergessen, dass im Mittelpunkt der Patient steht und der technische Fortschritt in der Medizin ihm zum Wohle dient. Verlagert man zum Beispiel medizinische Tätigkeiten in ein Callcenter, wie es in der Schweiz schon durchaus üblich ist, muss die Gesundheitswirtschaft wirklich genau überlegen, was der Patient möchte und wie er sich wohlfühlt. Ein Callcenter mit einem Auswahlmenü: Haben Sie eine Erkältung, wählen Sie die 1, haben Sie Schmerzen im Knie, wählen Sie die 2, wollen Sie einen Arzt sprechen, wählen Sie die 3, löst im medizinischen Bereich beim Patienten wahrscheinlich keine Zufriedenheit aus. Das ist auch aus den Kundenzufriedenheitsabfragen bekannt, wie jedes Telekommunikationsunternehmen weiß. Ständig wechselnde

Ansprechpartner sind im technischen Bereich vielleicht eher hinnehmbar, als im medizinischen Bereich.

Wenn solche Möglichkeiten genutzt werden sollen, muss dies mit Fingerspitzengefühl gemacht werden. Bundesminister Hermann Gröhe sagte: „Es ist unsinnig, sich der Digitalisierung im Gesundheitswesen entgegenzustemmen. Besser ist es daher, diesen Prozess konstruktiv – wo notwendig, auch kritisch zu gestalten. Das erwarte ich von den Kassen, Ärzten, Krankenhäusern und der gesamten Selbstverwaltung (…). Es geht nicht darum, was technisch machbar ist. Sondern es geht darum, dass wir alle technischen Möglichkeiten nutzen, damit der medizinische Fortschritt allen Patienten wirklich zugutekommt."

9.3.1 Neue Technik = Neue Prozesse und Arbeitsabläufe

Der Bereich der Digitalisierung spaltet den Gesundheitsbereich in zwei Teile, die auch vorher schon vorhanden waren. Zum einen die kaufmännische Abwicklung beziehungsweise die Verwaltung der Patientendaten und zum anderen der medizinische Bereich. Die Verwaltung war vorher in analoger Form vorhanden und wird jetzt digitalisiert. Hier kann die Verwaltung effizienter werden, Prozesse vereinfachen und das zum Wohl des Patienten, der durch eingesparte Prozesszeiten günstigere Kosten hat und durch gesparte Zeiten auch effektiver behandelt werden kann. Digitalisierte Kundenakten mit vernetzten Daten gibt es heutzutage in allen wirtschaftlich arbeitenden Unternehmen. In Krankenhäusern und Arztpraxen stecken diese noch in den Anfängen. Dabei können Prozessoptimierungen in diesen Bereichen zu folgenden Vorteilen führen:

- Dokumentationszeiten verkürzen,
- Patientendaten in Echtzeit mit allen aktuellen Werten,
- Medienbrüche vermeiden,
- Vermeidung von Fehlern.

Dies sind nur einige Vorteile, die Ärzten und Pflegepersonal mehr Zeit für die eigentlichen Aufgaben am Patienten verschaffen und sie von Verwaltungstätigkeiten entlasten (Wallenfels 2015).

9.3.2 Neue Produkte und Innovationen

Aber diesen wirtschaftlichen Punkt muss man von dem neuen, profitablen Bereich der Apps und Wearables im Gesundheitsbereich trennen. Die vielen technischen Möglichkeiten, angefangen bei Apps, Gesundheits-Apps, Fitness-Apps sind wie ein Tsunami über die Gesundheitswirtschaft hereingebrochen. Das Angebot ist riesengroß und unübersichtlich (Gärtner 2015).

Für verschiedene Gruppen ergeben sich auch unterschiedliche Anforderungen:

1. Der gesundheitsbewusste Patient, der nicht krank ist, Vorsorgeuntersuchungen in Anspruch nimmt und etwas zur Erhaltung seiner Gesundheit beitragen möchte.
2. Der chronisch Kranke, der Hilfsmittel braucht, die im Alltagsleben unterstützen.
3. Krankenkassen, die Hilfsmittel bezahlen, die zur Erhaltung der Gesundheit dienen.
4. Krankenhäuser und Ärzte zur Verbesserung der Prozesse und als technisches Hilfsmittel.
5. Die Medizinische Forschung, um gesicherte und umfangreiche Daten zu gewinnen.
6. Die Industrie, die hier einen völlig neuen Produktzweig entwickeln kann.

Der Vorteil der Telekommunikation ist, dass sich der Wandel über Jahrzehnte entwickelt hat und der technische Fortschritt mitgestaltet worden ist. Die Gesundheitsbranche muss auf einen fahrenden Zug aufspringen, zudem handelt es sich um einen Hochgeschwindigkeitszug. Hier ist es dringend erforderlich, innovativ zu sein. Warum sollte die Pharmaindustrie außer Medikamente nicht auch Apps designen und entwickeln?

▶ Der Vorteil der Telekommunikationsbranche ist die relative Überschaubarkeit der Produkte. Es gibt nur drei Hauptproduktgruppen: Festnetz, Mobilfunk, Fernsehen. Die anderen Produkte sind Substitute bisher bekannter Produkte, zum Beispiel E-Reading, Musik usw. Die vielen Apps sind Zubehör und Erweiterungen zum Mobilfunk. Deshalb gilt für die Gesundheitsindustrie, sie muss das Angebot für den Patienten überschaubar machen.

Bisher ist der Gesundheitsbranche dies auch gelungen, wenn man den Riesenmarkt an Medikamenten und Hilfsmittel betrachtet. Dies muss auf den Bereich der digitalisierten Hilfsmittel erweitert werden. Hier gilt es herauszufinden, welche Apps tatsächlich medizinische Apps sind, welche Apps den Patienten unterstützen, wie zum Beispiel Vitamintabletten. Medical Apps sind medizinische Mittel gemäß § 3 Medizinproduktegesetz, die zur „Erkennung, Verhütung, Überwachung, Behandlung oder Linderung von Krankheiten (...) zu dienen bestimmt sind."

Medikamente, Therapien sind im Heilmittelgesetz aufgelistet. Der Katalog müsste um die neuen Hilfsmittel erweitert werden. Auf der einen Seite steht der Patient vor einem riesigen Angebot und weiß nicht, was für ihn das Richtige ist. Sind Medical Apps wirklich gut und nutzbar? Welche Kriterien werden erfüllt? Wie sind die Qualitätsansprüche? Auf der anderen Seite muss der Patient auch mit den neuen Hilfsmitteln umgehen können und sich sicher fühlen. Wie soll er die Anwendung der neuen Hilfsmittel lernen?

▶ Bei Medikamenten gibt es den Beipackzettel oder bei Risiken und Nebenwirkungen soll man seinen Arzt oder Apotheker fragen. Wen fragt man bei Medical Apps, wodurch wird der Beipackzettel ersetzt?

9.3.3   Neue Berufe braucht die Medizin

Zu den klassischen medizinischen Berufen müssen Vermittler zwischen den analogen und digitalen Welten ausgebildet werden. Im Rahmen der technischen Entwicklung haben sich Berufsbilder in der Telekommunikation völlig gewandelt, neue Berufe sind hinzugekommen.

Hier gibt es Ansatzmöglichkeiten für die Gesundheitsbranche. Zum einen muss der Arzt im Studium bereits Kenntnisse über neue Anwendungen und Möglichkeiten haben, zum anderen besteht hier die Möglichkeit, dass sich völlig neue Berufsbilder entwickeln. Wie vorher jeder Arzt wissen musste, welche Heilmittel für welche Krankheiten, muss der Arzt sich nun mit den digitalisierten Hilfsmitteln auskennen und auseinandersetzen. Für Medikamente gibt es für den Patienten bisher Apotheken, die ihn beraten und unterstützen, dies funktioniert natürlich auch online, wie das Beispiel von DocMorris zeigt. Wie sieht es aber mit den entsprechenden Angeboten-Apps aus? Hier gibt es zwar einen Appstore, aber mit einem unerschöpflichen Angebot aus allen möglichen Bereichen wie zum Beispiel Spiele, Lifestyle, Health usw. Es gibt aber keine Beratung, welche App sinnvoll ist, oder ein Lifestyle-Produkt. Es gibt kostenpflichtige und kostenfreie Apps.

Ein neues Berufsbild könnte analog zum Pharmazeutisch-technischen-Assistenten (PtA) oder anderen Assistentenberufen ins Leben gerufen werden wie beispielsweise der Medizinisch-applikationstechnische Assistent (MatA) als Arbeitstitel. Für diesen können dann Tätigkeitsfelder definiert werden, die zum einen als Aufgabengebiet die Patientenberatung haben, aber auch die Schulung der Patienten in der Anwendung der neuen Techniken durchführt. Auch das klassische Medizinstudium muss sich künftig in Richtung digitaler Medizin wandeln.

9.3.4   Der gesetzliche Rahmen – keine Angst vor Regulierung

Das neue E-Health-Gesetz ist ein guter Anfang. Um eine große Akzeptanz zu erzielen, ist der Datenschutz das oberste Gebot. Riesige Datenmengen lassen sich in Echtzeit erfassen, skalieren und auswerten. Aber es ist nicht nachvollziehbar, wer tatsächlich zugreift und die Daten verwendet oder wo die Daten gespeichert werden. Viele Menschen fühlen sich stark verunsichert und würden nur unter sicheren Bedingungen ihre Daten weitergeben (Borchers 2015). Der gesetzliche Rahmen muss höchste Datensicherheit und Qualität garantieren. Das hat die Kommunikationsbranche auch geschafft. Trotz starker Regulierung konnte sich die Deutsche Telekom zu einem Dax-50-Unternehmen entwickeln.

9.4   Zusammenfassung und Ausblick

Die Digitalisierung der Medizin ist nicht aufzuhalten. Die Weiterentwicklung schreitet rasant voran, jeden Tag gibt es neue Apps, Wearables und Devices. Ärzte und Krankenhäuser arbeiten vernetzt zum Wohl des Patienten. Krankenkassen sehen Möglichkeiten der Kosteneinsparung und Unterstützung der Patienten. Außerdem muss festgestellt werden, welche App nur ein Lifestyle-Produkt ist oder welche App ein medizinisch notwendiges Hilfsmittel ist.

Die Forschung kann auf viele zuverlässige Daten zugreifen. Wer soll sich bei diesem Angebot auskennen und erkennen, was sinnvoll und richtig ist? Zur Medizin der Arzt dazu, denn eine App kann nicht den persönlichen Bezug Arzt-Patient ersetzen. Ein guter Arzt betrachtet den Menschen ganzheitlich und kann sich nicht nur auf Daten und Messungen verlassen, auch das Zwischenmenschliche gehört dazu. Eine weitere Herausforderung ist die Speicherung der Daten. Wo stehen die Rechner? In welcher Cloud befinden sich die Patientendaten, wer kann darauf zugreifen? Hier bestehen die meisten Unsicherheiten. Wenn der Datenschutz nicht ausreichend gewährleistet ist, ist dies ein großes Hemmnis für die Digitalisierung der Gesundheitswirtschaft. Durch diese Risiken und Ungewissheit sind die wenigsten bereit, ihre Daten weiterzugeben.

Wenn man die Kombinationen der verschiedenen Welten IT/Medizin betrachtet, stellt man fest, dass einzelne Berufsbilder hierzu nicht mehr zeitgemäß sind. Hier sind Berufe erforderlich, die in beiden Welten zu Hause sind. Die digitale Revolution im Gesundheitswesen lässt sich nur im Zusammenwirken mit allen Beteiligten meistern. Die Zukunft wird noch viel mehr technische Möglichkeiten bieten, die den Menschen in seine gesunde Zukunft begleiten.

Um die nächsten Schritte zu machen, sind die grundlegenden Aspekte besonders wichtig:

Drei Learnings für die Gesundheitswirtschaft

1. Es müssen neue Berufsbilder und Ausbildungen im Gesundheitswesen entstehen.
2. Der Heilmittelkatalog muss sukzessive um geprüfte Medical-Apps ergänzt werden.
3. Es muss ein rechtlicher Rahmen zum Datenschutz vorhanden sein: Medizinische Daten dürfen nur in Deutschland gespeichert werden.

Literatur

Borchers, D. (2015). Nur wenige Bundesbürger würden Gesundheitsdaten weitergeben. http://www.heise.de/newsticker/meldung/Nur-wenige-Bundesbuerger-wuerden-Gesundheitsdaten-weitergeben-2627641.html. Zugegriffen: 24. Febr. 2016.

Gärtner, A. (2015). Mobilgeräte und Apps aus regulatorischer Sicht. http://www.e-health-com.eu/fileadmin/user_upload/dateien/Downloads/Gaertner_Mobilgeraete_und_Apps_aus_regulatorischer_Sicht.pdfA. Zugegriffen: 24. Febr. 2016.

Kästner, E. (1961). *Der 35. Mai oder Konrad reitet in die Südsee*. Bd. 1961. Berlin: Der Kinderbuchverlag.

Wallenfels, M. (2015). Zeitfresser Dokumentation. http://www.aerztezeitung.de/praxis_wirtschaft/
    klinikmanagement/article/882054/kliniken-zeitfresser-dokumentation.html. Zugegriffen: 24.
    Febr. 2016.

Marion Geiger ist bei der Deutschen Telekom im Bereich Group Security Governance
tätig. Sie startete ihre Karriere 1988, damals noch Deutsche Bundespost, als eine der
ersten Betriebswirtschaftler und hat den Wandel von der Behörde zu einem der großen
Dax-Unternehmen in vielen Stationen mit begleiten können. Sie war in unterschiedlichen
Führungsfunktionen in den Bereichen Datenverarbeitung, Berufliche Bildung, Geschäfts-
kundenvertrieb und Qualitäts- und Prozessmanagement tätig. Vor dem Einstieg bei der
Telekom hat sie vier Jahre freiberuflich als Dozentin für Betriebswirtschaftslehre in der
Erwachsenenbildung gearbeitet.

Was kann die Gesundheitswirtschaft aus der Informations- und Kommunikationstechnologie-Branche lernen?

10

Axel Busch

Zusammenfassung

Die anhaltenden Strukturprobleme in der Gesundheitswirtschaft zwingen zu Prozessinnovationen. Das bisherige Instrumentarium von Politik, Ständevertretern und Akteuren scheint nicht mehr auszureichen, technischen Fortschritt in den Alltag von Medizin und Pflege den Erfordernissen nach zu etablieren. Modernes Gesundheitsmanagement bedarf vor allem der Nutzung neuer Informations- und Kommunikationstechnologien (IKT). Was liegt daher näher als zu untersuchen, welche Rückschlüsse aus der Entwicklung der IKT-Branche, speziell aus der Telekommunikation, für die Gesundheitswirtschaft zu ziehen sind. Die IKT-Industrie, ursprünglich entstanden aus einem der Gesundheitswirtschaft vergleichbar hochgradig regulierten Bereich, hat sich zu einer sehr wettbewerbsintensiven und dynamischen Kraft entwickelt, die in Bezug auf Umsatz, Arbeitsplätze und Wertschöpfung hohen gesamtwirtschaftlichen Stellenwert genießt. Auch ohne gravierende Systemänderungen können anhand der Erfahrungen aus der IKT-Branche in der Gesundheitswirtschaft Innovationen generiert werden, ohne die ansonsten der Reformstau weiterhin bestehen bliebe.

10.1 Hintergrund

Einer Fieberkurve gleich wird der Zustand des deutschen Gesundheitswesens meist am Kassenstand der gesetzlichen Krankenkassen gemessen (Boysen-Hogrefe 2015). Schon geringe Überschüsse wecken die Aufmerksamkeit ebenso wie drohende Defizite mit der Gefahr einer Erhöhung der Beiträge für die Versicherten. Politik, Verbände, Industrie, Medien und Gesundheitsexperten suchen seit Jahren nach Möglichkeiten, die Gesund-

A. Busch (✉)
Bridge Facenet Ltd.
53123 Bonn, Deutschland

© Springer Fachmedien Wiesbaden 2017
D. Matusiewicz und M. Muhrer-Schwaiger (Hrsg.), *Neuvermessung der Gesundheitswirtschaft*, FOM-Edition, DOI 10.1007/978-3-658-12519-6_10

heitswirtschaft zukunftssicher zu machen. Die Gesundheitsreform 2011 hat die Situation nicht nennenswert und langfristig verbessert. Das im Dezember 2015 beschlossene „Gesetz für sichere digitale Kommunikation und Anwendungen im Gesundheitswesen (E-Health-Gesetz) steht wie seine Vorgänger am vorläufigen Ende einer Reformdebatte innerhalb von fast 40 Jahren mit insgesamt über 40 Gesetzen. Schon beim GKV-WSG (Gesetzliches Krankenversicherungs-Wettbewerbsstärkungsgesetz) vor acht Jahren behielten Kritiker Recht, die getreu dem Motto „Nach der Reform ist vor der Reform" eine kurze Halbwertzeit befürchteten und weiteren Bedarf an Veränderungen sahen. Die Probleme in der Gesundheitswirtschaft sind vielfältig: Eine zunehmend alternde Gesellschaft mit wachsenden Versorgungsnotwendigkeiten, aber auch Versorgungsansprüchen, wachsender Arbeitskräftemangel in Medizin und Pflege, Investitionsstau und Überkapazitäten im Klinikbereich, ein medizinischer Fortschritt, der angesichts von Finanzierungsproblemen Kosten-Nutzen-Debatten auslöst. Strukturprobleme gibt es natürlich auch in anderen Wirtschafts- und Gesellschaftsbereichen. „Große Würfe" an Gesundheitsreformen auf Basis langwieriger, Partikularinteressen getriebene Gesetzesvorhaben machen ein flexibles und schnelles Nach- oder Gegensteuern schwierig, fast unmöglich, unerwartete Begleiterscheinungen oder Korrekturwünsche sind die Basis für die nächste Reform.

Zunehmend hat man daher in der öffentlichen Diskussion den Eindruck, dass das Instrumentarium unserer Entscheidungsträger im Gesundheitswesen an Kreativität und Wirkung nicht mehr ausreicht. In dieser Situation lohnt ein Blick in andere Branchen. Die Informations- und Kommunikationsindustrie bietet von ihrer Größe, Struktur, ihrer gesamtwirtschaftlichen Bedeutung und Entstehungsgeschichte Erkenntnisse, die auch für die Gesundheitswirtschaft von Nutzen sein können.

10.2 Die Informations- und Kommunikationstechnologie (IKT)-Industrie

Mit einer Selbstverständlichkeit benutzt ein jeder heute seinen PC im Beruf und privat, das Smartphone wie der Tablet-PC ist für viele ein ständiger Begleiter nahezu den ganzen Tag. Telefonieren, SMS, die sozialen Medien oder der Onlinehandel wären ohne leistungsstarke Informations- und Kommunikationstechnologien nicht denkbar. Die IKT-Branche setzte mit den Bereichen Informationstechnologie und Telekommunikation 2015 knapp 150 Mrd. € um (Bitkom 2015). Mit einer Millionen Arbeitsplätze ist die IKT heute nach dem Maschinenbau die zweitwichtigste industrielle Branche in Deutschland.

Der Beginn dieser Entwicklung liegt Jahrzehnte zurück, die heutige Situation nicht vorhersehbar. Die Kommunikationsversorgung war früher mehr als dürftig. Schon fast anekdotisch erscheinen einige „Highlights" dieser Entwicklung: Mit „Fasse Dich kurz" erinnerte in der Bundesrepublik die Deutsche Bundespost, alleinige Hüterin des westdeutschen Fernmeldewesens, bis in die 1970er-Jahre den Nutzer einer öffentlichen Telefonzelle daran, seine Gespräche zu begrenzen, um die Warteschlange der nachfolgenden Kunden nicht zu lang werden zu lassen. Die Zahl privater Telefonanschlüsse wuchs nur langsam, zu Beginn teilten sich zwei Wohnungen ein Telefon, innerhalb der Wohnung war der Bewegungsradius eines Teilnehmers auf weniger Meter begrenzt, das Telefonkabel war standardmäßig fünf Meter lang, länger ging es nur gegen Aufpreis. Telefone waren anfangs kieselgrau, eine alternative Farbe kostete später ebenfalls extra. Das staatliche Hoheitsgebiet reichte bis an die Telefondose in der Wohnung, jeder Eingriff war nur beamteten Technikern vorbehalten, Missbrauch war ein Straftatbestand. Der Bürger war kein mündiger Kunde, allenfalls staatlich betreuter Antragsteller. Das damalige Fernmeldemonopol der Deutschen Bundespost erstreckte sich auf den Betrieb aller Einrichtungen, die Bundepost bestimmte die technischen Spezifikationen aller Anlagen wie deren Lieferanten, die fast ausschließlich aus Deutschland kamen (Soltwedel et al. 1986).

Politik, Ministerien, Arbeitnehmer und Gewerkschafter, aber auch Lieferanten der Deutschen Bundespost verteidigten bis in die 1980er-Jahre den Status quo teils vehement. Drohendes Marktversagen durch ökonomische Besonderheiten (Stichwort „Natürliches Monopol"), Sicherung der Privatsphäre („Fernmeldegeheimnis"), Gewährleistung der staatlichen Daseinsvorsorge (Berücksichtigung ländlicher Regionen) und Ähnliches sollten das staatliche Versorgungsprivileg der Deutschen Bundespost und damit die wettbewerbliche Ausnahmesituation begründen.

Der Widerstand gegen das deutsche Fernmeldemonopol begann Anfang der 1980er-Jahre zu bröckeln. Gründe waren

- Beispiele aus dem Ausland, vor allem aus Großbritannien und den USA, über die positiven Marktentwicklungen mit mehr Wettbewerb in der IKT-Branche.
- Technologische Entwicklungen wie etwa der Mobilfunk oder digitale Netztechnologien, welche ökonomische Argumente für Wettbewerbsbeschränkungen aufweichten.
- Ein neoliberaler Paradigmenwechsel, der wettbewerbliche Ausnahmeregeln in einer grundsätzlich marktwirtschaftlichen Wirtschaftsordnung einem wachsenden Rechtfertigungszwang aussetzte.
- Schließlich schlichtweg Mut von politischen Entscheidungsträgern, sich über eingefahrene, von Partikularinteressen gesteuerte Strukturen hinwegzusetzen.

Es gibt fast keinen Bereich, der die dynamische Entwicklung der – nunmehr Telekommunikation genannten – Branche zu Beginn ihrer Liberalisierung so markant zeigte wie der Mobilfunk.

Ausgehend von den seit 1958 unter dem Monopol der Deutschen Bundespost betriebenen analogen Mobilfunknetze mit zuletzt 850.000 Teilnehmern entwickelte sich ab 1992 in Deutschland durch Vergabe von zwei digitalen Mobilfunklizenzen erstmals ein Wettbewerb zwischen zwei Anbietern, D1 von der Deutsche Telekom und einem privaten Konsortium unter der Leitung von Mannesmann mit D2. Es folgten die Vergabe von weiteren Lizenzen durch sogenannte „Beauty Contests" an E-Plus und O2. Mit der Versteigerung von sogenannten UMTS-Lizenzen im Jahr 2000 wurden nicht nur zusätzliche Wettbewerbsakzente gesetzt, mit Auktionserlösen von über 50 Mrd. € zugunsten des Bundeshaushaltes wurden auch die kommerziellen Erwartungen in innovative Kommunikationslösungen unterstrichen. Allein im Mobilfunk waren im Jahr 2015 über 112 Mio. Teilnehmer bei Mobilfunkbetreibern zusammen registriert, das heißt, jeder zweite Bundesbürger ist durchschnittlich Kunde bei zwei Anbietern. Mit Aufbau und Verbesserung der Kommunikationsnetze nahm neben der Sprachkommunikation die Datenübertragung an Fahrt auf, der Siegeszug von Internet, E-Mail, Google, Facebook und Co. begann. Das Dienstleistungsspektrum ist dabei einem steten Wandel unterworfen: Internettelefonie via Skype oder IMO stellen auf einmal eine Konkurrenz zum „klassischen" Telefondienst dar, der Mobilfunk gestützte SMS-Dienst verliert gegen neue Chat-Dienste wie WhatsApp oder Hangouts. Mit der Digitalisierung der Kommunikationsnetze kamen Internet, Content-Dienste, Soft- wie Hardware sowie die Vernetzung der diversen Nutzer, privat, branchenintern und branchenübergreifend – die Grenzen wurden zunehmend fließend. Ein wesentlicher Grund für die zügige Entwicklung der IKT-Branche war unter anderem die frühzeitige Einigung auf einheitliche internationale technische Standards durch gemeinsam von Industrie und Telekommunikationsunternehmen getragenen Standardisierungsgremien. Als Erfolg kann dabei unter anderem der Mobilfunkstandard GSM genannt werden, der die weltweite Verbreitung des digitalen Mobilfunks begünstigte. Marktexpansion förderte die Vielfalt auf der Netzseite bei Tarifmodellen und Anbietern und Druck auf die Preise. Die Dynamik des Mobilfunks spiegelt sich auch im fast unüberschaubaren Angebot an Endgeräten wider. Wie das Beispiel Nokia jedoch zeigt, ist eine einmal erworbene Marktposition nicht auf Ewigkeit gegeben, Hersteller kommen und gehen, der Markt ist technologie- und nachfragebedingt in steter Bewegung. Ein Ende dieser Entwicklung ist derzeit nicht in Sicht. Im Vergleich zu alten Zeiten bedeutet diese Dynamik teils ein völliges Umdenken für die Akteure, die Deutsche Telekom eingeschlossen, die ursprünglich als Behörde geführt von Beamten, sich zu einem börsennotierten international agierenden Konzern mauserte.

Trotz erkennbaren Wettbewerbs sind die Marktbesonderheiten der IKT-Branche, die ursprünglich das Fernmeldemonopol begründeten, keineswegs verschwunden. Auch heute noch bestimmen sogenannte „economies of scale und economies of scope", das heißt Größen- und Verbundvorteile, die Netzökonomie. In Teilen des Festnetz- und Mobilfunkbetriebs etwa ist die Anzahl der Anbieter in der Regel durch die Vergabe von Betreiberlizenzen begrenzt. Jedoch behindert dies die Intensität des Wettbewerbs nicht. Dem apodiktischen „Geht nicht" der Risikominimierer und Traditionalisten in der Vergangenheit ist ein „Geht doch" gefolgt, je nach Marktsegment begleitet von entsprechenden Marktzugangs-, Lizenzierungs- und Preisfestsetzungsmechanismen, die von einer unabhängigen Regulierungsbehörde umgesetzt und kontrolliert werden. Der Paradigmenwechsel in der IKT-Branche heißt nunmehr: „So viel Wettbewerb wie möglich, soviel Regulierung wie nötig." Nicht die zentrale Steuerung, sondern dezentrale Mechanismen treiben die Entwicklung voran. Der Wettbewerb in der IKT-Branche hat dabei aber keineswegs nur die großen Unternehmen begünstigt. Gemäß der Schumpeter'schen „schöpferischen Kraft der Zerstörung" hat die dynamische Entwicklung der Branche in der Telekommunikation, mehr noch in der Informationstechnik eine Vielzahl an Entrepreneuren und kleineren Unternehmen hervorgebracht, Anbieter mit hoher Anfangsdynamik, expandierend in neuen

Kooperationen aufgegangen, teils ökonomisch aber auch gescheitert. Wandelnde Kunden-wünsche und Innovationen sind steter Begleiter von IKT-Unternehmen. Die Adaptionsfä-higkeit von Firmen und Mitarbeiter, sich an veränderte Rahmenbedingungen anzupassen, neue technologische Trends und Nachfrageänderungen aufzugreifen, zu verändern und weiterzuentwickeln, wird an der Entwicklung von Smartphones und sogenannter Apps deutlich. Dabei spielen technische Standards für das Betriebssystem für den Erfolg der Anbieter ebenso eine Rolle wie die Vielzahl kreativer Köpfe und Ideen, die uns mit im-mer neuen Nutzungsmöglichkeiten überraschen.

Diese Entwicklungen ließen sich durch Beispiele aus anderen Marktsegmenten der IKT-Branche beliebig ergänzen. Allen gemeinsam ist die Erkenntnis, dass ausgehend von einem wettbewerbsfeindlichen Umfeld wie es das Fernmeldemonopol darstellte, un-ter Konkurrenzbedingungen eine Dynamik entstanden ist, die die IKT-Branche heute zu einem Pfeiler der wirtschaftlichen Prosperität mit neuen und stabilen Arbeitsplätzen, mit einem substanziellen Beitrag zur gesamtwirtschaftlichen Wertschöpfung, zur Zufrieden-heit seiner Kunden und zu einer wesentlichen Innovationskraft unserer Wirtschaft gemacht hat.

10.3   Learnings für die Gesundheitswirtschaft

Angesichts dieser Dynamik drängt sich der Vergleich der IKT-Branche mit der Gesund-heitswirtschaft auf: Gesundheitsausgaben von 314 Mrd. € (2013) stehen ca. 5,2 Mio. Arbeitskräfte gegenüber. Kliniken, Krankenversicherungen, niedergelassene Ärzte, Pfle-gedienste, Apotheken, Pharmaunternehmen, sonstige Heilberufe und andere bilden ein komplexes Versorgungsgeflecht für Bürger, Patienten und Angehörige. Der Situation in der IKT-Branche vor Jahrzehnten vergleichbar ist die Gesundheitswirtschaft zu weiten Teilen bis heute reguliert und damit den Wettbewerbskräften entzogen. „Gesundheit" sei ein besonderes Gut, weswegen die Gesundheitswirtschaft zu einem wettbewerblichen Ausnahmebereich gerechnet werden müsse. Der IKT-Branche vergleichbar sind es aber offenbar immer weniger die wissenschaftlichen Begründungen gegen mehr Wettbewerb. Auffallend ist, dass wo immer Reformansätze diskutiert werden, sich Widerstand ge-gen Konkurrenz fand und findet bei Interessensgruppen mit dem Ziel, eigene „Claims" abzusichern (Busch 2013): Die Apotheker wehren sich gegen die Zulassung von Inter-netapotheken und Apotheken in Fremdbesitz, die Kassenärztlichen Vereinigungen beste-hen auf ihren berufsständigen Regeln und Kompetenzen, etwa gegenüber Krankenkassen im Zusammenhang mit Abrechnungen, die privaten Krankenversicherungen lehnen mehr Wettbewerb durch eine Portabilität von Altersrückstellungen weitgehend mit Hinweis auf eigene Existenzgefährdung ab, niedergelassene Ärzte fürchten die Möglichkeit von Kran-kenhäusern, in den Bereich des Ambulanten Operierens zu expandieren, staatliche Kran-kenhäuser fürchten die wachsende Konkurrenz privater Klinikbetreiber, unter anderem mit Hinweis auf die Gefahr einer Unterversorgung in ländlichen Gebieten. Anfällig für solche Partikularinteressen ist eine Branche natürlich vor allem dann, wenn über die Regelungsbefugnisse und Reformen eher zentral beziehungsweise staatlich/verbändeintern statt dezentral, von einzelnen Akteuren in eigener Verantwortung wie in wettbewerblich organisierten Märkten, entschieden werden.

Im Zentrum der Regulierung steht die Gesetzliche Krankenversicherung (GKV), die 90 % der Bevölkerung versorgt, mit der Plafonierung des jährlichen Gesamtbudgets und der Versorgung der Versicherten nach dem Sachleistungsprinzip mit einem gesetzlich fixierten Leistungskatalog. Erst über diverse Reformschritte seit der 1990er-Jahre finden Wettbewerbselemente Eingang in die GKV. Jedoch können Bonusprogramme, Beitragsrückerstattungen oder Marketingmaßnahmen der Versicherungsunternehmen nur bedingt wirken, wo ansonsten das Leistungsportfolio und die Preisgestaltung bei allen Mitbewerbern gleich sind. Wettbewerbshemmend wirkt zudem das Prinzip der korporativistischen Selbstverwaltung, nach dem die Ärzteschaft, vertreten durch die Kassenärztlichen Vereinigungen (KV), Leistungen und Vergütungen mit den Krankenkassen vereinbaren. Die Bildung des Gemeinsamen Bundesausschusses (GBA) im Rahmen des Gesundheitsmodernisierungsgesetzes (2004) hat diesen Grundsatz eher noch verstärkt. Dieses Gremium, dem Krankenkassen, Kassenärztliche Vereinigungen und Krankenhäuser angehören, bündelt nunmehr die alleinige Befugnis, den Ausschluss oder die Einschränkung medizinischer Leistungen in der GKV festzulegen, Aufgaben, die bis dahin unterschiedlichen Gremien übertragen waren. Mit dem „Gesetz zur Stärkung der Versorgung in der gesetzlichen Krankenversicherung (GKV-VSG) von 2015 verwaltet der BGA auch den Innovationsfonds, mit dem von 2016 an für vier Jahre jährlich bis zu 300 Mio. € vor allem in die Förderung von Prozessinnovationen in der Gesundheitswirtschaft investiert werden soll.

Wettbewerb, das zeigt die IKT-Branche, fördert Innovationen erheblich. Wo aber Wettbewerb kraft Gesetz nahezu ausgeschlossen ist, bedarf es eines besonderen Augenmerks, wie Innovationen ansonsten initiiert und umgesetzt werden. Die Gesundheitswirtschaft hat hier seither keine glückliche Hand bewiesen wie einzelne Beispiele zeigen. Ungeachtet eines hohen technischen Fortschritts in der Medizintechnik hinkt diese Branche etwa im Einsatz moderner Informations- und Kommunikationstechnologien der Entwicklung in anderen Branchen deutlich hinterher. In Praxen ebenso wie in Kliniken, ganz zu schweigen in der intra- und intersektoralen Vernetzung von Leistungsbringern sind IT-unterstützte Prozesse mit Online-Dokumentation und digitaler rechtssicherer Archivierung weit vom Optimum entfernt. Papierbasierte Prozesse bestimmen bis heute den Alltag von Ärzten und Pflegediensten (Riedel 2008). Dies alles, obwohl schon seit Jahren als Quellen für Effizienzgewinne vor allem Prozessinnovationen bekannt sind. Hindernisse hat auch die Softwareindustrie mitverschuldet. Anwender beklagen häufig die fehlende Interoperabilität von Krankenhausinformations- und Praxisverwaltungssystemen. Das jüngst beschlossene E-Health-Gesetz soll nunmehr Abhilfe schaffen und die Softwarehersteller zur Offenlegung standardisierter Schnittstellen verpflichten. Allein im Bereich der Praxen mit derzeit ca. 150 bei der Kassenärztlichen Bundesvereinigung zertifizierten PVS-Systemen (Kassenärztliche Bundesvereinigung (KBV) 2016) würde nicht nur die Kundensouveränität der Praxisbetreiber, sondern auch der Wettbewerb unter den Softwarelieferanten untereinander gestärkt. Ungeachtet dessen sind viele Ärzte dem Einsatz von neuen IKT-Diensten noch heute wenig aufgeschlossen. Zwar hat die von den Krankenkassen erzwungene Nutzung von PC in Arztpraxen per Gesetz für Abrechnungszwecke etwas bewirkt. Bis hin in die Vernetzung mit Kollegen und anderen medizinischen Partnern herrscht heute aber noch vornehmlich das Telefon und Fax, gerade unter Datensicherheitsaspekten keine optimale Lösung, von den induzierten kostspieligen Systembrüchen ganz zu schweigen. Immerhin soll mit dem E-Health-Gesetz der elektronische Arztbrief organisatorisch verankert und ab 2017 besonders gefördert werden. Dieser Schritt kommt sehr spät und verstärkt eher die Skepsis als Optimismus am Reformwillen, berücksichtigt man nämlich, dass bereits seit mehr als 15 Jahren in der Telemedizin an praxisnahen Lösungen gearbeitet wird, jedoch weder Leistungserbringer noch Kostenträger die Umsetzung in der Praxis in nennenswertem Umfang vorangetrieben haben.

Zu mehr Dynamik in der Gesundheitsbranche würde sicher mit beitragen, wenn sich mit Unterstützung der Standesorganisationen das Eigenverständnis der Ärzte als ökonomisch denkende Unternehmer und Dienstleister ändern würde, begleitet durch eine höhere Eigenverantwortung in der Gestaltung ihrer Vertragsbeziehung zu Kassen und Versicherungen. Das heutige monopolartige Vertragssystem zwischen KVen und Kassen, das dem einzelnen Arzt wenig Mitsprache einräumt, steht dem entgegen: Wo aber keine Souveränität über Einnahmen besteht, ist auch die Bereitschaft begrenzt, eigene Wege bei Investitionen und Innovationen zu gehen.

In die ganz andere Richtung geht der jüngst konzipierte – eher zentralistisch ausgerichtete – Innovationsfonds mit einer „top down" orientierten Investitionssteuerung über etablierte Gremien. Ob eine solche an traditionellen Strukturen ausgerichtete Organisation erfolgreich sein wird, ist zweifelhaft. Dies belegt etwa das Projekt der Elektronischen Gesundheitskarte (EGK), die auch nach 13 Jahren Vorlauf und geschätzten Kosten in Milliardenhöhe bis heute weder flächendeckend noch in vollem Funktionsumfang etabliert ist. Politisch „von oben" verordnet war die ursprüngliche Einführung der EGK für 2006 vorgesehen. Technische Probleme, Kompetenzgerangel, Partikularinteressen, rechtliche Diskussionen etc. haben die EGK zum Menetekel deutscher Großprojekte werden lassen.

Politik und Standesvertreter scheint das bei der Konzipierung des vom GBA geführten Innovationsfonds unbeeindruckt gelassen zu haben. Schon die Verabschiedung des zugrundeliegenden GKV-VSG wurde von Begehrlichkeiten und Kompetenzstreitereien einschlägiger Interessenvertreter begleitet. Die Zusammensetzung der Sachwalter des Innovationsfonds folgt eher alten eingefahrenen Strukturen. Vertreter der Pflege etwa sucht man vergeblich, obwohl die Zukunft optimierter Prozesse in der Gesundheitswirtschaft in der intersektoralen Zusammenarbeit, im Inter-Working von Medizin und Pflege liegt. Zweifelhaft ist ferner, dass nach allen derzeitigen Verlautbarungen vor allem große, umfassende Projekte gefördert werden sollen (Neumann und Wolfschütz 2015).

Dem Wettbewerbsgedanken in einer ansonsten eher konkurrenzfeindlichen Branche entspräche es eher, stärker kleinere innovative Pilotvorhaben auf niedrigerer Ebene, gar im Wettbewerb zueinander, zu berücksichtigen. Beispiele für solche Vorhaben, die bereits den Eingang in die Regelversorgung geschafft haben, sind etwa AGNES (Arztentlastende, Gemeindenahe, E-Health gestützte, Systemische Intervention) und VerAH (Versorgungs-

Assistenten in der Hausarztpraxis). Sie stehen für innovative Vorhaben zur Entlastung ärztlicher Tätigkeiten, die in verschiedenen Bundesländern erprobt worden sind, teils auf Eigeninitiative von Ärzten und ohne oder gar gegen das Votum von Standesorganisationen.

Diese Ansätze folgen quasi dem Prinzip der „Schwarmintelligenz", sie kumulieren und selektieren diverse Erfahrungen unterschiedlicher Akteure, wie sie ansonsten vorzugsweise in einem wettbewerbsintensiven Umfeld gemacht werden. Auch Selektivverträge nach § 140 SGBV als Ausnahmen von der Regelversorgung sind vor dem Hintergrund eher innovationsfördernd anzusehen und sollten weiterhin von Krankenkassen und Leistungserbringer verfolgt werden unter Berücksichtigung und Korrektur bisheriger Hemmnisse und Anlaufschwierigkeiten (Neumann und Wolfschütz 2015). Eine derartige Vorgehensweise mit Fokus auf kleinere dezentrale Maßnahmenlässt auch eine stärker regionale, lokale, patientenspezifische Fokussierung zu, es eröffnet bei Bedarf auch einzelnen Ärzten etwa einen größeren Handlungsspielraum als es das grobe Instrument der Regelversorgung tut. Sie schaffen schließlich in der Summe zugleich die nötige Zahl an Probanden mit vertretbarem Aufwand, um auch einer weiterreichenden gesundheitsökonomischen Evaluierung der Krankenkassen bei Bedarf standzuhalten. Gerade telemedizinische Projekte in der Vergangenheit, die aufgrund der Größe über eine nicht hinreichende Zahl an Probanden verfügten und somit wesentliche Anwendungskriterien der Kassen nicht erfüllten, können möglicherweise auf diese Weise eher Eingang in den Praxisalltag finden. Es würde zu guter Letzt damit auch ein Kreis geschlossen. Immerhin stellt die Telemedizin an der Schnittstelle zwischen Medizin und IKT die gelungene Anwendung von Innovationsergebnissen einer höchst dynamischen Branche auf die Gesundheitswirtschaft dar, die ihrerseits zum einen einigen Nachholbedarf an Reformen hat, zum anderen jedoch ihrer gesamtwirtschaftlichen Bedeutung angemessen auch einiges an Innovationspotenzial vorzuweisen hat.

10.4   Zusammenfassung und Ausblick

Die Gesundheitswirtschaft hat einen erheblichen Reformstau zu bewältigen. Effizienzgewinne können vor allem durch Prozessinnovationen und den Einsatz moderner Informations- und Kommunikationstechnologien realisiert werden. Die IKT-Branche hat vorgemacht, wie aus einer Monopolsituation heraus eine der dynamischsten und innovativsten Wirtschaftszweige geworden ist, indem dem Wettbewerb und Eigenverantwortung der einzelnen Akteure mehr Raum gegeben worden ist, ein effizientes Regulierungsregime hat diesen Prozess eher gefördert denn behindert. Selbst in der Gesundheitswirtschaft sind Reformen möglich ohne radikale Veränderungen. Getragen von dem Gedanken, auch neue Wege zu gehen, wäre es geboten, Innovationen weniger in alten Strukturen zentral von oben zu steuern, sondern stärker dezentral an der Basis und im praktischen Alltag entwickeln und umsetzen zu lassen. Das Angebot an technischen und organisatorischen Neuerungen heutzutage ist vielfach gegeben, Beispiele aus der Telemedizin etwa zeigen dies. Prozessinnovationen umzusetzen, erfordert es, besonders Ärzte und Pflegepersonal direkt einzubinden, und ihnen in eigener Verantwortung die Lösungskompetenz zuzubilligen. Der Wettbewerb um die beste Lösung sollte dabei ebenso möglich sein wie mehr Raum für Eigenwirtschaftlichkeit und mehr Mut und Bereitschaft, auch Lösungen einmal als unpraktikabel zu verwerfen. Patientenwohl und -sicherheit muss dem per se nicht entgegenstehen. Politik, Standesorganisationen, Krankenkassen sind aufgerufen, sich in ihrem zentralistischen Denken zurücknehmen. Die Gesundheitswirtschaft ist in unserer heutigen Dienstleistungsgesellschaft eine Branche wie jede andere; ungeachtet der Besonderheit des Gutes „Gesundheit". Preis, Servicequalität, Produkt- und Dienstinnovationen sind Kategorien, die auch Patienten und ihre Angehörigen, Ärzte und Pflegedienste an der Basis verstehen. Für die Entscheidungsträger heißt das:

Drei Learnings für die Gesundheitswirtschaft

- Mehr Mut und Engagement zu mehr Wettbewerb in der Gesundheitswirtschaft!
- Mehr Kompetenz und finanzieller Spielraum den Akteuren an der Basis, das heißt, Ärzten und Pflegediensten bei der Konzipierung und Umsetzung von innovativen Lösungen im täglichen Alltag.
- Von anderen Branchen lernen – Übertragung externen Branchen-Know-hows auf die Gesundheitswirtschaft.

Literatur

Boysen-Hogrefe, J. Steigende Zusatzbeiträge in der Gesetzlichen Krankenversicherung: Eintagsfliege oder Dauerbrenner? Institut für Weltwirtschaft, Kiel, Kiel Policy Brief, Nr. 98, Dezember 2015

Bundesverband Informationswirtschaft, Telekommunikation und neue Medien e. V. Bitkom, ITK-Marktzahlen Oktober 2015. https://www.bitkom.org/Marktdaten/ITK-Konjunktur/ITK-Markt-Deutschland. Zugegriffen: 26. Febr. 2016.

Busch, A. (2013). Innovationen im Gesundheitsmarkt: Ein Weg zu mehr Effizienz. In Barske, Gerybadze & Lüdinghausen (Hrsg.), *Innovation, Digitale Fachbibliothek Innovationsmanagement.* Symposion Publishing.

Kassenärztliche Bundesvereinigung (KBV). (2016). *IT in der Arztpraxis, Verzeichnis zertifizierter Software, Übersichtsmatrix.* Berlin.

Neumann, K., & Wolfschütz, A. (2015). *GES Institut, Rahmenbedingungen für den Innovationsfonds.* Berlin. https://www.vdek.com, *abgerufen am 26.02.2016.*

Riedel, W. (2008). IT im Healthcare-Bereich steht vor großen Veränderungen. In EMC2 Deutschland GmbH (Hrsg.), *IT im Gesundheitswesen.* Schwalbach/Taunus. http://germany.emc.com/collateral/minisites/industry/healthcare.pdf. Zugegriffen: 26.02.2016.

Soltwedel, R. et al. (1986). *Deregulierungspotentiale in der Bundesrepublik, Kieler Studien 202.* Tübingen: Institut für Weltwirtschaft an der Universität Kiel.

Axel Busch ist Diplom-Volkswirt und Gesundheitsökonom (ebs). Als Unternehmer, Unternehmens- und Regierungsberater verfügt Axel Busch über langjährige Industrieerfahrung in der Telekommunikation und Gesundheitswirtschaft, im Inland, Entwicklungs- und Schwellenländern. Er arbeitete in leitenden Positionen bei der Deutschen Telekom und Mannesmann/Vodafone.

Was kann die Gesundheitswirtschaft von der Diplomatie lernen?

Tanja Rosenbaum

Zusammenfassung

Es gibt eine erstaunliche Parallele zwischen Diplomatie und Gesundheit: Auf der Prozessebene sind die Schritte zu einer harmonischen Beziehung zwischen Staaten identisch mit den Schritten, die jeder Einzelne durchläuft, wenn er „gesunden" möchte. Verbindung, Vertrauen und Verantwortung sind die Schlüsselelemente der Beziehungspflege – in beiden Bereichen. Der Artikel beschreibt die Grundlagen einer erfolgreichen Beziehungspflege auf diplomatischem Parkett und überträgt diese auf den individuellen Bereich. Was macht einen guten Diplomaten aus und wie lassen sich diese Fähigkeiten für jeden Einzelnen nutzen, um eine gesunde Beziehung zu sich selbst aufzubauen und damit widerstandsfähig zu bleiben? Basis der Betrachtung ist die Salutogenese, die sich mit gesunderhaltenden Faktoren beschäftigt und Gesundheit nicht als Zustand, sondern als Ideal eines Entwicklungsprozesses begreift. Dieser führt zu größerem Wohlbefinden und zu stärkerer Selbstwirksamkeit. Die Wirksamkeit spiegelt sich in der Fähigkeit, stimmig und bedürfnisorientiert zu kommunizieren – nicht nur mit dem Gegenüber, sondern auch mit sich selbst. Menschen, die in dieser Weise mit sich und mit anderen umgehen, zeichnen sich durch eine besondere Führungskompetenz aus: Eine gesundheitsfördernde (salutogene) Führungskompetenz, die in unserer Gesellschaft, in unserer Welt dringend gebraucht wird.

T. Rosenbaum (✉)
10267 Berlin, Deutschland

© Springer Fachmedien Wiesbaden 2017
D. Matusiewicz und M. Muhrer-Schwaiger (Hrsg.), *Neuvermessung der Gesundheitswirtschaft*, FOM-Edition, DOI 10.1007/978-3-658-12519-6_11

11.1　Hintergrund

Vielen Menschen ist die Notwendigkeit guter Beziehungen zu Nachbarstaaten, zu anderen Kulturen und Ländern klar. Diplomaten lernen, in Beziehung zu treten, Kontakte zu pflegen und im besten Sinne eine Brücke zu bauen, welche auch in schweren Zeiten zur Verfügung steht.

Während die Pflege der Beziehungen untereinander von vielen Menschen als ganz natürlich empfunden wird, bewirkt die Frage nach der Pflege der Beziehung zu sich selbst einen erstaunten Blick. Die Körperpflege fällt einigen Menschen dazu ein: „Klar, ich wasche mich täglich!" – doch der Mensch ist mehr als nur ein Körper.

Der Gesundheitsbegriff wird erweitert: Gesundheit ist mehr als nur die Abwesenheit von Krankheit. Sie bezeichnet einen Idealzustand, auf den man sich zu bewegt, sobald der Blick von der Vermeidung einer Krankheit gelöst werden kann. Sie umfasst neben der körperlichen Ebene noch weitere Ebenen, die in einer Grafik dargestellt werden (s. Abb. 11.1 das Gesundheitshaus). Die Fähigkeit, widerstandsfähig zu bleiben, hängt in hohem Maße davon ab, ob alle Ebenen gesehen und genutzt werden.

11.2　Diplomatie

11.2.1　Ehrliches Interesse an einer Verbindung zeigen – achtsam und neugierig

Eine diplomatische Vertretung, ob Botschaft oder Generalkonsulat, zeichnet sich durch die Menschen aus, die als Vertreter ihres Heimatlandes ins Ausland geschickt werden. Hat der Diplomat vor Ort ein echtes Interesse am Gastland und seinen Bewohnern, können sich fruchtbare Beziehungen ergeben. Kein Schaumschläger oder Besserwisser wird gebraucht, sondern ein achtsamer Mensch, der mit allen Sinnen offen und neugierig bleibt, Fragen stellt und Informationen aufnimmt.

Dabei ist besonders wichtig, sich frei von Vorurteilen zu machen. Nicht selten haben auch Diplomaten eine Meinung zu bestimmten Themen und bewerten Situationen anhand ihrer Erfahrungen. Sich davon zu lösen, über eigene Grenzen hinaus zu wachsen und Platz zu schaffen für neue Eindrücke, die dem eigenen System fremd sind – das ist die Herausforderung für einen guten Diplomaten. Was sieht mein Gegenüber anders? Wie kommt es zu einer solchen Sichtweise? Wo gibt es Gemeinsamkeiten? Was möchte man gemeinsam schaffen? Es braucht Geduld und Achtsamkeit, um Neues und Fremdes zu beobachten und zu verstehen.

Je klarer dem Diplomaten ist, dass Menschen gemäß ihrer persönlichen „Landkarte" der Welt agieren und reagieren, desto wichtiger wird ihm, die Landkarte des anderen kennenzulernen. Die Landkarte basiert auf den Werten, Überzeugungen, Erinnerungen und dem kulturellen Hintergrund der Person. Sie dient zur Orientierung und bedarf zuweilen einer Anpassung. Mit Hilfe einer solchen Landkarte bekommt der Diplomat ein Gespür für sein Gegenüber und das Gastland. Dieses Gespür wird in Friedenszeiten aufgebaut und ständig unterhalten – in Krisenzeiten wäre es sehr schwer, eine echte Verbindung zu knüpfen.

11.2.2 Vertrauen schaffen – ehrlich und wertschätzend

Es ist nicht das Land oder die Regierung, die einer anderen Regierung vertraut. Es sind die Menschen, die diese Regierungen bilden, und die für diese Regierungen arbeiten. Der deutsche Philosoph Georg Simmel hat Vertrauen als einen „mittleren Zustand von Wissen und Nichtwissen" beschrieben (Simmel 1908). Man gibt Kontrolle ab in der Hoffnung, Wege und Unterstützung zu finden, um den Mangel an Nichtwissen zu beseitigen.

Vertrauen entsteht aufgrund von gemeinsamen Werten – das sind feste innere Überzeugungen, die das Denken und Handeln bestimmen. In Deutschland wurden im Herbst 2015 als wichtigste politische und soziale Werte Frieden, Menschenrechte, Demokratie und Freiheit des Einzelnen genannt (Europäische Kommission 2015). Solche Werte werden innerhalb einer Gesellschaft formuliert und motivieren zu einem bestimmten Verhalten. Sie bilden die Basis der jeweiligen Persönlichkeit, auch wenn sich diese ihrer Werte nicht tagtäglich bewusst ist.

Menschen vertrauen Menschen, die ähnliche Wertvorstellungen haben. Diese Vertrauensbildung entsteht über Zeit und muss immer wieder „erneuert" werden. Da Vertrauen im zwischenmenschlichen Bereich stattfindet, bezieht es sich in der Regel auf die Personen, die dieses Vertrauen aufgebaut haben. Im diplomatischen Dienst entsteht es vor allem „unter vier Augen" außerhalb des Protokolls, wenn Raum für einen persönlichen Kontakt und Austausch entsteht.

11.2.3 Verantwortung übernehmen – authentisch und entscheidungsfreudig

Der Diplomat wird alle drei/vier Jahre in ein anderes Land versetzt und wechselt damit seinen Wohnort regelmäßig: Weder seine örtliche noch seine soziale Umgebung bleiben konstant. Die Ehepartner und Kinder reisen mit – die Familie und der Hausstand sind das einzig Vertraute im neuen Land. Oft geht das mit einem Wechsel in einen völlig neuen Kulturkreis einher. So lernt er viele verschiedene Konzepte von Lebensführung und Einstellungen kennen. Meistens ändert sich auch der Geschäftsbereich: Wirtschaft/Kultur/Politik … – der Diplomat soll Generalist bleiben.

Wie ist eine solche Herausforderung zu schaffen? Es braucht eine besonders gute Verortung seiner selbst. Der permanente Wechsel zwingt zur Besinnung auf das Innere, auf sich selbst – er muss authentisch bleiben. Je mehr der Diplomat in sich ruht, desto unwichtiger werden äußere Faktoren.

Da es gerade im diplomatischen Dienst viele Überschneidungen zwischen beruflichen und privaten Kontakten gibt – schließlich ist man als Diplomat im Gastland nie „privat" unterwegs – ist eine Klarheit über die verschiedenen Rollen, die ein Diplomat einnimmt, besonders wichtig (wie zum Beispiel: Stellvertretende Botschafterin, Ehefrau, Mutter dreier Kinder, Arbeitskollegin, Freundin, Tochter ...)

Diplomaten, die sich ihrer Rollen und den damit verbundenen Aufgaben bewusst sind, bleiben gelassen und besonnen. Sie erkennen, dass sie ihr Umfeld selbst gestalten können. Sie übernehmen Verantwortung für ihr Denken und Tun und trainieren ihre Entscheidungskompetenz.

11.3 Learnings für die Gesundheitswirtschaft

11.3.1 Kernelemente einer persönlichen Beziehungspflege

11.3.1.1 Ehrliches Interesse an einer Verbindung zeigen – achtsam und neugierig

Übertragen auf die Gesundheit des Menschen bedeutet dieser Grundsatz der Beziehungspflege, dass der Mensch ein ehrliches Interesse für sein eigenes Dasein braucht. „Was kann ich beobachten, was nehme ich wahr? Wann beobachte ich mich?" Oft schaut man auf sich selbst, wenn man krank geworden ist oder eine schwere Diagnose im Raum steht. Dann urteilt man sehr schnell über die Körpersymptome: Man stellt zum Beispiel fest: „Ich habe Angst" statt zu beobachten: „Meine Hände zittern, sie werden nass, ich atme schneller ...". Man ärgert sich über den Kopfschmerz, der schnell verschwinden muss oder versucht, den Hautausschlag mit Cortison weg zu cremen.

Eine offene, neugierige Haltung braucht Beobachtung, Geduld und mehr Verständnis. Wir beobachten mit unseren fünf Sinnen: sehen, hören, riechen, schmecken und tasten. „Ich sehe rote Flecken auf der Haut, ich höre ein Rauschen im Ohr, ich fühle einen stechenden Schmerz in meinem Kopf ...". Geduld zeigt man, indem man ausprobiert, wann die Symptome besser werden: „Draußen oder drinnen, morgens oder abends, in Ruhe oder in Bewegung, wenn ich an die Arbeit denke oder entspannt auf dem Sofa sitze ...". Dann braucht es Interesse an der eigentlichen Botschaft: „Was läuft gerade falsch, wenn mein Körper so reagiert? Wo ist Potenzial zur Verbesserung? Welche Gebiete meiner Landkarte habe ich noch nicht entdeckt?" Ein solches Vorgehen fördert nicht nur die eigene Erkenntnis, sondern signalisiert dem Körper, dass sich um seine Belange „gekümmert" wird. Man erarbeitet sich einen neuen Erfahrungs- und Handlungsspielraum und baut eine echte Verbindung zu sich selbst auf. Diese Verbindung sollte in entspannten Zeiten aufgebaut werden – wenn es uns gut geht.

11.3.1.2 Vertrauen schaffen – ehrlich und wertschätzend

In der heutigen Zeit können wir viel Nichtwissen durch einen intelligenten Umgang mit den Medien ersetzen. Gerne googeln Patienten nach Symptomen, um mehr über ihren

Zustand und mögliche Therapien zu erfahren. Doch ab einem gewissen Punkt braucht es Vertrauen in das eigene System. Der Mensch verkörpert ein unglaublich intelligentes System, in dem sich vieles ablesen lässt. Wenn man vertrauen kann, dass jeder Mensch befähigt ist, Signale des Körpers zu erkennen und einzuordnen, dann bedarf es nur noch einer passenden Strategie.

Wird im diplomatischen Dienst über gemeinsame Werte gesprochen, auf die sich Vertrauen gründet, so sind es in der persönlichen Beziehungspflege vor allem Bedürfnisse. Während Werte im Kontakt mit anderen Menschen entdeckt werden, finden sich Bedürfnisse im innerpersönlichen Dialog. Bedürfnisse entdecke ich, wenn ich frage „Was brauche ich?". Sie bringen einen grundlegenden Bedarf ans Licht wie zum Beispiel Ruhe, Entspannung, Sicherheit, Einfühlung, Liebe, Lebensfreude, Zugehörigkeit … In diesem Sinne haben wir alle Bedürfnisse und sehen sie gerne erfüllt – sofern wir uns ihrer bewusst sind. Dr. Marshall Rosenberg, ein international bekannter Konfliktmediator, nennt die Bedürfnisse „Geschenke an die Welt", denn, indem man sie für sich erfüllt, trägt man dazu bei, dass auch das Leben anderer reicher und schöner wird (Rosenberg 2004). Solange wir im Hamsterrad rennen, haben wir keine Gelegenheit, unsere Bedürfnisse wahrzunehmen. Dann zwingt uns im Zweifel die Krankheit zur Besinnung und räumt uns eine Zwangspause ein.

Wenn wir unserem Körper vertrauen, dass er uns nichts Böses will, sondern mit uns eine gut funktionierende Einheit bildet, dann nehmen wir uns mehr Zeit, genau hinzuschauen und in uns hinein zu hören. Jede Ablenkung von außen darf dann eine Weile zurückgestellt werden.

11.3.1.3 Verantwortung übernehmen – authentisch und entscheidungsfreudig

Wenn es um unsere Gesundheit geht, geben wir gerne die Verantwortung an den Therapeuten oder Arzt ab. Er wird schon wissen, was für uns gut ist, er hat die Fachkenntnisse. Dabei braucht es mehr als den Spezialisten: Der Arzt kann Symptome bewerten, Diagnosen stellen und Therapien vorschlagen. Hoffentlich kann er auch Zusammenhänge erkennen (die sehr oft über verschiedene Organsysteme hinaus zu finden sind). Deshalb ist hier ein ganzheitlich ausgebildeter Arzt oder Therapeut wichtig – ein Generalist.

Die Verantwortung für den Gesundungsprozess bleibt beim Patienten. Nur er kann fühlen, was ihm wirklich gut tut; nur er kann beschreiben, was für ihn Sinn ergibt und was nicht. Er trägt in jedem Fall die Konsequenzen der Behandlung. Deshalb sollte jeder Einzelne ermutigt werden, sein eigenes Bauchgefühl zu kultivieren und zu erkennen, welchen Weg er gehen mag. Es müssen Entscheidungen getroffen werden, die den Gesundungsprozess unterstützen und zu der jeweiligen Person mit ihren verschiedenen Rollen passen. Deshalb kommt es auf eine gute Teamarbeit zwischen Arzt und Patient an. Die Bereitschaft des Patienten, auf sein Inneres zu hören und Ungleichgewichte auszugleichen, trägt zu seiner Gesundung entscheidend bei.

Authentizität bezieht sich hier ganz besonders auf das Merkmal, sich von Fremdbestimmung zu befreien. Authentisch zu sein heißt, das eigene Leben zu leben und Entscheidungen zu treffen ohne Manipulation durch andere. Obwohl unser Verhalten und Denken stark beeinflusst ist durch Erziehung, Schule, Werbung und vieles mehr, kann man sich davon lösen. Es sind die inneren Werte, die Bedürfnisse, die uns die Richtung weisen und darüber entscheiden, ob wir unsere Ziele erreichen.

11.3.2 Salutogene Ausrichtung

Eine Beziehungspflege, die auf Verbindung, Vertrauen und Verantwortung gegründet ist, führt zu einem Gefühl der Stimmigkeit, welches entscheidend zu unserer Gesundheit beiträgt. Aaron Antonovsky, ein amerikanisch-israelischer Medizinsoziologe, hat in seinem Modell der Salutogenese dargestellt, dass ein starkes Kohärenzgefühl vor negativen Stressoren schützt. Die Salutogenese richtet ihre Aufmerksamkeit auf die gesundheitsstärkenden Faktoren während die Pathogenese nach den Faktoren schaut, die uns krank machen.

Einige Diplomaten berichten von Ihren schönsten Erlebnissen im Dienst. Diese waren so besonders, weil sie erleben durften, welche Bedeutung, welchen Sinn ihre Arbeit für die Menschen vor Ort hatte. Sie haben einen besonderen Einsatz gezeigt und die Wirkung erlebt. Diese Erfahrung entspricht der Forschung von Antonovsky: Wenn man Zusammenhänge versteht und erkennt, dass seine Handlungen bedeutend und sinnvoll sind, dann fühlt man sich stimmig und selbstwirksam.

Dieses **Kohärenzgefühl ("Sense of Coherence")** ist das zentrale Element seiner Forschung, das den Menschen gesund hält. Es ist eine globale Orientierung, die ausdrückt, in welchem Ausmaß …

► **Kohärenzgefühl**

1. … man vertraut, dass man seine Umwelt und die an sich gestellten Anforderungen versteht und Zusammenhänge erkennt (Gefühl der Verstehbarkeit).
2. … man die nötigen Fähigkeiten besitzt, um den Anforderungen gerecht zu werden (Gefühl der Machbarkeit).
3. … man sein Engagement als sinnvoll erkennt (Gefühl der Sinnhaftigkeit) (Antonovsky 1997).

Bezogen auf die persönliche Beziehungspflege heißt das zum Beispiel:

1. Verstehe ich, was der Schmerz im Magen mit meinen trockenen Augen zu tun hat – sehe ich die Zusammenhänge?
2. Weiß ich, was ich tun kann, um meinen grippalen Infekt gut auszukurieren und meine Arbeitshaltung zu verändern?
3. Wofür ist es gut, wenn ich mich für meine Gesundheit engagiere ohne krank zu sein? Was ist mir möglich zu tun, wenn ich voller Energie bin? Die Antwort darf mehr sein, als: „Dann kann ich funktionieren und meine Pflicht erfüllen!"

Abb. 11.1 Das Gesundheitshaus

Je stärker dieses Kohärenzgefühl in uns verankert ist, desto besser stehen wir im Leben und können Herausforderungen mit Freude annehmen. Wir fühlen uns besonders wohl und lebendig.

Ordnet man diese Faktoren in die verschiedenen Ebenen des Gesundheitshauses ein, so erhält man einen Überblick über die Komplexität des Gesundheitsbegriffes (s. Abb. 11.1):

Das Haus veranschaulicht, dass Gesundheit abhängig von vielen Faktoren ist:

a) Wo und zu welcher Zeit lebe ich? Was ist in dieser Lebensphase besonders wichtig für mich?

b) Was genau tue ich, wenn ich körperlich aktiv sein möchte? Was esse ich? Wie atme ich? Wie entspanne ich mich? Auf welche Art und Weise fördere ich meine Entschlackung?

c) Warum verhalte ich mich so? Warum denke ich auf diese Art und Weise? Was motiviert mich zu bestimmten Handlungen?

d) Wer bin ich, wenn ich so unterwegs bin? Welche Rolle nehme ich ein, wenn ich mich für meine Gesundheit einsetze? Bin ich zum Beispiel der Spielverderber, wenn ich den Süßigkeitenkonsum in meiner Familie eindämme?

e) Was sagt mir mein Bauchgefühl? Welche Ideen, Phantasien habe ich?

f) Wofür ist es gut, dass ich mich für meine Gesundheit engagiere? Was ist mir dann möglich zu tun?

11.4 Salutogene Kommunikation

Eine bewusste und empathische Kommunikation rundet die Wirkung einer guten Diplomatie und einer soliden persönlichen Beziehungspflege nachhaltig ab. Sie zeichnet sich dadurch aus, dass sie nicht kopf-, sondern herzgesteuert ist. Statt zu urteilen und zu interpretieren, werden Gefühle und Bedürfnisse formuliert. Anstelle von Kampf tritt Kooperation. Die Schritte sind:

1. Beobachten „Wenn ich sehe, dass … "
2. Fühlen „… fühle ich … "
3. Bedürfnis formulieren „… weil mir (Bedürfnis) wichtig ist."
4. Bitten „Ich bitte dich, … "

Dr. Marshall Rosenberg hat diese Kommunikationsform begründet (Gewaltfreie Kommunikation) und als Giraffensprache im Detail beschrieben (im Gegensatz zu der verurteilenden Wolfssprache). Sie sichert Empathie als das teilnehmende, wertfreie Beobachten und Nachvollziehen der Gefühle eines anderen Menschen. Wichtig ist Präsenz, also einfach da zu sein, ohne persönlich betroffen zu sein. Bei der Einfühlung geht es nicht darum, ein Problem zu lösen, sondern eine liebevolle Verbindung zu dem Gegenüber und im Gesundungsprozess zu sich selbst aufzubauen.

Die salutogene Kommunikation zeichnet sich darüber hinaus durch ihre gesundheitsfördernde Orientierung aus: Der Blick richtet sich nicht auf Krankheitssymptome oder Probleme, sondern auf das, was uns stark und glücklich macht. Wir analysieren nicht, was wir nicht mehr haben wollen, sondern konzentrieren uns auf das, was stattdessen da sein darf.

Konkret bedeutet das für meine persönliche Beziehungspflege, dass ich mich selbst nicht verurteile, wenn ich krank im Bett liege („na toll, da bist du schon wieder krank, du Versager"), sondern liebevoll in mich hinein höre („wenn ich sehe, wie dunkel die Ränder unter meinen Augen sind und wie müde ich mich fühle, brauche ich wohl mehr Ruhe und Schlaf"). Ich nutze zunächst meine fünf Sinne, um zu beobachten. Dann nehme ich Kontakt zu meinem Gefühl auf: „Wie fühle ich mich, wenn mein Rücken schmerzt? Fühle ich mich wütend, hilflos, erschöpft, verletzlich, verspannt?" Solche Gefühle weisen auf unerfüllte Bedürfnisse hin. „Was brauche ich gerade? Sicherheit, Schutz, Bewegung, Wachstum, Wärme, Spaß?" So einfach sich solche Bedürfnisse aufzählen lassen – manchmal ist es gar nicht so einfach, das wahre Bedürfnis zu finden. Die innere Reflexion, der innere Dialog setzt uns damit in Verbindung. Es braucht Ruhe und Übung, unser eigentliches Bedürfnis aufzuspüren. Schließlich formuliere ich die Bitte an mich selber: „Wenn es mir um Bewegung geht, die ich brauche, dann nehme ich mir zwei Mal in der Woche Zeit, einen längeren Spaziergang in der Natur zu machen." Durch eine solche Kommunikation mit mir selbst sichere ich eine Verbindung zu meinen innersten Bedürfnissen. Erfüllte Bedürfnisse machen gesund und glücklich!

11.5   Zusammenfassung und Ausblick

Eine gute Beziehungspflege setzt sich aus drei Kernelementen zusammen:

Beispiel

1. Echtes Interesse zeigen und achtsam Verbindung aufbauen.
   Wir beobachten mit unseren fünf Sinnen und zeichnen unsere persönliche Landkarte – in Friedenszeiten.
2. Vertrauen schaffen und wertschätzend unsere Bedürfnisse wahrnehmen.
   Wir vertrauen unserem Körper, finden ehrlich unser inneres Bedürfnis und schätzen den Wert.
3. Verantwortung übernehmen.
   Wir sind uns unseres Selbst bewusst und treffen authentisch Entscheidungen.

Das Stimmigkeitsgefühl entscheidet über die Richtung des Weges – je stimmiger man sich fühlt, desto mehr bewegt man sich Richtung Gesundheit auf dem Kontinuum zwischen Krankheit und Gesundheit. Dann lösen sich viele Krankheitssymptome auf. Eine salutogene Kommunikation sichert die Verbindung zu den Bedürfnissen und damit das Verständnis füreinander – im diplomatischen Dienst, in der persönlichen Beziehungspflege und in allen anderen Bereichen. Diese Gesprächsform beugt Konflikten vor und fördert die Gesundheit und Entwicklung der Gesellschaft.

Wenn Menschen lernen, ein solches Stimmigkeitsgefühl aufzubauen und wahrzunehmen, werden sie nicht nur gesünder und zufriedener unterwegs sein, sondern auch mehr Verantwortung übernehmen. Sie können Vorbild sein für ihre Familien, Freunde und Bekannte. Ihre eigene gesunde Art, mit sich selbst umzugehen, bildet die Basis ihrer salutogenen Führungskompetenz. Diese Führung ist keine Technik, die man anwendet, sondern eine Lebenseinstellung. Sie wird in der heutigen schnelllebigen Zeit immer wichtiger. Wir brauchen Führungspersönlichkeiten, die in Unternehmen, in Behörden, in Schulen und Universitäten die Gesundheit der Mitarbeiter, Kollegen, Schüler und Studenten fördern. Wir brauchen Führungspersönlichkeiten in den Parteien und in der Regierung, die gut in sich verortet sind und Verantwortung für ihre Entscheidungen übernehmen – nicht um die nächste Wahl zu gewinnen, sondern um die Werte unserer Gesellschaft glaubhaft darzustellen und weitertragen zu können.

Drei Learnings für die Gesundheitswirtschaft

1. Förderung von **ganzheitlichen Vorsorge-Programmen**, die sich nicht nur auf die Körperebene beziehen wie zum Beispiel Ernährungsberatung, Rückenschule, Entspannungstraining, sondern alle Ebenen der Gesundheit berücksichtigen.
2. **Salutogene Führungskompetenz** als Basisprogramm in den Präventionstopf der Krankenkassen aufnehmen (auf der individuellen Ebene) und als fester Bestandteil

der Personalentwicklung in Firmen, Behörden und Ausbildungsstätten fördern (auf der geschäftlichen Ebene).

3. Kurse in **salutogener Kommunikation** in Schulen und Universitäten anbieten und als Präventionskurs in das Angebot der Krankenkassen aufnehmen.

Literatur

Antonovsky, A. (1997). *Salutogenese – Zur Entmystifizierung der Gesundheit* (S. 36). Tübingen.

Europäische Kommission (2015). *Erhebung durch TNS Infratest, zitiert nach: de.statista.com: Welche der folgenden politischen und sozialen Werte sind für Sie persönlich am wichtigsten?*

Rosenberg, M. (2004). *Konflikte lösen durch Gewaltfreie Kommunikation* (S. 32). Freiburg.

Simmel, G. (1908). *Soziologie – Untersuchungen über die Form der Vergesellschaftung* (S. 263). Berlin.

Tanja Rosenbaum war 18 Jahre lang Angehörige des diplomatischen Dienstes und Nachwuchsführungskraft bei einem großen deutschen Automobilhersteller. Seit zehn Jahren begleitet sie Gesundungs- und Entwicklungsprozesse in eigener Praxis als Heilpraktikerin und Coach. Ihr Schwerpunkt ist der Ausbau der Salutogenen Führungskompetenz in Unternehmen, Behörden, Regierungen und internationalen Organisationen.

Was kann die Gesundheitswirtschaft von der Sprachwissenschaft lernen?

Mit neuer Sprachstruktur aktiv und präzise gestalten

12

Zenobia Frosch

Zusammenfassung

Sprache ist im menschlichen Leben und Handeln allgegenwärtig. Wir leben in einem Informations- und Kommunikationszeitalter. Entscheidend ist für den Empfänger von Informationen, wichtige von unwichtigen Informationen zu trennen und diese dann aufzunehmen. Das Filtern von Informationen ist zu einer zunehmend anspruchsvollen Aufgabe geworden. Dennoch – gehen viele wertvolle Informationen durch Fehler in der Kommunikation verloren. Der erfolgreiche Transport von Informationen kann durch Sprache und ihrer Struktur ermöglicht werden.

Professionalität in Sprache und Kommunikation zählen zu den wichtigen Kompetenzen im beruflichen Alltag der Akteure. Klarheit, Präsenz und Wertschätzung in der kommunikativen Interaktion gewinnt zunehmend an Bedeutung. In definierter Zeit, klar und strukturiert, die wesentlichen Informationen für den Hörer zu gestalten, ist eine hohe Kunst. Sie erfordert eine hohe Sprachkompetenz, Erfahrung sowie Übung.

Die wirtschaftlichen und organisationalen Vorgaben, Aspekte der Medizinethik und der Pflege sowie die Zeit, sind Anforderungen in der Gesundheitswirtschaft. Diese Anforderungen stehen in Wechselwirkung zur Haltung und der Sprachkultur der Akteure im Gesundheitswesen. Denn – Sprache transportiert eine eigene Botschaft. In diesem Beitrag wird die Struktur der Sprache und Kommunikation beleuchtet. Die Elemente werden anhand von Praxisbeispielen aufgezeigt. Sie bieten die Möglichkeit, die eigene Wertehaltung im Kontext der eigenen Sprachstruktur zu reflektieren. Mit der Entwicklung des Sprachbewusstseins wird Sprachkompetenz aufgebaut.

Z. Frosch (✉)
73265 Dettingen/Teck, Deutschland
E-Mail: zenfro31@t-online.de

© Springer Fachmedien Wiesbaden 2017
D. Matusiewicz und M. Muhrer-Schwaiger (Hrsg.), *Neuvermessung der Gesundheitswirtschaft*, FOM-Edition, DOI 10.1007/978-3-658-12519-6_12

12.1   Hintergrund

... wir müssen die Geschütze in Position bringen, dann werden wir in vorderster Front sein.
Wir werden das Gefecht gewinnen.

Diese und ähnliche Zitate kennen wir. In vielen Gesprächsgremien ist dies eine oft genutzte Sprache. Parallel hierzu unterhält *man* sich über Kulturentwicklung und Wertehaltung. *Man* beklagt sich über mangelnde Umsetzung von Projekten. Danach wundert *man* sich, warum die Zeitschiene vieler Projekte zu gering erscheint. Da müsste *man* mal etwas tun.

Unsere Sprache in Deutschland ist von unserer historischen Entwicklung geprägt, so zeigt das Beispiel, unsere Kriegssprache. Eine der Ideologien des Nationalsozialismus war die Volksgemeinschaft. In ihr war der Einzelne nichts, das gesamte Volk wurde als Eines betrachtet. Die Individualität des Führers galt. Wundert es hier, dass in unserem Sprachgebrauch das Wort „man" häufig genutzt wird. Wer ist „*man*" in dem aufgeführten Beispiel? Wer müsste etwas tun? Und, was ist *etwas*? Wir sprechen und gewinnen den Eindruck, die Information kommt nicht an?

Die Sprachwissenschaft insbesondere die Pragmatik und die Neurowissenschaft bestätigen, dass unsere Worte und Gedanken wirken. Wie also wirkt „*man*"? *Man* ist nicht konkret. „Man" verliert sich im Nirwana des Irgendwer und Irgendwas. Übrigens – Nirwana bedeutet in seiner Etymologie erlöschen, verwehen. Sprache besitzt Kraft und Wirkung. Jene Sprache, die wir sprechen, stärkt oder schwächt. Sie ist ein wichtiges Mittel, mit welchem wir Informationen übermitteln. Die gewohnte und bekannte Ausdrucksweise erhält alte Denk- und Verhaltensmuster aufrecht.

12.2   Sprachwissenschaft – Was ist Sprache?
Ein Exkurs in die Linguistik

Sprache verknüpft zwei Arten von Fähigkeiten. Die Produktion und Wahrnehmung von Lauten und Gebärden. Sie werden zeitlich und linear wahrgenommen. Mit Sprache sind auch begriffliche Vorstellungen, Repräsentationen sowie Intentionen gemeint. Sie sind in sich hierarchisch komplex. Es gibt kleinste Elemente wie Lexikoneinheiten, Morpheme, in denen eine lautliche Form mit einer Bedeutung gepaart ist. Aus den kleinsten Elementen können regelmäßig und produktiv komplexe Äußerungen gebildet werden. Je nach der Zusammensetzung ergeben sich komplexe Bedeutungen (Kompositionalitäten). Das System der Sprachregeln ist rekursiv (auf das Ergebnis wieder anwendbar). Sprachlernfähigkeit ermöglicht den Erwerb jeder beliebigen Einzelsprache.

Daraus lassen sich die folgenden Eigenschaften ableiten:

Symmetrie
Sprache ist ein sprecher-hörer-symmetrisches System. Jeder nimmt gleichzeitig die Rolle von Sprecher und Hörer ein. Dabei kann und muss in jeder der beiden Rollen Wesentliches zum Gelingen der Kommunikation beitragen.

Off-Line-Verarbeitung
Nicht präsent bedeutet: die Kommunikation von Inhalten aus Erinnerungen und zukunfts-bezogenen Einstellungen. Nicht präsente Situationen werden in Äußerungen gesprochen. „Off-Line" umfasst indexikalische, ikonische und symbolische Anteile. Im weiten Sinne gehören inhaltliche Gesichtspunkte zur Semantik. Referenz, die kognitive Verankerung in einem Gegenstandsbereich und Prädikation, die Einordnung des Referenten in ein kogni-tives Schema, die beiden zentralen Funktionen.

Diskretheit
Eine Änderung der Bedeutung kann durch minimale Lautänderungen und entsprechend auch gestische Änderungen erfolgen.

Grundsätzliche Prinzipien
Doppelte Artikulation: Die minimalen Lautelemente sind bedeutungslos, nur größere Ele-mente tragen Bedeutung.

Dualität
Phoneme/Lautsegmente bestehen aus mehreren gleichzeitigen diskreten Bewegungsab-läufen im Mund. Bedeutung haben Lautverkettungen (Morpheme).

12.3 Learnings für die Gesundheitswirtschaft

Wie kommunizieren wir? Klar – zentriert oder schlaff und ausschweifend? Individuelle Speicherungen schwingen bei der Kommunikation immer mit. Sie wirken sowohl auf den Angesprochenen als auch auf den Sprecher selbst. Sprache kann uns Kraft rauben und Sprache kann uns auch aufbauen. Wir können wählen, mit welcher Sprache wir sprechen. Ein erster Schritt ist es, nicht nur auf den Inhalt, sondern auch auf die Form dessen zu achten, was wir sagen. Damit reflektieren wir unser Sprachbewusstsein und wir blicken auf unsere Wertehaltung. Im zweiten und nächsten Schritt können wir unsere Sprache wandeln. Wandeln wir Sprache, so werden alte Sprachmuster neu orientiert. Das in diesem Beitrag dargelegte Sprach- und Kommunikationskonzept nach LINGVA ETERNA basiert auf drei wesentlichen Säulen: Präsenz – Klarheit – und Wertschätzung.

Präsenz

Präsenz steht für die Persönlichkeit des Sprechers und für seine Ausstrahlung. Präsenz ist die bewusste Darstellung der Persönlichkeit und Ausstrahlung des Sprechers nach außen. Im täglichen Miteinander, in Sitzungen und zahlreichen Gesprächen werden zwar Informationen ausgetauscht, doch gehen diese häufig am Angesprochenen vorbei. Der Angesprochene ist mit seiner Aufmerksamkeit in seinem eigenen Denken und Handeln. Oft wird dies mit Ignoranz des Gesprächspartners beurteilt. Jedoch – wurde es versäumt eine direkte Kontaktaufnahme zum Gesprächspartner herzustellen und dann das Anliegen anzusprechen.

Klarheit

Klarheit meint die Klarheit der Sprache, damit verbunden die Klarheit der Botschaft. Es geht dabei um eine achtsame und bewusste Wortwahl und um Kongruenz (von Stockert 2012). Sage ich das, was ich meine? Wie spreche ich – welche Sprache nutze ich? Formuliere ich klar und prägnant? Worte werden häufig bewusst und unbewusst eingesetzt, um im Gegenüber eine bestimmte Reaktion zu erzeugen; darüber hinaus spiegeln sie unser Denken wider und geben gleichzeitig Aufschluss über die innere Haltung. Menschen, gleich welchen Alters, verfügen über „feine Antennen", sie nehmen neben den Worten und dem Tonfall auch die Zeilen zwischen dem Gesagten wahr. Unbewusst prüfen sie, ob die Aussage wahrhaftig so gemeint ist oder ob es nur ein Versuch ist, mit schönen Worten zu manipulieren.

Wertschätzung

Wertschätzung bedeutet die grundlegende wertschätzende Einstellung zu jedem Menschen und der Welt, in der wir leben. Die innere Haltung ist der zentrale Erfolgsfaktor für den Aufbau einer wertschätzenden, bereichernden Beziehung – zu sich selbst und zu anderen. Die Qualität des Dialogs nach innen und nach außen basiert auf ihr. In der inneren Haltung spiegeln sich das Selbst- und Weltbild und die persönlichen Werte wider. Wofür stehe ich? Was zeichnet mich aus? Was motiviert mich? Stimmen innere Haltung und äußeres Handeln überein? Wirkt der Mensch authentisch, lebendig, glaubwürdig, verbindlich, . . . ? Andernfalls würde er unsicher, unglaubwürdig, nicht wirklich überzeugend wirken.

12.3.1 Der erste Schritt – die Förderung des Sprachbewusstseins

Es gibt in unserer Sprache drei Satztypen: Aussagesätze, Aufforderungssätze und Fragesätze. Sie wirken unterschiedlich.

> Meine Sekretärin, Frau Meier, bringt die Unterlagen in mein Büro.

Dies ist ein Aussagesatz. Mit Aussagesätzen werden Begebenheiten und Sachverhalte beschrieben. Sie geben Informationen weiter. Bei Aussagesätzen wird am Ende des Satzes die Stimme gesenkt.

Als Aufforderungssatz klingt die Formulierung so:

Frau Meier, bitte bringen Sie die Unterlagen in mein Büro!

Das Ausrufezeichen steht am Satzende. Die Stimme klingt bestimmt. Die Satzmelodie geht dabei am Ende leicht herunter.
Der Fragesatz zeigt mehrere Varianten.

1. „Frau Meier, bringen Sie die Unterlagen in mein Büro?"
2. Bringt Frau Meier die Unterlagen ins Büro?

Das Fragezeichen steht am Ende des Fragesatzes. Die Stimme bleibt am Satzende oben. Im allgemeinen Sprachgebrauch gibt es ein weitgehendes Durcheinander dieser Satztypen. Fragen, Aussagen und Aufforderungen sind bunt gemischt. Die Satzmelodie und der Satzbau widersprechen dann der inhaltlichen Intension.
Wenn der Gast im Café beispielsweise sagt: „Würden Sie mir bitte ein Stück Kuchen bringen?" Dann ist dies eine Frage. Jedoch hat der Gast eine Aufforderung im Sinn. Er will ein Stück Kuchen essen. In der Sprachwandlung bestellt der Gast mit einem freundlichen Aufforderungssatz: „Bitte bringen Sie mir ein Stück Apfelkuchen." Er ist damit wertschätzend, klar und präzise.

▶ 1. Klären Sie, was soll geschehen. Was will ich sagen.
    2. Wählen Sie die richtige Satzform. Welcher Satztyp passt für welches Anliegen: Frage, Aussage oder Aufforderung?

12.3.2   Der zweite Schritt – Die Wandlung der Sprachmuster

Die Aufnahme eines Patienten in einer Patientenaufnahme. Vor der Tür warten noch drei Patienten mit ihren Angehörigen. Der zukünftige Patient und sein Angehöriger sitzen vor dem Sachbearbeiter in der Patientenaufnahme.
    „Ich habe hier den Behandlungsvertrag. In der Mappe, die Sie gleich bekommen, ist ein Beschwerdebogen, bitte füllen Sie den am Ende des stationären Aufenthaltes aus. Sie bekommen jetzt gleich auch noch ein Patientenarmband, damit wir Sie identifizieren können. Welchen Status haben Sie? Ach so, ja, in der Mappe ist die Menükarte, damit können Sie das Essen auswählen. Haben Sie noch Fragen?"
    Auf der Station wird eine Mitarbeiterin vom Patienten und dem Angehörigen angesprochen, ob sie nochmals erklären könne, warum er kein Ein-Bett-Zimmer bekommen hätte. Warum er jetzt schon einen Beschwerdebogen ausfüllen soll. Ob es keine Menüassistenten in dieser Klinik gäbe. Und – ob sie ihm sagen könne, wann er bezahlen müsse.

Die Analyse dieser Situation zeigt ein buntes Bild. Kennen Sie es? Begrenzte Zeit und wichtige Informationen, welche unbedingt weitergegeben werden müssen. Und dann die Klienten, Patienten oder Kunden, welche Informationen brauchen, damit ihre Fragen beantwortet werden. Ihre Rückmeldungen lauten oft „ich fühle mich abgefertigt, ich bin doch nur eine Nummer, ich wurde nicht verstanden." Viele Elemente prägen dieses Sprachbild. Welche Optionen bietet Sprache und Kommunikation für diese Situation?

12.3.2.1 Aufmerksamkeit – die drei A

Menschen reden häufig einfach los, ohne erst bewusst den Kontakt mit dem Gesprächspartner herzustellen. Sie sprechen ihn nicht mit seinem Namen an. Es ist klar, dass der Gesprächspartner sich dann nicht angesprochen fühlt und folglich nicht aktiv hinhört. Es ist einfach, die Aufmerksamkeit des Gesprächspartners zu gewinnen. Hierfür gibt es die Methode der drei A.

Das erste A steht für Ansprechen,

das zweite A steht für Anschauen,

das dritte A für einen Atemzug, bevor die eigentliche Aussage, Bitte oder Frage kommt.

> Ansprechen mit Namen – Herr Müller
>
> Anschauen – Blick zu Herrn Müller
>
> Atemzug
>
> Aussage – ich werde Ihnen jetzt Informationen zu Ihrer stationären Aufnahme geben

Mit den drei A wird die Präsenz des Sprechers gefördert. Gleichzeitig wird dem Gesprächspartner Aufmerksamkeit geschenkt. Das ist wertschätzend.

▶ Wie erreichen Sie Ihren Gesprächspartner?
  Sprechen Sie ihn mit Namen an? Geben Sie ihm die Chance anzukommen?

  A – Ansprechen mit Namen

  A – Anschauen

  A – Atemzug

12.3.2.2 Auf den Punkt kommen

Es ist das Reden ohne Punkt und Komma. Der Redner transportiert seine Informationen ohne Pause. Erst nach der Informationswelle kommt er erschöpft zu Atem. Die Gesprächspartner sind immer noch beschäftigt, die Informationen zu verarbeiten.

Damit der Gesprächspartner den Informationen folgen kann, gibt es eine einfache Lösung. Es sind kurze Sätze. Sätze mit einem Punkt am Satzende und einer kurzen Pause. In dieser Pause kann der Gesprächspartner den Inhalt aufnehmen und sich ein eigenes Bild davon machen. Der Angesprochene wird gerne hinhören, denn die Botschaft des Senders kommt bei ihm an. Dem Angesprochenen wird Zeit gegeben, sich seine eigenen Gedanken zu machen.

Die Sprachmelodie der kurzen Sätze beginnt unten. Sie macht im Verlauf des Satzes einen Bogen nach oben und kehrt dann wieder in die tiefe Stimmenlage zurück. Die Stimme beschreibt einen Bogen. Diese Art der Satzmelodie heißt Bogensatz. Danach kommt der Punkt. Der nächste Satz beginnt nach einer kurzen Pause.

Achten wir auf kurze Sätze und eine angenehme Sprachmelodie, sind wir klar in unserer Aussage. Der Gesprächspartner wird dem Gespräch gerne folgen, denn er hat jetzt die Zeit, die Informationen zu verarbeiten.

12.3.2.3 Die richtige Reihenfolge

Das Beispiel spiegelt noch einen anderen Aspekt wider. Es ist die Reihenfolge der Informationen. Im Beispiel springt der Sprecher von einer Information zur anderen.

Als Analogie betrachten wir das Überqueren eines kleinen Flusses. Es gibt die Möglichkeit, spontan von einem Stein zum anderen zu springen, irgendwie wird das Ufer auf der anderen Seite schon erreicht werden. Loshüpfen ohne Plan, ich springe und hüpfe, das Ufer ist nah, doch plötzlich endet der Weg. Ich muss umdrehen. Eine andere Alternative ist, bevor ich den Fluss überquere, mir Gedanken zu machen, wie komme ich sicher und direkt an das andere Ufer. Wo liegen die einzelnen Steine, welche ich auf meinem Weg nutzen will. Welche Reihenfolge wähle ich. (von Scheurl-Defersdorf 2013)

Bogensätze haben eine ordnende und klärende Wirkung auf den Sprecher selbst. Der Sprecher gibt mit seiner Art zu sprechen das Signal, dass bei ihm alle Handlungen eine Struktur, also einen Anfang, eine Mitte und ein Ende haben. Erst nach einem Innehalten beginnt er mit einer neuen Handlung. So hat er alle Kraft und Aufmerksamkeit dort, wo im Moment sein Augenmerk liegt. Die Gesprächsinhalte werden für den Gesprächspartner sinnkonform. Die Sinnkonformität ist ein wesentlicher Aspekt für die Klarheit der Sprache. Im Folgenden die Fortführung des gewandelten Gesprächsbeginns nach den drei A.

„Für den Behandlungsvertrag brauche ich Informationen. Ich bitte Sie, mir jetzt meine Fragen zu beantworten."

„Bitte sagen Sie mir, wie Ihr Versichertenstatus ist?" – *Pause – Antwort Patient*

„Sie sind Wahlleistungspatient." *Pause* „Welche Leistung wollen Sie bei uns in Anspruch nehmen?" – *Pause – Antwort Patient.*

„Ich gebe Ihnen jetzt den Behandlungsvertrag. Bitte lesen Sie den Vertrag jetzt durch. Ich bitte Sie den Vertrag dann an dieser Stelle" – *Platz aufzeigen* – „zu unterschreiben." – *Pause* – „Ich danke Ihnen."

„Dann bekommen Sie die Patienteninformationsmappe." – *Pause* –

„Ich will Sie auf zwei wichtige Inhalte hinweisen." – *Pause* –

„Das Erste ist unser Rückmeldebogen für unser Beschwerdemanagement." – *Pause* – „Uns ist es wichtig, Ihre Rückmeldung zu Ihrem stationären Aufenthalt zu bekommen." – *Pause* – „Gerne dürfen Sie den Bogen ausfüllen." – *Pause* – „Geben Sie ihn am Ende Ihres stationären Aufenthalts beim Pflegepersonal Ihrer Station ab."

„In dieser Mappe befindet sich die Menükarte." – *Pause* – „Das Essen wird bei uns vom Menüassistenten aufgenommen." – *Pause* – „Die Menükarte ist für Sie eine Übersicht." – *Pause* – „Sie erkennen darauf welche Optionen für die Mahlzeiten möglich sind." – *Pause* –

„Zum Abschluss bekommen Sie nun das Patientenarmband." – *Pause* – „Es dient dazu, Sie an den verschiedenen Orten im Haus richtig zu identifizieren." – *Pause* – „Das Armband

bringe ich an Ihrem Arm an." – *Pause* – „Bitte geben Sie mir den Arm, an welchem ich das Armband anbringen soll."– *Pause* –
„Ich wünsche Ihnen einen guten Aufenthalt."

▶   Betrachten Sie Ihre E-Mails.
    Wie lange sind Ihre Sätze? Oder machen Sie bereits kurze Sätze?
    Ist die Reihenfolge der Informationen logisch und sinnkonform?
    Wie sind die Rückmeldungen zu Ihren E-Mails? Sind sie verständlich?

12.3.2.4   Der Konjunktiv

„Ich würde jetzt gern mit der Arbeitsgruppe beginnen." Oder „Soll ich mit der Sitzung starten?" ...
  Wann beginnt eine Sitzung? Die Teilnehmer der Sitzung rauschen hektisch zur Sitzung. Ihr Beginn ist auf 14.00 Uhr definiert. Die Plätze füllen sich, doch zwei Teilnehmer fehlen. Die Teilnehmer sind in Gesprächen mit ihren Sitznachbarn vertieft. Erst durch deutliches Räuspern oder mit dem beliebten „mit dem Löffel an die Kaffeetasse klopfen" muss der Sitzungsleiter Präsenz schaffen. ... Noch immer reden einige der Sitzungsteilnehmer. Erst durch mehrmaliges Wiederholen wird die Geräuschkulisse leiser. Die Teilnehmer blicken suchend zum Leiter. Die Sitzungsteilnehmer wissen nicht, was sein wird.

Die Analyse dieser Situation zeigt, es gibt keinen pünktlichen Start der Sitzung. Der Sitzungsleiter braucht mehrere Versuche, um die Aufmerksamkeit der Teilnehmer zu gewinnen. Eine Konsequenz wird sich daraus entwickeln, mit dem unpünktlichen Beginn wird der geplante Zeitrahmen nicht beachtet. Die Sitzung wird den zeitlichen Rahmen überschreiten. Haben die Teilnehmer Folgetermine, werden einzelne Teilnehmer in der Zeitüberschreitung aufstehen und zu ihren anderen Terminen hetzen. Sie werden damit unter Druck kommen. Zeit ist ein wertvolles Gut. Der pünktliche Beginn und das pünktliche Ende einer Sitzung sind Grundlagen in der wertschätzenden Zusammenarbeit mit Menschen.

Die in diesem Beispiel genutzte Grammatik ist der Konjunktiv. Der Konjunktiv ist die Unwirklichkeitsform. Die Begriffe „sollen, können, würden" zeigen Absichten auf, deren Umsetzung fraglich ist. Sie lassen den Hörer im Ungewissen. In diesem Beispiel wissen die Sitzungsteilnehmer nicht, was sein wird. Dies führt zu Unsicherheit und Demotivation. Je klarer und konkreter die Aussage ist, umso ergiebiger werden Ergebnisse sein. Welche Option bietet Sprache für diese Situation? Der Sitzungsleiter spricht mit dem Indikativ. Er beginnt um 14.00 Uhr.

Es ist 14.00 Uhr. Ich beginne mit unserer Arbeitsgruppe. Ich danke Ihnen für Ihr Kommen.

Diese Aussage gibt für die anwesenden Teilnehmer mehrere wichtige und konkrete Informationen.

1. 14.00 Uhr ist Sitzungsbeginn. Damit signalisiert der Sitzungsleiter Pünktlichkeit.
2. Die Pünktlichkeit zeigt Wertschätzung für die Sitzungsteilnehmer. Sie können davon ausgehen, dass er somit auch pünktlich endet.
3. Der Sitzungsbeginn – die Sitzung startet – damit setzt er das Zeichen für den Arbeitsbeginn, er gewinnt damit die Aufmerksamkeit der Teilnehmer.

▶   **Übung** Beobachten Sie Ihre Sprache? Wo nutzen Sie den Konjunktiv? Formulieren Sie die Konjunktivsätze in konkrete Aussagesätze um.
   „Ich sollte Herrn Maier anrufen."
   Wandlung: „Ich werde Herrn Maier am Montag anrufen."
   „Ich werde am Montag klären, ob das Telefonat mit Herrn Maier erforderlich sein wird."

12.4   Zusammenfassung und Ausblick

Unsere Sprache in Beruf und Alltag ist voll von Worten und Redewendungen, die das Miteinander erschweren. Misserfolg, Streit, Gewalt, Geldmangel und Krankheit beeinflussen unsere Haltung und unser Sprechen. Mit der gewohnten Ausdrucksweise halten sich alte Denk- und Verhaltensmuster aufrecht. Bereits eine kleine, gezielte Änderung der Wortwahl oder des Satzbaus hat eine ungeahnte und nachhaltige Wirkung auf das Denken, Fühlen und Handeln und eröffnet neue Handlungsspielräume.

Die kontinuierlichen Entwicklungen in der Gesundheitswirtschaft wirken auf ihre Akteure. Der Umgang mit diesen neuen Ansätzen ist für die Akteure oft eine große Herausforderung. Eine Orientierung dazu können wir in der Sprache finden. Sprache schafft Wirklichkeit, denn jedes Wort wirkt. Jeder einzelne Akteur hat die Möglichkeit und die Verantwortung, aktiv Neues zu gestalten. Jeder Akteur schafft und formt mit seiner Sprache die Wirklichkeit in seinem Metier in der Gesundheitswirtschaft.

Die Chancen, Innovation und Wandel in der Gesundheitswirtschaft durch Sprache zu unterstützen, sind zahlreich Wie kommunizieren wir in unseren Unternehmen? Befinden wir uns im Krieg, wenn wir in Besprechungen die Geschütze in Position bringen müssen? In diesem Beitrag wurden Beispiele der aktiven Sprache in der direkten Kommunikation aufgezeigt. Jedoch – der Einsatz von Sprache ist multimedial. Sprache kann im Schriftverkehr angewandt werden. Internet, E-Mails, WhatsApp sind in der heutigen Zeit die genutzten Medien. Sind wir uns bewusst, welches Sprachmuster wir in diesen Medien anwenden? Weiß der andere tatsächlich, was wir wollen? Sind wir wertschätzend? Sind wir uns dessen überhaupt bewusst?

Qualitätssicherung und Risikomanagement werden immer mehr zu elementaren Themen in der Gesundheitswirtschaft. Die Flut an Verfahrens-, Dienst- und Arbeitsanweisungen rollt über die Human Ressource der Unternehmen der Gesundheitswirtschaft hinweg. Erfassen die Mitarbeiter die Inhalte dieser Dokumente? Wie klar und präzise sind diese in ihrer Sprache? Oder – ist Papier doch nur geduldig? Wie sprechen wir in Konflikten?

Wie kommunizieren wir in unseren Bildungsbereichen der Gesundheitswirtschaft? Bereits Schüler der Gesundheits- und Krankenpflege sind geprägt von einem „Ich muss noch schnell den Patienten in Zimmer 4 fertigmachen, dann komme ich, wenn ich Zeit habe zu Ihnen?" Kann es uns da noch wundern, dass die Patientenzufriedenheit einen absteigenden Trend signalisiert. Welche Erleichterung wäre es für den Patienten, die gewandelte Form wahrzunehmen: „Ich bin gerade bei Frau Müller. Danach werde ich zu Ihnen kommen." Klar, präzise und wertschätzend mit dem Patienten in Kontakt kommen.

Ein gutes Gespräch, eine konstruktive Kritik, ein produktiver Streit. Kommunikation ist ein wichtiger Bestandteil unseres Lebens. Wohltuende Worte bewirken viel. Der bewusste Umgang mit Sprache erleichtert vieles. Eine klare wertschätzende Ausdrucksweise fördert einen friedvollen und von Achtung getragenen Umgang und fördert das Wohlbefinden der Menschen. Bereits scheinbar kleine Änderungen erreichen ein gutes Miteinander und Klarheit in der Kommunikation.

Sprache schafft in jedem Bereich Realität.

Drei Appelle dazu:

► 1. Klarheit.
   Die Klarheit der sprachlichen Botschaft. Sie ist sinnkonform, krisensicher und widerspruchsfrei.
2. Wertschätzung.
   Die wertschätzende Grundhaltung und Achtung als substanzielles Element in der Gesundheitswirtschaft.
3. Präsenz.
   Das Verständnis der Eigenverantwortung der Akteure, die Bewusstheit der eigenen Wertehaltung und damit verbunden die Bereitschaft lösungsorientiert zu handeln.

Literatur

von Scheurl-Defersdorf, M. (2013). *In der Sprache liegt die Kraft: Klar reden, besser leben.* Freiburg: Herder.

von Stockert, T. (2012). *Meine Sprache und ich: Mit Sprachstruktur Persönlichkeit entwickeln.* Erlangen: Lingva Eterna Verlag.

Dr. Zenobia Frosch ist seit 16 Jahren als Pflegedirektorin im Pflegemanagement deutscher Krankenhäuser tätig. Ihren Ursprung hat sie in der Krankenpflege. Sie ist QM-Managerin und EFQM-Assessorin. Sie studierte Krankenhausbetriebswirtschaft und qualifizierte sich im Pflegemanagement. Dr. Frosch befasste sich mit Theologie, Spiritualität und Führung an der PTH Vallendar. An der FH in Ludwigshafen studierte sie Mediation. Sie promovierte an der Ruprecht-Karls-Universität in Heidelberg zum Dr. phil. Sie ist Fachdozentin und Coach für das Lingva Eterna Sprach- und Kommunikationskonzept. Dr. Frosch ist Autorin von Beiträgen in Fachzeitschriften. Sie lehrt als freie Dozentin mit dem Schwerpunkt Gesundheits- und Sozial- insbesondere Pflegemanagement an der Hochschule Hof sowie an der Fachhochschule für Ökonomie und Management in Stuttgart. Dr. Frosch moderiert Klausurtage und begleitet Konzeptionsentwicklungen. Sie führt Sprachseminare und Coachings durch.

Was kann die Gesundheitswirtschaft von der Digital- und Kreativwirtschaft lernen?

13

Nadia Zaboura

Zusammenfassung

Die Zeichen stehen gut für die Gesundheitswirtschaft, diesen riesigen und stetig wachsenden Markt: Rund 279 Mrd. € Bruttowertschöpfung generierte die Gesundheitswirtschaft im Jahr 2014 – und das allein in Deutschland. Doch parallel zum ökonomischen Erfolg sucht und forscht diese Branche nach zeitgemäßen Produkten, nach digitalen Innovationen wie kaum eine andere. Entlang der gesamten Wertschöpfungskette profitiert der Gesundheitsmarkt von der engen Zusammenarbeit mit der Digital- und Kreativwirtschaft, in Disziplinen wie Architektur, Design oder Games. Anhand verschiedener Best Practices diskutiert dieser Beitrag, wie die branchenübergreifende Kooperation sich erfolgreich gestalten lässt, welchen Chancen und Herausforderungen – extern wie systemimmanent – sich beide Industrien stellen müssen und wie sich nicht zuletzt trotz der unterschiedlichen ökonomischen Strukturen stabile, nachhaltige Brücken zwischen den Branchen entwickeln lassen.

13.1 Hintergrund

Seit 2009 veröffentlicht der Trendforscher Peter Wippermann den „Werte-Index". Jahr für Jahr erhebt er dafür mit TNS Infratest eine Vielzahl digitaler Nutzer-Beiträge auf deutschen Internetseiten und wertet sie nach grundlegenden gesellschaftlichen Werten aus – für den aktuellen Index 2016 waren das allein 5,7 Mio. Beiträge (Wippermann et al. 2015).

Gesundheit. Das ist der Wert, der seit 2014 an der Spitze dieses Index steht, also seit zwei Jahren das Siegertreppchen dominiert. Die deutsche Bevölkerung gliedert sich damit nahtlos in den globalen Wertekanon und den weltumfassenden Megatrend Gesundheit ein.

N. Zaboura (✉)
50672 Köln, Deutschland
E-Mail: contact@zaboura.de

© Springer Fachmedien Wiesbaden 2017
D. Matusiewicz und M. Muhrer-Schwaiger (Hrsg.), *Neuvermessung der Gesundheitswirtschaft*, FOM-Edition, DOI 10.1007/978-3-658-12519-6_13

Denn nichts ist der Menschheit wichtiger als die Abwesenheit von Krankheit: Von der Geburt bis zum Sterbebett ist die persönliche Gesundheit das höchste Gut.

Kombiniert mit dem zweitwichtigsten Wert – der Freiheit – lässt sich das Bild um eine weitere Dimension ergänzen: Der heutige Mensch ist nicht nur gesundheitsbedacht, er ist zusätzlich ein selbst-bewusster und selbst-wirksamer Bürger. So informiert er sich selbst zunehmend über Möglichkeiten, sich aktiv gesund zu erhalten und diskutiert über Diagnosen, Befunde, Behandlungen. Dabei stehen Institutionen des Gesundheitswesen in zunehmender Konkurrenz mit anderen Menschen und Informationsquellen, die bei Internetnutzern ein steigendes Vertrauen genießen.

Für diese Entwicklungen ist maßgeblich auch die Digitalisierung verantwortlich: Selbsthilfeportale ermöglichen den Echtzeit-Austausch zwischen Erkrankten, Sport- und Rehabilitationskurse werden live ins heimische Wohnzimmer gestreamt und branchenfremde Experten entwickeln neue Gesundheitsprodukte auf Wunsch und Bezahlung von Web-Communities.

Die Kreativität und die Geschwindigkeit, mit der diese neuen Lösungen entstehen, sind atemberaubend. Nur das Gesundheitswesen in Gänze reagiert meist noch verhalten auf neue kreative Ideen und digitale Services – abgesehen von der eigenen Klinik-Webseite oder moderner Praxis-Software.

Dabei steht die Gesundheitswirtschaft vor mächtigen Herausforderungen. Es bedarf neuer Strategien hinsichtlich alternden Gesellschaften, der zunehmenden Diagnostizierung psychischer Erkrankungen oder der ärztlichen Versorgung des ländlichen Raums. An der Zusammenarbeit mit kreativen und digitalen Köpfen kommen Akteure aus dem Gesundheitswesen kaum noch vorbei, wenn sie pragmatische Antworten auf diese Herausforderungen finden und damit wettbewerbsfähig bleiben wollen.

Unter dieser Prämisse betrachtet und diskutiert dieser Beitrag, welches Innovationspotenzial und welche Erneuerungskraft durch eine Zusammenarbeit freigesetzt werden können. Dafür werfen wir zunächst einen kompakten Blick auf die beiden Märkte, ihre Wertschöpfung und ihre Eigenheiten.

13.2 Die Kreativ- und Digitalindustrie im Gesamtkontext

Aktuelle Zahlen belegen: Sowohl die Gesundheits- als auch die Kreativ- und Digitalindustrie sind Wachstumstreiber – jedoch unter unterschiedlichen Aspekten. Die Gesundheitswirtschaft mit einer absoluten Bruttowertschöpfung von rund 279 Mrd. € (2014) (BASYS et al. 2015) stellt sich als ein dezentraler, prozessorientierter und in seinen Segmenten oft hierarchischer Markt mit Partikularinteressen dar, kurz: als großes Netzwerk mit eigenständigen Branchenakteuren. Im Jahr 2014 wurde rund jeder neunte Euro der gesamtwirtschaftlichen Bruttowertschöpfung Deutschlands in der Gesundheitsbranche erwirtschaftet. Auch die Beschäftigungsintensität sucht ihresgleichen: Rund 6,2 Mio. Menschen waren 2014 in der Gesundheitswirtschaft tätig – das entspricht rund jedem siebten deutschen Erwerbstätigen.

Da Erhebungen zur Kreativ- und Digitalwirtschaft oft nicht trennscharf sind, wird an dieser Stelle zur einfacheren Vergleichbarkeit die Kreativindustrie zur ökonomischen Gegenüberstellung herangezogen. Qua wirtschaftlicher Struktur ist sie kleinteiliger, dynamischer und besticht durch Veränderungs- und Innovationsfreude, kurz: ein wendiges, flinkes Boot. Bis vor einigen Jahren war die Kreativwirtschaft noch chronisch unterschätzt. Doch das Image der „Oberflächenverschönerer" hat sich grundlegend gewandelt: Heute sind kreative Unternehmer als maßgebliche Innovatoren und Treiber neuer Geschäftsmodelle bekannt und gefragt.

Diese Wertschätzung korrespondiert mit der rasanten Entwicklung der Branche, die sich seit Ende der 80er-Jahre zu einem der dynamischsten Wirtschaftszweige entwickelt hat, und das weltweit. In Deutschland erzielte die Kreativindustrie einen Umsatz von rund 146 Mrd. € (ZEW und Fraunhofer ISI 2015). Die Bruttowertschöpfung betrug 67,5 Mrd. € – und befindet sich damit auf Augenhöhe mit den großen Industriesektoren Automobil, Maschinenbau oder der Finanzdienstleistungsbranche. Die Gesamterwerbstätigenzahl lag 2014 bei fast 1,62 Mio. und beweist mit rund einem Viertel Selbstständigen (24 %), dass Dynamik und Schnelligkeit systemimmanente Komponenten sind – reizvolle Eigenschaften für Partner aus anderen Industrien.

13.2.1 Ähnlichkeiten und Unterschiede

Beide Branchen zeigen sich resilient in Zeiten von Wirtschafts- und Finanzkrisen. Auf der einen Seite trägt die Langzeitpflege einen wesentlichen Betrag. Auf der anderen Seite punktet die Kreativbranche mit ihrer Kleinteiligkeit, ihrer fachlichen Neugier und der damit eng verbundenen Adaptionsfertigkeit und -freude an neuen Entwicklungen – seien sie wirtschaftlicher, politischer oder gesamtgesellschaftlicher Natur. Denn dass kreative Unternehmer aus ökonomischen Krisen gestärkt hervorgehen, ist faktisch belegt (Stumpo und Manchin 2014).

Auch die Beschäftigungsintensität wird aller Voraussicht nach in beiden Industrien zunehmen. Schließlich erzeugt der demografische Wandel automatisch eine steigende Nachfrage, und auch der medizinische Fortschritt bietet die Grundlage für die Erweiterung bestehender, die Einführung neuer Berufsbilder und die Entstehung neuer Arbeitsplätze. Währenddessen sorgen auf kreativwirtschaftlicher Seite die beständigen Innovationen und die durchdringende Professionalisierung und Digitalisierung für weiteres Beschäftigungswachstum.

Maßgeblich für die branchenübergreifende Zusammenarbeit ist nicht zuletzt auch die Art von Innovation, die in beiden Industrien vorherrscht: Innerhalb der Gesundheitswirtschaft ist vornehmlich Produktinnovation zu betrachten, also der medizintechnologisch und pharmazeutische Fortschritt – dieser führt jedoch nicht zwangsläufig zu Kosteneinsparungen, sondern teils zur Erhöhung der Kosten. Auch aus einem weiteren Grund ist der Gesundheitsmarkt nicht zwangsläufig einfach begehbares Gebiet für Innovatoren: Aufgrund der Partikularinteressen der vielen Marktakteure kann Innovation als Veränderung des Bestehenden durchaus mit deutlichen Risiken verbunden sein.

Werfen wir nun einen Blick auf die Kreativ- und Digitalwirtschaft, so dominieren dort technologische wie soziale Dienstleistungs-, Organisations- und Prozessinnovationen. Aufgrund der hohen Experimentierfreude und einer Trial-and-Error-Einstellung zeichnet sich diese Branche durch eine erstaunliche Innovations-Bandbreite aus, von der inkrementellen bis hin zur disruptiven. Angelegt sind diese Neuerungen und Methoden dabei nicht nur im Endprodukt, sondern liegen bereits in der kreativwirtschaftlichen Arbeitsweise begründet:

Der Labor- und Inkubator-Charakter ist fester Bestandteil der Kreativindustrie. Gängiges wird hinterfragt, auf den Kopf gestellt und neu gedacht beziehungsweise gleich einer Komplettrevision unterworfen. Kreative sind Problemdecker und -löser in Personalunion. Ein ständig wachsender Instrumentenkasten sichert bei aller Kreativität ein methodisches und strukturiertes Vorgehen, beispielsweise durch Konzepte wie Design Thinking, das in einem kreativen Prozess Lösungen aus Anwendersicht ermöglicht.

Die strukturellen Unterschiede zwischen der Gesundheitsindustrie und der Kreativ- und Digitalwirtschaft sind also nicht von der Hand zu weisen – dies gilt jedoch ebenfalls für das partnerschaftliche Potenzial. Doch wie finden beide Branchen zueinander und zu erfolgreicher Kooperation? Um Antworten auf diese Fragen zu erhalten, lohnt sich der Blick auf die großen Entwicklungen und auf erfolgreiche Beispiele der Zusammenarbeit.

13.3   Learnings für die Gesundheitswirtschaft

Ständig steigende Kosten durch den demografischen Wandel mitsamt alternder Bevölkerung, Urbanisierung und die Abnahme der Ärztedichte im ländlichen Raum, physische und psychische Zivilisationskrankheiten, der Wandel von analogen zu digitalen Infrastrukturen: Der Gesundheitsmarkt steht wie geschildert vor großen Herausforderungen. Wie muss also das deutsche Gesundheitsweisen jetzt (re-)agieren, um auch in Zukunft eine hochwertige Versorgung zu bieten – bei aller gebotenen Komplexität der Aufgaben und damit verbundenen Berufen und Institutionen, den ökonomischen Interessen, rechtlichen Rahmenbedingungen und ethischen Implikationen?

Dies betrachten wir anhand eines neuen Gesundheitsmarktes, der mit kreativwirtschaflichen Methoden einen holistischen Blick auf die Gesundheit wirft – im Zentrum stehen der Patient und seine Gesunderhaltung: Der Mensch im Mittelpunkt wandelt sich vom reinen Konsumenten hin zum Prosumenten, also einem Verbraucher, der gleichzeitig auch produziert – in diesem Falle seine eigene Gesunderhaltung und -werdung. Diese partnerschaftliche Augenhöhe ist zumeist noch kein Standard im Gesundheitswesen. Doch es ist Bewegung im System, und die wachsende Selbstaktivierung und gesteigerte Selbstbeteiligung werden zunehmend als Chance denn als reines Risiko erkannt.

Und so sind der Kreativität in der Gesundheitswirtschaft keine Grenzen gesetzt: Patienten erwarten persönlich zugeschnittene Dienstleistungen durch automatisiert erstellte, individualisierte Präventions- und Nachsorgeprogramme. Ärzte wie Patienten profitieren am Krankenbett oder in der Praxis von 3-D-Visualisierungen auf leicht bedienbaren Touchscreens. Und Wissens- wie Sprachbarrieren werden durch intelligente Medizin-Apps eingeebnet und somit erstmals eine sensible, interkulturelle Verständigung über Gesund- und Krankheit ermöglicht.

13.3.1   Drei Kooperationsfelder: Games, Design, Architektur

Drei konkrete Kooperationsfelder zwischen Gesundheits- und der Kreativ- und Digitalwirtschaft sorgen im Folgenden für Anschauungsmaterial, bei denen Gesundheit neu gedacht und gestaltet wird. Die aufgeführten Best Practices aus den Bereichen Games, Design und Architektur wurden stets im Schulterschluss von Experten beider Seiten konzipiert und realisiert. Aus diesem Grund können sie als Blaupausen für Cross-Industrie-Kooperationen dienen.

13.3.1.1   Gesundheit und Games

Wenden wir uns einem Bereich zu, der Kreativität und Digitalität perfekt vereint: Gesundheit und Games. Der therapeutische Einsatz und die Beliebtheit der sogenannten Health-Games steigen kontinuierlich. Auch werden bereits bestehende Anwendungen mit Gamification-Elementen angereichert. Dies sind Spielemechaniken, die in einem spielfremden Kontext eingesetzt werden, um Motivation, Lernerfolg und Durchhaltevermögen zu steigern und aufrechtzuerhalten. Wie verschiedene Studien zeigen, profitieren Patienten von dieser neuen, spielfreudigen Unterstützung und gesunden schneller.

Von einer Vielzahl bestehender Health-Games-Anwendungen seien zur Veranschaulichung vier genannt:

- Das internetbasierte Gesundheitsspiel „Luftikids" adressiert an junge Asthmapatienten. Eingesetzt zur Nachschulung verringert das Health-Game nachweislich den Bedarf an Medikation und führt bei erkrankten Kindern zu einem besseren Verständnis und Umgang mit Asthma. Hervorzuheben ist, dass das digitale Spiel von Beginn an in enger Zusammenarbeit zwischen Spieleproduzenten und Ärzten konzipiert und realisiert wurde. Die Wirksamkeit ist durch eine Studie der Universitätskinderklinik Gießen wissenschaftlich belegt – eine wichtige Grundlage, auf der das Spiel ärztlich verordnet und von Krankenkassen als ergänzende Leistung zur Rehabilitation angeboten wird.
- Smartphones sind stets greifbar und bei vielen Menschen täglicher Wegbegleiter – und aus diesem Grund der ideale Träger für die Gesundheits-App AYRA. Sie richtet sich an Depressionserkrankte und bietet ihnen einen digitalen, mobilen Service zur Stimmungsreflektion. Der Erkrankte erhält bei regelmäßigem Einsatz und durch Visualisierungen einen besseren Einblick in die eigene Stimmungsdynamik und kann durch Gamification-Elemente kontinuierlich mehr Verständnis für das Krankheitsbild entwickeln. Dieser Prozess wird unterstützt durch eine direkte Anbindung an den Facharzt:

Die eigens angelegten Daten können unter Zustimmung des Patienten digital mit dem Therapeuten geteilt werden und so Grundlage einer tagesaktuellen Behandlung sein.

- Krebserkrankungen sind gerade bei Jugendlichen oft ein traumatischer Einschnitt. Mit den digitalen Spielen „Re-mission 2" und „That dragon, cancer" erhalten junge Krebserkrankte und deren Angehörige alternative Bewältigungsstrategien. So schießen die Patienten im Spiel „Re-mission 2" in verschiedenen Spiel-Szenarien auf bösartige Zellstrukturen. Dabei lernen sie nicht nur mehr über die Krankheit und ihre Behandlung, sondern nehmen stärker am eigenen Behandlungserfolg teil und beweisen eine insgesamt gesteigerte Selbstwirksamkeit. Den Angehörigen wiederum ermöglicht das zweitgenannte Game eine künstlerische Auseinandersetzung mit dem nahenden Tod eines Familienmitglieds. Entwickelt wurde es von einem betroffenen Spieleentwickler, der den Verlust seines erkrankten Kindes in bewegenden Bildern verarbeitete und durch die Spielemechanik anders bewältigbar macht.
- Auch die digitalen Trends 3-D und virtuelle Realitäten – schon lange Bestandteil der digitalen Spielebranche – werden in absehbarer Zeit vermehrt in der Gesundheitswirtschaft zur Anwendung kommen. Beispielsweise setzt das Klinikum Westfalen unter der Federführung des Chefarztes Dr. Holger Sauer auf 3-D-Brillen, um Teilnarkose-Patienten angstfrei beziehungsweise -reduziert zu behandeln. Auch soll dort untersucht werden, wie mittels Einsatz digitaler Spiele der Anästhetika-Einsatz reduziert werden kann, um eine moderne, adäquate Schmerztherapie zu gewährleisten.

13.3.1.2 Gesundheit und Architektur

Der deutsche Begriff „Krankenhaus" lässt tief blicken: Betont wird das Kranksein, anstatt den Prozess der Heilung in den Fokus zu rücken. Damit das Krankenhaus zum Gesundungshaus werden kann, braucht es kreative Experten, die dafür die richtigen Rahmenbedingungen schaffen. Architekten sind ideale Partner, um Umgebungen für Patienten mit unterschiedlichen Bedürfnissen neu zu gestalten – mit architektonischer Finesse, ergonomischer Möblierung und dem klugen Einsatz von Licht und Material. Zeitgleich optimieren sie die Funktionalität und Ergonomie, unter der das Personal seiner Arbeit nachgehen kann. Zwei Beispiele:

- Die Gestaltung von Lebensräumen für Menschen mit Demenz ist ein komplexes Unterfangen. Architekten haben diese Thematik für sich entdeckt und richten ihre Arbeit auf die Grundbedürfnisse der erkrankten Personen aus. So gestaltete beispielweise der Architekt Christian Schindler barrierefreie Wohnräume, die dementen Menschen einen Halt und gleichzeitig eine Heimat geben. Spezielle Gestaltungsdetails der Wohngemeinschaft „Leben in Schaffrath" fangen die Herausforderungen der Krankheit auf. Die gesteigerte Orientierung befähigt die Bewohner zu mehr Autonomie und entlastet zeitgleich die Angehörigen.
- An der TU Berlin forschen Experten im Fachgebiet „Entwerfen von Krankenhäusern und Bauten des Gesundheitswesens" zu neuesten Trends bei der Gestaltung intensivmedizinischer Versorgungseinrichtungen. Die Ergebnisse belegen: Das Abteilungsde-

sign ist variabler geworden und die Größe der Abteilungen wächst stetig – sicherlich auch dem medizintechnischen Equipment geschuldet. Das Design der Funktionsräume wird dabei verstärkt auf multidisziplinäre Teams ausgerichtet, um den steigenden Anforderungen und Möglichkeiten der Versorgung gerecht zu werden. Der räumliche Abstand zu den Diagnostik- und Behandlungsmöglichkeiten wird verkürzt, was wiederum den Patienten zugutekommt. Auch die Patientenräumlichkeiten erfahren Veränderungen: Zunehmend wird Platz auch für Angehörige vorgesehen, um die Begleitung des Patienten so unkompliziert wie möglich zu gestalten.

13.3.1.3   Kooperationsfeld: Gesundheit und Design

Gutes Design achtet nicht nur auf die Formgebung und Funktion eines Objekts. Es schließt immer auch die Zielgruppe und deren Interaktion mit dem Gegenstand ein. Kein Wunder, dass patientenzentriertes Design den Behandlungserfolg maßgeblich unterstützen und verbessern kann. So sind Benutzerfreundlichkeit und Funktionalität bei Medizinprodukten entscheidend für eine intuitive Bedienung – und dabei stets eng verflochten mit sinnvollem, funktionalen und attraktiven Design. Auch die Verschmelzung von Alltagselektronik mit Gesundheitsanwendungen eröffnet völlig neue Perspektiven auf Usability und Design. Zwei Beispiele:

- Die kinderradiologische Diagnostik stellt eine Herausforderung dar: Wie erklärt man Kindern die Abläufe einer Magnetresonanztomografie? Die Enge, Lautstärke und Dauer ist eine besondere Belastung, die Ängste der Kinder führen zu einer erhöhten Abbruch- und Fehlerquote. In einem Pilotprojekt führte das Klinikum Dortmund ein speziell auf junge Patienten zugeschnittenes MRT-Gesamtkonzept ein: In einem kindergerecht designten Raum und MRT-Gerät tauchen die Patienten in eine szenisch gestaltete Erlebniswelt ein. Interaktive Projektionen in einem beruhigenden Farb- und Lichtkonzept füllen den Raum und sind alters- und geschlechtsspezifisch anpassbar – von der Astronautenwelt bis zum Märchenwald. Die pädiatrischen Patienten können dabei über Touchscreens mit dem Raum interagieren und erfahren durch die kinderfreundlich designten Prozesse und die ruhige Atmosphäre weniger Ängste – auf eine zusätzliche Sedierung oder Narkose kann so oft verzichtet werden, die Abbruchquote wurde signifikant gesenkt.
- Senioren schrecken mit zunehmendem Alter vor den Herausforderungen des Alltags zurück, nehmen nur noch ungern am öffentlichen Leben teil. Zu unsicher ist das Bewältigen unvertrauter Situationen und Wege. Damit Senioren sich weiter aktiv bewegen können, bedarf es neuer Strategien. Ein multidisziplinäres Konsortium aus dem Fraunhofer Institut und unter anderem dem Designbüro WILDDESIGN entwickelte hierfür im Rahmen eines BMBF-Forschungsprojektes einen Mobilitätsassistenten. Zielsetzung war eine auf Seniorenbedürfnisse präzise angepasste Systemlösung, unauffällig im Design einer Uhr, dafür ausgestattet mit nutzerfreundlicher Bedienung und dicht bestückt mit wenigen aber wichtigen digitalen Diensten: Neben einer Navigationsunterstützung

für den Heimweg bietet das System eine Erinnerung zur Medikamenteneinnahme sowie einen automatischen Taxiruf und eine automatische Sturzerkennung.

13.4   Herausforderungen und Chancen

Die vorgestellten Beispiele stehen jeweils für eine erfolgreiche Zusammenarbeit zwischen Gesundheitsökonomie und Kultur- und Digitalwirtschaft. Als klarer Mehrwert wurden dabei die unterschiedlichen Denk- und Arbeitsstrukturen aufgefasst. Das Verlassen des eigenen Standpunktes und das Entgegenkommen in Richtung anderer ökonomischer Muster ist in den Best Practices eine fruchtbare, wertschöpfende Liaison eingegangen.

Jedoch stellt die branchenübergreifende Kooperation auch eine Herausforderung dar: Der Experimentiercharakter kreativer Arbeit hinterfragt und sprengt zuweilen altbewährte Prozesse und stellt sie auf den Prüfstand. Der schnelle Entwurf von Prototypen und deren fortlaufende Verbesserungen (perpetual beta) steht teils konträr zu formalisierten, evidenzbasierten Prozessen der Gesundheitswirtschaft. Und angesichts regulatorischer Hürden, wie der Zertifizierung von Medizinprodukten, bedarf es eines tiefen Verständnisses für die jeweils andere Branche und deren Funktionsweisen.

Das Neue wird dabei nicht immer gutgeheißen, denn frei fließende Kreativität und damit verbundene Veränderungen setzen Flexibilität voraus und erzeugen zu Beginn meist Mehrarbeit. Auch das Arbeitstempo und die Innovationsbereitschaft sind von Branche zu Branche und von Akteur zu Akteur unterschiedlich – und eine Verständigung darüber wird durch unterschiedlich belegte Begrifflichkeiten und Fachtermini nicht einfacher.

Damit die Welten also nicht schutzlos aufeinanderprallen, tun die Beteiligten gut daran, sich vorsichtig anzunähern und einen regelmäßigen, proaktiven Austausch zu etablieren. Helfen sollten ihnen dabei versierte Mediatoren, die ein Verständnis für die Unterschiedlichkeit, aber auch für die Chancen haben und beide Sprachwelten verstehen – beispielsweise durch fachliche Moderation bei Branchenforen oder speziellen Arbeitsgruppen. Das fördert gegenseitiges Vertrauen und Durchhaltevermögen, die bei der kooperativen Produktentwicklung und in Verbundprojekten unabdingbar sind.

Schlussendlich helfen eine professionelle Evaluation und eine verbindende Narration über die erfolgreiche Zusammenarbeit, den entstandenen Mehrwert zu kommunizieren, Schwachstellen zu erkennen und auf dieser Grundlage weitere Kooperation anzustoßen. Auf diesem Wege können asymmetrisch wirkende Branchen zu symmetrischer Verständigung gelangen.

13.5   Zusammenfassung und Ausblick

Beide Wachstumstreiber stärker zusammenzubringen und als Motor von Innovation und Nachhaltigkeit neu zu betrachten, ist eine wichtige Herausforderung für die Zukunftsfähigkeit ganzer Industrien und Standorte. Wirtschaftliches Potenzial in Deutschland und in Europa liegt unter anderem im Erschließen neuer Synergien und in Cross-Industrie-Wertschöpfungsketten. Gerade an den genannten Best Practices kristallisieren sich diese Chancen konkret und greifbar heraus. Sie können realisiert werden, wenn folgende Maßnahmen konsequent ergriffen und umgesetzt werden:

Drei Learnings für die Gesundheitswirtschaft

1. Die Gesundheitswirtschaft sollte gemeinsam mit der Kreativ- und Digitalwirtschaft den Blick in die Zukunft richten: Die gemeinsame Analyse aktueller und zukünftiger Entwicklungen ermöglicht einen holistischen Blick auf das Marktgeschehen, eine schnelle Reaktionsfähigkeit und damit einen Vorteil im globalen Wettbewerb. Bereits hier wird der Grundstein für nachhaltige Partnerschaften gelegt. Attraktive Standorte haben das verstanden und schaffen durch moderne Instrumente wie Clustermanagements und branchenübergreifende, institutionalisierte Vernetzungsplattformen wie den Branchendialog CREATIVE.HEALTH (CREATIVE.NRW 2014) ideale Arbeitsbedingungen für Innovatoren beider Seiten.[1]
2. Die Gesundheitswirtschaft profitiert nachweislich von der interdisziplinären Entwicklung von innovativen, nutzerzentrierten und nachhaltigen Lösungen. Auch gemeinsame Produktions- und Finanzierungsstrategien – von branchenübergreifender Forschung und Entwicklung bis hin zur Akquise von Fördermitteln – ermöglichen einen klaren Wettbewerbsvorteil.
3. Die Gesundheitswirtschaft gewinnt nicht zuletzt durch das kooperative Erschließen neuer Märkte. Branchenakteure erhalten durch den Pioniergeist der Kreativ- und Digitalwirtschaft Einblicke in neue Handlungsfelder, die sie gemeinsam mit unternehmerischer Gestaltungsmacht und innovativen Services besetzen können: Von humanoiden Pflegerobotern über technologiegetriebene Assistenzsysteme für ein selbstbestimmtes Leben (Ambient Assisted Living) bis hin zu personalisierten Big-Data-Anwendungen zur Erhöhung der Lebensqualität und -dauer von erkrankten wie gesunden Personen.

Literatur

BASYS, WifOR, GÖZ, TU Berlin, IEGUS (2015). Die Gesundheitswirtschaftliche Gesamtrechnung für Deutschland. Berlin: Bundesministerium für Wirtschaft und Energie (BMWi). http://www.bmwi.de/BMWi/Redaktion/PDF/Publikationen/Studien/die-gesundheitswirtschaftliche-gesamtrechnung-fuer-deutschland,property=pdf,bereich=bmwi2012,sprache=de,rwb=true.pdf. Zugegriffen: 10.03.2016..

CREATIVE.NRW (2014). CREATIVE.HEALTH Dokumentation. Düsseldorf: Ministerium für Wirtschaft, Energie, Industrie, Mittelstand und Handwerk des Landes Nordrhein-Westfalen. http://www.zaboura.de/Publikationen/CREATIVE_HEALTH_Kongress_Dokumentation. Zugegriffen: 3. März 2016.

---

[1] Die Autorin verantwortete den Kongress in Konzeption & Kuration.

Stumpo, G., & Manchin, R. (2014). The resilience of employment in the Culture and Creative Sectors (CCSs) during the crisis. EENC report. http://www.europacreativamedia.cat/rcs_auth/convocatories/EENC-resilienceemploymentCCSs-final20022015.pdf. Zugegriffen: 10. März 2016.

Wippermann, P. et al. (2015). *Werte-Index 2016*. Frankfurt: Deutscher Fachverlag.

ZEW, Fraunhofer ISI (2015). Monitoring zu ausgewählten wirtschaftlichen Eckdaten der Kultur- und Kreativwirtschaft 2014. Berlin: Bundesministerium für Wirtschaft und Energie (BMWi). https://www.kultur-kreativ-wirtschaft.de/KuK/Redaktion/PDF/monitoring-wirtschaftliche-eckdaten-kuk-2014,property=pdf,bereich=kuk,sprache=de,rwb=true.pdf. Zugegriffen: 10. März 2016.

Nadia S. Zaboura ist freie Politik- und Kommunikationsberaterin. Zu ihren Kunden zählen Ministerien, Institutionen, Verbände und Unternehmen. Sie kreiert und verantwortet komplexe Projekte wie den Branchendialog CREATIVE.HEALTH und vernetzt themenübergreifend – als Kuratorin, Referentin und Moderatorin namhafter Kongresse und Fach-Tagungen (unter anderem MEDICA, SXSW Interactive, Gamescom Congress). Seit 2012 ist Nadia S. Zaboura Jurorin des „Grimme Online Award" und seit 2013 Jurymitglied des „Deutschen Radiopreis". 2015 wurde sie als Evaluatorin der Europäischen Kommission für das Rahmenprogramm für Forschung und Innovation „Horizon 2020" berufen. Mehr Informationen unter www.zaboura.de.

Was kann die Gesundheitswirtschaft aus dem Retail lernen?

14

Der smarte rote Teppich für den Kunden: Zwischen virtueller Umkleidekabine und digitaler Reha

Evelyn Kade-Lamprecht und Michael Sander

Zusammenfassung

Die Krankenversicherung hat geschätzte 10 bis 15 Jahre „digitalen" Rückstand auf den Handel. Die konkreten Serviceerlebnisse dort prägen die Erwartungen der Versicherten für die Serviceexzellenz in Krankenkassen. Acht Best Practices zeigen, wie der Handel seinen Konsumenten den digitalen roten Teppich ausrollt. Kosten- und Kundenexzellenz zeigen fünf Lehren für die Krankenkassen auf.

14.1 Hintergrund

Was haben Handel und Krankenversicherer gemeinsam? Wenig, scheint es auf den ersten Blick. Essen, Trinken und Gesundheit zählen zu den Elementarbedürfnissen der Menschen, die auf völlig unterschiedliche Art und Weise befriedigt werden. Während man im Handel als „Kunde" agiert, ist man in Deutschland bei Gesundheitsproblemen als „Patient", „Pflegebedürftiger", „Angehöriger" oder „Versicherter" unterwegs. Unabhängig von den verschiedenen Rollen als Kunde oder Patient ist der Mensch als Persönlichkeit mit seinen individuellen Vorlieben, Einstellungen, Erwartungen und Emotionen jedoch immer der gleiche, egal ob beim Shoppen im Supermarkt oder im Sprechzimmer des Arztes.

Um die Bedürfnisse ihrer Kunden und Patienten bestmöglich zu befriedigen, bieten Handel und Krankenkassen ein Portfolio von mehreren Tausend Produkten an. Während das Sortiment einer Krankenversicherung im übertragenen Sinne aus rund 15.000 ICD-

E. Kade-Lamprecht (✉)
TCP GmbH
10439 Berlin, Deutschland
E-Mail: Kade-Lamprecht@terraconsult.de

M. Sander
88149 Nonnenhorn, Deutschland

© Springer Fachmedien Wiesbaden 2017
D. Matusiewicz und M. Muhrer-Schwaiger (Hrsg.), *Neuvermessung der Gesundheitswirtschaft*, FOM-Edition, DOI 10.1007/978-3-658-12519-6_14

Codes für Krankheiten besteht, umfasst der Artikelstammdatensatz eines serviceorientierten stationären Lebensmittel-, Elektronik- oder Textilhändlers mehrere Tausend globale
Artikelidentnummern (GTIN).

So verschieden die Branchen anmuten – der Blick in die Historie zeigt noch eine weitere Gemeinsamkeit von Retail und Krankenversicherung. Das Filialgeschäft vor Ort besaß
in der Vergangenheit eine Schlüsselfunktion bei der Versorgung der Kunden und Patienten, und zwar bis zu dem Zeitpunkt, zu dem der Onlinetrend eine Geschäftsverlagerung
von stationär ins Internet einläutete. Völlig unterschiedlich ist allerdings der derzeitige
Entwicklungsstand. Während der Handel von einem Erfahrungsvorsprung von ca. 10–
15 Jahren bei der Umsetzung digitaler Geschäftsmodelle profitiert, leidet die Digitalisierung des Gesundheitswesens noch an ihren Geburtswehen. Während der Onlinehandel
bereits erwachsen ist und boomt, ist E-Health in der Krankenversicherung erst ein zartes,
zerbrechliches Pflänzchen.

Eindrucksvoll belegt die Statistik, dass die Ausgaben der Verbraucher für den Onlinehandel seit der Geburtsstunde des E-Commerce 1999 in Deutschland um 40 Mrd. €
gewachsen sind (vgl. Abb. 14.1).

Stationäre Läden mussten dem Onlinehandel weichen. Mehr als 4000 stationäre (Elek-
tro-)Händler sind in den letzten 16 Jahren vom deutschen Markt verschwunden, währenddessen mehr als 5000 neue Onlineshops (B2C) gleichzeitig in Deutschland neu entstanden
sind.

In der deutschen Krankenversicherung ist der digitale Trend erst wenige Jahre alt.
Stellvertretend für unsere Einschätzung kündigte Deutschlands größte gesetzliche Krankenkasse, die Barmer GEK Anfang 2014 die Schließung der Hälfte ihrer bundesweit rund
800 Filialen an. Im Gegenzug will die Barmer GEK bis 2018 ihre Onlineaktivitäten für

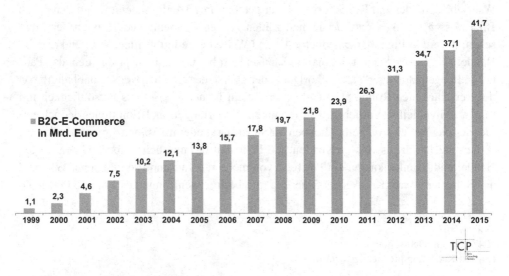

Abb. 14.1 Wachstum des Onlinehandels. (Handelsverband Deutschland HDE 2015)

die Kunden ausbauen. Die Handelsbranche allerdings wird im Jahr 2018 bereits mit der übernächsten disruptiven Phase der Digitalisierung experimentieren.

Und noch eine weitere Parallele zeigt sich bei der Startsituation von Retailern und Krankenversicherern in das digitale Zeitalter. Als Hemmschuh für die Digitalisierung von Prozessen und Services erweisen sich die strengen Datenschutzregelungen der Aufsichtsbehörden. Die Kassen agieren dabei im Spannungsfeld zwischen dem, was die Kunden wollen und dem, was die Richtlinienmacher erlauben. Aber auch die Retailer arbeiten nicht im abgeschotteten Reinraum. Digitale Storetechnologien, die mit dem Smartphone der Kunden kommunizieren, müssen ebenso datenschutzkonform sein, wie die Warenqualität von Verbraucherschutzverbänden und Lebensmittelkontrolleuren überwacht wird.

Und noch eine Analogie lässt sich feststellen: Eine nicht zu unterschätzende Herausforderung für beide Branchen, Retail und Krankenversicherung, ist die Einbindung in ein jeweils äußerst komplexes und spannungsgeladenes Netzwerk aus Stakeholdern und Marktplayern. Während sich der Handel permanente Verhandlungsschlachten um Listungsgebühren und Werbekostenzuschüsse mit der Industrie liefert, kämpfen die Krankenkassen um Rabattvereinbarungen mit den Arzneimittelherstellern sowie um Versorgungsverträge mit den Leistungserbringern.

Trotz der in vielen Facetten ähnlichen strukturellen Ausgangsbedingungen ist der Grad der Umsetzung der Digitalisierung beider Branchen grundverschieden. Beim Shoppen im Internet geben Verbraucher pro Kauf mit 136 € bereits mehr als doppelt so viel Geld aus, wie beim stationären Einkauf (Handelsverband Deutschland HDE 2015). Zum Vergleich: Die digitalen Services von Krankenkassen (digitales Gesundheitscoaching) nutzen hingegen bislang nicht einmal fünf Prozent der Versicherten (TCP 2015).

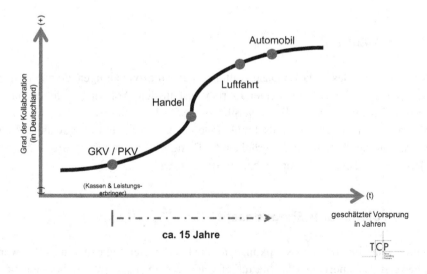

Abb. 14.2 Schema der Branchen-Reifegrade. (TCP 2015)

Anschaulich vereinfacht spiegeln diese Fakten wider, dass die Krankenversicherung anderen Branchen in Deutschland um Jahre hinterher läuft. Nimmt man den Grad der Kollaboration innerhalb einer Branche als Maßstab, dann gelten die Automobil- und Luftfahrtindustrie allgemein als Vorreiter. Während die meisten Patienten oder Versicherten die Zusammenarbeit in diesen Branchen allerdings nicht in ihrem Alltag erleben, geschieht dies im Handel beinahe täglich. Insofern ist Retail sehr pragmatisch für einen Blick über den Tellerrand geeignet (vgl. Abb. 14.2).

Als kleinster gemeinsamer Nenner beider Branchen gilt: Genauso wie der Patient, Versicherte, Pflegebedürftige oder Angehörige heute in seiner Rolle als Kunde den Service beim Shoppen im Internet erlebt, möchte er auch von seinem Gesundheitsdienstleister betreut werden. Er möchte sein Gesundheitsanliegen ebenso schnell, in Echtzeit, ortsunabhängig, persönlich und bequem erledigen, wie er einen Artikel von Amazon, eBay oder Zalando geliefert bekommt. Das Kundenverhalten beim Konsum von Gesundheitsleistungen wird maßgeblich durch die Kaufgewohnheiten beim E-Commerce vorgeprägt.

14.2 Die Retail-Industrie: Wie disruptive Faktoren den Handel herausfordern

Über den Tellerrand zu schauen, heißt nicht gedankenlos das dort Gesehene zu kopieren. Stattdessen zeigen wir an acht Beispielen auf, was sich aktuell im Handel als digitale Best Practices herauskristallisiert. Die Übertragungsleistung liegt darin, zu entscheiden, was aus Konsumenten- und Versichertensicht auch in einer Krankenkasse Anwendung finden sollte.

14.2.1 Dash-Button

Mit der Einführung des Amazon Dash-Buttons ist es Amazon gelungen, einen völlig neuen Touchpoint für die Omni-Channel Journey fest in den Wohnungen der Kunden zu installieren. Der mit einer Türklingel vergleichbare Dash-Button ist vernetzt und wird an der Waschmaschine oder am Kühlschrank angebracht und bestellt ausgewählte Produkte wie Waschmittel, Erfrischungsgetränke oder Fertiggerichte auf Knopfdruck. Shopping wird damit in bis dahin nicht vorstellbarem Maße einfach.

14.2.2 Revolutionäres Shopkonzept

Wie mittels eines intelligenten Shopkonzeptes die Ladentechnologie revolutioniert werden kann, beweist das amerikanische Startup Hointer, das zwei Jeansstores betreibt. So wie bei Amazon sind nicht die Produkte, sondern Software, Technologie und Vertrieb für den Erfolg entscheidend.

Anstatt sich durch Berge aufgestapelter Jeans zu wühlen, hängen die Hosen im Laden übersichtlich an Haken und zwar immer nur eine Jeans pro Modell. Sobald der Kunde seinen Modellfavoriten gefunden hat, scannt er per Hointer-App den daran befestigten QR-Code und wählt die passende Größe aus. In Sekundenschnelle gibt die App eine Information, ob die gewünschte Größe verfügbar ist und in welcher Umkleidekabine die Jeans zum Anprobieren bereit liegt. Dabei greift die App auf eine Microfactory zu, die die Ware automatisiert in den Fittingroom liefert. Bequem für den Kunden ist es, dass er nicht fünf Minuten lang halbnackt in der Umkleide warten muss, bis ihm ein passendes Modell gebracht wird. Nicht passende oder nicht gefallende Ware wirft der Kunde einfach in einen Schacht im Ankleidebereich zurück. Das Roboter-Ladenkonzept kombiniert geschickt die Vorteile aus Online und Offline. Die stationären Shops stellen nur noch ein Fünftel der Ware aus und benötigen 60 % weniger Verkaufspersonal. Stattdessen wird im Lager dreimal mehr Ware vorgehalten. Der Umsatz pro qm liegt zehnmal höher als bei vergleichbaren Geschäften. Das mit Verkaufs-Tablets ausgestattete Bedien- und Servicepersonal kann sich voll und ganz auf die echte Modeberatung konzentrieren, die Verräumung der Ware wird von smarten Maschinen übernommen. Ein Rollout des innovativen Konzeptes in andere Branchen ist bereits in Arbeit (Hointer 2015).

14.2.3   Beacon-Technologie

Mit Hilfe der Beacon-Technologie können Kunden beim Betreten eines Geschäfts, einer Einkaufsstraße oder eines Shopping-Centers persönliche Angebote auf ihr Smartphone bekommen. Beacons sind kleine Bluetooth-Sender, die an Regalen oder Produkten positioniert werden. Sie navigieren den Kunden geschickt durch den Laden und animieren ihn zu zusätzlichen Käufen. Neben der standortbasierten Werbung lassen sich die Kundenzahlen und die Verweildauer analysieren sowie auch anonyme Bewegungsprofile erstellen. Darüber hinaus lässt sich auch Mobile Payment über Beacon-Technologien realisieren.

Im Einsatz befinden sich Beacons bereits in den MyMüsli-Stores in Berlin und München, indem sie vorbeigehenden potenziellen Kunden Rabatte anbieten (T-Systems Mobile Marketing 2015). Besucher der Londoner Regent Street werden gleich von mehreren Händlern, in deren Nähe sie sich befinden, mit aktuellen Informationen zu Produktneuheiten, Events und Angeboten versorgt.

14.2.4   Online-Chat und Videoberatung

Ist die Handtasche zum Abendkleid zu schrill, zu farblos oder zu klobig? Passen die trendy Sneakers zum Rock? Der Onlinehändler Zalando bietet den Kunden seit Kurzem den Service einer Stilberatung per WhatsApp ein. Neben generellen Tipps haben die Modeprofis des Zalon Chats für Kunden auch Links und Informationen parat, beispielsweise wo ein Produkt zu kaufen ist (Zalando 2015).

Neben einem völlig neuen Niveau der Kundenberatung haben innovative Instore-Technologien auch das Potenzial, Kunden zu begeistern und den Einkauf zu einem echten emotionalen Erlebnis zu machen. Zwar stehen Technologien, wie Virtual Reality in Deutschland noch am Anfang, erste Anwendungsbeispiele gibt es aber sogar schon in Deutschland. Im Onlineshop für Brillen Mister Spex können Kunden die Brillengestelle virtuell live per 3-D-Webcam anprobieren. Im Vergleich zum Brillengeschäft vor Ort entfallen die Wartezeit und die Konfrontation mit übermotiviertem Personal. Per Screenshot-Funktion kann der Kunde das eigene Bild abspeichern und an Freunde senden.

14.2.5 Augmented Reality

Mit Hilfe einer Augmented-Reality-App können Ikea-Kunden eine bestimmte Anzahl von Artikeln aus dem Katalog „probewohnen". Die Möbelstücke werden per Smartphone oder Tablet in die eigene Wohnung projiziert. Augmented Reality verknüpft Informationen, Bilder oder Videoclips mit realen Objekten – die virtuelle Welt und die reale Welt verschmelzen miteinander. Das Ergebnis ist ein personalisierter digitaler Raum, ausgestattet mit magischen Spiegeln in der Umkleidekabine, die die Form und Farbe eines anprobierten Kleidungsstückes nach Lust und Laune oder nach einem Bodyscan individualisieren. Augmented Reality ist eine Technologie mit viel Potenzial, um die Kunden erlebnisreich, informativ und individuell zu beraten (Ikea 2016).

14.2.6 Mobile Couponing und Loyality-Programme

Als zukunftsweisende Ansätze der Kundenbindung, die Technologie, Marketing und Vertrieb verknüpfen, gelten Mobile Couponing und Loyality Programme, mit deren Hilfe Schnäppchen per Smartphone auf das Handy der Kunden gesandt werden.

Per E-Mail, SMS oder Internet-Download stellen die Händler den Kunden Coupons zur Verfügung, die diese digital sofort an der Kasse einlösen können. Dabei werden die Coupons nicht wie die klassischen Papiercoupons nach dem Gießkannenprinzip breit gestreut, sondern gezielt je nach Aufenthaltsort, Tageszeit und Kundenprofil an die relevanten Zielgruppen adressiert. Mobile Rabattaktionen sprechen eine attraktive Zielgruppe an, die jung, gut ausgebildet und einkommensstark ist. Durch die Kombination mit „Location Based Services" können die Angebote individuell auf den Kunden, seine Bedürfnisse und seine Umgebung zugeschnitten werden. Der Vorteil: Kundenströme können zum Beispiel in bestimmte Filialen geleitet werden. Mit Hilfe der Mobile-Couponing-Technologie lassen sich die Marketingbudgets der Händler effizienter einsetzen. Die Herstellungskosten für klassische Papiercoupons entfallen und die Einlösungsrate der digitalen Coupons liegt zwischen fünf und 15 % (im Vergleich zu rund einem Prozent bei Papier-Coupons) (GS1 2016; EHI 2015; T-Systems International o. J.).

14.2.7 Self Checkout und Mobile Payment

Rund ein Drittel der deutschen FMG (Fast moving goods)Händler setzen bereits Self-Checkout- oder Self-Scanning-Anwendungen ein (KPMG 2015).

Auch für den Abschluss des Kaufprozesses, den Bezahlvorgang, kann der Kunde bequeme und sichere mobile Lösungen nutzen. Obwohl die deutschen Konsumenten bei Mobile Payment derzeit mehrheitlich noch skeptisch sind, zählt das Bezahlen per App bei zahlreichen stationären und Onlinehändlern heute bereits zum Standardservice. Der Handel rüstet rechtzeitig auf, um den technologischen Trend nicht zu verpassen.

14.2.8 Mobile Endgeräte und Smart Devices

Mobile Endgeräte und Smart Devices sind zum ständigen Begleiter und damit wichtigem Kontaktpunkt für den Handel geworden. Die Kunden setzen ihr Smartphone im Laden aktiv ein, um Preise zu vergleichen, Produkte zu fotografieren, sich vor Kaufentscheidungen von Freunden beraten zu lassen, Bar- und QR-Codes zu scannen, aber auch um Produkte zu kaufen und mobil zu bezahlen (vgl. Abb. 14.3).

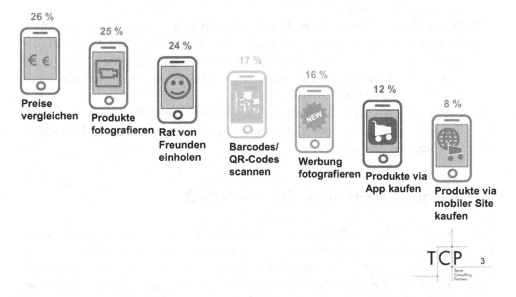

Abb. 14.3 Nutzung von Smartphones im stationären Handel. (Handelsverband Deutschland HDE 2015)

Der Handel rollt seinen Kunden den digitalen roten Retail-Teppich aus

1. Je nach Lust und Laune entscheiden die Kunden beim Shoppen heute anlass- und situationsbezogen über den Einkaufsort, den Anbieter und den Vertriebskanal. Dabei verschwimmen die Grenzen zwischen offline und online. Das Informations- und Einkaufsverhalten der Haushalte verbindet die jeweiligen Vorteile aus analoger und digitaler Welt. Die Kunden erwarten eine ineinander übergehende **Customer Journey** (Handelsverband Deutschland HDE 2015).
2. Die **digitale Vernetzung der Touchpoints** gibt den Händlern die Chance, ihren Kunden individuelle Serviceangebote zu unterbreiten und sie während der gesamten Customer Journey und sogar während des gesamten Lebenszyklus eines Produktes zu begleiten.
3. Mit **personalisierten Inhalten** werden immer wieder neue Kaufimpulse gesetzt, die die menschlichen Reize und die individuellen Bedürfnisse ansprechen. Die Customer Journey wird durch eine Kombination innovativer Technologien gesteuert und begleitet – einbezogen sind Heat Maps und Bewegungsprofile des Kunden, softwaregesteuerte Ladentechnologien à la Hointer, virtuelle Anproben, Augmented-Reality-Anwendungen, personalisierte Videos, individualisierte Musik, Videoberatung, mit Tablets ausgestattete Verkäufer, mobile Couponing, Self Checkout und auch mobiles Bezahlen.
4. Da die Kunden „**omni-channel**" unterwegs sind, muss der Handel bruchfreie Übergänge zwischen der analogen und der digitalen Welt schaffen. Ein kanalübergreifendes Einkaufserlebnis verhindert, dass die potenziellen Käufer durch einen Kanalwechsel entlang des Einkaufsprozesses an den Wettbewerb verloren gehen (Handelsverband Deutschland HDE 2015).
5. Die gesamte Wertschöpfungskette des stationären Handels befindet sich im Wandel. Es bleibt in den Unternehmen und entsprechenden Veränderungsprojekten aktuell kein Stein auf dem anderen.

14.3 Learnings für die Gesundheitswirtschaft

Ebenso wie ein Handelsunternehmen muss eine Krankenversicherung den Versicherten in dessen Customer Journey dort abholen, wo er sich gerade befindet (s. Abb. 14.4).

Sowohl beim Shoppen online oder offline als auch beim Nutzen von Gesundheitsleistungen sind die Kunden den Unternehmen bereits weit voraus. Daher müssen Händler und auch Krankenversicherungen beim technologischen und kulturellen Wandel schnell sein.

Während der stationäre Einzelhandel die Transformation zu einem Omni-Channel-Geschäftsmodell bereits erfolgreich praktiziert, verhält sich die Krankenversicherungsbranche weitgehend abwartend und hütet den analogen Status quo vor allem aufgrund von Datenschutzbedenken.

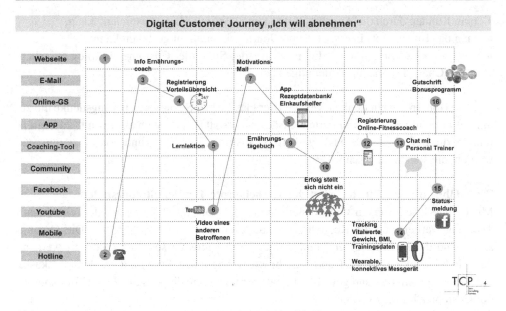

Abb. 14.4 Digitale Customer Journey in der GKV. (TCP 2015)

Aus den in Abschn. 14.2 dargestellten Best Practices und Entwicklungstrends erfolgreicher Retail-Konzepte lassen sich fünf essenzielle Learnings für Krankenversicherer ableiten:

a. Die Customer Journey ist nicht mehr linear – „Katze statt Hund".
b. Ohne digitale Strategie hat der virtuelle rote Teppich Stolperstellen.
c. Die digitale Unterstützung bei Diagnosen und Therapieassistenzen ist keine Fiktion mehr.
d. Die Automatisierung der Kernprozesse ist strategischer Enabler.
e. Startups kapern die Customer Journey – Krankenkassen brauchen neue Geschäftsmodelle.

Zu a. Die Customer Journey ist nicht mehr linear – „Katze statt Hund"
Die Kunden machen, was sie wollen: Sie wechseln zwischen mobilen Endgeräten und stationärem PC hin und her, nutzen Apps und smarte Devices für das Tracken ihrer Vitaldaten, tauschen sich per Messenger oder Facebook zu Gesundheitsthemen aus, rufen ganz klassisch die Hotline an und lesen die Kundenzeitschrift der Kasse als Papierversion. Second Screen und Multitasking entwickeln sich zur Selbstverständlichkeit. Krankenkassen müssen die Customer Journey ihrer Kunden zunächst genau analysieren und verstehen, um daraus Maßnahmen entwickeln, wie

- die Kunden auf den verschiedenen Kanälen angesprochen und mit dem richtigen Content versorgt werden können,

- man Kunden durch die Angebote führen und kontinuierlich „bespielen" kann,
- man die Touchpoints in der Customer Journey interessant gestalten kann,
- eine 360-Grad-Betreuung in Echtzeit an jeder Stelle der Customer Journey aussehen kann (Chat, Hilfemenüs, Anleitungen usw.).

Das erfordert ein Umdenken, weg von der klassischen Sozialversicherungsdenke hin zu marketing- und vertriebsorientierten Ansätzen. Anstatt den Kunden als „Hund" zu begreifen, der die Befehle „sitz", „fass" und „friss" ausführt, muss der Kunde als Katze umsorgt werden, die sehr wählerisch ist.

Zu b. Ohne digitale Strategie hat der virtuelle rote Teppich Stolperstellen

Mit Online-Insellösungen und kleinen Gimmick-Tools für Prävention oder Vitaldaten-Tracking werden sich die Kunden auf Dauer nicht mehr zufrieden geben. Die Organisation und die Prozesse einer Krankenversicherung müssen so neu strukturiert werden, dass sie kanalübergreifende Kundenerlebnisse ermöglichen. Eine moderne Krankenkasse braucht eine vom Vorstand gewollte digitale Strategie, die die verschiedenen Touchpoints der Customer Journey verknüpft.

Dabei reicht es nicht aus, die stationären Angebote „auch" für mobile, digitale Anwendungen fit zu machen. Genauso wie es der Handel bereits praktiziert, müssen die Mobiles auch in der Krankenversicherung als zentrales Medium und Ausführungsorgan begriffen werden. Eine mobil optimierte Webseite ist Pflicht – Apps und digitales Gesundheitscoaching für Prävention und Therapieassistenz sind die Kür. Auch hier geht Qualität vor Masse, denn

- die Apps einiger Kassen sind bislang noch Relikte aus längst vergangenen Zeiten und nicht up to date,
- weniger als 75 % der Kassen setzen aktuell digitales Gesundheitscoaching für die Prävention oder Therapieassistenz ein,
- die Online-Coaching-Programme etlicher Kassen stammen aus der analogen Zeit, sind nicht personalisierbar, nicht auf individuelle Kundenziele gemünzt und nicht qualitätsgeprüft.

Wichtig ist die Einsicht, dass eine „omni-channel" digitale Strategie über Apps und Gesundheitscoaching deutlich hinausgehen muss.

Zu c. Die digitale Unterstützung bei Diagnosen und Therapieassistenzen ist keine Fiktion mehr

So selbstverständlich wie die Kunden heute schon online einkaufen, werden sie in naher Zukunft im Internet nach Lösungen für ihre Gesundheitsprobleme suchen. Warum also als Freizeitsportler bei einem Kreuzbandriss mühsam mit den Gehhilfen in die ungünstig gelegene Physiotherapie am Stadtrand humpeln, wenn das Reha-Übungsprogramm auch am PC zu Hause mit virtueller Avatar- oder Coach-Begleitung zum gleichen The-rapieergebnis führen kann? Der Vorteil liegt auf der Hand: Die Patienten profitieren ne-ben einer Zeitersparnis von einem einfachen und flexiblen Zugang zu individualisierten Versorgungsangeboten. Gesundheits-Apps, Online-Coaching und digitale Therapien un-terstützen das Selbstmanagement und erhöhen die Adhärenz. Die digitale und mobile Unterstützung der Patienten beim Gesundbleiben und Gesundwerden macht die Patien-ten zu aktiven Partnern effizienter Versorgungspfade. Für die Kassen sind die digitalen Versorgungsangebote mehr als eine Marketingkampagne, denn sie profitieren von Kos-teneinsparungen bei den Leistungsausgaben.

Zu d. Die Automatisierung der Kernprozesse ist strategischer Enabler
Der digitale Erfolg ist maßgeblich von der IT abhängig. Einfache, transparente und rei-bungslos funktionierende Prozesse zur Abwicklung der Kassenangelegenheiten geben dem Kunden das Gefühl „Du bist wichtig". Daher müssen die Kassen mit Priorität vor allem ihre Prozessherausforderungen lösen. Integrierte Technologien ermöglichen eine Connected Customer Journey und sind als strategische Enabler auf der IT-Seite unver-zichtbar.

Wie umfassend das betrachtet werden sollte, zeigen die nachfolgende Übersichten Abb. 14.5 sowie Abb. 14.6 zu zentralen Themen aus den Perspektiven Versorgungsma-nagement (Kostenexzellenz) und Kundenbeziehungsmanagement (Kundenexzellenz).

Versorgungs-produkte	• Was erwarten meine akut und chronisch kranken Kunden? Welche Versorgungsprodukte will eine Kasse überhaupt anbieten?
Steuerung	• Wie steuere, analysiere und kontrolliere ich die durchge-führten Maßnahmen mit den Leistungserbringern?
Integration	• Kann ich externe Dienstleister so in meine Versorgungs-prozesse integrieren, dass deren Aktivitäten keine Black-box in „meiner" Versorgung bilden?
Verwaltungs-kosten	• Wie können 80% aller Kundenanfragen im Kontakt-Center fallabschließend erledigt werden?
Kernsystem-anbindung	• Sind die neuen Maßnahmen mit meinem Kernsystem synchronisiert?
Agilität	• Kann ich neue Geschäftsprozesse oder Technologien (z.B. Telemedizin) im Versorgungsmanagement rasch implementieren?

Abb. 14.5 IT-relevante Themen in der Kunden- und Kostenexzellenz. (TCP 2015)

- Liegen an allen Kontaktkanälen alle Informationen über meine Versicherten vor?

- Wie komfortabel können die Versicherten ihre Geschäfte über die online Geschäftsstelle selbst abwickeln?

- Wie können sämtliche für die Abwicklung eines bestimmten Vorgangs erforderlichen Aufgaben erfasst und verwaltet werden?

- Wie kann in Echtzeit dem Kunden situativ das „richtige" Angebot „richtig" präsentiert werden?

- Sind die neuen Maßnahmen mit meinem Kernsystem synchronisiert?

- Kann ich neue Geschäftsprozesse/-modelle bei Bedarf rasch implementieren?

Abb. 14.6 IT-relevante Themen in der Kunden- und Kostenexzellenz. (TCP 2015)

Zu e. Startups kapern die Customer Journey – Krankenkassen brauchen neue Geschäftsmodelle

Die digitale Disruption durchdringt alle Branchen und das Silicon Valley investiert massive Summen in Health-Startups. Neue, teils branchenfremde Firmen wie Tinnitracks, Mimi Hearing oder Retrobrain fordern die etablierten Akteure der Krankenkassen heraus. **Die jungen innovativen Startups kapern die Schnittstellen der Customer Journey.** Sie schalten sich mit innovativen Technologien und Services dazwischen, um die digitale Schnittstelle effizient zu bedienen.

Daher sollten sich die Krankenversicherungen dringend mit völlig neuen Geschäftsmodellen für die Zusammenarbeit mit den innovativen Vorreitern, E-Health-Startups und digitalen Technologiepionieren auseinandersetzen. Auch wenn der Begriff „Geschäftsmodell" per se ein Fremdwort in einer Sozialversicherung ist. Erfolgreiche Best Practices innovativer Retailer können ein Orientierungsrahmen sein.

Die aufstrebende E-Health-Startup-Szene kann sich zur Wachablösung gewohnter analoger Geschäftskonzepte entwickeln. Eindrucksvoll konfrontieren die innovativen E-Health-Pioniere die Kassenwelt gerade mit der digitalen Zukunft der Gesundheitsversorgung. Krankenkassen tun gut daran, wenn sie offen sind für Kooperationen und Mut zum Querdenken sowie zu innovativen Geschäftsmodellen zeigen. Dies wird mittelfristig auch den Druck auf die Richtlinienmacher erhöhen.

14.4 Zusammenfassung und Ausblick

Auch in anderen Branchen haben Startups, die sich in jahrzehntelange Kundenbeziehungen hineinkatapultiert haben, zunächst einen Erdrutsch ausgelöst. Während AOL oder die Deutsche Telekom noch vor wenigen Jahren das Eingangstor ins Internet stellten, sind es heute Apple, Facebook oder Google.

Während viele Taxi- und Hotelunternehmer um ihr wirtschaftliches Überleben kämpfen, hat sich Uber zum weltweit größten Taxiunternehmen entwickelt, ohne ein einziges Taxi zu besitzen; airbnb ist mittlerweile einer der weltweit größten Hoteliers, ohne ein einziges Bett zu besitzen.

Man stelle sich einmal vor, dass es eine „Versicherung" ohne einen einzigen Versicherten gäbe. Wenn in vielen Branchen das bislang Unvorstellbare durch den digitalen Wandel Einzug gehalten hat, dann sind auch in der deutschen Krankenversicherung disruptive Umwälzungen zu erwarten. Die „Lieblingsausreden" in Richtung Datenschutz oder Schutz durch den Regulierer, um Veränderungen abzuwehren, scheinen keine allzu hohen und sicheren Mauern mehr zu sein.

Wichtiger als Antworten zu geben, wie die digitale Zukunft im Gesundheitswesen ausschauen wird, ist es, die richtigen Fragen zu stellen, die das eigene strategische Denken weiterentwickeln, beispielsweise:

- Ist eine vollständig digitale Krankenversicherung à la Oscar in New York auch für Deutschland vorstellbar? Dies vor allem vor dem Hintergrund, dass gerade einmal 1000 Mitarbeiter nötig sind, um eine Betriebskrankenkasse zu gründen, die die Basis dafür sein könnte.
- Könnten die GAFA's (Google, Apple, Facebook, Amazon) auf die Idee kommen, durch einen eigenen Gesundheitsdienstleister in den größten Gesundheitsmarkt Europas einzudringen?
- Was würde passieren, wenn einer der großen Kassentanker der GKV-Szene einen digitalen Ableger gründet? Entweder in Eigeninitiative oder vielleicht in Kooperation mit etablierten Dienstleistungspartnern?
- Kann die Disruption nicht genauso gut von Konzernen aus dem Bereich der Leistungserbringer, zum Beispiel Krankenhäuser, ausgehen?

Appelle an die Entscheider im Gesundheitswesen

1. **Kundenduft anderer Branchen schnuppern**: Investiere im laufenden Geschäftsjahr jeweils einen Tag pro Branche, um von Best Practices aus Retail, Telekommunikation, Reisen und Verkehr, Automobilindustrie und Luftfahrt zu lernen. Dies jeweils aus der Perspektive von Endkunden und der Kollaboration.
2. **Quantified-Self-Training**: Sorge dafür, dass alle Deine Führungskräfte und Du selbst alle Deine elektronischen Angebote über mindestens einen Monat intensiv nutzen. Sei danach kritisch und ehrlich in der Nutzenbewertung.

3. **Startup-Kultur verstehen lernen**: Lade zwei Startup-Unternehmen in Deine Krankenversicherung ein. Sie sollen bei Dir für eine Woche hospitieren und lass sie Ideen präsentieren, wie deren Services einsetzbar wären.

Literatur

EHI (2015). *Mobile in Retail.*

Handelsverband Deutschland (2015). *HDE Handel digital Online-Monitor 2015. GFK: 3, 4, 15, 16.*

http://www.hointer.com (2015) Bain Retail Holiday Newsletter. Issue 5/ 2015.

http://www.ikea.com/de/de/ (2016)

https://www.corporate.zalando.de/de/zalon-zalando-startet-den-zalon-chat-stylingtipps-direkt-whatsapp (2015).

KPMG (2015). *Technologie-Atlas Einzelhandel.*

T-Systems International (unbekannt) Mobile Couponing Lösungsflyer.

T-Systems Mobile Marketing (2015). *Mit Beacons Kunden begeistern: Webinar*

TCP Terra Consulting Partners GmbH (2015) Digitale Kundenservices GKV 2015.

https://www.gs1-germany.de/gs1-solutions/mobile-commerce/mobile-couponing (2016).

Dr. Evelyn Kade-Lamprecht, Partnerin für den Bereich Marktforschung bei TCP Terra Consulting Partners. Schwerpunkte: Kundenbeziehungsmanagement und digitale Kundenservices von Krankenkassen. Berufliche Stationen: Geschäftsführerin und Gründerin GKL Handelsmarketing, Strategieberaterin Roland Berger Strategy Consultants, Vorstandsassistentin SPAR Handels AG, Stipendiatin Schweizer Bundesrat Universität St. Gallen (HSG), Studium und Promotion Universität Rostock.

Dr. Michael Sander, Geschäftsführer von TCP Terra Consulting Partners mit Fokus auf Strategieberatung und Marktforschung in der Gesundheitswirtschaft; Director Healthcare Solutions bei Pegasystems GmbH. Berufliche Stationen: Hauptabteilungsleiter T-Mobile Deutschland für Datenfunk, Projektmanager Roland Berger Strategy Consultants München/Brüssel, Studium und Promotion an der Universität St. Gallen (HSG).

Was kann die Gesundheitswirtschaft vom Vertrieb lernen?

Generation Gesundheitskonsument – Gesundheit als neue Religion

Martin Tobry

Zusammenfassung

Jeder Mensch ist ein Verkäufer. Die meisten außerhalb des klassischen Vertriebs tätigen Personen werden mit dieser Aussage nicht konform gehen, die meisten werden dies vermutlich sogar mit Vehemenz abstreiten. Dieses Denken und Bewusstsein entspricht allerdings nicht der Realität. Egal in welchem Bereich – vertriebliche Aspekte sind in unzähligen Alltagssituationen für jeden Menschen bedeutsam. Ein signifikanter Baustein im Vertrieb ist Branding und Emotionen. Jeder kennt Produkte oder Dienstleistungen von vor allem großen und bekannten Unternehmen und assoziiert diese in einer individuellen Weise. Bei einer relevanten Situation wird diese Assoziation individuell abgerufen und beeinflusst die Entscheidung von Menschen. Mit Strategie und Begeisterung ist Vertrieb, diese Geisteshaltung, grenzenlos und erhöht bestehendes Anspruchsdenken. Wie wird das Thema Gesundheitswirtschaft denn von vielen Menschen in Deutschland assoziiert? Ein signifikanter Teil der Bevölkerung wird dieses Thema allgemein eher als lästig, uninteressant beziehungsweise langweilig empfinden. Dies hat in der Folge einen signifikanten Einfluss auf die verschiedenen Bereiche der Gesundheitswirtschaft. Mal angenommen, vertrieblicher Geist und strategische Systeme gerade im Bereich Zielgruppenansprache werden adaptiert? Was kann die Gesundheitswirtschaft vom Vertrieb lernen?

M. Tobry (✉)
Werftstr. 16, 60327 Frankfurt, Deutschland
E-Mail: martin.tobry@gmail.com

© Springer Fachmedien Wiesbaden 2017
D. Matusiewicz und M. Muhrer-Schwaiger (Hrsg.), *Neuvermessung der Gesundheitswirtschaft*, FOM-Edition, DOI 10.1007/978-3-658-12519-6_15

15.1 Hintergrund

Die Gesundheitswirtschaft steht vor allem durch die Wesensentwicklung ihrer Zielgruppe
(vgl. Zukunftsinstitut 2015; Hültenschmidt et al. 2011) vor einem entscheidenden Wandel
und einer notwendigen Entwicklung ihrer Geisteshaltung. Noch nie erschien es relevanter,
vertriebsorientiert zu denken und vor allem zu handeln. Mit dem technologischen Fortschritt vollzieht sich ein Wandel vom oft den Autoritäten bezüglich des Wissens unterle-
genen Patienten zum selbstbewussten Gesundheitskonsumenten. Relevante Informationen
lassen sich mehr und mehr selbst beschaffen, die „Götter in Weiß" stehen in Konkurrenz
zu „Internetgöttern" (vgl. Dueck 2011). Ärzte werden in der neuen Gesundheitswirtschaft
zum Dienstleister. Bezogen auf Leistungen und Produkte werden Konsumenten in Zukunft
verstärkt Qualität, Kosten und Wirksamkeit prüfen. Auch bestehende Überzeugungen bezogen auf Behandlungsmethoden werden mehr und mehr hinterfragt und es wird nach
Alternativen gesucht. Gesundheit wird als ein entscheidender Faktor im Zusammenhang
mit vorhandener Lebensqualität betrachtet und ist ein bedeutsamer Wert der Deutschen.
Gemäß einer Studie der Bertelsmann Stiftung (2012) ist ihnen im Vergleich „Geld und
Besitz mehren" am unwichtigsten. Der Erhalt der Gesundheit oder die Vermeidung von
Krankheiten ist nicht mehr ausreichend, der neue Fokus heißt Leistungssteigerung. Die
zukünftige Gesundheitswirtschaft wird vom modernen und selbstbewussten Gesundheitskonsumenten entscheidend und aktiv beeinflusst. Im Zentrum des Wertewandels stehen
die Selbstoptimierung und die aktive Auseinandersetzung mit der eigenen Gesundheit.
Dies führt auch zu höheren Ansprüchen und Erwartungen an die Akteure der Gesundheitswirtschaft. Zum jetzigen Zeitpunkt sind bestehende Abläufe und Zielstellungen jedoch in
erster Linie zweckorientiert, von punktgenauer und vor allen gelebter Zielgruppenorien-
tierung kann keine Rede sein (vgl. Zukunftsinstitut 2015). Individualisierung wird auch
im Gesundheitssystem zum zentralen Kernpunkt, den alle Organisationen berücksichtigen und in all ihre Überlegungen einfließen lassen müssen. Der Gesundheitskonsument
von morgen hat mehr Möglichkeiten, seine Gesundheit zu gestalten und vor allem einen
höheren Anspruch sie zu verstehen. Gesundheit und der individuelle Umgang werden damit gesellschaftlich zum Status und Lifestyle. Die Gesundheitswirtschaft steht vor großen
Herausforderungen.

Viele Konsumentenmärkte sind gesättigt, Nuancen unterscheiden oft Anbieter voneinander, entscheidend ist der Erlebnisfaktor durch eine effektive Marketingstrategie. Hersteller, Händler und Dienstleister der Gesundheitswirtschaft werden zunehmend Mitbe-
werber aus anderen Branchen erhalten, beispielsweise aus der Lebensmittelindustrie, der
Tourismusbranche sowie der IT- und Telekommunikationsbranche. Das Lifestyle-Produkt
Gesundheit führt zu geänderten Markt- und Wettbewerbsverhältnissen, Zielgruppenfokussierung wird zum Schlüsselfaktor im wachsenden Gesundheitsmarkt.

15.2   Vertrieb – Eine Geisteshaltung mit Strategie und Begeisterung für alle Lebensbereiche

Adolf Würth GmbH & Co. KG – Eine Erfolgsgeschichte des Vertriebs mit Symbolcharakter in Person von Prof. Dr. h. c. mult. Reinhold Würth: Mit 14 Jahren eine kaufmännische Lehre in der väterlichen Schraubengroßhandlung begonnen und mit 19 Jahren nach dem Tod des Vaters das Unternehmen übernommen. Beginnend in Deutschlands Nachkriegszeit entstand ein internationaler Weltkonzern mit Milliardenumsätzen. Vertrieb kennt keine Grenzen …

Von einem Zweimannbetrieb zu einem Milliardenkonzern. Marketing ist eine fundamentale Säule des Vertriebs, die Effektivität dieser entscheidend für den Vertriebserfolg. Große und bekannte Unternehmen haben einen hohen Wiedererkennungswert und sorgen systematisch mit gezielten Werbemaßnahmen, dass das gewünschte Image kontinuierlich gefördert wird und in den Köpfen ihrer Zielgruppe präsent bleibt. Um Werbung und die dahinterstehende Wirkungsweise zu verstehen, muss man sich mit der Natur des Menschen näher befassen.

Der Mensch ist eben kein homo oeconomicus. Im Vertrieb geht es um das Verständnis menschlicher Mechanismen. Das allseits beliebte „Eisbergmodell" von Sigmund Freud (1856–1939) zeigt die Komplexität des menschlichen Wesens, gerade im Zusammenhang mit unbewussten Emotionen, Gedanken oder Motiven des Menschen. Der Mensch – das „unbewusste" Wesen: Für das Treffen von Entscheidungen geht es nicht nur um Daten und Fakten. Ganz im Gegenteil: Die Durchblutung von Hirnarealen oder die Ausschüttung von Neurotransmittern (vgl. Felser 2015) – das auf neurologischen Prozessen basierende Neuromarketing ist ein wesentlicher Bestandteil geworden. Die bestehenden Erkenntnisse werden bereits aktiv umgesetzt. Unterschwellige Botschaften werden gezielt gestreut, um effektiv Einfluss zu nehmen. Die Gestaltung der Laufwege und Regalanordnungen im Supermarkt, Verpackungsdesign oder ausgewählte Düfte in Verkaufsräumen – alles kein Zufall – neurowissenschaftlichen Mechanismen begegnet man bereits häufiger als viele annehmen. Ziel ist die aktive Beeinflussung des Unterbewusstseins, um Konsumenten zur „richtigen" Kaufentscheidung zu bewegen.

Basis für Entscheidungen sind oft die vorherrschenden Assoziationen im Gedächtnis des Menschen, insbesondere im Zusammenhang mit dem jeweiligen Markenimage. Entsprechend bedeutsam sind im Vertrieb der Aufbau und die Förderung eines zielgruppenorientierten Images. Oft kreieren nicht selten die Unternehmen das beste Image, die objektiv nicht die besten Produkte oder Dienstleistungen am Markt anbieten. Diese haben oftmals mit Bezug auf die Zielgruppe die wirksamere Marketingstrategie. Im Kern geht es um Emotionalisierung und das Schaffen eines möglichst hohen Erinnerungswertes. Dies wird von den Werbetreibenden genutzt, indem sie zum Beispiel durch Humor, erotische Reize, schöne Bilder und passende Musik Emotionen erzeugen.

Unternehmen wie beispielsweise Media Markt, McFit oder Red Bull sind sehr präsent, fördern kontinuierlich mit einer gezielten Werbestrategie ihr gewünschtes Bild in der Öffentlichkeit. Im Folgenden soll aufgezeigt werden, welche psychologischen Phänomene die Unternehmen bei der Gestaltung ihrer Werbung nutzen und wie diese entsprechend wirken. *Wiederholung, Lernen am Modell und Konditionierung* sind dabei die drei psy-chologischen Prinzipien, die im jeweiligen Fall zum Tragen kommen.

Wiederholung

Das Prinzip der Wiederholung (vgl. Kroeber-Riel und Esch 2011) ist die einfachste Möglichkeit, längerfristig im Gedächtnis der Menschen zu bleiben. Der Elektrohänd-ler Media Markt agiert bewusst mit hohem Werbedruck und einprägsamen Slogans wie „Ich bin doch nicht blöd" oder „Hauptsache ihr habt Spaß". Ziel ist, sich nach-haltig im Gedächtnis der Zielgruppe zu platzieren und in relevanten Situationen von Konsumenten erinnert zu werden. Wenn Konsumenten beispielsweise Elektrotechnik suchen, wird ein Unternehmen wie Media Markt mit hohem Werbedruck eher erinnert als Unternehmen, die weniger präsent sind.

Lernen am Modell

Immer wieder sind in der Werbung auch bekannte Personen aus dem öffentlichen Le-ben zu sehen. Häufig haben sie eine Modellfunktion, sind berühmt, sympathisch und erfolgreich. Idealerweise kann sich die Zielpopulation der Werbemaßnahme gut mit dem Modell identifizieren und nimmt sie als Autorität wahr. Lernen am Modell (vgl. Kröber-Riel et al. 2009) wird häufig mit prominenten Personen umgesetzt. Entschei-dend ist das Image des Prominenten in der Öffentlichkeit, welches mit dem werbenden Unternehmen verknüpft werden soll. Die beiden Brüder und Sportstars Vitali und Wla-dimir Klitschko werben seit geraumer Zeit für die Fitnessstudiokette McFit. Allgemein stehen beide vor allem für Glaubwürdigkeit, Athletik und Erfolg. McFit soll mit diesen Werten in Verbindung gebracht werden und damit Anreize für die eigene Zielgrup-pe bieten, Mitglied zu werden. Mit Vitali und Wladimir Klitschko als Partner gelang es McFit Mitglieder zu gewinnen, die man sonst möglicherweise nicht erreicht hätte. McFit ist nach eigenen Angaben europaweit die Fitnessstudiokette mit den meisten Mitgliedern.

Konditionierung

Konditionierung, ein Reiz-Reaktionsverhalten (vgl. Felser 2015), wird ebenfalls gern in der Werbung genutzt. Ein exzellentes Beispiel dafür ist die Marke Red Bull, Hersteller von Energy-Drinks. In einer ihrer Werbespots wurden Sportler und Events dargestellt, die Red Bull unterstützt. Fast immer geht es um Sportarten, bei denen es vor allem um Geschwindigkeit, Ausdauer und Energie geht. Die Bandbreite ist groß: Sie reicht von Flugsportarten über Autorennen bis hin zu Eishockey und Fußball. Ein Leben am Limit, mit grenzenloser Energie und das Red-Bull-Logo gekonnt platziert. Ziel der Werbung ist, dass die Energy-Drinks mit dem Überwinden von Grenzen durch scheinbar unbegrenzte Energie in Verbindung gebracht werden. Unter anderem ein Klippenspringer während eines Sprunges aus schier unfassbarer Höhe, ein Surfer in-mitten meterhoher Wellen, der jubelnde mehrmalige Formel-1-Weltmeister Sebastian Vettel mit dem Emblem von Red Bull als Sponsor auf dem Overall. Diese Werbung beinhaltet Action und weckt Enthusiasmus. Entsprechend stimulierende Musik und eine gedankenanregende Stimme mit Fragen nach Grenzen im Leben in den Raum werfend, unterstützen den Spot und laden ihn emotional auf. Es geht nicht mehr um ein bloßes Getränk, sondern um die emotionale Verknüpfung des Red-Bull-Energy-Drinks und Grenzenlosigkeit.

Wenn potenzielle Konsumenten in verschiedenen Lebenssituationen Energiebedarf empfinden oder sich die Fragen des Spots stellen, soll ihr Gedächtnis dieser dann „Red Bull" abrufen und sie zur Kaufhandlung motivieren.

Der Spot endet mit der Message: „Wenn Du wirklich an etwas glaubst, ist alles möglich". Zudem wird „Willkommen in der Welt von Red Bull" eingeblendet, die Botschaft des Spots also mit der Marke verknüpft. Ob und wie wirksam die angebotenen Energy-Drinks wirklich sind, ist in diesem Zusammenhang sekundär, wichtig ist was der Konsument vor allem emotional assoziiert.

Ohne Vertrieb und Marketing hätte man von vielen nun bekannten und erfolgreichen Innovationen nie etwas erfahren beziehungsweise diese hätten sich nicht in dieser Weise entwickelt. Vertrieb und Marketing sind entscheidend für Unternehmenserfolg. Dies zeigt nur ansatzweise die Macht und Effekte eines funktionierenden Vertriebssystems.

15.3 Learnings für die Gesundheitswirtschaft: Vom Verwaltungs- zum Vertriebsdenken

Kostendruck, Personalmangel, gestresste Akteure, lange Wartezeiten – häufig stößt man als Patient heute auf ein recht starres System, das nur unzureichend auf die Zielgruppe ausgerichtet ist. Die Art der Zuneigung und der Behandlung für den Patienten steht oft stark in Abhängigkeit davon, in welcher „finanziellen Liga" und damit Kategorie man sich bewegt. Patienten sind oft noch den Autoritäten ausgeliefert, ihnen fehlt Transparenz mit Bezug auf Wissen, Behandlung und Behandlungsalternativen. Die Einstellung ist zudem von vornherein meistens auf Verwaltung eingestellt, Erwartungen der „Kunden" oft nicht fokussiert. Es stellt sich die Frage, wie dies aber zum immer stärker wachsenden Lifestyle-Produkt und Dienstleistungssektor Gesundheit passt. Mit Leidenschaft und Begeisterung Erwartungen übertreffen, besten Service beziehungsweise Empathie vor allem im persönlichen Umgang bieten. Das kann das Bild der Zukunft der neuen Gesundheitswirtschaft und das Ergebnis vertrieblichen Denkens und Handelns sein. Zum jetzigen Zeitpunkt oft Fehlanzeige. Für die Gesundheitswirtschaft geht es vor allem um die Themenfelder Kultur, Beziehungsebene und Image. Die Akteure der „neuen" Gesundheitswirtschaft können insbesondere bei diesen drei Aspekten vom Top-Vertrieb in Konsumgütermärkten lernen und der Trendentwicklung so gerecht werden. Der Wandel beginnt mit der Kultur. Der Kern aller Überlegungen muss die Zielgruppe sein.

Die Führungskräfte in der Gesundheitswirtschaft sollten neue Standards definieren sowie durch Change-Management kontinuierlich begleiten. Es empfiehlt sich für Organisationen, ein klares Leitbild im Umgang mit Konsumenten zu definieren, an denen sich alle orientieren können.

Dieses Leitbild enthält ein klar formuliertes Paradigma, welche Erwartungen der Gesundheitskonsumenten stellt und wie diese übertroffen werden können. Der Dienstleistungscharakter muss nachhaltig implementiert und gefördert werden. Führungskräfte müssen als Vorbilder wirken, um nachhaltig Bewusstsein für das tagtägliche Handeln zu schaffen. Die Überprüfung des Wandels sollte durch direkte und kontinuierliche Kommunikation in Form von Befragungen mit den Gesundheitskonsumenten regelmäßig überprüft werden. Dies ist im klassischen Vertrieb ein Basisfaktor, um ein Feedback für den Status und Entwicklung dieser Beziehung zu erhalten und Weiterentwicklung vorantreiben zu können.

Die Gesundheitswirtschaft sollte sich bewusst machen, dass die Qualität der Beziehung zu ihrer Zielgruppe entscheidend ist und gerade der Wandel zum informierten und selbstbewussten Gesundheitskonsumenten Veränderungen notwendig macht. Die Liebe zur Zielgruppe zeigt sich in der Tiefe des Wissens und ist Basis für die Kommunikation und Interaktion. Es geht um Verbundenheit und Detailwissen bis in die kleinste Einheit. Das ist das Fundament für herausragenden Vertrieb, begleitet von intrinsischer Motivation, Interesse und Begeisterung. Es geht um höchstmöglichen Anspruch im Denken und bei allen Maßnahmen. Eine in der Organisationskultur verankerte und vorgelebte positive Geisteshaltung ist als Basis des täglichen Denkens und Handelns zu verstehen.

Kontinuierliche Kommunikation mit Zielgruppe liefert nicht nur Ansatzpunkte für vertriebsrelevante Entscheidungen, sondern stärkt die Beziehungsebene zum Konsumenten. Quantitativ und qualitativ sollten hierbei bestmögliche Informationen gewonnen und analysiert werden. Menschen werden heute mit unzähligen Einflüssen konfrontiert, sind immer besser informiert, sodass ständiger Wandel stattfindet. Erwartungen können durch Überraschungen übertroffen werden. In der neuen Beziehung geht es darum, im Dialog zu bleiben und sich gegenseitig als Partner zu verstehen. Der „neue" Gesundheitskonsument (vgl. Zukunftsinstitut 2015) sucht sich aus verschiedensten Quellen seine Unterstützung. Individuelle Ansprache und zugeschnittene Angebote sind die Zukunft und steht im Mittelpunkt vertrieblichen Denkens. Jede Krankenschwester, jeder Arzt und jeder Pfleger kann zu mehr Begeisterung durch das Übertreffen von Erwartungen hinsichtlich Empathie, Kommunikation und Service täglich beitragen. Krankenhäuser, Arztpraxen und Reha-Zentren könnten zum Beispiel Fokusgruppen bilden, in denen auch Gesundheitskonsumenten involviert werden und die gemeinsam mit Experten den Dienstleister entwickeln und verbessern.

Der moderne Gesundheitskonsument erwartet vor allem Ausbildung, Fachkompetenz, transparente Informationen in der Behandlung, kurze Wartezeiten und Empathie. Hinsichtlich notwendiger Entwicklung gibt es ebenfalls interessante Ergebnisse, wo die Deutschen größten Handlungsbedarf sehen (vgl. Zukunftsinstitut 2015). Dieser liegt insbesondere bei besserem Zugang zu Gesundheitsinformationen, ein besseres Angebot alternativer Behandlungsmethoden und besseren persönlichen Umgang durch Ärzte und medizinisches Personal. Statt Hektik und oberflächlichen Kontakt, wünschen sich

Gesundheitskonsumenten Empathie und Menschlichkeit. Jeder Dienstleister im Gesundheitssektor sollte gemeinsam mit der Zielgruppe prüfen, wie die individuellen Erwartungen und Wünsche erfüllt und übertroffen werden können. Image ist ein entscheidender Aspekt für die „neue" Gesundheitswirtschaft. Gesundheit ist Lifestyle – der Gesundheitskonsument hat sich gewandelt, die Industrie muss mit Bezug auf das Image nachziehen. Ein Beispiel für gelungenen Imagewandel ist die Chemieindustrie. In den vergangenen Jahrzehnten sah sich dieses noch mit zahlreichen Umweltskandalen konfrontiert. Durch Investitionen in technologische Innovationen, produktionsintegrierten Umweltschutz und effektivem Marketing konnte man das Image signifikant verbessern. Konsumenten betrachten die Produkte gerade im Haushalt als „Helfer" und kaufen ungehemmt. Regelmäßige Events mit sportlichen Inhalten sollten das Thema Lifestyle aufgreifen. Ziel sollte der Aufbau einer Community sein, in der man sich gegenseitig motiviert, vernetzt und voneinander lernt. Auch hier gibt es zahlreiche Beispiele aus dem Vertrieb, wo beispielsweise Autohäuser Golfturniere organisieren und somit eine Community aufbauen und Verbundenheit fördern. Insbesondere Arztpraxen und Krankenkassen könnten dies effektiv umsetzen und im gemeinsamen Dialog das Verständnis für die Erwartungen der Konsumenten fördern und ausbauen.

Emotionen und Begeisterung wecken, mit überraschenden Aktionen in Erscheinung treten, neue Wege im Marketing gehen. Organisationen aus der Gesundheitswirtschaft können mit Mut und Kreativität an einem positiveren Image arbeiten und somit attraktiver für den neuen Gesundheitskonsumenten werden.

Humor, erotische Reize – um wirklich im Gedächtnis zu bleiben beziehungsweise das Image der einzelnen Anbieter signifikant zu verändern, können bewusst auch provokante Elemente genutzt werden. Insbesondere mithilfe der zuvor dargestellten Werbemechanismen erfolgreicher Top-Marken können sich die Dienstleister der Gesundheitsindustrie erheblich verbessern. Meistens sind beispielsweise Wände in Krankenhäusern und Arztpraxen immer weiß und harmonische Elemente Fehlanzeige. In einem Krankenhaus zu sein, bedeutet für Betroffene oftmals Stress. Ängste, Unbehagen kennzeichnen oft die Gefühlslage.

Das Design und die Farben des Krankenzimmers können Gesundheitskonsumenten möglicherweise zu Ruhe und Entspannung verhelfen, wodurch auch der Genesungsprozess unterstützt werden kann. Nicht nur der Handel kann Neuromarketing nutzen und mit Design, Atmosphäre und Düften das Unterbewusstsein der Konsumenten vertriebsfördernd erreichen. Auch Dienstleister in der Gesundheitswirtschaft sollten Bestehendes hinterfragen und andere, neue Möglichkeiten prüfen. Oft wird nicht hinterfragt und Bestehendes als gegeben hingenommen. Eine Veränderung könnte Konsumenten positiv überraschen und dem Image förderlich umgesetzt werden. Verbände der verschiedenen Dienstleister, zum Beispiel der Krankenhäuser, könnten Image-Werbespots mit „Aha-Effekt" kreieren. Die Helden der Gesellschaft – Ärzte im OP-Saal als Lebensretter mit Maßarbeit, in letzter Sekunde landende Rettungshubschrauber, empathisch beistehende Krankenschwestern – ein Einblick in den Alltag verknüpft mit emotional aufladender Musik und spektakulär inszenierten Szenen würde Aufmerksamkeit und Bedeutsamkeit insbesondere durch Wiederholung erhöhen. Details bestimmen den Effekt, der „Aha-Effekt" entscheidet. Krankenkassen können beispielsweise Prominente mit Präsenz, Autorität und Attraktivität nutzen und damit auch sonst eher ferne Teile der Zielgruppe erreichen. Auch eine sich widersprechende Kombination, Krankenkasse und Rockstar, kann Aufmerksamkeit erregen. Wichtig hierbei ist, dass der Prominente Marktmacht und Autorität besitzt. Ein erfolgreicher Rockstar könnte beispielsweise in einem entsprechenden Werbespot mit dem angebotenen Repertoire gesundheitsförderlicher Aktivitäten einer Krankenkasse verknüpft werden. Auch eine sich widersprechende Kombination kann Aufmerksamkeit erregen. Musik, Handlungen und Werbeaussage müssen im Ergebnis, gemeinsam wirkend, emotionalisieren. Sobald einzelne Dienstleister aus der Gesundheitswirtschaft mit neuen Impulsen im Bereich Vertrieb und Marketing erfolgreich sind, werden andere Anbieter folgen, sodass immer wieder neue Ideen beziehungsweise Herangehensweisen entwickelt werden können. Es gibt somit verschiedene Möglichkeiten, wie die Dienstleister der Gesundheitswirtschaft mit Strategie durch neue Wege den Gesundheitskonsumenten emotional erreichen und das Image der gesamten Industrie fördern können.

15.4   Zusammenfassung und Ausblick

Quo vadis Gesundheitswirtschaft. Vom Verwaltungs- zum Vertriebsdenken: Dieser entscheidende Paradigmenwechsel bietet Chancen für die gesamte Gesundheitswirtschaft, für die einzelnen handelnden Akteure und für die Gesellschaft. Ein entscheidender Schlüssel insbesondere für die Führungskräfte ist es, das Bewusstsein für die Erwartungen des Gesundheitskonsumenten zu schaffen. Es bedarf einer emotionalen Grundlage, die vor allen Dingen im Zusammenhang mit gelebter Organisationskultur und dem Vorleben der Führungskräfte steht. Der in diesem Kapitel herausgearbeitete Geist und die Systematik des Vertriebes legt den Entscheidern der Gesundheitswirtschaft verschiedene bedeutsame Ansatzpunkte nahe:

1. Kultur: Definition und Veränderung der jeweiligen Organisationskultur mit dem Ziel, eine neue Geisteshaltung zu implementierten. Der Fokus der Branche lag bisher vor allem auf dem Zweck, nicht auf der Zielgruppe. Dies wird mit dem neuen Gesundheitskonsumenten nicht mehr ausreichend sein. Pro-aktive und punktgenaue Zielgruppenansprache, Erwartungen übertreffen, außergewöhnlichen Service – das sind die Ansatzpunkte einer vertriebsorientierten Kultur. Die neuesten Trends (vgl. Zukunftsinstitut 2015) im Denken und Handeln der Konsumenten mit Bezug zum Lifestyle-Produkt Gesundheit, erhöhen die Notwendigkeit, vertriebliche Geisteshaltung anzunehmen und Maßnahmen zu ergreifen.
2. Beziehungsebene: Pro-aktive Interaktion und gezieltere Kommunikation zwischen Akteuren der Gesundheitswirtschaft und den Gesundheitskonsumenten insbesondere mit dem Ziel der Zielgruppenfokussierung. Sinnvoll wären Analysen zur Bildung einer Grundlage für gezielte Aktivitäten sowie höhere Standards im Umgang. Zudem ist

die Involvierung der Gesundheitskonsumenten in den Entwicklungsprozess stark anzuraten, um die Beziehung zu fördern und mehr Verständnis füreinander aufzubauen. Die Akteure der Gesundheitswirtschaft sollten sich als Manager an der Seite des Gesundheitskonsumenten sehen und ihn mit Empathie begleiten. Durch neue Informationsquellen des Gesundheitskonsumenten, sollte das Verhältnis nun kooperativ beziehungsweise partnerschaftlich gestaltet werden.

3. Image: Vertriebs- und Begeisterungsorientierung kann der Gesundheitswirtschaft ein und hinsichtlich ihrer Zielgruppe besseres Image verleihen. Es ist stark anzuraten, psychologische Phänomene werbewirksam zu nutzen und von den Top-Marken zu lernen. Des Weiteren sind der tägliche Kontakt und die praktische Umsetzung der Dienstleister zum Gesundheitskonsumenten bedeutsame Aspekte für eine Imageverbesserung der gesamten Gesundheitswirtschaft, zu der jeder Akteur täglich beitragen kann. Ein interessanteres, auch mal provozierendes Image, kann die Wahrnehmung bei den Gesundheitskonsumenten stärken und den Wiedererkennungswert erhöhen.

Steigender Kostendruck, Personalmangel und eine immer älter werdende Bevölkerung verlangen einen Mentalitätswandel, um vorhandene Potenziale besser zu nutzen, zum Beispiel im Bereich Prävention. Vertriebliche Geisteshaltung mit all den dargestellten Facetten wird insbesondere perspektivisch einen entscheidenden Faktor darstellen. Wenn der Wandel zur vertriebsorientierten Gesundheitswirtschaft gelingt, stünde statt bloßer Nutzenorientierung der Gesundheitskonsument im Mittelpunkt aller Überlegungen und Handlungen. Eine zielgruppenorientierte Gesundheitswirtschaft mit all ihren Facetten kann die Basis für eine bessere Kooperation zwischen Gesundheitsmanager und -konsument und höhere Behandlungsqualität sein. Dies kann unter anderem zu höherer Partizipation der Konsumenten an professionell begleiteten gesundheitsförderlichen Maßnahmen führen, wodurch ein signifikantes Senken der Krankheitskosten möglich erscheint. Dieser Paradigmenwechsel kann zudem die Attraktivität der Gesundheitswirtschaft als Tätigkeitsfeld erhöhen. Jeder einzelne Akteur ist bedeutsam und hat die Gelegenheit, tagtäglich zum Gelingen des Wandels beitragen.

Drei Learnings für die Gesundheitswirtschaft

1. In der Gesundheitswirtschaft sollte sich eine vertriebliche Geisteshandlung einstellen: Lieben Sie Ihre Produkte und Dienstleistungen.
2. Gezielte Kommunikation zwischen Akteuren der Gesundheitswirtschaft und den Gesundheitskonsumenten sind eine wichtige Prämisse für Ihren Erfolg.
3. Sie sollten sich zu einer Markenmedizin entwickeln und Ihr Image pflegen.

Literatur

Bertelsmann-Stiftung (2012). *Bürger wollen kein Wachstum um jeden Preis.* Gütersloh: Bertelsmann-Stiftung.

Dueck, G. (2011). *Professionelle Intelligenz. Worauf es morgen ankommt.* Frankfurt am Main: Eichborn-Verlag.

Felser, G. (2015). *Werbe- und Konsumentenpsychologie* (4. Aufl.). Heidelberg: Springer.

Hültenschmidt, N., Eliades, G., Singh, K., & Danke, I. (2011). *The End of Healthcare... as we know it?* Bain & Company.

Kroeber-Riel, W., & Esch, F.-R. (2011). *Strategie und Technik der Werbung* (7. Aufl.). Stuttgart: Kohlhammer Verlag.

Kroeber-Riel, W., Weinberg, P., & Gröppel-Klein, A. (2009). *Konsumentenverhalten* (9. Aufl.). München: Verlag Vahlen.

Zukunftsinstitut GmbH & Philips GmbH (2015). *Die Philips Gesundheitsstudie. Wie Vertrauen zum Treiber einer neuen Gesundheitskultur wird.* Frankfurt am Main.

Martin Tobry (B.Sc) absolvierte zunächst eine kaufmännische Ausbildung im Handel und parallel dazu eine Weiterbildung zum Handelsassistenten. Danach studierte er Wirtschaftspsychologie (FH Bielefeld) und erhielt währenddessen aufgrund von akademischen Leistungen und seinem sozialen Engagement mehrere Stipendien. Am Ende schloss er das Studium als Jahrgangsbester ab. Während seines Studiums ging er für ein Semester in die USA (Hawaii Pacific University) sowie für ein Projekt im Rahmen eines Praktikums nach China (Audi AG, Dealer Development). Seit Juli 2014 ist Martin Tobry im Vertrieb bei einer deutsch-amerikanischen Vermögensverwaltung tätig und konnte bereits verschiedene unternehmensinterne Vertriebsrekorde erzielen.

Teil IV
Kultur & Soziales

Was kann die Gesundheitswirtschaft aus Organisations- und Sozialstrukturen in Kulturorchestern lernen?

Barbara Buchberger

Zusammenfassung

Die Zusammenarbeit von Musikern in größeren Ensembles wie beispielsweise in Orchestern wird gerne als Vorbild heraufbeschworen, wenn an eine gemeinschaftliche Gesinnung appelliert wird, die zu einer hervorragenden Arbeitsleistung führen soll: Wie aus einem Guss, in gemeinsamem Geist und natürlich in Harmonie soll das Gesamtwerk der Beteiligten entstehen. Ohne das Geheimnis vollständig aufdecken oder gar die Faszination zerstören zu wollen, die Auftritte von Symphonieorchestern oft auch mit virtuosen Instrumentalsolisten für Konzertbesucher haben, werden im folgenden Artikel Mythen und Fakten über die Organisations- und Sozialstrukturen in Orchestern präsentiert. Einzelne Aspekte wie beispielsweise ein sehr deutlich definiertes Ziel, das alle erreichen wollen, sind durchaus auch als Vorbild für ein erfolgreiches und zufriedenstellendes Arbeiten in anderen Organisationsstrukturen geeignet. Schwieriger wird es mit der Vergleichbarkeit bei der Synchronizität von Arbeitsabläufen, sei es zu Beginn oder zum Ende eines aufzuführenden Werkes, denn niemand käme zum Beispiel auf die Idee, einen Schlussakkord als Deadline zu bezeichnen. Mit welchem Ausmaß an Vorbereitung allerdings eine Probenarbeit beginnt, beziehungsweise ein Projekt oder eine bestimmte Projektphase beginnen sollte, lässt sich wiederum diskutieren und durchaus vorbildhaft für die Arbeit zum Beispiel in Gesundheitsausschüssen oder -gremien, Forschungsteams oder Abteilungen von Krankenkassen ableiten.

B. Buchberger (✉)
10555 Berlin, Deutschland
E-Mail: barbara.buchberger@medman.uni-due.de

© Springer Fachmedien Wiesbaden 2017
D. Matusiewicz und M. Muhrer-Schwaiger (Hrsg.), *Neuvermessung der Gesundheitswirtschaft*, FOM-Edition, DOI 10.1007/978-3-658-12519-6_16

16.1 Hintergrund

Berühmte Konzerthäuser wie das Concertgebouw Amsterdam, die Hamburger Musikhalle oder das Konzerthaus am Gendarmenmarkt in Berlin verbreiten auch heute noch die Atmosphäre, die Besucher von Konzertabenden mit klassischer Musik anzieht. Festlich gekleidetes Publikum versammelt sich zur Einstimmung im Foyer, nimmt nicht selten noch eine Erfrischung zu sich, taxiert stadtbekannte Persönlichkeiten sowie andere Besucher und ihre Garderobe und tauscht sich mit Bekannten aus, die möglicherweise auch über ein Abonnement verfügen. Programmhefte werden erworben und studiert, und nach Ertönen eines Gongs werden die Plätze aufgesucht und eingenommen. Das Licht im Zuschauerraum wird gedämpft, die Spannung des Publikums wächst, und unter Applaus tritt das Orchester auf: die Herren in Frack und Lackschuhen, die Damen im knöchellangen Abendkleid.

Das sind verlässliche Rituale, die viele Konzertbesucher genießen und auch bewusst dazu nutzen, von einem Arbeitsalltag abzuschalten und sich hörend und sehend der faszinierenden Atmosphäre eines klassischen Konzertes hinzugeben.

16.2 Fakten und Mythen aus Organisations- und Sozialstrukturen

Fakten I: Der Rahmen
Im Jahr 2016 gibt es in Deutschland 131 professionelle, öffentlich finanzierte Kulturorchester mit 9816,1 Planstellen (Deutsche Orchestervereinigung 2016a). Von diesen sind 82 Theaterorchester, die in der Regel die städtischen Bühnen mit Opern, Operetten und Musicals bespielen, aber auch Konzertreihen mit Symphoniekonzerten unterhalten. 29 Orchester sind reine Konzertorchester, acht sind Kammerorchester mit wenigen Instrumentalisten und zwölf Rundfunkorchester (Deutsche Orchestervereinigung 2016b). Die Eingruppierung und Vergütung ist mit Ausnahmen wie beispielsweise den Berliner Philharmonikern und den Rundfunkorchestern im Tarifvertrag für Musiker in Kulturorchestern (TVK) festgelegt, demzufolge man in sogenannten A-Orchestern mit durchschnittlich 100 Planstellen am besten verdient, gefolgt von B-, C- und D-Orchestern mit jeweils weniger Planstellen und Verdienst. Generell erhalten alle Bläser und Schlagzeuger Tätigkeitszulagen, da sie quasi solistisch arbeiten beziehungsweise einzeln herauszuhören sind, sowie auch die Konzertmeister und Stimmführer der Streicher, die an den vorderen Pulten sitzen, ihre Stimmgruppen anführen und mit dem Dirigenten insbesondere während der Proben unmittelbar Absprachen treffen.

Die Mitwirkung eines Musikers an Aufführungen und Proben wird als Dienst bezeichnet. Die Länge eines Dienstes reicht mit wenigen Ausnahmen von zweieinhalb Stunden für reine Orchesterproben bis zu drei Stunden für Orchesterproben mit Bühnengeschehen oder Haupt- und Generalproben vor Aufführungen (Mertens 2010, § 12 Abs. 4 TVK). In Ausnahmefällen können Letztere auch sieben oder acht Stunden dauern. Die Anzahl der Dienste wird pro Musiker berechnet und richtet sich nach der Größe und den Aufgaben des Kulturorchesters. „Der Musiker ist verpflichtet, im Durchschnitt von acht Kalender-wochen bzw. bei Konzertorchestern von 16 Kalenderwochen [...] wöchentlich höchstens acht Dienste zu leisten." (Mertens 2010, § 15 Abs. 2 TVK). Im Gegensatz zur kollekti-ven Arbeitszeit ist die individuelle Arbeitszeit, die aus häuslichem Üben, Einrichten von Noten und der Instrumentenpflege besteht, nicht tarifvertraglich geregelt.

Mythen I: Der Rahmen

Die Arbeitsbedingungen für Orchestermusiker müssen auf Konzertbesucher vordergrün-dig beneidenswert wirken: Gespielt wird in prächtigen Konzertsälen und auf wunder-schönen Instrumenten, Scheinwerferlicht ist auf die Musiker gerichtet, und ungeteilte Aufmerksamkeit wird ihnen geschenkt; es herrschen Harmonie in Klang und Bewegung sowie eine festliche Atmosphäre. Dass es etwas Wunderbares sein muss, „sein Hobby zum Beruf gemacht zu haben", ist die Meinung nicht weniger Menschen.

In der Wahrnehmung der Musiker verhält es sich allerdings in vielerlei Hinsicht anders. Schon die prächtigen Konzertsäle haben ein Raumklima, in dem eine große Trocken-heit herrscht, die sich insbesondere auf die Atmung der Bläser belastend auswirkt. Frack, Hemd mit Bauchbinde und Lackschuhe, die für Herren in der Kleiderordnung des TVK für Konzerte vorgeschrieben sind, sind in der Regel für die erhöhte Raumtemperatur, die den Damen im Publikum das Tragen von Abendgarderobe ermöglicht, ungeeignet. Das Scheinwerferlicht tut sein Übriges. Im Winter hingegen, speziell in der Weihnachtszeit und zu den Osterfeiertagen, finden viele Konzerte in Kirchen statt. Eigentlich liegt es auf der Hand, dass die Temperatur, die das Publikum sich in Schals und Mäntel hüllen lässt, auch Hände, Finger und Lippen der Musiker angreift. Für das professionelle Bedienen der Instrumente sind diese dadurch nicht ausreichend warm und durchblutet. Darüber hin-aus reagieren auch die wertvollen Instrumente auf Hitze und Kälte am Arbeitsplatz mit Verstimmen oder sogar Schäden durch Risse im Holz.

Die erhöhte Position der Bühne, die in manchen Konzertsälen sogar wie eine Arena oder Manege von Zuschauerrängen umgeben ist, lässt die Musiker wie auf einem Präsen-tierteller arbeiten. Ungehindert und ununterbrochen werden sie während einer Aufführung beobachtet, was die ohnehin eine hohe Konzentration erfordernde Tätigkeit erschwert.

Eine andere Herausforderung stellen Orchestergräben als Arbeitsplatz dar, in denen die Musiker bei Musiktheater-Aufführungen spielen. Dicht gedrängt sitzen die Musiker nebeneinander, und insbesondere für Streicher, deren Bögen bis zu 75 cm lang sind, gibt es häufig den im wahrsten Sinne des Wortes notwendigen Spielraum nicht. Tatsächlich ist auch die Unfallgefahr durch von der Bühne herabfallende Gegenstände oder herab-stürzende Menschen nicht gering. Trotz des im anglo-amerikanischen Sprachgebrauch verwendeten Begriffs „operating theatre" für einen Operationssaal und intensiver Be-leuchtung sind die Arbeitsplätze von Ärzten und Musiker in Bezug auf das Arbeiten unter Beobachtung, der Größe des Teams und den klimatischen Bedingungen nicht vergleich-bar, hinsichtlich von Hierarchien (s. nachfolgende) und wünschenswerterweise sehr gut strukturierten Abläufen jedoch schon.

Seit Beginn der 1980er-Jahre wird zu spezifischen Erkrankungen als arbeitsmedizinischen Aspekten des professionellen Musizierens intensiver geforscht. Das Auftreten dieser Erkrankungen steht in engem Zusammenhang mit den überwiegend nicht als ergonomisch zu bezeichnenden Instrumenten und den Arbeitsbedingungen (Schuppert und Altenmüller 1999). In einer Studie von 1988 berichteten von 2212 amerikanischen Orchestermusikern 76 % von einem aktuellen oder früheren medizinischen Problem, das sie bei der Berufsausübung behinderte und die Qualität ihres Spiels beeinflusste (Schuppert und Altenmüller 1999). Am häufigsten wurden Lampenfieber und die psychische Belastung genannt, gefolgt von Schmerz- und Bewegungsproblemen im Rückenbereich und der oberen Extremitäten. Eine Befragung in deutschen Berufsorchestern ergab, dass 86 % der Musiker, die ein Streichinstrument spielten, unter akuten oder zeitweiligen Problemen des Stütz- und Bewegungsapparates litten (Blum 1995). Je nach Sitzposition im Orchester kann auch der Schalldruck gesundheitsschädigend wirken, denn es werden Spitzen-Lautstärken zwischen 120 und 128 dB erreicht (Schuppert und Altenmüller 1999). In der musikermedizinischen Behandlung sind das akute und das chronische Schmerzsyndrom in Form von Überlastungssyndromen häufige Diagnosen, sowie auch verschiedenartige Sehnenerkrankungen, tätigkeitsspezifische Koordinationsstörungen, Nervenkompressionssyndrome, Lampenfieber, Depressionen, Hörsturz und Tinnitus (Schuppert und Altenmüller 1999). Nicht unerwähnt bleiben sollte, dass Musiker, anders als Ärzte oder Pflegepersonal, generell ohne Nacht-, Wochenend- oder Feiertagszuschlag arbeiten.

Fakten II: Die Sozialstruktur

Ein Orchester setzt sich aus verschiedenen Instrumentengruppen zusammen. Die größte bildet die Gruppe der Streicher, die in einem D-Orchester wie Gießen aus 15 Geigen, vier Bratschen drei Celli und zwei Kontrabässen besteht – in einem durchschnittlich großen A-Orchester wie beispielsweise Braunschweig sind es für dieselben Instrumentengruppen 29, neun und jeweils sieben Musiker. Ein zweifacher Holzbläsersatz, also zwei Querflöten, Oboen, Klarinetten und Fagotte, sowie zwei Trompeten, Posaunen und drei Hörner sind die Mindestbesetzung für Bläser in einem D-Orchester. C-Orchester spielen durchschnittlich mit einem dreifachen Holz- und Blechbläsersatz sowie vier Hörnern, und A- sowie Rundfunkorchester mit bis zu jeweils sechsfachem Bläsersatz und zehn Hörnern. Schlagzeug und Pauke können entsprechend der Orchestergröße einfach, aber auch bis zu insgesamt sechsfach besetzt sein, Harfen sind in der Regel einfach besetzt.

Das Orchester hat eine klare Hierarchie, die vom Dirigenten, über die Konzertmeister und Stimmführer, erstes, zweites, drittes usw. Pult bei den Streichern beziehungsweise Solobläsern und beispielsweise erste, zweite usw. Flöte durch Gehalt und Funktionszulagen geregelt ist. Mit Ausnahme von solistischen Parts, die von den Konzertmeistern oder Stimmführern übernommen werden, spielen die Musiker in den einzelnen Streichergruppen alle dieselbe Stimme und teilen sich daher auch ein Notenpult. Bläser hingegen spielen beinahe ausschließlich unterschiedliche Stimmen; 60 bis 70 % der Streicher sind reine Tuttisten. Die Einteilung der Dienste übernimmt jeweils ein Mitglied einer Stimmgruppe, der dafür nicht gesondert vergütet wird, und im Fall von Krankheit für Ersatz sorgen muss; gegebenenfalls müssen externe Musiker als sogenannte Aushilfen bestellt werden, die sowohl in anderen Berufsorchestern beschäftigt, als auch freiberuflich tätig sein können.

Der Chefdirigent oder Generalmusikdirektor ist der künstlerische Leiter eines Orchesters und dirigiert je nach Art des Orchesters die Hauptwerke eines Spielplans oder von Konzertreihen. Darüber hinaus besteht die Möglichkeit, Gastdirigenten zu beschäftigen. In Theaterorchestern ist in der Regel mindestens ein Kapellmeister angestellt, der Proben und Aufführungen übernehmen kann.

Mythen II: Die Sozialstruktur
Die Faszination, die für das Publikum von gelungenen Aufführungen komplex strukturierter Handlungsabläufe ausgeht, die nicht nur jeder einzelne der Beteiligten, sondern alle auch gemeinsam bewältigen müssen, ist groß. Allerdings täuscht die Annahme, dass die von allen Musikern gleichzeitig erzeugte akustische und motorische Dynamik auch auf einer mehr als gewöhnlich unter Arbeitskollegen vorhandenen Sympathie oder freundschaftlichen Verbundenheit beruht, Freundschaften unter Orchesterkollegen sind selten. Eine der Ursachen dafür ist die Tatsache, dass Musiker ihre kollektive Arbeit nicht nur unter den Augen des Publikums, sondern auch unter ständiger Beobachtung der Kollegen verrichten. Das erzeugt einen hohen Leistungsdruck, denn schlecht gespielte Passagen sind kaum bis gar nicht zu verbergen. In den Streichergruppen ist das noch am ehesten möglich, doch auch für Tuttisten ist es undenkbar, einzelne Stellen oder Töne wegzulassen, da es der Pultnachbar auf jeden Fall registriert und die Toleranz im Kollegium in dieser Hinsicht verschwindend gering ist. Der zeitlich determinierte Ablauf der Musik macht es auch vollkommen unmöglich, aus konditionellen Gründen oder aufgrund schlechter individueller Vorbereitung ein eigenes Arbeitstempo anzuschlagen. Ein Berufsorchester ist ein weitgehend geschlossenes System, das eine gewisse physische und psychische Verbundenheit als notwendige Bedingung voraussetzt und als sein eigenes Korrektiv wirkt.

Die Sozialstruktur eines Orchesters ist darüber hinaus durch die Konzert- und Opernliteratur geprägt, aufgrund derer Streicher nahezu ohne Pause spielen, Holzbläser und Hörner weniger und Blechbläser nur zeitweilig. Bei den einen Musikern besteht die Herausforderung in der Bewältigung von sehr vielen Tönen und bei den anderen Musikern quasi in der Bewältigung der Pausen; das heißt, dass nach längerer Spielunterbrechung ohne Kontakt zum Instrument mit höchster Konzentration auf hohem technischen Niveau gespielt werden muss – bei Blechbläsern sind diese Stellen in der Regel auch noch sehr gut hörbar. Anders als während eines Konzertes, in dem sie bis zu 25 min und länger untätig auf der Bühne sitzen müssen, können Blechbläser in Opernaufführungen ganze Akte lang den Graben verlassen, um entweder richtig zu entspannen oder aber den Kontakt zum Instrument herzustellen. Ein weiterer, literaturbedingter Unterschied zwischen den Instrumentengruppen ist die üblicherweise nur zweifache oder dreifache Blech- und Holzbesetzung, die zu deutlich weniger Diensten für Bläser führt, insbesondere in großen Orchestern. Das Wahrnehmen musikalischer Gelegenheitsgeschäfte, sogenannter Muggen, mit zusätzlichem Verdienst, nicht selten als Aushilfe in anderen Berufsorchestern, ist unter Blechbläsern weit verbreitet. Durch die Zulage als Solist und die Möglichkeit, attraktive Konzert- oder Bühnenverpflichtungen außerhalb des eigenen Orchesters zu übernehmen, kann im Vergleich zu einem Tuttisten leicht eine Gehaltsdifferenz von mehr als 1000 € entstehen.

Neid entsteht aber nicht nur aufgrund unterschiedlicher Verdienstmöglichkeiten. Streicher sind überwiegend als Tuttisten angestellt und haben infolge der zahlreichen Dienste selten die Gelegenheit und Energie, als Solisten oder Kammermusiker aufzutreten. Im Gegensatz dazu steht die überwiegend solistische Literatur, mit der man sich als Streicher während der Ausbildung auseinandersetzt, weswegen auch 53 % der Streicher in einer Befragung angaben, Solist werden zu wollen, hingegen nur 16 % der Bläser (Erd 1987). Den Ergebnissen einer Umfrage bei den Wiener Symphonikern zufolge sahen 60 % aller Musiker des Orchesters den Beruf unabdingbar mit Neid verbunden, von regelrechter Feindschaft mit Kollegen berichteten 36 % (Erd 1987).

Der Dirigent als notwendige Bedingung für das Funktionieren eines Orchesters wird in seiner Rolle überschätzt. Erfahrene Konzertmeister, Stimmführer und Bläsersolisten sind durchaus in der Lage, den Ablauf eines Konzertes zu steuern, wie man es auch an Kammerkonzerten sehen kann, die ohne Dirigent stattfinden. Mit der Größe der Besetzung wächst allerdings die Schwierigkeit, alle Stimmen zu koordinieren. Je nach Schlagtechnik ist ein Dirigent für die Orchestermusiker durchaus eine Unterstützung, und in Bühnenaufführungen kann er wesentlich dazu beitragen, die Synchronizität des musikalischen Geschehens zu garantieren, die durch die räumliche Trennung von Gesangssolisten auf der Bühne und Musikern im Orchestergraben erschwert wird. Sprachliche Gewandtheit und ein gut gewählter Tonfall sind wichtige Voraussetzungen für eine gelungene Probenarbeit, in der ein Dirigent ein Orchester von seiner Vorstellung der zu spielenden Stücke überzeugen kann. Verfügt ein Dirigent über Charisma und ausdrucksvolle, ästhetisch ansprechende Gesten, die seine Vorstellung von der Musik repräsentieren, motiviert das Orchestermusiker in der Regel ebenfalls.

Fakten III: Karriere

Anders als bei einem angehenden Arzt, der ein vergleichsweise langes Studium an einer Universität absolvieren muss, dem sich dann noch eine Facharztqualifikation anschließen kann, beginnt die Ausbildung eines Orchestermusikers nicht erst im jungen Erwachsenenalter, sondern bereits in der Kindheit. Oft erfolgt der erste Kontakt zur Musik über die Teilnahme an musikalischer Früherziehung oder das Erlernen der Blockflöte. Streicher beginnen meist schon in der Vorschulzeit mit dem Instrumentalunterricht, Bläser in der Regel später. Die Sozialisierung der jungen Musiker setzt ab dem dritten, eher aber ab dem zweiten Jahr des Instrumentalunterrichts ein. Am Anfang steht das Zusammenspiel mit wenigen Kindern, dann folgt die Teilnahme an größeren Spielkreisen und im weiteren Verlauf das Mitwirken in Kinder- und Jugendorchestern. Neben dem wöchentlichen Einzelunterricht und dem dafür erforderlichen häuslichen Üben verbringt das Kind jede Woche zusätzlich Zeit in Spielkreisen oder Orchestern. Ohne motivationale, emotionale und nicht zuletzt auch finanzielle Unterstützung eines Elternhauses sind Musikerkarrieren selten möglich.

Ein größerer Entwicklungsschritt kann die Teilnahme am Wettbewerb „Jugend musiziert" sein. Bei hoher Bewertung kann eine Aufnahme in ein Landesjugendorchester oder das Bundesjugendorchester erfolgen; geprobt wird in Arbeitsphasen während der Ferien und an Wochenenden. Darüber hinaus bieten städtische Musikschulen eine Begabten- sowie Studienförderung in Form von zusätzlichem Instrumental-, Klavier- und Theorieunterricht an.

Ein Musikstudium an einer Hochschule kann bei großer Begabung und nach dem Absolvieren einer Aufnahmeprüfung bereits vor Abschluss der Schulzeit aufgenommen werden. Die Kinder oder Jugendlichen erhalten dann als sogenannte Jungstudenten wöchentlichen Instrumentalunterricht bei einem Professor oder Dozenten. Ein ordentliches Studium setzt ebenfalls das Bestehen einer Aufnahmeprüfung voraus. Die Studienplätze sind insbesondere bei bekannten oder berühmten Musikern begehrt. Nicht selten spielen 20 Kandidaten für einen einzigen Platz vor. Jeder Student erhält Unterricht im Haupt- und Nebenfach, üblicherweise Klavier. Darüber hinaus ist der Besuch von Vorlesungen in Musikgeschichte, von Seminaren in Tonsatz und Gehörbildung sowie die Teilnahme an Probenphasen und Konzerten des Hochschulorchesters verpflichtend. Die vorlesungsfreie Zeit nutzen viele Studenten zum Besuch von Meisterkursen oder nehmen an Arbeitsphasen von Orchestern wie beispielsweise dem Bundesstudentenorchester oder dem Schleswig-Holstein-Festival-Orchester teil.

Um in einem Kulturorchester eine Stelle zu bekommen, muss ein Probespiel bestanden werden, das aus drei Runden besteht. Vorzutragen sind ein Satz eines klassischen und eines romantischen Instrumental-Konzertes, sowie ausgewählte Orchesterstellen und gegebenenfalls Soli aus Opern oder Symphonien.

Mythen III: Karriere

Das Erlernen, Studieren und Spielen eines Orchesterinstruments ist für den einzelnen Musiker oftmals, aber nicht unentwegt Anlass großer Freude, Zufriedenheit und Wohlbehagen. Ein beachtlicher Teil der Arbeit besteht aus Handwerk, was das Wort Technik ursprünglich auch bedeutet. Die Technik zu beherrschen ist ohne großen Zeitaufwand sowie physischen und psychischen Einsatz unmöglich und dem Hochleistungssport vergleichbar – in dieser Hinsicht gibt es durchaus Parallelen zwischen operierenden Ärzten und Orchestermusikern. Allerdings üben Streicher nicht selten bereits vor dem Studium drei bis vier Stunden täglich und während des Studiums doppelt so viel oder mehr. Ein anderer Aspekt des Musizierens stellt ebenfalls eine Herausforderung dar: Da die Qualität des Klangs, den der Musiker durch sein Instrument erzeugt, unmittelbar mit seiner Person beziehungsweise Persönlichkeit verbunden ist, ist diese auch unmittelbar von Erfolg oder Misserfolg betroffen. Positiv gesehen sind dadurch der Anreiz, sich um die Qualität des eigenen Spiels zu bemühen, und die Selbstbestätigung sehr groß. Bei angegriffener Kondition oder unter Zeit- oder Erfolgsdruck wirkt die enge Verbindung von Musikerpersönlichkeit und Instrument allerdings auch sehr stark, und es ist zusätzliche

Kraft notwendig, um dennoch eine gute Leistung zu erzielen. Jeder Musiker setzt sich demgemäß viele Stunden gleichzeitig mit sich selbst und seinem Instrument auseinander. Voraussetzung dafür sind Selbstdisziplin und Ausdauer.

Die Selbstverständlichkeit, mit der ein Orchestermusiker sein Instrument bedient und sich sowohl in seiner Instrumentengruppe als auch im gesamten Orchester bewegt, beruht auf einem sehr frühen Vertrautwerden mit individuellem Üben, Orchesterproben, Vorspiel-Situationen und Konzertauftritten. Sei es als Solist oder als Teil eines Ensembles sind erste Erfahrungen oftmals verwirrend und nicht leicht zu verarbeiten. Abgesehen von einer gewissen Aufregung angesichts der ungewohnten Situation (Publikum, Bühne, Sitzordnung etc.) und dem ersten Erleben von Anspannung vor einem Auftritt ist die akustische Erfahrung in einer Gruppe gewöhnungsbedürftig, weil man den eigenen Klang weniger wahrnehmen und kontrollieren kann. Auch die Sozialisierung ist ein langer Prozess: Allein der gemeinsame Einsatz einer Gruppe von Kindern, das heißt das gleichzeitige Atmen und Initiieren der Bewegung zum Beginnen eines Stückes, erfordert eine Menge Training. Bis ein Kind in einem Orchester als Streicher beispielsweise eine Haydn-Symphonie mitspielen kann, sind in der Regel jahrelanger Einzelunterricht und jahrelange Ensemble-Erfahrung notwendig.

Wenig bekannt ist die Tatsache, dass das Gewinnen eines Probespiels, das auch Voraussetzung für einen Stellenwechsel in ein anderes Orchester ist, nur bis zu einem Alter von ungefähr 32 Jahren möglich ist – ausgenommen sind Solo- und Konzertmeister-Stellen. Grund dafür ist die Tatsache, dass die erforderlichen solistischen Fähigkeiten bei Tuttisten mangels Training abnehmen – ältere Musiker werden in der Regel gar nicht mehr zu Probespielen eingeladen.

16.3 Learnings für die Gesundheitswirtschaft

Der Arbeitsrahmen ist für Orchestermusiker durch bereits gedruckte und in der Regel auch vorher bekannte Noten und Werke festgesteckt. Allerdings erfolgt die intensive Beschäftigung mit den Inhalten individuell und vor Beginn der Proben, sodass die gemeinsame Orchesterarbeit auf einem sehr hohen Niveau von etwa 90 % des zu spielenden Stückes aufgenommen wird. Eine solche Ausgangsbasis bei Projektbeginn und große Selbstdisziplin der einzelnen Mitarbeiter bei der Vorbereitung lässt sich in vielen Fällen für die Gesundheitswirtschaft nur wünschen. Evident ist aber, dass durch den Projekt- oder Abteilungsleiter eindeutig formulierte und so konkret wie möglich gefasste Ziele sowie definierte Abläufe wesentlich zum Gelingen einer gemeinschaftlichen Arbeit beitragen. Im Orchester geben Konzertmeister, Stimmführer und Solobläser während des Musizierens deutlich sichtbare Zeichen, was wann und wie gespielt werden soll. Übertragen auf die Gesundheitswirtschaft lässt sich fordern, dass Vorgaben und Interimsziele im Arbeitsprozess immer wieder durch Teamleiter kommuniziert werden, um die Gruppe zusammenzuhalten. Gemeinsam gestaltete und gleichzeitig erlebte Dynamik kann sowohl im Orchester als auch in anderen Arbeitsgruppen motivierend und ergebnisorientierend wirken. Voraussetzung dafür ist, dass die Ziele, die Bewegungsrichtung quasi, wirklich allen bekannt sind und auch von allen angestrebt werden. Damit das hinwiederum geschehen kann, müssen Projektleiter und Dirigenten sehr gut und bewusst kommunizieren können. Vorbildhaft abgeleitet werden kann die hohe Verlässlichkeit von getroffenen Absprachen und Regelungen, ohne die ein Orchester nicht funktionieren würde. Beispielhaft sei auf die gleiche Richtung der Bogenbewegungen der Streicher hingewiesen, die nicht nur optisch, sondern sowohl de facto als auch in einem übertragenen Sinn dynamisch wirkt. Bizarre Probleme des Timings, die in der Gesundheitswirtschaft zum Verfehlen von Etappenzielen oder gar Verschieben von Deadlines führen, sind in einem Orchester undenkbar. Musikern wird von klein auf bewusst gemacht, dass Fragen des individuellen Tempos nicht diskutierbar sind und Eigenmächtigkeiten dahingehend das Ziel gänzlich in Frage stellen.

Die Identifikation eines Musikers mit der geleisteten Arbeit ist, wie zuvor beschrieben, unmittelbar und lässt sich in der Form nicht übertragen. Aber die Verantwortung für den eigenen Part zu übernehmen, kann durch Projektleiter maßgeblich unterstützt werden; der Wert des individuellen Beitrags sollte dazu generell nicht infrage gestellt werden. Auch für die Verbindlichkeit von Absprachen hat ein Teamchef Sorge zu tragen.

16.4 Zusammenfassung und Ausblick

Die Organisations- und Sozialstruktur eines Orchesters basiert im Wesentlichen auf dem Beherrschen von Instrumental- und Ensemblespiel. Beides wird in der Regel seit der Kindheit, also frühzeitig und lange trainiert, bevor der Beruf ergriffen wird. Diese Tatsache lässt sich nur in der Form auf andere Sozialstrukturen übertragen, dass Menschen, die als Kind durch das Erlernen eines Instruments und des Zusammenspielens mit anderen, größere Teamerfahrung haben, die sich positiv auf das Berufsleben auswirken kann. Die generell geringe Fehlertoleranz sowie das Gemeinschaftsgefühl von Dynamik und Gelingen sind ebenfalls prägende Erfahrungen. Durchaus als erstrebenswertes Vorbild kann für andere Organisationen die individuelle Vorbereitung von Musikern dienen, durch die eine Teamarbeit auf einem Niveau von mindestens 90 % beginnt. Ebenfalls nachahmenswert sind die große Verlässlichkeit von Absprachen und die klare Festlegung der Kommunikationswege.

Einen nicht zu überbrückenden Unterschied zu anderen Berufsgruppen stellt die Tatsache dar, dass das Produkt der Arbeit nicht greifbar und mit dem Schlussakkord nicht mehr vorhanden ist. Im Umgang mit Zeit und Verabredungen sind Musiker daher sensibel und schätzen den Wert des Augenblicks zwangsläufig höher ein als andere Berufsgruppen. Entweder kann man die Chance nutzen, im Moment der Aufführung gut zu spielen, oder man vertut sie, eine weitere Gelegenheit gibt es nicht, der Moment ist unwiederbringlich vorüber.

Drei Learnings für die Gesundheitswirtschaft

1. Formulieren Sie Ihre Ziele und den Prozess zur Zielerreichung eindeutig und so konkret wie möglich!
2. Bilden Sie die Kommunikationsfähigkeit Ihrer Projekt- oder Teamleiter stetig aus!
3. Stärken Sie als Teamchef das Bewusstsein des einzelnen Mitarbeiters für den Wert seiner Arbeit!

Literatur

Blum, J. (1995). Häufigkeit, Ursachen und Risikofaktoren berufsspezifischer Erkrankungen bei Musikern. In C. Wagner (Hrsg.), *Medizinische Probleme bei Instrumentalisten, Ursachen und Prävention*. Laaber Verlag.

Deutsche Orchestervereinigung (DOV) Orchesterlandschaft. http://www.dov.org/ Orchesterlandschaft.html. Zugegriffen: 14. Febr. 2016

Deutsche Orchestervereinigung (DOV) Planstellenstatistik (2016). http://www.dov.org/tl_files/pdf/ Infos%20&%20Publikationen/Planstellenstatistik%20dasOrchester%202016.pdf. Zugegriffen: 14. Febr. 2016.

Erd, R. (1987). Kunst als Arbeit. Organisationsprobleme eines Opernorchesters. *Soziale Welt, 38,* 437–459.

Mertens, G. (2010). *Orchestermanagement*. Wiesbaden: VS Verlag für Sozialwissenschaften, Springer Fachmedien.

Schuppert, M., & Altenmüller, E. (1999). Berufsspezifische Erkrankungen bei Musikern. *Versicherungsmedizin, 51*(4), 173–179.

Barbara Buchberger war nach einem Hauptfachstudium Violine an der HdK Berlin mit künstlerischem Abschluss als angestellte Orchestermusikerin und freiberuflich tätig. Einem Aufbaustudium Public Health an der TU Berlin schloss sich die Beschäftigung als wissenschaftliche Mitarbeiterin und seit der Promotion Leiterin der Arbeitsgruppe Health Technology Assessment und Systematische Reviews am Lehrstuhl für Medizinmanagement der Universität Duisburg-Essen an.

Was kann die Gesundheitswirtschaft von chinesischen Touristen lernen?

17

Von chinesischen Touristen zu deutschen Patienten: Der Dramaturgie-Ansatz zur Analyse der Arzt-Patienten-Beziehung

Berenice Pendzialek und Jonas Pendzialek

Zusammenfassung

Was haben chinesische Gruppentouristen in Deutschland und Patienten im deutschen Gesundheitswesen gemeinsam? Auf den ersten Blick nicht viel. Allerdings lässt sich das Verhalten von chinesischen Touristen gut mit Hilfe des sogenannten Dramaturgie-Ansatzes beschreiben, der auch für deutsche Patienten hilfreiche Erkenntnisse liefern kann. Im Dramaturgie-Ansatz wird der Patient als Darsteller gesehen, der seine Behandlung beim Arzt als schauspielerische Performance ansieht. Somit kann die Vor- und Nachbereitung ebenfalls als Vor- und Nachspiel zur Performance angesehen werden und Aktivitäten sowie Akteure der Performance im Modell zugeordnet werden. Auf diese Weise kann das Gesundheitswesen oder auch ein einzelner Arzt einen besseren Einblick in den Auftritt und die Perspektive seines Patienten gewinnen. Angehende und bereits tätige Ärzte sollten diesen Ansatz in ihrer Arbeit berücksichtigen. Rahmenregelungen wie Behandlungspfade oder Leitlinien sollten auch um Betrachtungen nach diesem Ansatz ergänzt werden.

17.1 Hintergrund

Die Perspektive des Patienten in der Gesundheitsversorgung wandelt sich. Zunehmend taucht das Konzept des engagierten Patienten, auch bekannt unter Patientenbeteiligung und Patient Empowerment, auf der Agenda von Wissenschaft und Praxis im Gesundheits-

B. Pendzialek (✉)
Schwalbenstraße 59, 22305 Hamburg, Deutschland

J. Pendzialek
22305 Hamburg, Deutschland
E-Mail: jonas.pendzialek@tk.de

© Springer Fachmedien Wiesbaden 2017
D. Matusiewicz und M. Muhrer-Schwaiger (Hrsg.), *Neuvermessung der Gesundheitswirtschaft*, FOM-Edition, DOI 10.1007/978-3-658-12519-6_17

wesen auf (zum Beispiel Longtin et al. 2010; The Lancet 2012; Belliger und Krieger 2014).

In Zeiten des Internets und des „Dr. Google"-Phänomens ist ein informierter, engagierter Patient aus der Versorgung schlicht nicht mehr wegzudenken. Leistungserbringer, also Ärzte, Krankenhäuser und andere medizinische Therapeuten, können die Nutzung des Internets durch den Patienten nicht einfach ignorieren. Laut Trendmonitor der Techniker Krankenkasse 2015 nutzen bereits heute 71 % der Patienten das Internet als einzige oder vorwiegende Quelle für Gesundheitsinformation. Das Alter der Personen spielt dabei kaum eine Rolle (Techniker Krankenkasse 2015). Die meisten „Gesundheitssurfer" sind Chroniker, die sich insbesondere vor ihrer Therapie grundlegend über ihre Erkrankung, passende Ärzte und Erfahrungen ähnlicher Patienten informieren wollen (Friedrichsen und Schachinger 2014). Der Umgang des Patienten mit dem Internet ist jedoch nicht unproblematisch. Für den Patienten als Laien ist es schwer, die Qualität der Information richtig einzuordnen. Häufig werden Patienten aufgrund der Vielzahl möglicher, schwerwiegender Erkrankungen verunsichert (Le Ker 2009; o. A. 2014).

Ob man diese Entwicklung begrüßt oder nicht, festzuhalten bleibt: Innerhalb des Gesundheitssystems, in den Prozessen von Leistungserbringern und Kostenträgern, ist der engagierte Patient noch nicht operationalisiert. Besonders Ärzte tun sich teilweise noch schwer darin, mit dem gewandelten Rollenbild umzugehen.

Doch welche Rolle soll dem Arzt künftig zukommen? Und welche Rolle seinem Patienten? Wie können der Patient und sein Weg durch die Gesundheitsversorgung ganzheitlich und aus seinem Blickpunkt verstanden werden?

Dieser Beitrag geht dieser Frage nach und schlägt die Übertragung eines Frameworks aus der Tourismusforschung vor. Hierfür wird zunächst der sogenannte Dramaturgie-Ansatz der Tourismusforschung vorgestellt und erläutert. Anschließend erfolgt eine allgemeine Übertragung auf das Gesundheitswesen und die Schilderung von zwei konkreten Anwendungsfällen. Abschließend erfolgen eine Beurteilung der Anwendbarkeit des Frameworks sowie Appelle an das deutsche Gesundheitswesen.

17.2 Der Dramaturgie-Ansatz

17.2.1 Ursprung des Dramaturgie-Ansatzes

Der Dramaturgie-Ansatz (im englischen Original performance dramaturgical approach) hat seinen Ursprung in der Tourismuswissenschaft, als Forscher sich gezielt in Richtung neuer Mobilität und neuer multidisziplinärer Ansätze bewegten. Sie folgten damit dem Bedürfnis, sich von einer Tourismustheorie zu lösen, die allein aus binären westlich-orientierten Konzepten (wir-andere, authentisch-unauthentisch, gewöhnlich-außergewöhnlich) bestand und dazu neigte „hegemoniales, körperloses und maskulinistisches Wissen" (Johnston 2001) zu produzieren. Stattdessen ging es den Forschern um eine pluralistische Analyse des Tourismus. Einer der Autoren dieses Beitrags (B. Pendzialek) nutzte

Sequenzen

Konzepte	Vorspiel	Performance	Nachspiel
Raum	• Back-Stage	• Front-Stage / Bühne	• Back-Stage

Aktivitäten	• Rolle
	• Eingeübte Verhaltens-
	  weisen
	• Drehbuch
	• Choreographie
		• Rituale & Spiel
		• Impressionsmanagement
		• Soziokultureller
		  Hintergrund
		• Performance Teams	

Instrumente	• Requisite	• Setting • Requisite	• Archive • Selbsterzeugte Inhalte • Requisite
Schlüsselfiguren	Erzeuger, Produzenten, Darsteller und Teilnehmer		

Abb. 17.1 Übersicht Dramaturgie-Ansatz

den Ansatz, um das Touristikverhalten von chinesischen Gruppenreisenden auf deutschen touristischen Bühnen zu analysieren und zu verstehen.

Der Abschn. 17.2.2 lädt den Leser dazu ein, die Brille des Dramaturgie-Ansatzes aufzusetzen und erläutert hierfür die Schlüsselkonzepte und -elemente des Ansatzes. Der Ansatz in dieser Form stammt aus Pendzialek (2016) und ist in Abb. 17.1 in einer Übersicht dargestellt.

17.2.2 Theorie der Performance

Unter einer Performance (im Deutschen würde man von Darbietung, Aufführung oder Auftritt sprechen) wird gewöhnlich die Vorführung einer darstellenden Kunst vor einem Publikum verstanden. Daraus leitet sich die wissenschaftliche Definition ab. Der Sozialwissenschaftler Erving Goffman verwendet folgende Definition:

> (...) Alle Aktivitäten eines Individuums während einer Periode kontinuierlicher Präsenz vor einer bestimmten Menge von Beobachtern, die einen Einfluss auf die Beobachter haben (Goffman 1959).[1]

17.2.3 Performance als Sequenz

Eine Performance kann als eine Abfolge von Phasen verstanden werden, die die *Darsteller* durchlaufen. Schechner schlägt einen Prozess aus drei Phasen vor: **Vorspiel**, **Performance** und **Nachspiel** (Schechner 2002). Abb. 17.1 erleichtert die Übersicht über die

---

[1] Übersetzung aller wörtlichen Zitate aus dem Englischen durch die Autoren.

Sequenzen und ihre zugehörigen Konzepte. Nicht alle Konzepte sind notwendigerweise bei jeder *Performance* vorhanden. Auch die Zuordnungen zu den einzelnen Phasen ist nicht streng zu interpretieren, sondern auch zeitliche Überlappungen einzubeziehen.

17.2.3.1 Vorspiel

Während dieser Phase werden die **Rollen** konstruiert, die ernst genommen werden müssen, damit sie für den *Darsteller* wie eine zweite Haut werden. Die Vorbereitung der *Rolle* basiert auf vielfältigen Informationen und Einflüssen, die in der Rollenbildung durch den *Darsteller* verarbeitet und zusammengeführt werden. „Die Rolle kann am besten durchgeführt werden, wenn Informationen aus dem Publikum im Voraus bekannt sind" (Goffman 1959). Die Produktion und die Entwicklung dieser Informationen ist teilweise ein Ergebnis der Arbeit von Branchen- und Fachexperten, die die Informationen zum Beispiel über Websites, Broschüren, Foren etc. bereitstellen. Neben der vorab sammelbaren Information, verwenden die *Darsteller* ihre eigenen persönlichen Eigenschaften, um eine *Performance* vorzubereiten. Soziale Begegnungen sind nie frei von diesen *eingeübten Verhaltensweisen* und einige von ihnen können nicht vom *Darsteller* ausgeblendet werden.

Die physikalischen Elemente, die von den *Darstellern* mitgebracht werden, können als **Requisite** bezeichnet werden, die die Performance unterstützen. Die *Darsteller* wählen in der Vorbereitung die Materialien, die sie benötigen. Dazu zählen bei Touristen zum Beispiel Kleidung, die die größte Herausforderung beim Kofferpacken darstellt (Hyde und Olesen 2011), sowie Schuhe, Elektronik und sogar Glücksbringer.

Die *Darsteller* bringen allerdings auch nicht-materielle Dinge, insbesondere in Form von kulturellen Aspekten mit sich. Jack und Phipps (2005) zählen dazu insbesondere: „Sprache, Einstellung, Ausbildung, Wissen, Forschung, gelesene Geschichten, Traditionen usw., verpackt in Erinnerung, Geist, Erfahrung und Körper".

17.2.3.2 Performance

In Phase zwei werden die Aktionen vor dem Publikum performt. Diese Aktionen können entweder Rituale, Spiel oder eine Mischung von beidem sein. Während **Rituale** aus disziplinierten, kodierten, vorhersagbaren und wiederholbaren Aktionen bestehen, ist **Spiel** für Ungewissheit, Risiko und Tabubruch bekannt.

Goffmans Werk (1959) stellt in den Mittelpunkt, die resultierenden Eindrücke eines Individuums gegenüber einer Person oder Gruppe zu verfolgen. Ohne Rücksicht auf die Eindrücke, werden die *Darsteller* bewusst oder unbewusst versuchen, die Wahrnehmung der Anderen, und deren Reaktionsbehandlung zu kontrollieren (Goffman 1959). Dafür benutzen die *Darsteller* die von Goffman benannten **Impressionsmanagement-Techniken**: dramatische Erkenntnis, Idealisierung, Verschleierung, Kontrolle des Ausdrucks, falsche Angaben, Lügen und Mystifikation. Wenn die *Darsteller* Schwierigkeiten haben, eine korrekte Selbstdarstellung zu präsentieren, können sie auch Unterstützung von **Performance-Teams** erhalten.

In dieser Phase kann man erkennen, dass die *Performance* ein Ergebnis von im *Vorspiel* **eingeübten Verhaltensweisen** ist. Daher bestehen alle Aktionen aus zuvor gelerntem, trainiertem und praktiziertem Verhalten, das besonders vom **soziokulturellen Hintergrund** beeinflusst ist.

17.2.3.3 Nachspiel

Im Nachspiel erfolgt die Reaktion auf die *Performance*. Zum einen erzeugen alle Teilnehmer der *Performance* (s. Abschn. 17.2.4) ein dauerhaftes **Archiv** der Eindrücke und Ergebnisse der *Performance*. Diese können materiell (Filme, Fotos, Dateien, Objekte und *Requisiten*) oder immateriell sein (Gedanken). Zum anderen erzeugt der Darsteller *selberzeugte Inhalte* aus den in der Performance gewonnenen Informationen. Dazu zählen Gedanken und Erinnerungen, aber auch der Lernprozess des *Darstellers*.

17.2.4 Machtverhältnisse auf der Bühne

Performances werden auf Bühnen gespielt. Goffman nennt zwei Bühnenbereiche: **Back- und Front-Stage**. Hinter der Bühne bereitet sich der *Darsteller* für die Performance vor. Da dieser Bereich privat und informell ist, kann der *Darsteller* einfach er selbst sein. Auf der eigentlichen Bühne werden bestimmte *Rollen* gespielt. Um eine realistische *Performance* zu präsentieren, wird das **Setting** sorgfältig aufgebaut. Dafür können Möbel, Dekor und andere Hintergrundelemente benutzt werden.

Um eine *Performance* erfolgreich zu spielen, agieren verschiedene Akteuren gleichzeitig auf oder hinter der Bühne und nebenbei versuchen sie, die Stimmigkeit einer *Performance* zu erhalten. Mit der Hilfe einer Performance-Quadrilogue analysiert Schechner (2002) die dynamischen Beziehungen der vier **Performance-Schlüsselfiguren**: Erzeuger, Produzenten, Darsteller und Teilnehmer. Ihre Funktionen sind:

1) **Erzeuger** suchen nach rohen Materialien einer zukünftigen *Performance*, skizzieren Narrative, bereiten *Drehbücher* und *Choreografien* vor und sammeln Ideen und Feedback von den anderen Schlüsselfiguren.
2) **Produzenten** konvertieren die *Erzeuger*-Information zu abgeschlossenen *Performances*. Sie leiten den ganzen Performance-Prozess und dienen als Verbindung zwischen den anderen Schlüsselfiguren.
3) **Darsteller** führen die für sie erstellten oder selbst entwickelten *Rollen* aus.
4) **Teilnehmer** erleben die *Performance*. Bei bestimmten Gelegenheiten übernehmen auch sie eine aktive Rolle in der *Performance*. Zum Beispiel wird eine Person des Publikums manchmal von den *Darstellern* als weiterer *Darsteller* betrachtet. Andersherum können auch die anderen *Schlüsselfiguren* immer gleichzeitig *Teilnehmer* sein.

Dieser Beitrag schlägt nun vor, den Dramaturgie-Ansatz aus der Tourismusbranche auf das Gesundheitswesen anzuwenden und den Behandlungsweg des Patienten aus einer ganzheitlichen und pluralistischen Perspektive zu betrachten.

17.3 Learnings für die Gesundheitswirtschaft

17.3.1 Allgemeine Übertragung des Dramaturgie-Ansatzes auf das Gesundheitswesen

Die Logik des Dramaturgie-Ansatzes lässt sich auf das Gesundheitswesen übertragen, indem die Konzepte und Elemente des Dramaturgie-Ansatzes auf Sachverhalte und Situationen in der Gesundheitsversorgung zugeordnet werden.

Die Sequenz aus *Vorspiel*, *Performance* und *Nachspiel* wird dabei auf den Behandlungsprozess übertragen. Die *Performance* ist die Behandlung selbst. Was als Behandlung gilt, ist situations- und anwendungsabhängig zu definieren. Je nach Indikation und Prozess kann von einem einzelnen Arztbesuch bis hin zu einer lebenslangen Behandlung einer chronischen Erkrankung ausgegangen werden. Entscheidend ist, dass eine Bühne geboten wird und ein Zusammentreffen mit anderen Menschen stattfindet. Damit stellt das *Vorspiel* die Vorbereitung auf die definierte Behandlung dar und das *Nachspiel* entsprechend die Nachbereitung.

Auch die einzelnen *Schlüsselfiguren* lassen sich auf Akteure im Gesundheitswesen zuordnen. Der *Darsteller* ist nach der vorgeschlagenen Logik der Patient selbst. Er wird durch die anderen *Schlüsselfiguren* in der medizinischen Behandlung, aber auch in der *Performance* unterstützt. Die Funktion des *Erzeugers* übernehmen unter anderem staatliche Stellen (Gesundheitsministerien, BfAM, Gesundheitsämter etc.), Verbände der Leistungserbringer (insbesondere Kassenärztliche Vereinigungen und Krankenhausgesellschaften), medizinische Fachverbände und nicht zuletzt Krankenversicherungen und andere Kostenträger. Die *Produzenten* sind Ärzte, nicht-ärztliche Therapeuten und Vertreter anderer Gesundheitsberufe, die an der Behandlung teilnehmen. Dazu zählen auch Krankenpflegerinnen und Krankenpfleger. *Teilnehmer* an der Darstellung sind Angehörige des Patienten, andere Patienten oder auch Selbsthilfegruppen, sofern sie in die Behandlung einbezogen werden.

Wie in Abschn. 17.2 erläutert, führen die *Darsteller* in den einzelnen Phasen verschiedene Aktivitäten aus. Übertragen auf das Gesundheitswesen sind dies die Folgenden: Als Rollenvorbereitung ist die Vorbereitung des Patienten auf die Behandlung zu verstehen. Konkret kann dies die Auseinandersetzung mit seinen Symptomen und insbesondere auch die in Abschn. 17.1 erwähnte Recherche mit „Dr. Google" sein. Genauso zählt aber auch die Terminvereinbarung dazu. *Drehbuch* und *Choreografie* sind übertragen auf das Gesundheitswesen einerseits das vorgegebene „Regelwerk" aus Vergütungsregeln, medizinischen Leitlinien, vorgegebenen Behandlungspfaden und Ähnlichem und andererseits die konkreten Planungen der einzelnen Akteure einer Performance. Das Agieren des Patienten als *Darsteller* besteht insbesondere aus *eingeübten Verhaltensweisen* und *Rituale und Spiel*. *Eingeübte Verhaltensweisen* geben die Grundlage für die *Rolle* des Patienten. Dazu zählt im Zusammenhang mit der Behandlung insbesondere das Verhalten gegenüber Respektspersonen wie dem Arzt. Aber auch der Umgang mit Unsicherheit, Schmerzen oder schlechten Nachrichten. *Rituale* und *Spiel* beziehen sich auf das Handeln des Patienten als *Darsteller*. Dies kann sowohl aus vorbereiteten und auch spontanen Anteilen bestehen, die der Patient in seiner Behandlung zeigt. Begreift man eine dauerhafte Behandlung von chronisch Erkrankten als *Performance*, zählt hierzu auch die Reaktion auf die angestrebte Therapie des Arztes sowie die Adhärenz. Hier spielt das *Impressionsmanagement* eine wichtige Rolle, also das Auftreten des Patienten, das heißt besonders durch Vorspielen und Lügen beim Arzt. Kommt der Patient in der Darstellung auch mit anderen Patienten in Kontakt, kommt es zur Darstellung im Team, also der Interaktion der einzelnen Patienten. Zu *Performance-Teams* gehören aber auch Angehörige oder weitere

Tab. 17.1 Zuordnung Konzepte des Dramaturgie-Ansatzes auf das Gesundheitswesen

Oberkategorie	Konzept	Entsprechung im Gesundheitswesen
Sequenz	Vorspiel	Vor der Behandlung
	Performance	Behandlung – je nach Indikation und Prozess von einem einzelnen Arztbesuch bis hin zu einer lebenslangen Behandlung einer chronischen Erkrankung. Setzt in jedem Fall eine Bühne und ein Zusammentreffen mit anderen Menschen voraus
	Nachspiel	Nach der Behandlung
Schlüssel-figuren	Erzeuger	Staatliche Stellen, Fachgesellschaften, Verbände, Kostenträger
	Produzenten	Ärzte, Therapeuten
	Darsteller	Patienten
	Teilnehmer	Weitere Patienten, Selbsthilfegruppen, Angehörige, Pfleger etc.
Aktivitäten	Rollenvorbereitung	Vorbereitung auf die Behandlung
	Eingeübte Verhaltensweisen	Eingeübte, anerzogene Verhaltensweisen, geben Grundlage für die Rolle und das spätere Spiel, zum Beispiel wie verhält sich der Patient gegenüber Respektspersonen (Ärzten)
	Drehbuch und Choreografie	Konkrete Vorbereitung und Planung des Verhaltens bei der Behandlung
	Rituale und Spiel	Handeln als Patient (vorbereitet und/oder spontan)
	Impressions-management	Technik des Auftritts im Spiel – das heißt auch Vorspielen/Lügen beim Arzt
	Performance-Teams	Interaktion mit anderen Patienten
Werkzeuge	Soziokultureller Hintergrund	Kultureller Hintergrund des Patienten als Einfluss auf das Spiel
	Requisite	Kleidung des Patienten, Medizinprodukte, Arzneimittel, Informationsquellen (Dr. Google) etc.
	Setting	Praxis, Krankenhaus(gebäude)
	Archiv	Gespeicherte Informationen bei Leistungserbringer oder Kostenträger
	Selbsterzeugte Inhalte	Eigene erfasste Informationen, insbesondere in Gedanken und Erinnerungen. Daher auch Lernen

Personen, die den Darsteller in seiner *Performance* unterstützen. Die Bedeutung des *soziokulturellen Hintergrunds* kann direkt und ohne weitere Erläuterung auf den Patienten im Gesundheitswesen übertragen werden. Auch bei der Anwendung auf das Gesundheitswesen gilt, dass nicht in jeder *Performance* immer notwendigerweise alle Aktivitäten Anwendung finden.

Abschließend können auch die Werkzeuge auf das Gesundheitswesen übertragen werden. Zu der *Requisite* zählen einerseits persönliche Gegenstände oder Kleidung, die der Patient zur Behandlung mitbringt und anderseits die Instrumente des Medizinbetriebs. Dazu gehören insbesondere Arzneimittel und Medizinprodukte, aber auch immaterielle Dinge wie Informationsquellen. Unter dem *Setting* ist je nach konkretem Anwendungsfall des Dramaturgie-Ansatzes eine ärztliche Praxis oder ein Krankenhaus(gebäude) zu verstehen. Das *Archiv* umfasst die gespeicherten Informationen zur Behandlung, die insbesondere Kostenträgern und Leistungserbringern vorhalten sind. Aber auch der Patient selbst kann mit eigenen Notizen oder Ähnlichem zum *Archiv* beitragen. *Selbsterzeugte Inhalte* umfassen alle vom Patienten erfassten Informationen. Dies muss nicht explizit, schriftlich oder gar bewusst erfolgen. Daher kann auch der Lernprozess von Patienten zwischen verschiedenen Behandlungen darunter gefasst werden.

Tab. 17.1 gibt die Zuordnung der Konzepte und Elemente des Dramaturgie-Ansatzes auf das Gesundheitswesen in einer Übersicht wieder.

17.3.2 Anwendungsbeispiele

Eine genaue Übertragung der Konzepte muss immer an einem konkreten Behandlungsprozess ansetzen. Dabei sind die unterschiedlichsten Konstellationen denkbar. Zur Illustration werden im Folgenden zwei Anwendungsbeispiele beschrieben: Die Behandlung eines Falls durch einen niedergelassenen Arzt und die Behandlung eines schweren Notfalls mit anschließender Rehabilitation durch ein Krankenhaus.

Beim ersten Fall handelt es sich um eine 25-jährige Frau. Sie studiert Jura und ist eine begeisterte, leistungsorientierte Schwimmerin. Daher trainiert sie mindestens drei- bis viermal wöchentlich. Ihre bisherige Erfahrung mit dem Medizinbetrieb beschränkt sich auf wenige geringfügige Erkrankungen (Erkältungen etc.), die regelmäßigen Vorsorgeuntersuchungen sowie eine Blinddarmentfernung von einigen Jahren. Nun beklagt sie eine Sportverletzung. Sie hat leichte Schmerzen in der Schulter bereits in Ruhe und sehr starke Schmerzen in der Belastung. Daher hat sie auch ihr Schwimmtraining im Moment ausgesetzt.

Vor dem Arztbesuch findet das *Vorspiel* statt. Für den geschilderten Fall der jungen Frau könnte es ungefähr so aussehen: Die (künftige) Patientin definiert ihre *Rolle* für die *Performance*, das heißt Behandlung. Sie ist primär Sportlerin und möchte baldmöglichst wieder fit werden, um weiter zu trainieren. Daher sieht sie sich auch eher als „Treiberin" oder „Leiterin" der Behandlung. Der Arzt soll ihr in diesem Zusammenhang best- und schnellstmöglich helfen. Daher hat sie bereits zu ihren Symptomen recherchiert und überlegt, welche Diagnose der Arzt stellen und welche Therapie er verordnen wird. Sie vermutet aufgrund dieser Recherche eine Schleimbeutelentzündung in der Schulter. Außerdem hat sie auch mit Vereinskameradinnen gesprochen, die bereits ähnliche Probleme hatten. Aus diesen Recherchen und bisherigen Überlegungen ergibt sich *Chorografie* und *Drehbuch* der Patientin für die Behandlung. Ihre spätere *Rolle* wird auch durch ihre *eingeübten Verhaltensweisen* geprägt. Dazu zählt in diesem Fall, dass sie sehr auf ihre Gesundheit bedacht ist und dass sie dem Arzt zwar als Experten begegnet, aber auch als Partner auf Augenhöhe behandelt werden möchte, da sie als Sportlerin sich gut mit ihrem Körper und ihrer Gesundheit auskennt. *Requisite* können in diesem Fall eine sportliche Kleidungswahl, Sportuhren oder -tracker und ähnliche Dinge sein, die die Frau in ihrer *Rolle* als Sportlerin und Patientin unterstützen.

Während dem Arztbesuch, der *Performance*, nutzt die Patientin *Spiel beziehungsweise Rituale,* um ihre vordefinierte *Rolle* auszuführen. Das *Spiel* besteht aus verbaler und nonverbaler Kommunikation, in der die junge Frau ihre eigenen Ideen vorträgt und eine schnelle Heilung und baldige Rückkehr zum Training betont. Mögliches *Impressionsmanagement*, das sie sich dabei zunutze macht, sind das eventuelle Herunterspielen oder Hervorheben von Symptomen, je nachdem welche Therapie sie sich verspricht, und das Betonen ihrer Sportlichkeit.

Ihr *soziokultureller Hintergrund* beeinflusst dabei, wie genau die *Rolle* gespielt wird. Maßgeblich ist im konkreten Fall ihre Herkunft aus einem akademisch geprägten Milieu sowie Bereitschaft und Bedürfnis zur Diskussion mit dem Arzt. Das *Setting* der *Performance* hat vermutlich in dieser Situation keine besondere Bedeutung.

Nach dem Arztbesuch, im *Nachspiel*, verbleiben der Patientin, unabhängig von der genauen Therapie, die Erinnerungen und Erfahrungen aus der *Performance*, das *Archiv*. Im vorliegenden Fall besteht dieses vermutlich primär aus *selbsterzeugten Inhalten*. Diese spielen eine große Rolle für die Vorbereitung auf künftige Arztbesuche (das *Nachspiel* geht hier somit unmittelbar in das *Vorspiel* der nächsten *Performance* über), das künftige Training der Patientin aber auch für den Austausch mit anderen verletzten Vereinskolleginnen, genauso wie sie selbst in ihrem *Vorspiel* beraten wurde. Zum *Archiv* können auch spezielle Dehnübungen oder Trainingspläne gehören, die der Arzt empfohlen hat.

Beim zweiten Fall handelt es sich um einen 67 Jahre alten Rentner und ehemaligen Schlosser. Der Mann litt bereits seit Längerem an mehreren chronischen Erkrankungen, insbesondere Bluthochdruck und Diabetes. Nun hat er einen Schlaganfall erlitten und kommt zur Notoperation ins Krankenhaus.

Das unmittelbare *Vorspiel* fällt entsprechend kurz aus, da es sich um einen plötzlichen Notfall handelt. Dennoch existiert ein *Vorspiel*, das jedoch deutlich von der bewussten Vorbereitung aus dem ersten Fall abweicht. Es besteht vielmehr aus längerfristig einstudierten und grundsätzlicheren Elementen. Daher wird die *Rolle* primär aus *eingeübten Verhaltensweisen* aufbaut. Im konkreten Fall bestehen diese zum Beispiel aus einer grundsätzlichen Furcht vor Ärzten beziehungsweise dem gesamten medizinischen Betrieb, da diese besonders mit schlechten Nachrichten und Einschränkungen der Lebensqualität (gesündere Ernährung, Medikamente etc.) verbunden werden. Eine explizite Vorbereitung von *Choreografie* und *Drehbuch* durch den Patienten findet allerdings nicht statt.

Die Performance ist natürlich nicht die Operation selbst, da der Patient hier nicht agieren kann, sondern der stationäre Aufenthalt. Je nach Perspektive der Untersuchung gehört auch die anschließende Rehabilitationstherapie noch zur *Performance*. In diesem Fall soll sie mit hinzugezählt werden. Damit sind das *Spiel* und die *Rituale* des Patienten das Verhalten im Krankenhaus und in der Anschlussbehandlung. Das *Spiel* wird im vorliegenden Fall insbesondere misstrauisches und abwehrendes Verhalten („Nicht noch mehr Medikamente", „Ich will wieder nach Hause") sein, das sich aus den zuvor erwähnten *eingeübten Verhaltensweisen* ergibt. Dabei kann der Patient im Sinne des *Impressionsmanagements* insbesondere Verschleierung von Schmerzen und anderen Symptomen oder gar offene Lügen genauso wie auch Charme und Verhandlung einsetzen. Hier ist er, besonders in Abgrenzung zum ersten Fall, weniger an einem partnerschaftlichen Austausch mit dem Arzt, als vielmehr einer schnellstmöglichen Beendigung der Behandlung und damit seiner *Performance* interessiert. Dies ergibt sich auch besonders aus seinem *soziokulturellen Hintergrund*, in dem der Arzt noch als „Halbgott in Weiß" aber auch Besserwisser und Moralapostel wahrgenommen wird. Der Patient aus diesem Fall hat deutlich mehr Kontakt mit Menschen, sodass die Interaktion mit anderen Patienten und anderen *Produzenten* (Pfleger, Physiotherapeuten) eine große Rolle spielen.

Dem *Nachspiel* kommt in diesem Fall zweifach eine besonders hohe Bedeutung zu. Einerseits bildet der Patient nach der *Performance selbsterzeugte Inhalte*, die künftige Arztbesuche beziehungsweise künftige *Vorspiele* maßgeblich beeinflussen. Es besteht die Tendenz, dass sich ein Teufelskreis ergibt aus negativ empfundenen Arztbesuchen, negativ orientierter Vorbereitung auf weitere und entsprechend selektiv negativer Wahrnehmung der weiteren Behandlungen. Hier hat ein Arzt, der *Vor-* und *Nachspiel* im Sinne des Dramaturgie-Ansatzes betrachtet, ein Instrument, um dem Teufelskreis entgegenzutreten. Andererseits sind *selbsterzeugte Inhalte*, in Form von Gelerntem, und das *Archiv*, in Form von Therapie- und Lebensstilempfehlungen, von großer Bedeutung für die künftige Gesundheit des Patienten. Hier ist es von entscheidender Bedeutung, dem Patienten, gerade trotz seiner *Rolle*, ein möglichst positives *Nachspiel* zu ermöglichen, um die Adhärenz und damit die Gesundheit des Patienten langfristig zu stärken.

17.4   Zusammenfassung und Ausblick

Die Übertragung des Dramaturgie-Ansatzes auf das Gesundheitswesen und die zwei, aufgrund der Kürze dieses Beitrags recht groben, Beispiele zeigen, dass der Dramaturgie-Ansatz für das Gesundheitswesen eine frische Perspektive für die Analytik der Arzt-Patienten-Beziehung bieten kann. Gerade die jüngste Komplexitätssteigerung mit einer immer eigenverantwortlicheren Rolle des Patienten zeigt dafür einen klaren Bedarf. Der aus der Sozialwissenschaft und insbesondere der Tourismuswissenschaft kommende Ansatz sollte daher auch einen Eingang in die medizinische und gesundheitsökonomische Forschung finden. Allerdings geht es uns nicht um eine rein wissenschaftliche Anwendung, sondern um eine Anwendung in der konkreten medizinischen Praxis. Daher richten wir die folgenden Appelle an die Entscheider im Gesundheitswesen:

Appelle an das Gesundheitswesen

1. Die Perspektive des Patienten und seine persönliche Rolle im Behandlungsprozess sollte stärker in das Medizinstudium integriert werden. Die Logik des Dramaturgie-Ansatzes bildet dazu ein gutes Framework.
2. Bereits tätige Leistungserbringer (Niedergelassene Ärzte, Krankenhäuser, Physiotherapeuten etc.) sollten das Auftreten ihrer Patienten bewusst aus der Brille des Dramaturgie-Ansatzes betrachten. Dadurch verstärkt sich ihr Verständnis über den Patienten und potenziell auch der Behandlungserfolg.
3. Fachgesellschaften, Managementgesellschaften von Selektivverträgen und ähnliche Akteure sollten die Logik des Dramaturgie-Ansatzes bewusst in der Konstruktion von Versorgungs- und Behandlungspfaden berücksichtigen.

Literatur

Belliger, A., & Krieger, D. J. (2014). *Gesundheit 2.0: Das ePatienten-Handbuch*. Bielefeld: transcript Verlag.

Friedrichsen, M., & Schachinger, A. (2014). *E-Patienten Studie 2014 in Deutschland: Was machen 40 Millionen deutsche Gesundheits-Surfer und Patienten im Internet?*

Goffman, E. (1959). *The presentation of self in everyday life. Anchor books*. New York: Doubleday.

Hyde, K. F., & Olesen, K. (2011). Packing for touristic performances. *Annals of Tourism Research, 38*(3), 900–919. doi:10.1016/j.annals.2011.01.002.

Jack, G., & Phipps, A. M. (2005). *Tourism and intercultural exchange: Why tourism matters. Tourism and cultural change, vol 4*. Clevedon, Buffalo: Channel View Publications.

Johnston, L. (2001). (Other) bodies and tourism studies. *Annals of Tourism Research, 28*(1), 180–201. doi:10.1016/S0160-7383(00)00012-8.

Le Ker, H. (2009). *Patient und Arzt: Check im Netz. Spiegel Wissen*.

Longtin, Y., Sax, H., Leape, L. L., Sheridan, S. E., Donaldson, L., & Pittet, D. (2010). Patient participation: current knowledge and applicability to patient safety. *Mayo Clin Proc, 85*(1), 53–62. doi:10.4065/mcp.2009.0248.

o.A. (2014) Dr. Google: Kein Ersatz für Arzt und Apotheker. Pharmazeutische Zeitung.

Pendzialek B (2016) Performing tourism: Chinese outbound organized mass tourists on their travels through German tourism stages. Unveröffentlichtes Manuskript, Hamburg.

Schechner, R. (2002). *Performance studies: An introduction* (1. Aufl.). London: Routledge.

Techniker Krankenkasse (2015). *Trendmonitor der Techniker Krankenkasse 2015*. Hamburg.

The Lancet (2012). Patient empowerment – who empowers whom? *The Lancet, 379*(9827), 1677. doi:10.1016/S0140-6736(12)60699-0.

Berenice Pendzialek (MBA) arbeitet freiberuflich als Beraterin zu chinesischen Outbound-Touristen in Hamburg. Sie promovierte an der Katholischen Universität Eichstätt-Ingolstadt zum Thema „Performing tourism: Chinese outbound organized mass tourists on their travels through German tourism stages". Ihre Forschungsgebiete sind: Tourismusgeografie, chinesischer Tourismus und Reisemarkt sowie chinesische Sozialwissenschaften. Weitere Informationen über sie auf: berenice.pendzialek.org.

Jonas Pendzialek ist Referent für Unternehmensentwicklung bei der Techniker Krankenkasse in Hamburg. Dort beschäftigt er sich mit strategischen Fragestellungen im Krankenversicherungsmarkt und Gesundheitswesen. Zuvor war er fünf Jahre Berater bei einer auf das Gesundheitswesen spezialisierten Top-Management-Beratung. Er promovierte über den Wettbewerb in der GKV vor und nach der Einführung von Zusatzbeiträgen am Instituts für Gesundheitsökonomie und Klinische Epidemiologie der Uniklinik Köln.

Was kann die Gesundheitswirtschaft vom Theater lernen?

18

Unternehmenstheater als Konzept zur Organisationsentwicklung von Krankenhäusern

Bernd H. Mühlbauer

> *Schwimmen zwei junge Fische des Weges und treffen zufällig einen älteren Fisch, der in die Gegenrichtung unterwegs ist. Er nickt ihnen zu und sagt: „Morgen, Jungs. Wie ist das Wasser?" Die zwei jungen Fische schwimmen eine Weile weiter, und schließlich wirft der eine dem anderen einen Blick zu und sagt: „Was zum Teufel ist Wasser?"*
> *David Foster Wallace (2015)*

Zusammenfassung

Krankenhäuser stehen zunehmend in Konkurrenz zu anderen Gesundheitseinrichtungen. Sie konkurrieren vor allem um Patienten und Mitarbeiter. Als personalintensive Dienstleistungsorganisationen benötigen sie Mitarbeiter, deren Kompetenz die Qualität der Patientenversorgung verwirklicht. Mitarbeiterorientierung ist Mittel zum Zweck einer hochwertigen Versorgungsqualität. Wer diesen Zweck zu vermitteln weiß, kann Mitarbeitern Orientierung geben. In einer Zeit, in der vor allem über moderne Medien Sinn und damit Orientierung vermittelt wird, können ästhetische Konzepte zur Organisationsentwicklung helfen, wenn klassische Instrumente das Ziel einer Sinnvermittlung weitgehend verfehlen. Unternehmenstheater als Methode einer Organisationsentwicklung im Krankenhaus vermittelt damit den Sinn der Krankenhausarbeit auf eine neue Art und Weise. Davon handelt dieser Beitrag.

B. H. Mühlbauer (✉)
45699 Herten, Deutschland
E-Mail: s.muehlbauer@bhm-beratung.de

18.1 Hintergrund

Das Krankenhaus zum Gegenstand des Theaters machen!

18.1.1 Erster Akt: Das Problemfeld Krankenhaus „auftauen"

Nach dem Ansatz des situativen Managements sind Krankenhäuser Organisationen, die vor externen und internen Herausforderungen stehen, an die sie sich anpassen müssen. Aufgabe des Krankenhausmanagements ist es deshalb unter anderem, solche Herausforderungen frühzeitig wahrzunehmen, sie nach Dringlichkeit und Wichtigkeit zu ordnen und Methoden und Maßnahmen einzuleiten, mit deren Hilfe die Organisation Krankenhaus positiv entwickelt werden kann. Krankenhäuser und ihre Manager haben vorrangig gelernt, sich insbesondere externen Entwicklungen anzupassen, weil staatliche Planungs- und Finanzierungssysteme mehr und mehr den ökonomischen Rahmen determinieren, innerhalb dessen Leistungen definiert werden, die dann möglichst wirtschaftlich zu erbringen sind (Abb. 18.1).

Nach der Produktionstheorie Gutenbergs, die Eichhorn später fortgesetzt und durch jüngere Wissenschaftler in den nachfolgenden Jahren eher ausgeschmückt worden ist, stellen Menschen als Mitarbeiter Einsatzfaktoren dar, die eine Dienstleistung an Menschen als Patienten erbringen. Patienten sind Objekte des Produktionsprozesses im Krankenhaus, der in seiner Art und Weise immer stärker in Richtung industrieller Fertigung organisiert wird. Patienten passen jedoch nicht in das Konzept der Produktionstheorie, weil sie weder ein Produktionsfaktor noch ein Kostenträger sind, zwei wesentliche Aspekte der Produktionstheorie von Gutenberg, die hier nicht zutreffen. Die Dienstleistungsökonomie macht

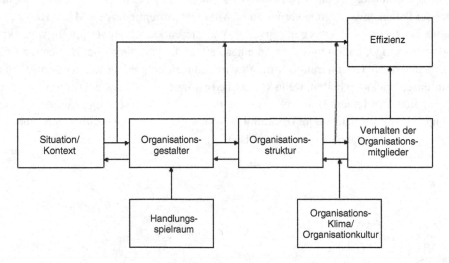

Abb. 18.1 Situatives Management im Krankenhaus. (Nach Staehle 2000, S. 59)

Patienten deshalb zum „externen Faktor", weil er in die Theorie der Produktionsfaktoren sonst nicht hineinpassen würde. So kann er ohne Verlust seiner Selbstbestimmung als Objekt der Gesundheitsversorgung aufgenommen, diagnostiziert, therapiert und möglichst frühzeitig wieder entlassen beziehungsweise übergeleitet werden.

Organisatorisch entsteht ein immer größerer Zeitdruck für die Mitarbeiter eines Krankenhauses in der Patientenbehandlung, wenn vor allem zeitlich verkürzte Behandlungsdauern und ressourcenreduzierender Einsatz von Material und Technik so zu organisieren sind, dass im Endeffekt Überschüsse als positive Differenz zwischen Ertrag und Aufwand entstehen. Der Handlungsdruck, den die Krankenhausträger über ihre Aufsichtsorgane auf das Krankenhausmanagement in Richtung Überschuss- oder Gewinnerzielung im Rahmen extern vermittelter Finanzierungsstrukturen ausüben, verengt die Methoden und Instrumente zur Gestaltung eines zukunftsfähigen Krankenhauses im Rahmen einer systematischen Organisationsentwicklung. Legen Krankenhausmanager Wert auf den Beweis ihrer eigenen Handlungsfähigkeit zur Überschussgenerierung – nicht zuletzt, weil ihre eigene Zukunftsperspektive von einem erfolgreichen Nachweis dieser Handlungsfähigkeit abhängt – dann wählen sie andernorts bewährte Methoden und Instrumente zur Gestaltung ihrer Krankenhäuser. In der Kommunikationsarena aus Kollegen, Trägervertretern, externen Beratern und sonstigen Stakeholdern, in der sich Krankenhausmanager üblicherweise bewegen, kursieren bestimmte Handlungsmuster, nach denen Krankenhäuser erfolgreich zu managen sind. Solche „Skripte" stellen Muster, Bilder und Mechanismen bereit, in dessen Bedeutung auch Krankenhausmanager den Sinn ihres eigenen Tuns finden (vgl. Kieser und Hegele 1997, S. 139 ff.).

Die Knappheit des Arbeitskräftepotenzials am Arbeitsmarkt, in der Vergangenheit häufig unter Verkennung historisch nachweisbarer Zyklen, als unerschöpfliche Ressource des Arbeitsmarktes gedacht, passte nicht zu den Handlungsmustern bisheriger Managementskripten. Entschied sich vormals eine große Zahl von Arbeitskräften aus Berufung für ein Krankenhaus, entwickelten sich berufliche Orientierungen von Schülern und Studierenden eher dahin, in der Arbeit im Krankenhaus und im Dienst am Menschen einen Beruf zu sehen. Und da Arbeitsplatzangebote mit Berufsaussichten auf diesem Niveau mit anderen Berufen vergleichbar sind und in Konkurrenz gesehen werden, entscheiden jetzt die Bedingungen solcher Berufe, die vermehrt miteinander in Konkurrenz treten, wie beispielsweise Arbeitszeit, Vergütung, Work-Life-Balance, Serviceleistungen. Industrie- und Dienstleistungsunternehmen, Verbände, Krankenkassen, Banken, Versicherungen, Forschungs- und Beratungsgesellschaften nahmen den Trend zur Verdrängung auf dem Arbeitsmarkt bei schrumpfenden Bewerberzahlen viel früher wahr, als es Gesundheitsorganisationen und die öffentlichen Planungsträger mit ihren eher schwerfälligen und politisch determinierten Entscheidungsprozessen regulierend auf die geänderten Bedingungen reagieren konnten oder auch wollten. Mangelnde Reaktionsbereitschaft der Planungsträger Bund, Land oder Kommunen hat auch damit zu tun, dass eine Reaktion auf sich ändernde Bedingungen im Arbeitsmarkt nicht durch sie, sondern durch andere Akteure erwartet wird. So wird die Verantwortung für die viel zu geringen Absolventenzahlen für Pflegekräfte und Ärzte den fehlenden Kapazitäten zugeschrieben, die zunächst nicht in ausreichend großer Zahl geschaffen wurden, weil Ausbildungskapazitäten immer auch Investitions- und Betriebskosten für die Länder, Krankenkassen und Kommunen induzieren. Dass aber die Bereitschaft zum Medizinstudium oder zur Pflegeausbildung mit den vorhandenen Arbeitsbedingungen in Krankenhäusern zu tun haben könnte, wurde trotz vielfach und seit vielen Jahren zu hörender Kritik an den Arbeitsbedingungen weitgehend ausgeblendet. Die konkreten Arbeitsbedingungen in Krankenhäusern sind nicht nur eine Frage extern zur Verfügung gestellter Mittel. Es liegt in der Verantwortung eines Krankenhausmanagements, eine positive Organisationskultur zu gestalten, deren ausstrahlende Wirkung für Schüler, Studierende, Ärzte und Pflegekräfte selbst dann anziehend wirken, wenn die Zahl der potenziellen Bewerber sich am Ausbildungs- und Arbeitsmarkt verringert. Diese Ressourcen haben viele Krankenhausmanager bis heute noch nicht entdeckt. Sie suchen lieber in den Grenzen ihrer üblichen Skripten zur Krankenhausrationalisierung und gliedern Arbeitsbereiche aus, verändern bei Arbeitskräfteknappheit die Arbeitsteilung zugunsten der Berufsgruppe, die objektiv knapp ist, suchen kurzfristig neue Mitarbeiter eher im Ausland, setzen Teilzeitpersonal ein, um Arbeitsspitzen abzufangen, reduzieren Materialkosten durch Substitution mit preiswerteren Materialien, verzögern Instandhaltungen, versuchen durch Imagebildung und Markenentwicklung im Internet, ihre Fallzahlen zu erhöhen oder wechselbereiten Mitarbeitern durch „Glanzbilder" ihrer Broschüren und Leitbilder zu imponieren.

Doch Einstellungen und Verhalten von Patienten, Angehörigen und Mitarbeitern haben sich geändert. Die Welt, aus der die industriell geprägten Marketing- und Managementstrategien entliehen worden sind, existiert heute nicht mehr. Sinnvolles Handeln im Dienst der Gesundheit ist keine Frage mehr der christlichen oder irgendwie gearteten Symbolik am Eingangsbereich des Krankenhauses. Patienten (miss-)verstehen sich inzwischen als Kunden, weil sie scheinbar für eine zu erwartende Dienstleistung über ihre Versicherungen bereits bezahlt haben und jetzt alles haben wollen, was es geben kann – einschließlich der modernsten Möglichkeiten einer sich eher omnipotent und allein Gesundheit produzierenden Medizin. Sie informieren sich im Internet über Krankenhäuser und ihre Behandlungsmöglichkeiten, suchen sich auf der Grundlage von Bewertungsportalen und in Blogs mit „Betroffenengruppen" ihre vermeintlich beste Behandlungsmöglichkeit. Sie trauen den „Hitlisten" zertifizierter Krankenhäuser und den Ärzterankings in den Medien und bringen ihre Wünsche dann bei ihren einweisenden Ärzten vor, die ihrem Wunsch entsprechen, sofern sie sich eine entsprechende Rückkehr ihrer Patienten zur Nach- und Weiterbehandlung versprechen. Und weil den Patienten andernorts das geboten wird, was ein bestimmtes Krankenhaus selbst bei Wohnortnähe nicht bieten kann, suchen sich Patienten häufig über ihre einweisenden Ärzte das Krankenhaus ihrer Wahl vor allem nach Service- und Hotelfaktoren aus, wohl gemerkt immer unterstellend, dass eine gute Medizin und neueste Technik heute doch wohl jedem Krankenhaus zur Verfügung steht, wofür sich der einweisende Arzt verbürgen muss.

Und die Bewerber um Arbeitsplätze und vorhandenen Mitarbeiter sind ebenfalls nicht mehr so normal, wie sie in den Skripten vieler Krankenhausmanager als Menschenbilder konstruiert werden. Auch sie leben zunehmend in einer medial vermittelten Welt, in der sie googelnd ihre Stichworte eingeben, um „the best place to work" angeboten zu bekommen. Sie identifizieren sich mit ihrem Arbeitgeber über die positiven Zuschreibungen, die Patienten, Mitarbeiter, Angehörige und sonstige „Meinungsführer" äußern. Ihre Welt ist die Welt der sich als „sozial" missverstehenden Medien und ihrem so vermittelten „Face", das in einem unauslöschbaren „Book" getwittert wird. Die Wirklichkeit über Krankenhäuser und ihre Arbeit entsteht so abstrakt aus der sozialen Vermittlung und Zuschreibung anderer und nicht über eine Reflexion über sie, schon gar nicht aus unmittelbarer Erfahrung, die häufig als Einzelfall, Ausnahme, Zufall oder einfach Pech einer falschen individuellen Wahl des Arbeitgebers gekennzeichnet wird. Vernünftig handelt ein Mitarbeiter im Umgang mit seinem Arbeitgeber nur dann, wenn er selbst seine Knappheit am Arbeitsmarkt ausnutzt, um möglichst günstige Bedingungen für sein Arbeitsverhältnis zu erhalten. Der Mitarbeiter ist eben dann ebenfalls ein Kunde geworden, der sich im Markt konkurrierender Krankenhäuser bewegt.

18.1.2   Zweiter Akt: Das Krankenhaus „entwickeln"

Könnten die ersten Zeilen dieses Beitrages nicht eine gute „Story" für ein Unternehmenstheater im Krankenhaus bieten? Könnten sie nicht den Stoff abgeben für ein Buch, das mit einem solchen Knall im ersten Akt eines Theaterstücks beginnt? Und gibt es nicht den Hintergrund für ein Bühnenbild, bei dem die Schauspieler ihre „modernen" Rollen von Krankenhäusern, Managern, Mitarbeitern und Patienten als Kunden vorstellen? Kann das der Zerrspiegel sein, in dem sich Mitarbeiter dann doch nicht wiedererkennen wollen und deshalb voller Spannung auf den zweiten Akt ihre Erwartungen schüren, wohin sie denn das Stück bei einer solchen Ausgangssituation noch führen wird?

Zwischen die Karikatur ihrer Erfahrungen in ihrem Krankenhaus und dem Bühnenstück zeigt sich eine Differenz, die Mitarbeiter als Zuschauer in vielfältiger Weise berühren kann. Die Inszenierung kann gelingen, wenn sich die Zuschauer einnehmen lassen und dabei – ein häufig von Krankenhausmanagern erwünschter Zweck – neugierig die nachfolgende Botschaft der im zweiten Akt sich ankündigenden Krankenhausvision erwarten. Die Szenerie entwickelt sich wie folgt.

Krankenhäuser dürfen nicht zu Produktionsunternehmen verkommen. Sie sind Dienstleistungsbetriebe, deren Sinn bereits in der Güte ihres Tuns liegt. Nächstenliebe ist ein Dienst mit Menschen durch Menschen und steht über dem rationalistischen Zweck der „halbierten Vernunft", diese Leistung lediglich ökonomisch effizient zu erbringen. Effizienz ist eine Bedingung für den eigentlichen Zweck eines Krankenhauses und nicht das Ziel, weil es insgesamt um die Entwicklung einer vernünftigen Organisation als Ganzes geht! Menschen sind keine „Faktoren", weder als Kunden noch als Patienten, auch dann nicht, wenn sie über den Begriff der „Erfolgsfaktoren" positiv klingend ökonomisch vermittelt und plötzlich zum Kapital vermeintlich gleichwertig als „Humankapital" aufgewertet werden. Patienten sind hilfebedürftige, oftmals bewusstlose oder in ihrem Geist und Körper beeinträchtigte Menschen, die empathische und professionelle Menschen benöti-

gen, die mit ihnen als Patienten und mit ihren Kolleginnen und Kollegen gemeinsam und
ernsthaft um das Wohl der ihnen anvertrauten Menschen bemüht sind. Patienten werden
niemals Experten in eigener Sache, sie haben selbst keine Pflege und Medizin studiert,
kennen Patientenbehandlungen nicht aus Erfahrung, können nicht diagnostizieren und
sich selbst nur unter einer erheblichen Compliance als Ko-Therapeuten mitbehandeln. Sie
leisten allerdings einen unschätzbaren Beitrag zu ihrer Gesundwerdung und sind wichtiger Beobachter und Kommunikationspartner bei der Diagnose, Therapie und Beurteilung
der Umstände ihres Patientenseins. Ihr mehr und mehr vorgetragenes, internetbasiertes
Wissen liefert nur sehr begrenzt eine wertvolle Information, weil ihnen das notwendige
Wissen und die Urteilsfähigkeit zur komplexen Interpretation aus Sachkenntnis fehlen.

Die Organisation Krankenhaus ist zwar mit Industrieunternehmen vergleichbar, allerdings zum Preis, dass hier Äpfel mit Birnen verglichen werden. Patientenbehandlung kann
nicht als Produkt gelagert werden, ist nicht speicherbar, passiert in der Regel uno actu.
Die Organisation Krankenhaus muss immer in Bereitschaft sein, Menschen zu behandeln,
muss von 0 auf 100 sofort und 24 h aktiv sein, ohne Anlaufzeiten für Produktionsstraßen
und Maschinen. Niedrige, vermeintlich unterausgelastete Krankenhäuser müssen immer
eine Bereitschaftsreserve haben, um plötzlich auftretende Krankenhausfälle behandeln zu
können. Niemand würde eine Feuerwehr unter dem Blickwinkel einer „optimalen Auslastung" mit einem daran gemessenen Mindestpersonalbestand versehen, der sich nach
der vergangenen Anzahl der durchschnittlichen Brände im Einzugsgebiet errechnet. Auch
wenn es nicht brennt, müssen die Feuerwehrleute einsatzbereit sein und für ihre Dienste
bezahlt werden. Krankenhäuser sollen maximal ausgelastet sein, um die Fixkostendegres-
sion zum Betriebsoptimum zu führen.

Arbeitsprozesse im Krankenhaus folgen nur sehr begrenzt bestimmten Standards, weil
die bewusste und erfahrungsbasierte Abweichung ärztlich therapeutischer Handlung als
Ausnahme, die Regel erst zur Regel der Krankenbehandlung macht. Sie lassen sich als
Standard dokumentieren und in Qualitätshandbüchern ablegen. Im Einzelfall greift hoffentlich niemand zum Handbuch, um dokumentationsfest und MDK-gerecht einen Patienten zu behandeln. Selbst gepflegte Handbücher stellen Abstraktionen von ernsten und
belasteten Pflegesituationen dar. Eine gute Organisation resultiert aus vernünftiger, praktischer Kommunikation und nicht aus der verschriftlichten Welt des Qualitätshandbuches.
Im praktischen Fall entscheiden Intuition, Erfahrung, Fähigkeit und Fertigkeit, Empathie und Kooperation zwischen allen Berufsgruppen, ob einem Patienten geholfen werden
kann oder nicht. Jeder Mensch wünscht sich, nicht nur als Individuum behandelt zu werden, schon gar nicht als „DRG", als Fall oder als „Organ" (der Magen von Zimmer 5).
Die ökonomische Brille, die Ärzte Patienten als Fallpauschale sehen lässt, deren Rela-
tivgewicht die ökonomische Fallschwere determiniert und unbedingt durch zusätzliche,
vielleicht überflüssige Leistungen erhöht werden muss, damit höhere Erlöse erzielt werden können, muss geputzt, abgelegt oder ersetzt werden. Menschen sind als Patienten
keine Fälle, deren Wert erst durch die Zurechnung ökonomischer Leistungen bestimmt
wird. Menschen tragen ihren Wert in sich selbst, sie sind wertvoll, weil sie Menschen
sind. Ein Mensch darf niemals lediglich Mittel zum Zweck sein (Kant). Menschen sind

keine Kostenträger im betriebswirtschaftlichen Sinn, weil sie keine toten Objekte, sondern Subjekte sind, weshalb auch auf sie keine Leistungen verrechnet werden könnten, sondern nur auf ihre Konstrukte wie Fälle oder Krankheitsarten.

Aber ein Krankenhaus, das seine Aufgabe richtig definiert, die Rollen von Patienten, Mitarbeitern, Angehörigen usw. entsprechend zu bestimmen und dies in einer Vision zu vermitteln weiß, kann gerade deshalb ökonomisch erfolgreich sein. Mit dem Bild eines patientenorientierten Krankenhauses können sich viele Patienten und Mitarbeiter identifizieren. In einem solchen Krankenhaus erklären die Mitarbeiter den Patienten genau, was sie erwarten können und was nicht. Die Patienten kommen in dieses Krankenhaus, weil sie als Mensch behandelt werden. Und die Mitarbeiter bleiben in diesem Krankenhaus, weil sie ebenfalls nicht Mittel zum Zweck sind, nicht „Vollkräfte" oder gerechnete „Köpfe", nicht Untergebene, sondern Mitarbeiter im Team unterschiedlicher Profession sein können. Menschen als Mitarbeiter eines solchen Krankenhauses lachen nicht, weil sie in Stewardessenkursen bei der Lufthansa zu Meskalin trunkenen, ständig lächelnden Servicekräften mit Positivoutfit vollkommen von den alltäglichen Zufriedenheiterwartungen der Patienten abhängig gemacht wurden. Ihr Blick ist klar, professionell und ihr Verhalten menschlich. Auch sie sind keine Objekte der Patienten, die nach durchschnittlichen Schönheitsmerkmalen auszuwählen wären, weil sie den Patienten so besser gefallen würden, und die sich – was für eine Abstraktion – schon auf ein Wiedersehen mit ihnen beim nächsten Krankenhausaufenthalt freuen. Erfolge solcher Teams werden am gemeinsamen Ergebnis gelingender Patientenbehandlung und dem Einbezug von Angehörigen sowie an der sachgerechten Weiterbehandlung und Betreuung durch die nachfolgenden Institutionen des Gesundheits- und Sozialwesens gemessen, nicht an der Ausgangstür des eigenen Krankenhauses. Nicht die erreichte Patientenzufriedenheit ist der Maßstab für die Qualität eines solchen Krankenhauses. Die erzielbare Lebensqualität stellt einen messbaren Qualitätsindikator dar, der unzufriedenen Patienten anzeigt, dass bei seiner bisherigen Lebensführung, mehr Gesundheit nach dem Krankenhausaufenthalt nicht herstellbar war. Ein Raucher, dem ein Bein amputiert wurde, wird wahrscheinlich nicht zufrieden sein, weil seine Bewegungsfähigkeit nun eingeschränkt ist. Er hat aber überlebt und sein Leben kann auch unter dieser Einschränkung weitergehen, weshalb die erzielte Lebensqualität trotz der schlechten Voraussetzung und Prognose einen großartigen Behandlungserfolg darstellt. Solche Krankenhäuser sind unverwechselbar und durch Konkurrenten nicht imitierbar.

Dass sich eine solche Zukunft nicht von selbst einstellt, sondern das Ergebnis eines entsprechenden Organisationsentwicklungsprozesses ist, der bestimmte Maßnahmen enthält, die sukzessiv, manchmal sogar mit schmerzhaften Einschnitten verbunden, umgesetzt werden müssen, lässt sich über ein Unternehmenstheater gut vermitteln. So könnte ihre Zukunft aussehen, wenn sie gedanklich nur in die Rollen der Schauspieler schlüpfen, die aufgeführten Feinde besiegen, den falschen Sprüchen und hohlen Phrasen immer neuer Managementmoden entlarven, ihnen nicht einfach Glauben schenken, aber positive Visionen in die Tat umsetzen und vorgestellte (Denk-)Hindernisse aus dem Weg schaffen würden.

18.1.3   Der dritte Akt: Das Krankenhaus der Zukunft „stabilisieren"

Ob der Wandel gelingen kann und was die Schauspieler anstelle der Mitarbeiter dann dazu
tun müssen, zeigt sich im dritten Akt. Folgt somit der Aufklärung über die Bedingungen
im ersten Akt und den aufgezeigten visionären Möglichkeiten des zweiten Aktes nun die
tatsächlich erreichte Verwirklichung im dritten Akt. Im Finale sind Sieger und Besiegte
klar ersichtlich und die Freude über den Erfolg groß.

Wie im wahren Leben braucht das Krankenhaus einen Helfer, jemanden, der gelernt
hat, die Mitarbeiter und das Management bei der Entwicklung ihres Krankenhauses zu
unterstützen. Organisationen entwickeln sich selten „von selbst", sie brauchen Helfer.
Solche Helfer sind nicht die wirklichen Helden des Stückes. Sie sind eher Katalysato-
ren des Wandels, unterstützen die positiven Kräfte, bekämpfen die Widerständler gegen
den Wandel. Sie teilen die Philosophie eines Krankenhauses mit Zukunft und helfen aktiv
bei deren Verwirklichung. Sie sind keine Beobachter, sondern Akteure im Veränderungsprozess, die sich nach dem Ökonomen Peter Ullrich der „Vernünftigung" verschrieben
haben, nicht der kurzfristigen Rationalisierung entlang einer so „halbierten Vernunft". Sie
bleiben noch für eine Weile nach der Veränderungsphase, weil sie helfen, den Erfolg des
Entwicklungsprozesses zu stabilisieren.

Je nachdem, ob Identifikation mit der Vision oder den Rollen der Schauspieler, Motivation zur Beteiligung bei der Verwirklichung der Strategie oder die Koordination und
Kanalisierung der unterschiedlichen Interessen der Berufsgruppen im Vordergrund des
Stückes standen, im letzten Akt muss das Ergebnis klar vermittelt und die Botschaft an-
gekommen sein. Harmonie, Glück, Hoffnung, Liebe, Erfüllung, Zufriedenheit, Zuspruch,
Freunde usw. zeigen hier den Erfolg an. Aus dem Off erklingt möglicherweise die Stimme
des Krankenhausträgers, der die Wirtschaftlichkeit, die Kunden- und Mitarbeiterorientierung, das positive Image oder die Effektivität des Krankenhauses lobt. Der wirtschaftliche
Erfolg wird aber nicht allein am kurzfristigen betriebswirtschaftlichen Ergebnis gemessen,
sondern vor allem an Qualitätsindikatoren.

An der Begeisterung der Zuschauer lässt sich ein erster Indikator für den Erfolg des
Unternehmenstheaters festmachen. Diese kann sich kurzfristig einstellen oder nachhaltig
wirken, jedenfalls macht es eine weitere Nachbearbeitung der Aufführung notwendig, um
den Erfolg zu sichern. Was bei der Pausengestaltung zwischen dem zweiten und dritten
Akt bereits systematisch als Diskursmöglichkeit zwischen den Zuschauern inszeniert wurde, muss nach der Aufführung im Foyer und in späteren Veranstaltungen nachbearbeitet
werden. Das Stück endet somit nur der Form nach im Theater, weist aber gleichzeitig über
die Aufführung hinaus: Die Schwarzwaldklinik-Romantik eines Theaterstückes trifft auf
die Wirklichkeit, und gehandelt wird nur in der Praxis des konkreten Krankenhauses.

18.2 Das Unternehmenstheater

Es ist die Handlung des Stückes, es sind die Rollen der Akteure und es bedarf des Spannungsbogens, den die Akte des Stückes zu transportieren wissen. Protagonisten des Wandels, Claqueure, Moderatoren, passive Beobachter, Widerständler, Parodisten, Kritiker, Würdenträger, Unternehmer oder Manager, Optimisten und Pessimisten – alle haben Platz in einem Stück, das geschickter Weise der Vermittlung einer Situation oder einer Vision dient. Kaum eine andere Darstellungsform kann so überzeugend wirken, wie ein Unternehmenstheater, bei dem sich eben kein Bildschirm wie bei den sozialen Medien, beim Fernsehen oder dem Kino zwischen das Stück und die Zuschauer drängt. Es macht eine aufgeschriebene und unter Mitarbeitern verteilte Vision entbehrlich, von der Krankenhausmanager bereits vor ihrer Verteilung wissen, dass das nur aufgeschriebene Wort kaum richtig interpretiert oder im Sinne der Autoren verstanden wird. Einsicht in die Veränderungsnotwendigkeit stellt sich heute immer seltener durch eine gute Konzeption oder eine animierte PowerPoint-Präsentation ein. In einer Gesellschaft, die fast nur noch in Metaphern spricht, Kurzbotschaften eher in Werbefilmen von 30 s Dauer zu vermitteln weiß, die zur Einblendung von Botschaften bei der Google-Suche mutiert, kann eine langschriftliche Mitteilung kaum mehr einen wirklichen Effekt erzielen. In Zeiten von verbreitetem funktionalen Analphabetismus, praktischen Formulierungs- und Dokumentationsschwierigkeiten von Mitarbeitern, sprachliche Übereinstimmungen zwischen Wort und Handlung zu formulieren und vollständige Sätze mit eingeschobenem Nebensatz selbst Studierenden im ersten Semester größere Schwierigkeiten bereiten, muss auf die mediale Vermittlung komplexer Zusammenhänge gesetzt werden. Bereits heute imitieren Menschen Verhaltensmuster ihrer Lieblingsschauspieler, stehen sich junge Menschen stundenlang vor dem Beginn eines Festivals „die Beine in den Bauch", wenn die ihnen unbekannten, aber medial vermittelten Musiker den roten Teppich betreten, kreischen und schreien, wenn sie nur die Anfangstöne ihres Lieblingsliedes hören und binden sich während einschlägiger Musikkonzerte Erwachsenenwindeln um, damit sie keinen Moment des Konzertes verpassen und vor allem ihren hart erkämpften Stehplatz vor der Bühne behalten. Und es sind dieselben Menschen, die morgen in unser Krankenhaus als Mitarbeiter kommen und denen wir eine Vision der Krankenhauszukunft durch ein mehrseitiges Konzeptpapier vermitteln können? Werbung braucht 30 s, um Menschen am nächsten Tag zum Kauf eines Produktes zu animieren. Krankenhäuser brauchen Unternehmenstheater, um in einer medial vermittelten Welt auf ähnliche Weise Menschen für ihre Vision zu begeistern (vgl. Abb. 18.2).

Ein Theaterstück kann – je nach Absicht – sehr klar oder eher metaphorisch eine Botschaft oder ein Lehrstück sein, kann aufklären oder abklären, kann Einsichten oder Meinungen vorstellen und unerwünschte Bilder erzeugen und vernichten, kann Katastrophen aufzeigen, in die ein Krankenhaus kommen kann, wenn es nicht rechtzeitig die Botschaft des Stückes praktisch verwirklicht, kann sogar Mitarbeiter an dessen Entstehung und Durchführung beteiligen. Außen- und Innenwelt, Gegenwart, Vergangenheit und Zukunft, Verhalten und Verhältnisse, Form und Materie, Raum und Zeit – alle Be-

Abb. 18.2 Programmheft und
Eintrittskarte für ein Unternehmenstheater

zugspunkte einer möglichen Wirklichkeit können im Stück gestaltend verwendet werden
(vgl. Passow 1999, S. 270 ff.). Wird das Schichtenmodell der Organisationskultur von Ed-
gar Schein zum Ausgangspunkt weiterer theatraler Überlegungen gemacht, um Ebenen
einer Organisationskultur und die in deren Schichten abgelagerten Einstellungen, Meinungen, Verhaltensweisen, Artefakte usw. für ein Theaterstück nutzbringend zum Thema
werden zu lassen, ist eine Diagnose der Unternehmenskultur und ihrer Ebenen unumgänglich (vgl. Tab. 18.1).

Tab. 18.1 Ebenen der Unternehmenskultur. (Nach Schein 1995, S. 30 ff.)

Ebenen einer Organisationskultur	Merkmale einer Organisationskultur
Symbole und Zeichen Sichtbarer Ausdruck der Organisations- kultur, aber oft nicht direkt entzifferbar, somit interpretationsbedürftig	Symbole und Zeichen sind Bestandteil der Architektur, Bürogestaltung, Kleidung, Sprache, des Jargons, von Anekdoten, Legenden, Witzen, Geschichten, Ritualen, Zeremonien, Sitten, Gewohnheiten, Prämiensystemen, Titeln der Mitarbeiter und Führungskräfte, werden an Helden, an Produkten, in Dokumente, durch Firmen- wagen, Tabus usw. sichtbar
Werte und Normen Werte rufen Symbole hervor bezie- hungsweise leiten Symbole an. Je nach Grad der Bewährung sind sie diskutier- bar und offensichtlich	Werte und Normen finden sich zum Beispiel in Unternehmens- und Führungsgrundsätzen, Verhaltens- vorschriften, Geschäftsordnungen, Regeln, Prinzipien, Verfahren, Handlungsmaximen, Einstellungen, Richtli- nien, im Schriftverkehr
Grundannahmen Sie gelten als selbstverständlich und sind unsichtbar, häufig unbewusst	Sie beinhalten zum Beispiel Beziehungen zur Umwelt, Menschenbilder, Weltinterpretationen, Hintergrund- überzeugungen, Annahmen über Marktverhältnisse, Konkurrenten und Partnern, betreffen die Wahrneh- mung von Realität, Zeit und Raum und Umwelt

Grundsätzliche Überlegungen zu Inhalten eines Unternehmenstheaters entlang der ge-
zeigten Schichten oder Ebenen können mit Zielen des Wandlungsprozesses und verschiedenen Typen eines Unternehmenstheaters zu einem passenden Konzept für ein Krankenhaus verbunden werden, deren unterschiedliche Formen sich entlang der Dimensionen
„Professionalität" und „Betriebliche Spezifität" differenzieren lassen (vgl. Abb. 18.3).

Durch das Stück und die Inszenierung können der Verlauf und die Tiefe des Veränderungsprozesses das Bewusstsein, die Fähigkeiten und den Willen aller Mitarbeiter verändern und dabei helfen, die bisherige Kultur der Organisation im Veränderungsprozess
positiv zu beeinflussen. Somit wird – so ein Versprechen der Befürworter des Einsatzes
ästhetischer Methoden im Veränderungsmanagement – selbst bei klassisch zu nennenden
Strategien der Krankenhausrationalisierung – ein Unternehmenstheater helfen, mögliche
Widerstände gegen den Wandel bereits zu Beginn eines Veränderungsprojektes zu verringern, im Projektverlauf für eine größere Zahl von Unterstützern zu werben oder am Ende
eines mehrstufigen Prozesses zum Einsatz kommen, wenn einer großen Mitarbeiterzahl
eine bestimmte externe oder interne Herausforderung an ein Krankenhaus entlang übli-
cher Werbemaßnahmen des internen Marketings grundsätzlich nicht wahrnehmen kann
oder für wahr nehmen will. Damit wird der Zeitpunkt des Einsatzes eines Unternehmenstheaters angesprochen, der entlang genauer zu fassender Implementierungsphasen neuer
Strategien bestimmt werden muss.

Beispielhaft für einzelne Formen des Unternehmenstheaters seien ausgewählte Projekte skizzenhaft vorgestellt, die im Krankenhaus miterlebt beziehungsweise grundlegend
mitgestaltet wurden.

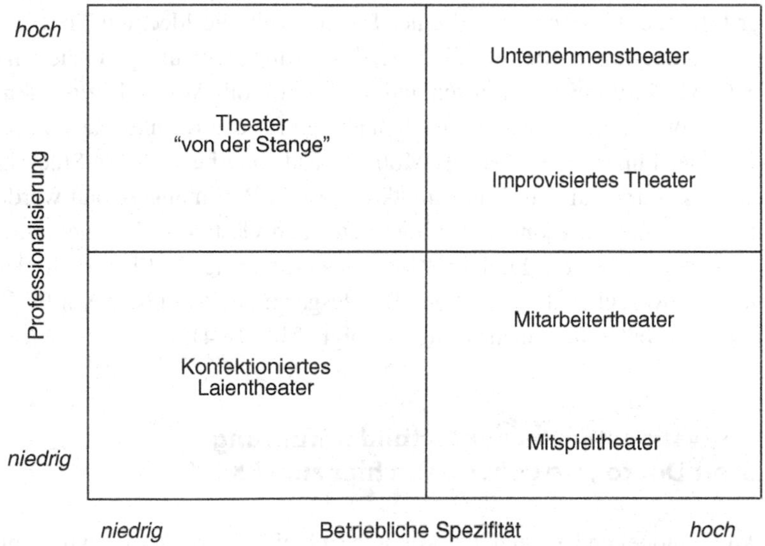

Abb. 18.3 Bedarfsorientiertes Theater in Deutschland. (Nach Wehner et al. 1999, S. 102)

Für die Auswahl einer entsprechenden Form eines Theaters sind damit die Zielsetzungen zu klären, die mit dem Einsatz eines Unternehmenstheaters verfolgt werden. Drei Beispiele aus der Praxis können dies verdeutlichen (weitere Beispiele bei Wehner et al. 1999, S. 97 ff.).

18.2.1 Unternehmenstheater zur Sicherung des Commitments zu einer Krankenhausfusion

In diesem Fall wurde eine angestrebte Fusion mit einem Nachbarkrankenhaus der gleichen Trägerschaft in eine Spielhandlung übertragen und mit professionellen Schauspielern gespielt. Zunächst erfolgte eine differenzierte Besprechung der Zielsetzung des Theaterstückes und möglicher Handlungsstränge, die aufgrund von Interviews mit Krankenhausmitarbeitern entwickelt wurden. Die Handlung wurde dann in das Universum verlegt, in dem sich Raumschiffe begegneten, um dann bei schwierigen Andockversuchen an eine gemeinsame Raumstation ihre gegenseitigen Vorurteile zunächst zu benennen und anschließend dann zu überwinden. Die Vorurteile der Mitarbeiter gegenüber den Mitarbeitern des anderen Krankenhauses sollten unter anderem auf diese Weise abgebaut werden.

18.2.2 Konfektioniertes Unternehmenstheater – Herr Doktor, ich glaub', ich hab' 'nen DRG!

Der Autor entwickelte in der Phase der Einführung der DRG gemeinsam mit dem Berufsverband für Pflegeberufe (BALK) und einer Dramaturgin die Idee, ein Theaterstück als Tourneetheater aufzuführen. Hier war die Idee, die Bedingungen und potenziellen Auswirkungen der DRG-Einführung in Deutschland auf humorvolle Weise darzustellen, gleichzeitig aber auf notwendige Veränderungsmaßnahmen für das Krankenhaus aus der Sicht der Krankenpflege hinzuweisen. Das als Motivationstheater bezeichnete Stück konnte in einer ersten Vorstellung auf dem Hauptstadtkongress in Berlin angeschaut werden, nicht zuletzt, um die mögliche Resonanz der Idee unter den Gästen im Rahmen einer Markterkundung zu testen. Das erfolgreiche Konzept wurde später in Eigenregie der BALK einmalig unter Anwesenheit der damaligen Bundesgesundheitsministerin in Berlin uraufgeführt, allerdings später nicht mehr weiterverfolgt (Abb. 18.4).

18.2.3 Motivationstheater zur Leitbildeinführung – „Herr Doktor, wo geht's denn hier zum EKG?"

An einem konfessionellen Krankenhaus konnten sich die Mitarbeiter freiwillig an der Gestaltung ihres Unternehmenstheaters beteiligen. Eine Gruppe von Mitarbeitern zeigte ihr Interesse, einzelne Vertreter aus anderen Berufsgruppen, allerdings mit vertauschten Rol-

Abb. 18.4 Deckblatt des Videomitschnitts für den Trailer eines konfektionierten Unternehmenstheaters. (Trailer beim Autor erhältlich)

len, zu spielen. Eine Dramaturgin führte auch hier Interviews durch, bevor sie ein Stück schrieb, das aus insgesamt elf Szenen bestand. Während dem Autor dann die Rolle zukam, aus dem Off die wichtigsten Leitsätze des neuen Leitbildes zu sprechen, zeigten die Mitarbeiter dazu alltägliche Situationen des Krankenhauses und betonten damit, wie wichtig es ist, sich mit notwendigen Verhaltensänderungen aufgrund neuer Leitsätze zu beschäftigen.

Abb. 18.5 Poster und Einladungskarte des Unternehmenstheaters „Herr Doktor, wo bitte geht's denn hier zum EKG?"

Die zweimalige Aufführung, die vor- und nachmittags im Krankenhaus aufgeführt wurde, konnte von allen Mitarbeitern besucht werden. Eine anschließend organisierte Diskussion in Kleingruppen, die an Stehtischen weitgehend spontan entstand, sollte der aktiven Diskussion des neuen Leitbildes dienen und die Mitarbeiter zur Veränderung liebgewordener Verhaltensweisen motivieren (Abb. 18.5).

18.3 Was kann die Gesundheitswirtschaft vom Theater lernen?

Die Chancen, einen Lernprozess für ein Krankenhaus und seine Mitarbeiter zu organisiere, müssen erörtert werden, wenn individuelles Lernen stimuliert werden soll. Werden Lerndimensionen danach unterschieden, ob die Theatermacher das Bewusstsein, die Fähigkeiten oder den Willen der Mitarbeiter durch ein Unternehmenstheater beeinflussen wollen und wie sich dies dann in ihrem veränderten Verhalten niederschlagen soll, können Lernprozesse nach dem Ausmaß der Passivität, Reaktivität oder Aktivität der Mitarbeiter strukturiert, also auch dem Grad der Beteiligung gestaltet werden. Inhaltlich können logische, moralische oder ästhetische Inhalte über das Stück, das Bühnenbild, die Beleuchtung, die Vorphase bis zur Aufführung, die Pausengestaltung, die Nachbereitung nach der Aufführung, somit das gesamte Arrangement im Rahmen der Inszenierung, gewünschte Botschaften, Verhaltensmuster, organisationale Strukturen, Prozesse oder Ergebnisse bisheriger Bedingungen und zukünftiger Möglichkeiten vermittelt werden.

Allein diese wenigen Bemerkungen über das Lernen von Menschen in Organisationen deuten auf dahinterliegende Begründungs- und Erklärungsmuster hin, die für die Entwicklung eines organisationsspezifischen Unternehmenstheaters herangezogen werden können. Eine Theorie der Ästhetik und des Theaters, die Schauspielkunst als Form und Methode der Darstellung oder Ansprache, entsprechende Organisations-, Lern-, Motivations- und Kommunikationstheorien zur Fokussierung dessen, was genau erreicht werden soll, sollten unter anderem dazu herangezogen werden (vgl. Teichmann 2001; Passow 1999).

Bildet eine Information von Mitarbeitern über aktuelle oder zukünftige Herausforderungen im Vordergrund die Gestaltungsidee, bieten sich klassische Formen des Theaters an, die die Grundform eines Schauspiels oder auch eines Musiktheaters haben können. Professionelle Schauspieler und Sänger beziehungsweise entsprechend ausgewählte Musikstücke sind hierzu ebenso notwendig wie ein Bühnenbildner, Beleuchter, ein Dramaturg, Musiker sowie Servicepersonal an Garderobe und Pausentheken. Hier eignet sich ein städtisches Theater oder Schauspielhaus für eine solche Aufführung, weil professionelles Equipment und die entsprechende Infrastruktur erforderlich sind. Je nach Problemdruck und Tragweite notwendiger Veränderungsprozesse kann ein solches Theater den Einstieg in einen Veränderungsprozess bieten, macht aber anschließend umfangreiche Bearbeitungen der Frage- und Problemstellungen in anschließenden Phasen des Veränderungsprozesses notwendig. Wenn somit organisationsweite Veränderungsstrategien unter eher generellen Zielsetzungen, wie zum Beispiel die Einführung größerer Patienten- und

Kundenorientierung dargestellt werden sollen, damit sich möglichst viele Mitarbeiter mit diesem Thema auseinandersetzen, dann eignet sich eine solche Veranstaltung für größere Krankenhäuser oder auch Krankenhausverbünde im Rahmen einer berufsgruppen- oder hierarchieübergreifenden Organisationsentwicklung.

Der Charme eines solchen Theaterstückes liegt in einer Aufklärung über zukünftige Anforderungen an die Mitarbeiter, ohne sie im Einzelfall persönlich anzusprechen. Es bleibt damit in der Freiheit der Betrachter, sich durch die einzelnen Szenen angesprochen zu fühlen und möglicherweise Lehren für das alltägliche Verhalten im Krankenhaus zu ziehen. Dieser potenziell individuelle Lernprozess kann durch den Einsatz einstellungs- und verhaltensändernder Entwicklungstechniken während weiterer Phasen eines Organisations- und Personalentwicklungsprozesses verstärkt werden. Wem die Rolle des reflektierenden Zuschauers zu wenig Einfluss auf die gezielte Veränderung bestimmter Verhaltensweisen mancher Berufsgruppe bietet, könnte somit nicht nur konkretere und organisationsspezifischere Themen aufgrund aktueller Probleme des Krankenhauses zum Gegenstand machen, sondern Personaltrainings, ein Gruppen- oder Individualcoaching usw. mit der Initialzündung eines Unternehmenstheaters verbinden. Hierbei werden empirische und geradezu typische Verhaltensweisen zum Beispiel von Ärzten im Krankenhaus zu einem Theaterstück verarbeitet und gezielte Verhaltensempfehlungen gegeben. Eine direkte Nachbearbeitung mit den jeweiligen Berufsgruppen schließt sich dann an, um Organisationsstrukturen und -prozesse möglicherweise gemeinsam zu verändern oder auch eine Unterstützung durch Personalcoaches konkret anzubieten. Das Signal in die Mitarbeiterschaft, wo der notwendige Veränderungsprozess ansetzen wird und welche Verhaltensweisen gewünschte Veränderungsrichtungen deutlich machen, darf wegen der daraus resultierenden Identifikations- und Motivationswirkung auf andere Mitarbeiter nicht unterschätzt werden.

Das Mitmachtheater bietet je nach Beteiligungsgrad und Einschluss von bestimmten Berufsgruppen und Mitarbeitern besondere Möglichkeiten, bereits in der Phase des Schreibens eines Stückes auf die Einstellungen von beteiligten Mitarbeitern Einfluss zu nehmen. Der Schwerpunkt liegt hier zunächst auf der Entwicklung eines Stückes durch Interviews, in deren Verlauf schon auf erwünschte Veränderungen hingewiesen und notwendige Anpassungsmaßnahmen mit den Interviewpartnern besprochen werden. Es handelt sich damit um einen formativen Entwicklungsprozess, der bereits während der Entstehungsphase eines Theaterstückes, Einstellungs-, Meinungs- und/oder Verhaltensveränderungen fokussiert. In einem solchen Prozess sind nicht nur ein Dramaturg notwendig, der ein Stück dazu entwickelt und schreibt, in dem zum Beispiel die Diskrepanz zwischen früherer und damit überholter und zukünftiger, somit erwünschter Verhaltensweisen aufzuzeigen sind. Dazu bedarf es auch eines Organisationsentwicklers, der formative Interviews zu strukturieren weiß.

In der einschlägigen Literatur zur Organisationsentwicklung wird vor allem durch den Begriff der lernenden Organisation unter anderem darauf hingewiesen, dass das Lernen neuer Verhaltensweisen oder Einstellungen von Mitarbeitern für den Wandel notwendig sei. Der Inhalt dessen, was verlernt werden soll, kann über ein Unternehmenstheater

deutlich aufgezeigt werden. Wird der Prozess des Verlernens auch noch humorvoll und an-
erkennend sozial erwünscht dargestellt, vielleicht mit entsprechenden Erfolgskriterien als
vorteilhaft, zukunftssichernd oder karrierefördernd attribuiert, dann kann zumindest die
Bereitschaft zum Wandel bei den Mitarbeitern stimuliert werden. Werden entsprechende
„Verstärker" in Form per se positiv eingestellter Mitarbeiter im Rahmen weiterer Entwicklungsprozesse eingesetzt, sodass Erfolgsmodelle (Lernen am Modell) oder Belohnungen
(Lernen lohnt sich) deutlich werden, sind damit wichtige Bedingungen für einen erfolgrei-
chen Wandel grundsätzlich gelegt. Strukturelle Veränderungen der Steuerungskompetenz
Krankenhauses müssen die Verhaltensveränderungen stabilisieren helfen.

Die Frage nach einer Erfolgsbewertung eines Unternehmenstheaters im Rahmen von
Organisationsentwicklungsprozessen muss mit Hilfe von Erfolgskriterien beantwortet
werden. Dazu bedarf es einer genauen Zieldiskussion, einer Operationalisierung der Ziele, einer Wahl der Mittel und einer Evaluation der erzielten Wirkungen (vgl. Teichmann
2001). Leider werden Unternehmenstheater selten systematisch evaluiert, sodass exem-
plarische Evaluationen selten öffentlich zugänglich sind. Das hängt unter Umständen
damit zusammen, dass der erfolgreiche Einsatz eines Unternehmenstheaters selbst eine
qualitative Konstruktion der Theatermacher darstellt, wobei die Diskussion über den
Erfolg vorzugsweise narrativ in direkter Besprechung mit dem Auftraggeber und den Mitarbeitern erfolgt. Eine wissenschaftliche Evaluation durch eine externe und beobachtende
Institution dürfte für eine Erfolgsbewertung geeigneter sein als eine Selbstbewertung, da
hier wissenschaftlich elaborierte Kriterien bereits in einem Vorher-Nachher-Design einge-
arbeitet und zum Beispiel über eine Teilnehmerbefragung bewertet werden könnten. Über
den gesamten Erfolg entscheiden die Strategie und die Ergebnisse, die im Wandlungsprozess des Krankenhauses erreicht werden. Unternehmenstheater bleibt weitgehend Mittel
und Methode mit einem weiten, aber begrenzten Einsatzradius im Krankenhaus.

18.4   Zusammenfassung und Ausblick

Dem alltäglichen Theater im Krankenhaus ein bestimmtes Unternehmenstheater gegen-
überzustellen, das den Menschen hilft, Veränderungs- und Anpassungserfordernisse im
Rahmen eines Organisationsentwicklungsprozesses zu verstehen und zu unterstützen, beschreibt eine moderne Möglichkeit im Rahmen der Veränderung von Krankenhäusern.

Die Kraft, Veränderungen zu stimulieren, liegt zum Teil in der Qualität des Stückes,
dessen Entwicklung in die Hände professioneller Theatermacher und Organisationsent-
wickler gehört. Die Kulturdiagnose, vielleicht die Auswertung einer Mitarbeiterbefragung, um Inhalte und Form eines Theaters passend zur Situation eines Krankenhauses
zu entwickeln, bilden Grundlagen, die durch aktuelle Interviews und Beobachtungen ergänzt werden müssen. Deshalb dient ein solches Unternehmenstheater auch nicht der
puren Unterhaltung im Rahmen von Betriebsfesten und Jubiläen. Es ist gezielt eingesetzter
Bestandteil einer umfassenden Organisationsentwicklungsstrategie, die ein Krankenhaus

gemeinsam mit professionellen Beratern erarbeitet, und die nicht mit der Durchführung eines Theaterstückes endet.

Soll eine große Identifikationswirkung mit den Inhalten des Stückes erreicht werden, können Mitarbeiter an vielen Stellen zwischen der Entwicklung eines Stückes, über die Mitarbeit als Schauspieler und sonstige Helfer beteiligt werden. Die Veränderung der Organisation beginnt dann bereits in der Phase der Planung des Stückes und stellt sich nicht erst nach der Aufführung als Phasen der Nachbereitung und Umsetzung ein.

Unternehmenstheater bieten Vorteile, Mitarbeiter im Rahmen von Organisationsentwicklungsprozessen zu begeistern, zu motivieren oder in den Wandlungsprozess zu integrieren. Gemessen an den Kosten, die falsche Entscheidungen in der Architektur, bei der Auswahl von Führungskräften, die eine Fluktuation leistungsstarker Mitarbeiter oder einer immer wieder misslingenden Prozessorganisation aus Mangel an Kooperation verursachen, sind sie vergleichsweise niedrig. Wird ein Theaterstück in der Zahl der ausbleibenden Patienten und ihrer DRG-Vergütung gerechnet, kostet ein Unternehmenstheater, je nach Bedingungen und Zielsetzungen der Auftraggeber, den durchschnittlichen Erlöswert von 30–50 Patienten.

Unternehmenstheater sind kein Allheilmittel zur Lösung aller Probleme eines Krankenhauses. Mit ihrer Hilfe können Initialzündungen hervorgerufen werden, Stimmungen erzeugt und wichtige strategische Stoßrichtungen zur Veränderung vermittelt werden. Die eigentliche Aufgabe bleibt die Veränderung der Krankenhäuser – eben in der Praxis und nicht in der reflektierten Welt einer Theatervorstellung! – „Was zum Teufel ist Wasser?"

Literatur

Kieser, A., & Hegele, Ch. (1998). *Kommunikation im organisatorischen Wandel*. Stuttgart: Schäffer/Poeschel.

Passow, W. (1999). „Das ist aber eben das Wesen der Dilettanten, daß sie die Schwierigkeiten nicht kennen, die in der Sache liegen." (Goethe) – Anmerkungen zur Position des Unternehmenstheaters. In G. Schreyögg & R. Dabitz (Hrsg.), (S. 269–285).

Schein, E. (1995). *Unternehmenskultur*. Frankfurt a. M.: Campus.

Staehle, W. (2000). *Management* (8. Aufl.). Vahlen Verlag.

Teichmann, St. (2001). *Unternehmenstheater zur Unterstützung von Veränderungsprozessen – Wirkungen, Einflussfaktoren, Vorgehen*. Wiesbaden: Deutscher Universitätsverlag.

Wallace, D. F. (2015). *Das hier ist Wasser*. Köln: Kiepenheuer & Witsch.

Wehner, H., Dabitz, R., Schreyögg, G., & Dabitz, R. (1999). *Bedarfsorientiertes Theater in Deutschland: Eine empirische Bestandsaufnahme. Unternehmenstheater. Formen – Erfahrungen – erfolgreicher Einsatz*. Wiesbaden: Gabler. 3-9805044

Bernd H. Mühlbauer ist Professor für Betriebswirtschaftslehre im Fachbereich Wirtschaft an der Westfälischen Hochschule Campus Gelsenkirchen. Mitarbeiter der Prof.
Bernd H. Mühlbauer Krankenhaus- und Unternehmensberatung beraten Krankenhäuser
und andere Sozialeinrichtungen in Fragen der Organisationsentwicklung, insbesondere
unter ethischen und ästhetischen Aspekten.

Achtung Nebenwirkung: Geschichte führt zu Einsichten und verursacht Bewusstsein

Arno Elmer und Anja Hilbig

Zusammenfassung

Bereits innerhalb der frühen Hochkulturen, wie im Pharaonenreich des alten Ägypten, haben sich Fachärzte auf bestimmte Krankheiten spezialisiert, machten Hausbesuche und trieben durch persönliche Untersuchungen, individuelle Diagnostik und zielgerichtete Behandlungsmethoden die Personalisierte Medizin bereits vor 4000 Jahren voran. Herodot stellte bei einem Besuch erstaunt fest: „Jeder Arzt behandelt nur eine bestimmte Krankheit, nicht mehrere. Alles ist voll von Ärzten! Es gibt Ärzte für die Augen, für den Kopf, für die Zähne, für den Leib und für innere Krankheiten." Innerhalb der Tempel des Landes wurden die angehenden Mediziner im sogenannten „Haus des Lebens" unterrichtet und lernten chirurgische Eingriffe, die Wirkung verschiedener Mittel wie Heilpflanzen sowie die Anatomie des Menschen. Die Branche der Mumifizierung und der Spezialisten, die für die Einbalsamierung der Leichen zuständig waren, wurde jedoch als völlig eigener Berufszweig von dem der Ärzte getrennt. Einige Vertreter ihrer Zunft reisten beispielsweise mit der ägyptischen Armee, um die Toten zu versorgen, wenn sie gestorben waren – ganz unabhängig von medizinischem Personal, das selbstverständlich bei Auslandseinsätzen ebenfalls vor Ort war. Für die alten Ägypter waren beiden Branchen aus verschiedenen, zumeist religiösen Vorstellungen nicht miteinander vereinbar. Aus heutiger Sicht ein klares Versäumnis: Wären diese Akteure des altägyptischen Gesundheitswesens besser vernetzt gewesen, hätten beispielsweise Zusammenhänge, die den Blutkreislauf betreffen – welche in pharaonischer Zeit, trotz

Die Originalversion dieses Kapitels wurde revidiert. Für detaillierte Angaben ist ein Erratum verfügbar unter DOI 10.1007/978-3-658-12519-6_32

A. Elmer (✉)
10117 Berlin, Deutschland
E-Mail: arno.elmer@fom.de

A. Hilbig
Rathenaustr. 30, 12459 Berlin, Deutschland

zahlreicher anderer Kenntnisse, noch unerforscht waren – vermutlich erkannt werden können. Sektorenübergreifende Zusammenarbeit fördert also Innovationen im Bereich der Forschung und gleichzeitig wird dabei die Qualität und Wirtschaftlichkeit der Patientenversorgung verbessert.

19.1 Hintergrund

Das deutsche Gesundheitssystem ist äußerst komplex und eine Neustrukturierung desselben gleicht einem Mammutprojekt, bei dem alle Partner sektorenübergreifend zusammenarbeiten müssen. Anregungen für neue Möglichkeiten lassen sich dabei nicht nur in naturwissenschaftlichen Fachbereichen finden. Auch die Geisteswissenschaften können im Hinblick auf innovative Impulse einen Beitrag leisten. Gerade bei der Untersuchung geschichtsträchtiger Ereignisse und vor allem bei der sozialen, wirtschaftlichen und gesellschaftlichen Entwicklung früher Hochkulturen sind Lösungen auch zu modernen und ganz aktuellen Herausforderungen unserer eigenen Gesellschaft zu finden.

Historische Erkenntnis ist für das Verständnis, für die Erklärung und für die überlegte praktische Behandlung einzelner Gegenwartsphänomene unentbehrlich, weil sie deren historische Ursachen und Entwicklungen aufdeckt. Auch Herausforderungen im verstrickten Gesundheitssystem können ohne Kenntnis von Wechselwirkungen zwischen Patienten, Behandelnden und der begleitenden Gesellschaft nicht klar erkannt und erklärt, geschweige denn wirkungsvoll gelöst werden. Natürlich müssen – trotz des Wissens um die Herkunft eines Phänomens – dessen gegenwärtiger Charakter und aktuelle Funktionen untersucht werden, aber historisches Wissen erleichtert dabei die Orientierung:

Häufig sind wesentliche Merkmale eines Phänomens in seiner Entstehungsperiode klarer auszumachen als in späteren Entwicklungsphasen. Grundsätzlich sind Zukunftsperspektiven, langfristige Wirkungen sowie vielfältige Zusammenhänge gesellschaftlicher Entscheidungsprozesse ohnehin nur aus gewisser zeitlicher Distanz nachzuweisen und zu begreifen – von Erfolgen und Kosten ganz abgesehen. Die Geschichtswissenschaften zeigen, wie sich die sozialpolitische Gegenwart entwickelt hat, gleichzeitig aber auch wie wandlungsfähig und veränderbar sie ist. Wer diesen Anschauungsunterricht nutzt, der wird die massiven Sachzwänge unserer Gegenwart nicht mehr als scheinbare Notwendigkeit hinnehmen, sondern sie vor dem Hintergrund genutzter oder versäumter, vergangener und vor allem noch bestehender Möglichkeiten begreifen. Das Bild der aktuellen Wirklichkeit mit starren Strukturen im deutschen Gesundheitssystem „verflüssigt" sich und was heute noch selbstverständlich scheint, kann sich im Licht anderer Alternativen der Kritik und den Innovationsvorschlägen jener stellen, die Veränderungen wollen.

Das aktuelle Wissen über die Lebensumstände und -bedingungen von vergangenen Populationen basiert zum größten Teil auf schriftlichen Überlieferungen und archäologischen Funden aus entsprechenden Zeitperioden. Paläopathologische Untersuchungen bieten dabei einen präzisen Einblick in die damaligen Lebensumstände, insbesondere auf die Einschränkung der Lebensqualität durch Erkrankungen und den Umgang mit Kranken und Krankheiten. Besonders gut geeignet für diese Art der Untersuchung sind dabei Mumienfunde aus dem Alten Ägypten, da sie dank der Mumifikationstechnik und des trockenen Klimas oft einen äußerst guten Erhaltungszustand aufweisen. Zudem wurden, aufgrund religiöser Vorstellungen, die sterblichen Überreste auch breiter Schichten der damaligen Bevölkerung und eben nicht nur einiger weniger privilegierter Individuen mit diesem Verfahren bewahrt.

19.2 Krankheit und Behandlung im alten Ägypten – Medizin einer frühen Hochkultur

An welchen Krankheiten die Ägypter aus heutiger Sicht litten, konnten inzwischen zahlreiche Forscherteams anhand von größeren Mumien- und Skelettkollektiven aus Ägypten untersuchen (für die folgende Zusammenfassung siehe Pommerening 2009). „Danach starben die meisten Menschen im antiken Pharaonenreich zwischen dem 20. und dem 30. Lebensjahr. Die somit insgesamt niedrige Lebenserwartung wird auf das Auftreten von Infektionskrankheiten, Parasitenbefall und Sepsis zurückgeführt. Bislang wurden folgende Erreger identifiziert: An Parasiten fand man verschiedene Gattungen von Eingeweidewürmern" wie „Bandwurm, Spulwurm, Guineawurm, Zwergfadenwurm und Trichine". Auch „Läuse, ferner Eier von Schistosoma, dem Erreger der Bilharziose, und die DNA des einzelligen Parasiten Plasmodium falciparum, des Erregers der Malaria", konnten bereits in mehreren Fällen nachgewiesen werden.

Bakterien wurden bislang nur in Einzelfällen nachgewiesen, „so die Erreger von Tuberkulose und Diphtherie". Außerdem weist „der Fund von DNA des Darmbakteriums Escherichia coli im Mittelohr einer Kindermumie auf eine erlittene Escherichia coli-Sepsis hin. Inwieweit die Bevölkerung von diesen Erkrankungen durchseucht war, ist im Einzelnen noch ungewiss." Es „wird beispielsweise angenommen, dass die Hälfte aller Ägypter unter Tuberkulose gelitten habe (Nerlich et al. 2002)". „Für Pocken, Lepra oder Pest gibt es keine gesicherten Belege" und „auch für eine frühe ägyptische Existenz des Polio-Virus hat man bislang nur indirekte" Anhaltspunkte, „nämlich die bildliche Darstellung" eines Mannes „mit atrophiertem Fuß" auf einer Grabstele „und den ebenso verformten Fuß der Mumie des Pharaos Siptah", der um 1200 v. Chr. regierte. „Beide könnten Opfer der Kinderlähmung gewesen sein."

Aufschlüsse zu epochen- und statusabhängigen Krankheitsraten bieten die Untersuchungen an über 700 Individuen, welche innerhalb eines Friedhofes geborgen wurden (vgl. Pommerening 2009). Diese „Totenstadt" befindet sich in Theben, dem heutigen Luxor und stellt die größte Nekropole des Alten Ägyptens dar. Die Stadt Theben war zur Zeit des Mittleren und Neuen Reichs (ca. 2200–1080 v. Chr.) die Hauptstadt Ägyptens und der wohl bekannteste Teil der Nekropole ist das Tal der Könige mit den Gräbern der Pharaonen aus der Zeit des Neuen Reiches. Neben diesen außerordentlich beeindruckenden Grabanlagen wurden von den Beamten der damaligen Zeit eine Vielzahl von Grabkomplexen in einer Hügelkette zwischen Fruchtlandrand und dem thebanischem Felsgebirge angelegt (für die folgende Zusammenfassung siehe Pommerening 2009 mit Verweis auf Nerlich 2000 und 2002). „Von den in der Spätzeit (nach 600 v. Chr.) in Theben Bestatteten zeigen 18,5 % Arthrosezeichen und rund 38 % Spondylose, bei Weitem mehr als zu den bereits angesprochenen Blütezeiten des ägyptischen Reiches" um 2200–1080 v. Chr. – hier waren es nur zwei Prozent beziehungsweise zwölf Prozent. Dabei ist zu bemerken, dass „degenerative Veränderungen von Gelenken und Wirbelsäule ein Zeichen für starke körperliche Beanspruchung sind." „Im Skelett gut sichtbar sind Traumata mit anschließender Heilung. Hier wurden orts- und zeitabhängig recht unterschiedliche Raten festgestellt: Im Durchschnitt sind zehn bis 20 % der Bestatteten betroffen, wobei sich Frakturen aufgrund von Unfällen oder Schlägen sowie durch Geschosse, wie Pfeile oder Steinkugeln, zeigen. An älteren Individuen ließen sich die heute noch allgemein üblichen arteriosklerotischen Veränderungen feststellen, auch benigne und maligne Tumorerkrankungen waren gut nachweisbar."

Zu den schriftlichen Hauptquellen der altägyptischen Medizin zählen heilkundliche Texte, die uns aus dem 19. Jhd. v. Chr. bis 3. Jhd. n. Chr. erhalten sind. Diese Niederschriften lassen sich ganz unterschiedlichen Textgattungen zuordnen: Neben Handlungsanweisungen, Rezepten oder Prognosen über Schwangerschaft, Geburt und Lebensfähigkeit, treten gleichzeitig magische Spruchsammlungen auf. Die Überlieferung von Beschwörungs- und Zaubersprüchen erfolgte also in einem Zuge mit dem kontinuierlichen Traditionsstrom von „echtem" medizinischen Wissen über verschiedenste Dynastien und Epochen hinweg (Pommerening 2009).

Die uns erhaltenen Schriften zeigen generell eine ähnliche Gliederung: Unter einer Überschrift, die meist eine allgemeine Krankheitsbezeichnung darstellt, ist zunächst die Untersuchung des Befundes und Feststellung der Symptome aufgeführt. Ob vorab eine Anamnese erfolgte, ist nicht überliefert. Darauf folgt die eigentliche Diagnose mit genauer Benennung der Krankheit und das Verdikt/die Prognose samt der Beurteilung der Heilungsaussichten. Anschließend werden Hinweise zur Behandlung, wie Verordnung der Heilmittel und Rezepte oder die Auferlegung besonderer Verhaltensmaßregeln gegeben. Auch technische Hilfsmittel oder Instrumente können hier aufgeführt sein. Abschließend werden Angaben zur eventuellen Nachbehandlung gemacht oder in Glossen eine Kommentierung einzelner Termini nachgereicht (Westendorf 1999).

„Den größten Einzelbestand innerhalb der heilkundlichen Texte machen Rezepte aus" (Pommerening 2009). „Heute liegen" uns „rund 2000 Verordnungen in Edition vor. Sie geben Aufschluss über Indikation, Zusammensetzung, Zubereitung und Anwendungsweise der Arzneimittel. Der altägyptische Drogenschatz umfasst – wenn die Verarbeitungszustände einzelner Drogen gesondert gezählt werden, um dem ägyptischen Denken gerechter zu werden – insgesamt etwa 1400 unterschiedliche Zutaten aus dem Pflanzen-, Tier- und Mineralienreich. Es bestehen erhebliche Probleme bei der Übersetzung und nur ein Bruchteil dieser Vielzahl an Ingredienzien ist bislang eindeutig identifiziert. Die Herstellung wird mit rund 100 unterschiedlichen Handlungsanweisungen wie Zerreiben, Kochen, Mischen, Durchpressen, über Nacht dem Tau aussetzen etc., beschrieben und zur Angabe der Anwendung dienen rund 30 unterschiedliche Maßnahmen wie Trinken, Essen, Eingießen, Salben, Verbinden etc. Hinzu kommen rund 50 verschiedene Applikations- bzw. Zubereitungsformen als Pillen, Tränke, Einläufe, Salbmittel" oder Ähnliches.

Auch wenn die meisten Rezepte neben der rein „medizinischen" Therapie keine Zaubersprüche oder sonstige Zaubermittel nennen, muss davon ausgegangen werden, dass sogenannte „Begleitsprüche" mit eher magischem Inhalt beim Auflegen und Abnehmen von Verbänden oder beim Einnehmen eines Trankmittels, wie auch beim Anmischen und Verarbeiten der Drogen oder Ähnlichem rezitiert wurden. „Eine Besonderheit der altägyptischen Rezepte sind außerdem sehr ausführliche Maßangaben, die bei einem Großtcil der innerlich anzuwendenden Arzneimittel" aufgeführt sind (Pommerening 2009). „Dies zeigt, wie elaboriert der Bereich der Heilkunde im Pharaonenreich war."

19.3   Learnings für die Gesundheitswirtschaft

Heutzutage lässt sich anhand vieler Einzelinformationen ein recht präzises Bild der altägyptischen Medizin nachzeichnen, das Aufschluss zu Heilungsmethoden, präventiven Maßnahmen oder ambulanter sowie stationärer Pflege gibt und gleichzeitig Anregungen zur Neuinterpretation von aktuellen Herausforderungen unseres eigenen Gesundheitssystems bieten kann.

Die Wissens- und Datenspeicherung stand im antiken Ägypten – einem höchst bürokratischen Verwaltungsstaat – an erster Stelle. Abfassung, Abschrift und Archivierung der medizinischen Texte erfolgte in speziellen Tempelgebäuden, dem sogenannten „Haus des Lebens". Die Texte ausgewählter medizinischer Fälle wirken oft als ein in sich geschlossenes Fachbuch. So gibt es Sammlungen zur Augenheilkunde, Chirurgie oder Frauenheilkunde und selbst ein Papyrus zur Veterinärmedizin (Papyrus Kahun) ist unter den Zeugnissen zu finden. Eine eigene Fachsprache – die für Laien unverständlich bleibt, weil fremdartige Elemente verwendet werden – liegt jedoch nicht vor. Ein Informationsaustausch über Sektoren- oder gesellschaftliche Grenzen hinweg war somit gegeben. Wenn sich dennoch sofort der Eindruck einer fachspezifischen Sprache einstellt, so ergibt sich dies aus der ständigen Wiederholung bestimmter formelhafter Anweisungen: *„Wenn du untersuchst … und du findest …, dann sollst du … "*. Mitunter werden auch bestimmte Wörter, wie beispielsweise Magen, Lunge oder Galle, ausschließlich oder bevorzugt in den medizinischen Texten verwendet. Bemerkenswert ist, dass bereits hier, innerhalb der Texte, der Wunsch festgehalten ist, das gewonnene Wissen zu bewahren und zu überliefern – also im heutigen Sinne zu speichern und zu übertragen (Grapow et al. 1973).

Die Ausbildung der Ärzte fand ebenfalls im „Haus des Lebens" statt. Wie diese Lehrzeit der angehenden Heiler vor sich ging, ist leider nicht schriftlich festgehalten (Grapow et al. 1973). Jedoch kann man davon ausgehen, dass den jungen Medizinern die Anatomie des Menschen, Heilkunde und Pharmazie, sowie Techniken chirurgischer Eingriffe vermittelt wurden. Sogar eine Praktik des Pulsmessens, welche in der Medizin der Pharaonen bekannt war, wurde tradiert (Papyrus Ebers sowie Papyrus Edwin Smith). Schon die Ausbildung der Ärzte kam den Kranken zugute, die man im „Haus des Lebens" zunächst ambulant und in späterer Zeit, in der sich alsdann ein Sanatoriumsbetrieb herausbildete, zudem stationär behandelte. Allgemein ist zu bemerken, dass die Service- und Versorgungsqualität im alten Ägypten einen recht hohen Stellenwert hatte: So war es dem Patienten möglich – und zwar nicht nur in Notfällen oder im Falle privilegierter Kranker – einen Arzt nach Hause zu bestellen (Westendorf 1999). Neben Allgemeinmedizinern gab es bereits seit dem Beginn des Alten Reiches, also um etwa 2700 v. Chr., Spezialisten, wie die Überlieferung verschiedener Titulaturen von Ärzten belegen (Kuhn 2013).

Austausch und Kooperation zwischen Tempel-/Klinik-, Haus- und Fachärzten wurden in antiker Zeit nicht nur vom Behandelnden und seinen Patienten praktiziert, sondern auch vom Pharao – also dem Gesetzgeber des antiken Staates – gefördert. Die medizinische Versorgung der Bevölkerung wurde im Wesentlichen unentgeltlich verrichtet und der Patient musste nur indirekt, durch Steuerabgaben, das Gesundheitswesen finanzieren. Der Lohn der Ärzte- und Priesterschaft wurde aus der Staatskasse bezahlt. Einige Vertreter ihrer Zunft reisten im Auftrag des Staates mit der ägyptischen Armee, um die Verwundeten zu versorgen. Ein häufigeres Problem waren dort beispielsweise offenbar Infektionskrankheiten oder Mangelerscheinungen, infolge schlechter Hygieneumstände und Exponierung. Andere Ärzte praktizierten auf den landesweiten, meist sehr großen Baustellen, wo Frakturen, Quetschungen aber auch Bandscheibenvorfälle als Folgen der Überbelastung an der Tagesordnung waren. Eine Ehre war es natürlich, am Hof des Pharaos zu praktizieren, wobei das höchste Ansehen der Leibarzt des Pharaos genoss. Irritierend wirkt dabei der besondere Umstand, dass das medizinische Schrifttum kaum Personennamen nennt – obwohl gerade der eigene Name in der altägyptischen Kultur eine besondere Stellung einnimmt (Grapow et al. 1973). So können die Leistungen der Mediziner der Pharaonenzeit meist nur als solche großer Unbekannter bewundert werden und die Vermutung liegt nahe, dass gerade im Fachbereich der Heilkunde keine Einzelleistungen im Zentrum standen, sondern gemeinschaftlich an der Erforschung von Krankheiten und einem institutionsübergreifenden Informationsaustausch im Sinne des Patienten und der Ausübung bester Medizin gearbeitet wurde.

Auch eine angemessene Pflege, die es dem Betroffenen erlaubte, weiterhin selbstbestimmt und selbstständig leben zu können, wurde im antiken Ägypten realisiert. „Paläopathologische Befunde zeigen, dass Personen, die sich wegen körperlicher Gebrechen nicht mehr selbst versorgen konnten, dennoch mitunter ein hohes Lebensalter erreicht haben" (Pommerening 2009, u. a. mit Verweis auf Strouhal 2005). Ihre Pflege wurde dabei in erster Linie von Familienmitgliedern und Nachbarn übernommen. Des Weiteren geht aus der „Lehre des Amenemope" hervor, „dass Menschen mit körperlichen und geistigen Behinderungen nicht ausgegrenzt werden sollten: ‚Lache nicht über einen Blinden, verhöhne nicht einen Zwerg und erschwere nicht den Zustand eines Lahmen! Verhöhne nicht einen Mann, der in der Hand des Gottes ist, und sei nicht grimmig gegen ihn, um ihn zu verletzen.'" (vgl. Pommerening 2009). Ärztinnen waren übrigens die Ausnahme – jedoch unverzichtbar – im alten Ägypten. Vor allem in der Frauenheilkunde halfen ältere Frauen bei der Geburtsvorbereitung und fungierten als Hebammen. Außerdem rief man, wenn

Kinder krank wurden, nicht gleich einen Arzt, sondern erbat von diesen Frauen nützliche Hausmittel aus Pflanzen und Heilkräutern.

Vor allem im privaten Bereich waren die alten Ägypter bei der aktiven Vorsorge und Prävention vor Krankheiten Vorreiter. Regelmäßiges Beschwören von heilenden Göttern mit Hilfe von tragbaren Amuletten gehörte zur Bewahrung der eigenen Gesundheit in den Alltag. Die Patienten konnten im „Haus des Lebens" selbstständig mit Ärzten in Kontakt treten und Fachfragen klären. Dadurch wurde in erster Linie ein grundlegendes Vertrauen sowie Verstehen aufseiten der Betroffenen erzeugt und in Folge die Lebensqualität aller Patienten gesteigert. Auch der Ansteckungsgefahren bei gewissen Erkrankungen war man sich in antiker Zeit durchaus bewusst, wie aus Texten bestimmter medizinischer Priester hervorgeht (Quack 2005). Außerdem belegen archäologische Funde, dass – anstatt des unhygienischen Nilwassers – Milch und Bier in großen Mengen verzehrt wurden und bereits ab dem 6. Jahrhundert v. Chr. antiseptische Augenschminke von Männern sowie Frauen aufgetragen wurden, um sich vor ansteckenden Fliegen zu schützen (Kuhn 2013). Des Weiteren wurden beispielsweise Seuchen von Mensch sowie Tier gemeldet und diese aus der Stadt ferngehalten. Ebenso erfolgte im privaten Bereich das Einstreichen von Fenstern und Türen vor dem Schlafengehen, um dem befürchteten Incubus den Eintritt in der Nacht zu verwehren. Bemerkenswert sind auch verschiedene Desinfektionspraktiken gegen jahreszeitlich bedingte Seuchen, die eine Folge der wiederkehrenden Nilüberschwemmung waren (Westendorf 1999). Folgeerkrankungen konnten dadurch vermieden und schon in antiker Zeit der eigenverantwortliche Umgang mit der persönlichen Gesundheit gestärkt werden.

Als Versäumnis der alten Ägypter ist sicherlich die nicht stringent durchgeführte sektorenübergreifende Zusammenarbeit der Leistungsbringer und der Forschung, die auch bei Mumifizierung und Einbalsamierung betrieben wurde, zu bewerten. Denn der altägyptische Arzt wirkte weder als Anatom oder Balsamierer – wie fälschlich in späteren Texten der griechischen Zeit übermittelt – noch gab es einen Daten- oder Informationsaustausch zwischen beiden Fachbereichen (Grapow et al. 1973). Dies hatte vor allem religiöse Gründe, da in der antiken pharaonischen Vorstellung die Bereiche des Todes und der Lebenden voneinander getrennt zu betrachten waren. So konnten Erfahrungen in der Chirurgie ausschließlich anhand von Patienten gesammelt werden, nicht aber in dem Bereich, den man heutzutage mit der Pathologie gleichsetzen könnte. Dennoch konnten die altägyptischen Ärzte auf einen äußerst hohen Wissenstand bei chirurgischen Maßnahmen zurückgreifen: Kopfverletzungen wurden erfolgreich verarztet, indem man die Kopfhaut aufschnitt, Knochensplitter vorsichtig entfernte und anschließend die offene Wunde wieder vernäht wurde. Sogar Trepanationen wurden – wenn auch nur vereinzelt – bereits in frühdynastischer Zeit (etwa 6000 v. Chr.) vorgenommen, wie Belege aus Tarkhan beweisen. Des Weiteren war es den altägyptischen Ärzten möglich, Knochenbrüche zu schienen, offene Wunden zu nähen oder Schultern und Unterkiefer einzurenken. Auch Amputationen wurden erfolgreich durchgeführt. So belegen paläopathologische Untersuchungen an einer Frauenmumie, dass diese eine Holzprothese für ihren großen Zeh trug, welche zu Lebzeiten tatsächlich genutzt wurde. Zudem zeugt ein gut verheilter Amputationsstumpf von dem Können ihres behandelnden Arztes. In den letzten Jahren der Forschung fanden sich mehrere Belege für erfolgreich durchgeführte Amputationen, bei denen Gliedmaßen entweder abgeschnitten oder abgesägt wurden und dennoch gut verheilt waren.

Wie viel mehr aber hätte die altägyptische Chirurgie vorangetrieben werden können, wenn Erkenntnisse aus dem Fachbereich der Einbalsamierung und Mumifizierung zur Verfügung gestanden hätten. Daraus sollte aus heutiger Sicht die Schlussfolgerung gezogen werden, alle Partner des Gesundheitssystems besser zu vernetzen, um die wertvollen Informationsressourcen aller Bereiche gemeinsam zu nutzen.

19.4 Zusammenfassung und Ausblick

Von diesem umfangreichen Gefüge der altägyptischen Medizin, welches uns nicht nur anhand ausführlicher schriftlicher Quellen, sondern auch aufgrund von archäologischen, archäometrischen und dabei vor allem paläopathologischen Untersuchungen heutzutage in vielen Details zu Verfügung steht, lassen sich Möglichkeiten zum Umdenken und Anregungen für Innovationen herausfiltern, die auch auf unser eigenes Gesundheitssystem übertragen werden können.

Vor allem die Einrichtung des „Haus des Lebens", wo Ausbildung, Forschung und Archivierung des gesamten Berufszweigs der Medizin zusammen mit Therapiestationen, Abteilungen von Sanatorien und einer Art Krankenhaus im heutigen Sinne in einem Gebäudekomplex miteinander verbunden waren, ist ein Paradebeispiel sektorenübergreifender Zusammenarbeit, die vor allem dem Patienten zugutekam. Neue Informationen und Erkenntnisse wurden hier unabhängig sowie neutral analysiert und allen Akteuren des antiken Gesundheitswesens zur Verfügung gestellt. Außerdem bot das „Haus des Lebens" Partnern aus verschiedensten Aktionsfeldern ein Netzwerk für direkte Kommunikation untereinander und selbst mit dem Patienten. Interessenvertreter der Erkrankten, die immer wieder um die Rechte der Betroffenen kämpfen müssen – wie die heutigen Patienten-Organisationen – waren in dieser Konstellation fast obsolet.

Komplexer werdende Behandlungspfade, eine zunehmend ältere und multimorbide Bevölkerung, benötigen neue Kooperations- und Vernetzungsmodelle. Auch wenn die Staatssysteme im Alten Ägypten mit demokratischen Systemen nichts gemeinsam hatten, erzielten die vorhandenen Netzwerke zur medizinischen Versorgung bemerkenswerte Erfolge.

Zusammenfassend lässt sich damals wie heute feststellen: Die medizinische und soziale Patientenversorgung steht und fällt mit der Fähigkeit des Gesundheitssystems, und hier insbesondere der Bereitschaft der verantwortlichen Menschen, den Patienten in den Mittelpunkt ihres Handelns zu stellen. Und dabei die eigenen Interessen oder die der Interessengruppen, die sie vertreten, zurückzustellen. Und dies gilt gleichermaßen für den Gesetzgeber und Regierungsmitglieder, Krankenkassen und Leistungserbringer in gleichem Maße. Nur dann ist es möglich, eine positive „Hochkultur" wie schon im Alten Ägypten möglich, auch im deutschen Gesundheitswesen zu entwickeln.

Literatur

Grapow, H., v. Deines, H., & Westendorf, W. (1954–1973). *Grundriss der Medizin der Alten Ägypter*. 9 Bde.

Kuhn, R. (2013). Prunk-Schminkpaletten aus der formativen Phase Altägyptens. Neue Überlegungen zur Einteilung und Deutung einer Fundkategorie. *Das Altertum, 58*, 115–150.

Nerlich, A., Zink, A., Hagedorn, H. G., Szeimies, U., & Weyss, C. (2000). Anthropological and palaeopathological analysis of the human remains from three "Tombs of the Nobles" of the necropolis of Thebes-West, Upper Egypt. *Anthropologischer Anzeiger, 58*, 321–343.

Nerlich, A., Rohrbach, H., & Zink, A. (2002). Paläopathologie altägyptischer Mumien und Skelette. Untersuchungen zu Auftreten und Häufigkeit spezifischer Krankheiten in verschiedenen Zeitperioden der altägyptischen Nekropole von Theben-West. *Pathologe, 23*, 379–385.

Pommerening, T. (2003). Altägyptische Rezepturen metrologisch neu interpretiert. *Berichte zur Wissenschaftsgeschichte, 26*, 1–16.

Pommerening, T. (2009). Krankheit und Heilung (Ägypten). https://www.bibelwissenschaft.de/stichwort/24048.html. Permalink. Zugegriffen: 12. Febr. 2016.

Quack, J. F. (2005). Tabuisierte und ausgegrenzte Kranke nach dem „Buch vom Tempel". In H.-W. Fischer-Elfert (Hrsg.), *Papyrus Ebers und die antike Heilkunde* (S. 63–77).

Strouhal, E. (2005). Evidence of some rare pathologies from the New Kingdom Necropolis at Saqqara in. In H.-W. Fischer-Elfert (Hrsg.), *Papyrus Ebers und die antike Heilkunde* (S. 103–120).

Westendorf, W. (1999). *Handbuch der altägyptischen Medizin. Handbuch der Orientalistik. Erste Abteilung. Der Nahe und Mittlere Osten*. Bd. 36.

Prof. Dr. Arno Elmer, LL.M ist Dipl. Betriebswirt, Dipl. Wirtschaftsinformatiker (Electronic Data Interchange), Master of Laws (Datenschutz im Internet), promoviert im Bereich Gesundheitswissenschaften (Steuerungssysteme im ambulanten Pflegebereich), Professor an der FOM Hochschule für Ökonomie und Management, u.a. Gesundheitsökonomie und eHealth, Leiter der Forschungsgruppe Digitale Gesundheit. Seit mehr als 20 Jahren Manager, Geschäftsführer und Vorstand in verschiedenen Unternehmen und Branchen, u.a. Restrukturierung, Steuerung von IT-Großprojekten, bis Mitte 2015 Hauptgeschäftsführer der gematik, Initiator von Innovation HealthPartners in Berlin

Anja Hilbig (M.A.) ist seit mittlerweile zehn Jahren als Ägyptologin, Archäologin und Epigraphikerin in Theben – dem heutigen Luxor – tätig, wobei sie seit 2010 als Epigraphikerin die Grabungsmission Dra' Abu el-Naga in Theben, ein Projekt des Deutschen Archäologischen Instituts: Abt. Kairo, unterstützt. Des Weiteren werden im Rahmen ihrer Dissertation mit dem Titel „Informationsträger Möbel. Marker von handwerklicher, wirtschaftlicher und sozialer Entwicklung einer Gesellschaft" die antiken Möbel-Funde der genannten Ausgrabung bearbeitet.

Was kann die Gesundheitswirtschaft von der sozialraumorientierten Einzelfallberatung lernen?

Svenja Weitzig und Sina Preuß

Zusammenfassung

Der ökonomische Druck ist in Verbindung mit der demografischen Entwicklung Gefahr und Chance zugleich. Diese Entwicklungen zwingen uns zu effektivem und effizientem Handeln. Ist das Sparen die richtige Lösung? Nicht unbedingt, denn in den Theorien und Methoden der Sozialen Arbeit finden sich verschiedene Lösungsansätze. Und hieraus ergeben sich Implikationen und Chancen für die Gesundheitswirtschaft. Beispielsweise kann die Kooperation und Vernetzung innerhalb der Gesundheits- und Sozialwirtschaft die Gesundheitsversorgung innerhalb einer Region optimieren. So zielt beispielsweise die sozialraumorientierte Planung der Versorgung auf einen nachhaltigen Hilfeprozess ab. Eine solche patientenorientierte Hilfeplanung nimmt von der Fokussierung der Krankheit Abstand und bezieht den gesamten Menschen sowie sein Umfeld in die Versorgungsplanung ein. Alternative Versorgungsformen können so in den Versorgungsprozess integriert werden.

20.1 Hintergrund

Der medizinische Wandel, ökonomische Voraussetzungen und gesellschaftliche Anforderungen machen ein Umdenken in der Gesundheitswirtschaft notwendig. Die Gesundheitsausgaben haben sich seit 1992 mehr als verdoppelt (Statistisches Bundesamt o.J.). Sollte sich nicht mit den Gesundheitsausgaben gleichermaßen die Gesundheit der Bevölkerung erhöhen? Warum dies nicht ausreichend ist, wird an folgendem Fallbeispiel aufgezeigt:

S. Weitzig (✉)
45141 Essen, Deutschland
E-Mail: svenja.weitzig@fom.de

S. Preuß
45889 Gelsenkirchen, Deutschland

© Springer Fachmedien Wiesbaden 2017
D. Matusiewicz und M. Muhrer-Schwaiger (Hrsg.), *Neuvermessung der Gesundheitswirtschaft*, FOM-Edition, DOI 10.1007/978-3-658-12519-6_20

Mandy Müller (Weitzig 2015) ist ein Beispiel dafür, dass die Gesundheitsversorgung eine weitergehende Unterstützung einbeziehen und nachhaltiger planen muss. Als sie 14 Jahre alt ist, wird Mandy auf einer Klassenfahrt von dem Schulbus erfasst und erleidet ein Schädelhirntrauma. Im Krankenhaus und der Rehaklinik wird alles Medizinische versucht, um ihr zu helfen. Dies reicht nicht aus. Wieder zu Hause kommt die inzwischen 16-jährige Mandy Müller in der Schule nicht mehr mit und muss diese verlassen. Sie kommt in verschiedene Maßnahmen der Bundesagentur für Arbeit und möchte eine Ausbildung machen. Sie schafft es nicht und hat große Konzentrationsschwierigkeiten, sowie Probleme beim Lesen und Schreiben. Dies ist ihr so unangenehm, dass sie niemanden um Hilfe bittet, wenn mal wieder Post kommt, die sie weder lesen noch verstehen kann.

Als ihr Vermieter sein Konto wechselt, landet auch dessen Informationsschreiben ungelesen in einer Schublade voller ungeöffneter Briefe. Daraufhin verliert Frau Müller mit 18 Jahren ihre erste eigene Wohnung, weil sie die Miete nicht gezahlt hatte. Sie hat inzwischen Schulden in fünfstelliger Höhe. Die Bundesagentur für Arbeit vermittelt sie in eine Werkstatt für junge Menschen mit Behinderung. Sie muss dorthin gehen. Inzwischen ist Frau Müller 23 Jahre alt und hat drei Kinder. Aufgrund ihrer Behinderung, der mangelnden Wiedereingliederung nach dem Unfall und ihren veränderten Lebensbedingungen benötigt Frau Müller dauerhaft Unterstützung.

Unser regionales, kulturelles und persönliches Umfeld beeinflusst unsere Gesundheit. Der technische Fortschritt führt dazu, dass es immer mehr medizinische Behandlungsmöglichkeiten für verschiedene Krankheiten gibt. Trotzdem wurde Mandy Müller der Schule verwiesen, war lange arbeitslos und muss dauerhaft von Rentenkasse, Krankenkassen, Jugendamt, Bundesagentur für Arbeit und dem überörtlichen Sozialhilfeträger versorgt werden. Die kurz- und langfristigen Kosten hierfür sind immens. Sowohl das Krankenhaus als auch die Rehaklinik waren mit Beendigung der akuten medizinischen Versorgung von Frau Müller nicht mehr für ihre weitere Entwicklung zuständig. Die Sozialleistungsträger stritten über etliche Jahre vor Gericht darüber, wer die Kosten für Frau Müllers Versorgung zu übernehmen hat.

Warum musste Mandy Müller erst die Schule verlassen, ihre Wohnung verlieren und Schulden aufbauen, bevor die notwendigen Hilfesysteme aktiv wurden?

20.2 Die sozialraumorientierte Einzelfallberatung

Unsere Gesellschaftsstruktur verändert sich. Der Rückgang der Geburtenrate bei gleichzeitig ansteigender Lebenserwartung führt dazu, dass unsere Gesellschaft immer älter wird. Einer sinkenden Anzahl Erwerbstätigen steht eine steigende Anzahl älterer Menschen mit höherem medizinischem Bedarf gegenüber. Die Zahl der psychischen Erkrankungen nimmt weiterhin zu. Immer häufiger sind Personen nicht mehr in der Lage sich selbst so zu versorgen, wie sie es sich wünschen. Sie müssen wesentliche Einschränkungen in der Lebensqualität hinnehmen. Probleme bei der Wiedereingliederung zur Teilhabe am gesellschaftlichen Leben ergeben sich bei jedem Krankheitsverlauf, bei dem sich die

Lebensumstände und Ressourcen des Menschen ändern. Eine patienten- und sozialraumorientierte Herangehensweise kann an dieser Stelle Abhilfe schaffen.

Die praxisorientierte Profession und wissenschaftliche Disziplin der Sozialen Arbeit hat zum Ziel, soziale Entwicklung, sozialen Zusammenhalt und sozialen Wandel zu fördern. Grundlage hierfür bilden die Prinzipien der Menschenrechte, der sozialen Gerechtigkeit, der Verantwortung und der Achtung der Vielfalt. Menschen und Strukturen werden in die Soziale Arbeit eingebunden, um auf wissenschaftlicher Grundlage das Wohlergehen innerhalb der Gesellschaft zu fördern (vgl. Deutscher Berufsverband für Soziale Arbeit 2014).

Eine nachhaltige Versorgung der Bevölkerung mit dem Ziel der Steigerung des Wohlergehens kann durch eine ganzheitliche Betrachtung gesundheitlicher und sozialer Schwierigkeiten vorgenommen werden. Die ganzheitliche Analyse von Fällen, die Bedarfsermittlung sowie entsprechende Konzepte zur Beratung und Begleitung wurde in der Sozialen Arbeit über Jahrhunderte hinweg erprobt und weiter entwickelt. Die intensive Analyse der vorhandenen Ressourcen der einzelnen Person und deren spezifische Unterstützungsbedarfe bilden den Ausgangspunkt hierfür. Sie stellt die Grundlage für den Aufbau eines sozialraumorientierten Unterstützungssystems dar.

Insbesondere an den Übergängen zwischen verschiedenen Versorgungsformen können Instrumente, wie beispielsweise die individuelle Hilfeplanung und Fallkonferenzen präventiv wirken, Diese Instrumente könnten bereits in das Entlassmanagement installiert werden, um existenzbedrohende Situationen zu vermeiden. Im Fall von Frau Müller hätte ein solches patientenorientiertes Entlassmanagement die besonderen Bedarfe bei der Wiedereingliederung von Patienten mit Schädelhirntrauma erkennen und die notwendigen Unterstützungssysteme informieren und anfragen können.

Es ist bekannt, dass ein schweres Schädelhirntrauma für die Patienten ein erhebliches Risiko für die Wiederaufnahme der Schullaufbahn bedeutet. Allerdings sind Faktoren für eine gelingende Rückkehr zum Beispiel an die Schule bisher kaum empirisch untersucht. Eine Studie von Henning und Gebhard hat ergeben, dass ein langfristig erfolgreicher Wiedereingliederungsprozess von den institutionellen Möglichkeiten zur Abstimmung der Unterstützungssysteme untereinander abhängig ist. Ein weiterer entscheidender Faktor wird in der Aufklärung und Information der Angehörigen gesehen, die diesen Prozess wesentlich mitgestalten (Henning und Gebhard 2015). Im Falle von Mandy Müller war eine solche Unterstützung durch ihre alleinerziehende Mutter nicht möglich. Aufgrund der schwierigen Situation innerhalb der Familie bewilligte das Jugendamt die Kostenübernahme für eine eigene Wohnung der damals minderjährigen Mandy Müller. Doch auch vom Jugendamt erhielt Mandy Müller keine weiterführende Beratung und Begleitung. Bereits ein Jahr nach ihrer Entlassung aus der Rehabilitationsklinik erhielt Mandy Müller Unterstützung von verschiedenen Institutionen (unter anderem Jugendamt, den Hausarzt, Facharzt, Bundesagentur für Arbeit und das Sozialamt). Diese unterschiedlichen Träger konnten keine ausreichende Hilfe anbieten, um die Situation von Mandy Müller zu stabilisieren beziehungsweise zu bessern. Erst als die Erprobungswerkstatt für behinderte Menschen einen Wohlfahrtsverband um Unterstützung im Rahmen des Ambulant Betreu-

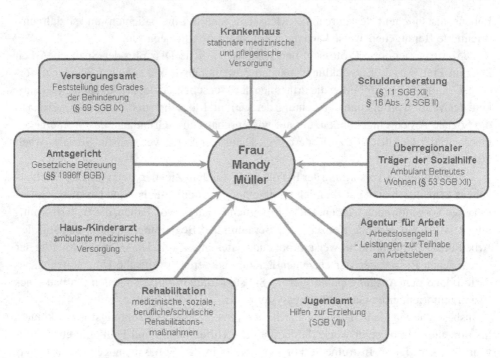

Abb. 20.1 Hilfesystem am Fallbeispiel von Frau Müller

ten Wohnens bat, konnte dieser im Rahmen der Hilfeplanung alle Hilfesysteme von Frau Müller benennen und entsprechende Abstimmungsprozesse anregen (s. Abb. 20.1).

Als die medizinische Versorgung von Frau Müller bereits mehrere Jahre zurück lag, wurde ein Erstgespräch mit dem Sozialen Dienst von der Werkstatt für Menschen mit Behinderung organisiert. Dieser plante die Aufnahme in das Ambulant Betreute Wohnen nach § 53 SGB XII. Hierfür musste Frau Müller mit der Sozialarbeiterin viele Papiere ausfüllen und zusammenstellen.

Kern eines solchen Antrages ist der Individuelle Hilfeplan (IHP). Der IHP dient dazu, den individuellen Hilfebedarf von Menschen mit Behinderung zu erfassen. Hierzu wird von den Fähigkeiten und Entwicklungsmöglichkeiten des Menschen ausgegangen und daraufhin der jeweilige Unterstützungsbedarf herausgestellt und beschrieben. Dabei werden auch andere Leistungen abgefragt, wie die Leistungen zur Pflege, zur medizinischen Rehabilitation, zur Teilhabe am Arbeitsleben, zur Entschädigung oder zur Familien- und Jugendhilfe. Anschließend werden zu allen wesentlichen Bereichen des täglichen Lebens Ziele erfasst (zum Beispiel Arbeit und Beschäftigung, Freizeit, soziale Beziehungen, Wohnen etc.). Die Analyse der aktuellen Situation in Bezug auf bestehende Fähigkeiten der Person und Unterstützungssysteme (zum Beispiel Nachbarn, Familie) führt dann zu einem ganzheitlichen Bild des Hilfebedarfs. Dieser Bedarf wird in einen Plan aufgenommen, der konkrete Ziele und Maßnahmen für einen festgelegten Zeitraum enthält (vgl. Landschaftsverband Rheinland 2016).

Nachdem der Hilfeplan in einer sogenannten Hilfeplankonferenz bewilligt wurde, konnten im Rahmen des Ambulant Betreuten Wohnens die unterschiedlichen Hilfesysteme in Kontakt zueinander gebracht werden und deren Maßnahmen aufeinander abgestimmt werden.

Doch auch die Regionen in denen Menschen versorgt werden, müssen ganzheitlicher und fallbezogener gedacht und gestaltet werden. Fallbezogene Arbeit und individuelle Hilfeplanung sind nur möglich, wenn alle möglichen Hilfesysteme bedacht werden, die für die jeweilige Person notwendig sind. Dies bedeutet neben professioneller Unterstützung auch anderweitige Hilfesysteme aus dem Umfeld der Person mit einzubeziehen. Dies geschieht in der individuellen Hilfeplanung und ist ebenso im Rahmen sogenannter Fallkonferenzen, fallunabhängiger Regionalkonferenzen oder Facharbeitskreise möglich.

Fallkonferenzen dienen dazu, eine fallbezogene Beschreibung der Versorgungs- und Unterstützungssituation zu erarbeiten, Schwierigkeiten in der Versorgung zu identifizieren und zu benennen, eine Verbesserung dieser Situation zu initiieren, die erreichten Veränderungen zu reflektieren und Anregungen zur Verbesserung des Versorgungssystems in der Region zu geben. Hierzu ist es notwendig, dass ein Kostenträger oder Leistungserbringer die Initiierung und Organisation der Fallkonferenzen übernimmt. Dies wird bereits im Rahmen der Pflege von sogenannten Pflegestützpunkten übernommen.

Zur Initiierung einer solchen Fallkonferenz ist es notwendig, alle medizinischen, pflegerischen und sozialen Institutionen entsprechend zu informieren und einen Ansprechpartner für Rückfragen zu benennen. In einer solchen Fallkonferenz können dann verschiedene Fälle besprochen werden, die von den jeweiligen Institutionen vorgeschlagen werden. Entsprechend der Zahl der beteiligten Institutionen ist die Einladung, der Tagungsort und die notwendige Ausstattung zu organisieren.

Die Fallvorstellung kann in einer festgelegten Systematik erfolgen. Hierzu werden die Rahmendaten der Person vorgestellt. Dies beinhaltet sowohl biografische Angaben als auch somatische und psychische Funktionen sowie Beeinträchtigungen und die soziale Situation (zum Beispiel Familie, soziale Unterstützung, Teilhabe, Finanzen, Tagesstruktur). Im Anschluss daran werden die bisherige Versorgung und die eingetretenen Veränderungen im Fallverlauf aufgezeigt. Veränderungen im Fallverlauf können sowohl Verbesserungen beziehungsweise Verschlechterungen der Situation als auch Abbrüche sowie Wiederholungen von Maßnahmen sein. Dies umfasst die ärztliche Behandlung, stationäre Aufenthalte, Reha-Maßnahmen, psychotherapeutische Behandlungen oder die soziale Sicherung und Unterstützung.

In einem weiteren Schritt wird die aktuelle Versorgungssituation beschrieben, bevor fallbezogene Probleme, Ressourcen und entsprechende Fragestellungen dargestellt werden. Innerhalb der Fallkonferenz ist zu beachten, dass diese einzelnen Schritte befolgt werden. Es empfiehlt sich hierzu vorab eine Person als Moderator zu bestimmen (Institut für Soziale Gesundheit 2011).

Zur regionalen Vernetzung von Einrichtungen des Gesundheits- und Sozialwesens können ebenso fallunabhängige Regionalkonferenzen oder Arbeitskreise zu bestimmten Fachthemen einberufen werden. Die Ausgestaltung der Vernetzung und deren Koordination unterliegen den regionalen Bedingungen und müssen in Kooperation dieser Institutionen und Einrichtungen für die jeweilige Region ausgearbeitet werden.

20.3 Learnings für die Gesundheitswirtschaft

In der Sozialen Arbeit steht das Wohl des Einzelnen und der Gesellschaft im Vordergrund des Hilfesystems. Die Anwendung von Theorien und Methoden der Sozialen Arbeit innerhalb der Gesundheitswirtschaft könnte das Wohlergehen sowohl von Patienten als auch von Mitarbeitenden erhöhen und die Funktionsweise der Gesundheitswirtschaft zugleich effektiver sowie effizienter machen. Eine fallbezogene und zugleich sozialraumorientierte Vorgehensweise zum Beispiel beim Entlassmanagement könnte die Gesundheitsversorgung in Deutschland nachhaltig verbessern.

Einzelne Ministerien der Bundesländer haben bereits Vorschläge und Leitfäden für die regionale Kooperation und Vernetzung erarbeitet. Ein Beispiel aus dem Bereich der Pflege ist der Leitfaden für den Aufbau einer regionalen Vernetzung des Bayrischen Staatsministeriums für Arbeit und Sozialordnung, Familie und Frauen. In diesem Rahmen wurden Fragen in Bezug auf die Versorgungsstruktur der Region analysiert (2006, S. 67):

- „Wie ist die Versorgungslandschaft strukturiert?
- Welche Machtverhältnisse herrschen in der Region?
- Wer sind die zukünftigen Partner im Netzwerk?
- Wie positioniert sich die politische Ebene?
- Wer tritt als Initiator des Projektes auf?"

An diesem Beispiel wird deutlich, dass die Abgrenzung zwischen der Gesundheits- und Sozialwirtschaft fließend ist. Eine enge Kooperation und Vernetzung ist auch daher unabdingbar. Insbesondere in Zeiten der knappen finanziellen Ressourcen muss die Separierung der Einrichtungen und Dienste beider Branchen kritisch betrachtet werden. Der Fokus der Hilfesysteme muss auf das Wohl der Nutzer ausgerichtet werden. In diesem Bereich kann die Gesundheitswirtschaft von der Sozialen Arbeit lernen. Sowohl die nutzerorientierte individuelle Hilfeplanung als auch regionale Fallkonferenzen können als Instrumente hierzu genutzt werden. Sie sind nur ein Beispiel dafür, dass es lohnenswert für die Gesundheits- und Sozialwirtschaft ist, den Blick auf die Versorgungsstrukturen der Region und die Abstimmung der jeweiligen Hilfemaßnahmen auszurichten. Hier ist sowohl die Gesundheits- als auch die Sozialwirtschaft aufgefordert, solche regionalen Kooperations- und Vernetzungsprozesse anzuregen und zu initiieren. Auf diese Art und Weise können schädliche und kostenintensive Reibungsverluste am Übergang zwischen den

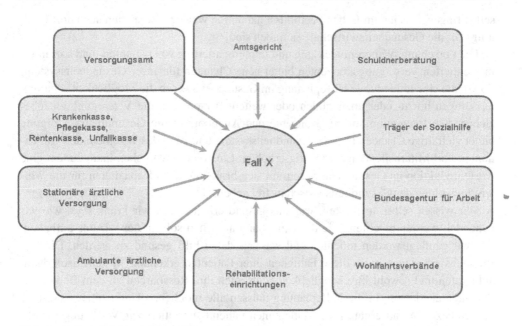

Abb. 20.2 Beispiel für ein Netzwerk regionaler Leistungserbringer und Kostenträger

jeweiligen Maßnahmen von Leistungserbringern (zum Beispiel Krankenhäuser, Pflegedienste, suchttherapeutische Einrichtungen) und den entsprechenden Kostenträgern (zum
Beispiel Sozialamt, Krankenversicherung, Rentenversicherung) verringert werden.

Das in Abb. 20.2 aufgezeigte Netz von Leistungserbringern und Kostenträgern könnte
für eine entsprechende Fallkonferenz einbezogen werden. Je nach Problemstellung ist eine Anwesenheit aller Beteiligten nicht notwendig. In Bezug auf regionale Schwierigkeiten
der Gesundheits- und Sozialversorgung können themenbezogene Regionalkonferenzen
neue einrichtungsübergreifende Lösungen für die jeweilige Region aufzeigen und Maßnahmen für die gemeinsame Umsetzung solcher Lösungsansätze entwickeln.

20.4   Zusammenfassung und Ausblick

Eine alte indische Weisheit besagt, dass es ein ganzes Dorf braucht, um ein Kind zu
erziehen. Braucht es auch ein ganzes Dorf, um die Gesundheitsversorgung in Deutschland langfristig sicherzustellen? Anders gesagt: Die Gesundheitswirtschaft darf sich nicht
länger hinter fest definierten Krankheitsbildern verstecken und die äußeren Rahmenbedingungen ignorieren, unter denen der Krankheitsverlauf stattfindet. Jeder Mensch kann
jeden Tag und aus einer Vielzahl von Situationen, Erfahrungen und anderen Disziplinen
etwas lernen. Niemand sollte nur die eigene Fachdisziplin betrachten, sondern sich stets

selbst fragen, was ihn im Leben beeinflusst hat und in welchen Bereichen auch dort Learnings für die Gesundheitswirtschaft zu finden sind.

Die Forschung, Weiterentwicklung und Implementierung von patienten- und sozialraumorientierten Versorgungskonzepten bietet neue Chancen für unser Gesundheitssystem. So könnte eine individuelle Hilfeplanung im Gesundheitswesen die Möglichkeit schaffen, Leistungen hinzu- oder abzuwählen oder weitere Personen in die Versorgung einzubeziehen. Die Integration solcher Konzepte und Angebote in die Gesundheitsversorgung bietet vielfältige Chancen für das Gesundheitssystem und kann das Wohlbefinden von Patienten und Mitarbeitenden nachhaltig erhöhen. Ein solches Vorgehen kann zudem eine Kostenreduktion im Gesundheitswesen mit sich bringen und so Kapazitäten für die Weiterentwicklung der Gesundheitswirtschaft frei geben.

Wir wissen selbst am besten, was uns gesund erhält, wann wir krank sind, wie wir behandelt werden möchten, wie die Umgebung aussehen soll, in der wir uns aufhalten, wie wir gepflegt werden möchten und was uns dabei hilft gesund zu werden. Die Gesundheitsversorgung muss diese Fähigkeit ihrer Patienten erkennen, systematisch daran anknüpfen und sowohl ihre Möglichkeiten als auch ihre Ressourcen an dem Bedarf der Patienten ausrichten. In die Hilfeplanung müssen alle möglichen Unterstützungsleistungen einbezogen und ergänzende Maßnahmen patientenorientiert zur Verfügung gestellt werden. Das ist nicht nur wünschenswert und hilfreich. Eine solche patientenorientierte Gesundheitsversorgung ist aufgrund des ökonomischen Drucks und der demografischen Entwicklung unabdingbar geworden.

Es wäre ein leichtes, in das Entlassmanagement von Gesundheitseinrichtungen ein System zu integrieren, welches an die Individuelle Hilfeplanung angelehnt ist und regionale Fallkonferenzen für nutzerorientierte Abstimmungsprozesse innerhalb der Region einberuft. Das notwendige Know-how findet sich in den Theorien der Sozialen Arbeit und ihrer praktischen Anwendung. Patienten wie Mandy Müller könnten so direkt in das regionale Unterstützungssystem vor Ort übergeleitet werden. Mit Regionalkonferenzen der zum Beispiel gesundheitsbezogenen Einrichtungen kann eine weiterführende Vernetzung und Kooperation gefördert werden. Diesbezüglich könnten spezifische regionale Problematiken analysiert und bearbeitet werden. Gemeinsam könnten die Einrichtungen so die bestmögliche Versorgung für die Menschen in der Region sicherstellen.

Drei Learnings für die Gesundheitswirtschaft

1. Die Integration einer individuellen Hilfeplanung in das Entlassmanagement stationärer Einrichtungen, kann die Überleitung der Patienten in ambulante Hilfesysteme gewährleisten und so die Lebensqualität von Patienten nachhaltig steigern. Dies trifft insbesondere auf Patienten zu, die längere Zeit stationär versorgt werden mussten.
2. Regionale Vernetzung und Kooperation von Einrichtungen der Gesundheits- und Sozialwirtschaft, um die Versorgung der Bevölkerung zu erleichtern und langfristig zu sichern.

3. Fallkonferenzen ermöglichen die enge Kooperation von Einrichtungen und Diensten einer Region. Die Abstimmung der Maßnahmen jeder einzelnen Einrichtung aufeinander kann die Versorgung der Bürger nachhaltig verbessern und gleichzeitig Kosten für Reibungsverluste am Übergang zwischen den unterschiedlichen Versorgungssystemen reduzieren.

Literatur

Bayrisches Staatsministerium für Arbeit und Sozialordnung, Familie und Frauen (2006). Leitfaden für den Aufbau einer regionalen Vernetzung. Aus dem Abschlussbericht Modellprojekt sektorenübergreifende Kooperation und Vernetzung. http://www.sozialministerium.bayern.de/imperia/md/content/stmas/stmas_internet/senioren/modell-sekt-leitf.pdf. Zugegriffen: 31. März 2016.

Deutscher Berufsverband für Soziale Arbeit. Definition der Sozialen Arbeit. Neufassung an der Generalversammlung des IFSW Juli 2014 in Melbourne. http://www.dbsh.de/beruf/definition-der-sozialen-arbeit.html. Zugegriffen: 8. Juli 2016.

Henning, B., & Gebhard, B. (2015). *Herausforderungen der schulischen Re-Integration nach einem Schädel-Hirn-Trauma: Eine Qualitative Befragung von Schülern, Eltern und Lehrern zur Gestaltung des Übergangs von der Rehaklinik ins Schulsystem.* Empirische Sonderpädagogik, Bd. 2, S. 135–152). Lengerich.

Institut für soziale Gesundheit (2011). Die Organisation und Durchführung von Fallkonferenzen – ein Leitfaden. http://www.severam.de/fallkonferenzen/. Zugegriffen: 8. Juli 2016.

Landschaftsverband Rheinland. Individuelle Hilfeplanung beim LVR. http://www.lvr.de/de/nav_main/soziales_1/menschenmitbehinderung/wohnen/hilfeplanverfahren_2/hilfeplan/hilfeplan_1.jsp. Zugegriffen: 8. Juli 2016.

Statistisches Bundesamt. Gesundheitsausgabenrechnung. www.gbe-bund.de. Zugegriffen: 8. Juli 2016.

Weitzig, S. (2015). *Vermittlung von Finanzkompetenz. Ein Mittel zur Armutsprävention im betreuten Wohnen?* München. Ravensburg: Grin Verlag.

Svenja Weitzig ist Master of Arts in Social Services Administration und staatlich anerkannte Diplom Sozialpädagogin/Diplom Sozialarbeiterin. Sie arbeitet als wissenschaftliche Mitarbeiterin an der FOM Hochschule für Ökonomie und Management und als Lehrbeauftragte an der Evangelischen Fachhochschule Rheinland-Westfalen-Lippe. Sie ist stellvertretende Vorsitzende der Jugendbildungsstätte Hackhauser Hof e. V. und promoviert an der Pädagogischen Hochschule in Weingarten im Fachbereich „Wirtschaftswissenschaften und ihre Didaktik".

Sina Maria Preuß absolviert derzeit den Masterstudiengang Gesundheitsökonomie und Management an der Universität Duisburg-Essen. Sie arbeitet an der FOM – Hochschule für Ökonomie und Management in der Abteilung Medienentwicklung für den Hochschulbereich Gesundheit und Soziales.

Was kann die Gesundheitswirtschaft von der Sozialen Arbeit lernen?

21

Sarah-Lena Böning und Edeltraud Botzum

Sarah-Lena Böning und Edeltraud Botzum

Sarah-Lena Böning und Edeltraud Botzum

Sarah-Lena Böning und Edeltraud Botzum

Sarah-Lena Böning und Edeltraud Botzum

Sarah-Lena Böning und Edeltraud Botzum

Sarah-Lena Böning und Edeltraud Botzum

Sarah-Lena Böning und Edeltraud Botzum

Sarah-Lena Böning und Edeltraud Botzum

Sarah-Lena Böning und Edeltraud Botzum

Sarah-Lena Böning und Edeltraud Botzum

Sarah-Lena Böning und Edeltraud Botzum

Sarah-Lena Böning und Edeltraud Botzum

Sarah-Lena Böning und Edeltraud Botzum

Sarah-Lena Böning und Edeltraud Botzum

Sarah-Lena Böning und Edeltraud Botzum

Sarah-Lena Böning und Edeltraud Botzum

Sarah-Lena Böning und Edeltraud Botzum

Sarah-Lena Böning und Edeltraud Botzum

Sarah-Lena Böning und Edeltraud Botzum

Sarah-Lena Böning und Edeltraud Botzum

Sarah-Lena Böning und Edeltraud Botzum

Sarah-Lena Böning und Edeltraud Botzum

Sarah-Lena Böning und Edeltraud Botzum

Sarah-Lena Böning und Edeltraud Botzum

Sarah-Lena Böning und Edeltraud Botzum

Sarah-Lena Böning und Edeltraud Botzum

Sarah-Lena Böning und Edeltraud Botzum

Sarah-Lena Böning und Edeltraud Botzum

Sarah-Lena Böning und Edeltraud Botzum

Sarah-Lena Böning und Edeltraud Botzum

Sarah-Lena Böning und Edeltraud Botzum

Sarah-Lena Böning und Edeltraud Botzum

Sarah-Lena Böning und Edeltraud Botzum

Sarah-Lena Böning und Edeltraud Botzum

Sarah-Lena Böning und Edeltraud Botzum

Sarah-Lena Böning und Edeltraud Botzum

Sarah-Lena Böning und Edeltraud Botzum

Sarah-Lena Böning und Edeltraud Botzum

Sarah-Lena Böning und Edeltraud Botzum

Was kann die Gesundheitswirtschaft von der Sozialen Arbeit lernen?

21

Sarah-Lena Böning und Edeltraud Botzum

Was kann die Gesundheitswirtschaft von der Sozialen Arbeit lernen? 21

Sarah-Lena Böning und Edeltraud Botzum

Was kann die Gesundheitswirtschaft von der Sozialen Arbeit lernen? 21

Sarah-Lena Böning und Edeltraud Botzum

Zusammenfassung

Soziale Arbeit leistet einen Beitrag zu mehr sozialer Gerechtigkeit und zum Abbau sozialer Ungleichheit in der Gesellschaft, gleichzeitig gewinnt Gesundheit als Dimension sozialer Ungleichheit zunehmend an Bedeutung. Als Beispiele hierfür können chronische Erkrankungen, Behinderung und Pflegebedürftigkeit genannt werden, die häufig eine gleichberechtigte Teilhabe an der Gesellschaft erschweren, wodurch gesundheitliche Ungleichheit zu sozialer Ungleichheit führt beziehungsweise diese verstärkt. Fragestellungen zu Themen der Gesundheit haben demnach in vielfältiger Hinsicht auch Bezug auf Soziale Arbeit.

21.1 Hintergrund

Die durchschnittliche Lebenserwartung steigt, aufgrund besserer Lebensbedingungen und medizinischer und technischer Fortschritte, kontinuierlich an und wird im Jahr 2020 bei 84,3 Jahren für Frauen und 79,4 für Männer liegen (Rosenbrock und Gerlinger 2014, S. 47; vdek 2015). Diese Entwicklung wird begleitet von einer Veränderung der Krankheitslast: Infektionskrankheiten verlieren an Relevanz, während chronisch-degenerative Erkrankungen wie Muskel- und Skeletterkrankungen, psychische und Verhaltensstörungen sowie Diabetes zunehmen (Rosenbrock und Gerlinger 2014, S. 48 f.; Plass et al. 2014, S. 631 f.). Die Gesundheitsversorgung ist allerdings auf das Behandeln erkrankter Individuen ausgerichtet und wird dem Versorgungsanspruch chronisch-degenerativer Er-

S.-L. Böning
50937 Köln, Deutschland

E. Botzum (✉)
53474 Ahrweiler, Deutschland
E-Mail: edeltraud.botzum@fh-hamm.srh.de

© Springer Fachmedien Wiesbaden 2017
D. Matusiewicz und M. Muhrer-Schwaiger (Hrsg.), *Neuvermessung der Gesundheitswirtschaft*, FOM-Edition, DOI 10.1007/978-3-658-12519-6_21

krankungen nicht gerecht, die zwar in ihrem Fortschreiten gebremst, jedoch selten geheilt werden können. Eine derartige Krankheitslast erfordert demnach eine bevölkerungsbezogene Verhältnisprävention und Gesundheitsförderung (Rosenbrock und Gerlinger 2014, S. 49, 83 f.; Hurrelmann und Richter 2013, S. 21 ff.).

Mit steigendem Lebensalter nimmt auch die Quote der Pflegebedürftigen zu, da insbesondere chronische Krankheiten, Multimorbidität und Behinderungen bei alten Menschen häufiger auftreten als im Bevölkerungsdurchschnitt (Rosenbrock und Gerlinger 2014, S. 50, 316). Der demografische Wandel in Deutschland verschärft diese Situation. Hier steigt nicht nur die Lebenserwartung, sondern auch der Altersdurchschnitt der Bevölkerung: Dem Älterwerden der geburtenstarken Jahrgänge der 1960er-Jahre steht eine niedrige Geburtenrate gegenüber, die im Jahr 2010 bei 1,39 Kindern je Frau lag (Statistisches Bundesamt 2012, S. 15). Dadurch steigt nicht nur die Anzahl von Menschen über 65 Jahren, sondern auch deren Anteil an der Gesamtbevölkerung, sodass Schätzungen zufolge im Jahr 2060 100 Personen im erwerbsfähigen Alter bereits 67 Personen im Alter von über 65 Jahren gegenüberstehen. Es wird daher mit einer Zunahme pflegebedürftiger Menschen bei einer erschwerten Finanzier- und Leistbarkeit gerechnet (Rosenbrock und Gerlinger 2014, S. 316 f.; Homfeldt und Sting 2006, S. 25 f.).

Auch in der Gesellschaft sind Wandlungsprozesse zu beobachten: Dem Gut Gesundheit wird zunehmend ein höherer Wert zugeschrieben. Dabei findet eine Verschiebung hin zur individuellen Verantwortung statt: Gesunde Ernährung, Bewegung und Vorsorge durch den Einzelnen werden scheinbar gesellschaftlich erwartet (Homfeldt 2014, S. 4). Dieser Wertewandel geschieht in einer Zeit der Verstädterung und Globalisierung, in der sich ein Trend zur Heterogenität und Individualisierung von Lebensformen abzeichnet (WHO 1997, S. 2; Rosenbrock und Gerlinger 2014, S. 319 f.). Der technologische Wandel, insbesondere in Form der Digitalisierung und Genetik, birgt zwar großes Potenzial zur Gesundheitsvorsorge und Gesundheitsförderung – im Kontext der gesellschaftlichen und wirtschaftlichen Entwicklungen jedoch auch das Potenzial für die fortschreitende Privatisierung gesundheitlicher Risiken beziehungsweise Individualisierung von Medizin und Kommerzialisierung von Gesundheitsförderung (Homfeldt 2014, S. 4; Homfeldt und Sting 2006, S. 9–36).

Soziale Arbeit

Erste Anfänge für den Zusammenhang von Aspekten Sozialer Arbeit und Gesundheit zeigen sich bereits Mitte des 19. Jahrhunderts, als der Arzt Rudolf Virchow benachteiligte Lebensbedingungen als Ursachen der Typhusepidemie aufführt. „[Krankheit ist] umso häufiger [...], je armseliger und einseitiger die Nahrungsmittel und je schlechter die Wohnungen sind" (Virchow 1848, S. 162). Die Bedeutung von Alice Salomon (1872–1948), Pionierin der Sozialen Arbeit, und ihr Engagement in der Gesundheitsfürsorge um die Jahrhundertwende zeigen sich noch heute in der Benennung von Schulen, wie zum Beispiel Alice-Salomon-Berufskolleg Bochum (Berufliche Schule für Ernährung, Erziehung und Gesundheit) und Alice-Salomon-Schule Hannover (Berufsbildende Schulen für Gesundheit und Soziales).

Auch für den Deutschen Berufsverband für Soziale Arbeit e. V. ist Soziale Arbeit im Gesundheitsbereich ein aktuelles Thema, welches sich in konkreten Vernetzungen und Kooperationen, zum Beispiel mit der Deutschen Vereinigung für Soziale Arbeit im Gesundheitswesen, niederschlägt (DBSH 2015). Darüber hinaus zeigt sich die Relevanz auch über die Anzahl der Beschäftigten, die (in der Freien Wohlfahrtspflege) im Bereich der Gesundheitshilfen erfasst wurde: Dieser Arbeitsbereich steht mit 23 % an zweiter Stelle (hinter dem Altenhilfebereich mit 27 % und gefolgt von Jugendhilfe, 22 %, und Behindertenhilfe, 19 %) (BAGFW 2012, S. 15).

Die Sektorenvielfalt des Gesundheitswesens bedeutet auch für Soziale Arbeit im Gesundheitswesen ein weites Feld. Um eine Systematik in die vielfältigen und mitunter verschränkten Handlungsfelder zu bringen, können diese gemäß der interventionellen und präventiven Aufgaben Sozialer Arbeit einer krankheits- und gesundheitsorientierten Perspektive zugeordnet werden (Homfeldt und Sting 2006, S. 157 f.): Mit bereits erkrankten Menschen arbeitet Soziale Arbeit in Krankenhäusern, Psychiatrien, Rehabilitationskliniken, Hospizen und in der Integrierten Versorgung. Nimmt Soziale Arbeit eigene Behandlungsaufgaben wahr, wird von klinischer Sozialarbeit gesprochen. Es handelt sich hierbei um ein Spezialgebiet der Sozialen Arbeit, welche nicht mit sozialer Arbeit im Krankenhaus (Kliniksozialdienst) – die vor allem beratend und unterstützend bei der Bewältigung sozialer, materieller und persönlicher Probleme tätig ist – verwechselt werden darf und eine Etablierung als eigenständige, gleichberechtigte Profession im Gesundheitswesen forciert (Homfeldt und Sting 2006, S. 198 f.; Homfeldt 2010, S. 493). Aufgaben der Prävention und Gesundheitsförderung übernimmt Soziale Arbeit beispielsweise in den Bereichen der Rehabilitation, Frühförderung und Sozialpädiatrie, Sucht-, Gewalt- und AIDS-Prävention, schulischer Gesundheitsförderung, in sozialen Netzwerken wie Familie, Beruf und Gemeinde sowie im öffentlichen Gesundheitsdienst.

21.2 Learnings für die Gesundheitswirtschaft

„Gesundheit ist ein Zustand des vollständigen körperlichen, geistigen und sozialen Wohlergehens und nicht nur das Fehlen von Krankheit oder Gebrechen" (WHO 2014, S. 1). In Abgrenzung zum bio-medizinischen Krankheitsmodell, das Gesundheit und Krankheit als strikte Gegenpole versteht und wesentlich im 19. Jahrhundert geprägt wurde, zeigt sich heute ein verstärkt multidimensionaler Ansatz. Das Verständnis von Gesundheit als Abwesenheit von Krankheit ist demnach dem Konzept einer dynamischen Wechselbeziehung gewichen, das körperliche, geistige, seelische und soziale Dimensionen berücksichtigt – und damit zum Beispiel auch für chronische Erkrankungen und psychische Störungen Anwendung finden kann. Neben einer beeinträchtigungsfreien körperlichen Funktionalität werden hiernach kognitive Kompetenzen, Beziehungs-, Emotions- und Konfliktfähigkeit sowie eine gesellschaftliche Integration, Umweltbedingungen und materielle Sicherheit mit berücksichtigt (Lützenkirchen 2005, S. 18 f.).

Wo Medizin an ihre Grenzen stößt, komplementiert Soziale Arbeit mit Beratung, Betreuung, Unterstützung bei der Krisenbewältigung und Ressourcenaktivierung, Kooperation mit und Koordination von verschiedenen Disziplinen das Spektrum der Gesundheitsversorgung (Homfeldt 2010, S. 489). Im Fokus stehen Erkrankungen, die mit sozialen Konsequenzen verbunden sind, und welche Individuum und Heilungsverlauf gleichermaßen beeinflussen, das heißt, Erkrankungen, die neben medizinischen Interventionen auch Maßnahmen auf persönlicher, ökonomischer und sozialer Ebene verlangen (Ansen et al. 2004, S. 13 f.).

Dieser ganzheitliche Ansatz findet Anwendung in einem stark segmentierten deutschen Gesundheitssystem, das auf Behandlung und Heilung von Krankheiten, Rehabilitation und Pflege, Krankheitsprävention beziehungsweise -früherkennung und Gesundheitsförderung sowie Leistungen bei Schwangerschaft und Mutterschaft abzielt. Diese Leistungserbringung gliedert sich dabei in einen ambulanten und stationären Sektor, die sich wiederum in zahlreiche Fachdisziplinen sowie Professionen separieren (Homfeldt 2010, S. 489). In dieser derart aufgespaltenen, medizinisch und ständisch geprägten Struktur wird der dargestellte bio-psycho-soziale Zugang zu Gesundheit, den Soziale Arbeit verfolgt, allerdings erschwert (Franzkowiak 2006, S. 22 f.). Gleichzeitig verdeutlicht die Segmentierung die Bedeutung Sozialer Arbeit im Gesundheitswesen, da die strukturbedingten Barrieren in der Gesundheitsversorgung einer koordinierenden und integrierenden Kraft bedürfen.

So auch im Bereich der Prävention und Gesundheitsförderung. Die Begriffe Prävention und Gesundheitsförderung werden oft synonym verwendet, obwohl sich Ersteres im Querschnitt der Definitionen auf die Senkung von individuellen Krankheitsrisiken und Letzteres auf die Stärkung von Gesundheitsressourcen beziehungsweise die Verbesserung der Bedingungen für Gesundheit einer Bevölkerung bezieht. Das aus der Medizin stammende, etablierte Präventionsverständnis verfolgt einen krankheitsorientierten Ansatz (Homfeldt 2014, S. 6), das Präventionsverständnis der Sozialen Arbeit deckt sich mit dem Konzept der Gesundheitsförderung. Von der WHO wird Gesundheitsförderung in der Jakarta-Deklaration von 1997 definiert als „ein Prozess, der Menschen befähigen soll, mehr Kontrolle über ihre Gesundheit zu erlangen und diese zu verbessern". Hierbei sollen individuelle, soziale, ökonomische und politische Determinanten für Gesundheit wie Bildung, soziale Beziehungen, Einkommen, Chancengleichheit und soziale Gerechtigkeit berücksichtigt werden (WHO 1997, S. 1). Gerade weil sich die vermeintlich gegensätzlichen Perspektiven der Krankheits- und Gesundheitsorientierung ergänzen, sollten beide Konzepte – so auch Empfehlungen zum Beispiel des Sachverständigenrats zur Begutachtung der Entwicklung im Gesundheitswesen – stets miteinander einhergehen; zumal beide Male dasselbe Ziel verfolgt wird: Gesundheitliche Ungleichheit verringern (Franzkowiak 2006, S. 18 ff.; Homfeldt 2014, S. 6).

Durch die Berücksichtigung vielfältiger Determinanten und den bevölkerungsweiten Ansatz geht Gesundheitsförderung über den Einflussbereich der Medizin hinaus. Verhaltensprävention mit dem Ziel, die Verhaltensweisen Einzelner zu verändern und damit die Erkrankungswahrscheinlichkeit zu verringern, tritt in den Hintergrund, während die Verhältnisprävention methodisch an Bedeutung gewinnt. Durch Veränderung von Lebens-, Arbeits- und Umweltbedingungen und den Aufbau gesundheitsfördernder Institutionen und sozialer Netzwerke sollen individuelle und gesellschaftliche Gesundheitspotenziale gefördert werden. In der Primärprävention wird sie zur Risikoreduzierung zum Beispiel gesundheitsschädigender Umwelteinflüsse oder sozialer Konflikte und Belastungen angewendet (Franzkowiak 2006, S. 18, 31; Rosenbrock und Gerlinger 2010 S. 73 f.).

In dem breiten und verschränkten Bereich von Prävention und Gesundheitsförderung kann auch Soziale Arbeit ihre Kompetenzen vor allem in der Verhältnisprävention wirksam einsetzen. Die zukünftige Gesundheitsversorgung kann hierbei von der Verschränkung der verschiedenen Präventionsverständnisse der beiden Disziplinen profitieren, sofern es gelingt, den vorherrschenden bio-medizinischen Präventionsansatz – in Form von überwiegend individueller Verhaltensprävention – zugunsten der Erkenntnisse über den Zusammenhang zwischen Gesundheit und sozialen Determinanten nachhaltig weiterzuentwickeln (Rosenbrock und Gerlinger 2014, S. 35 ff., S. 83 f.).

Die Stärkung von Prävention und Gesundheitsförderung und die „Rückbesinnung auf die soziale Dimension der Krankheitsvermeidung" (Rosenbrock und Gerlinger 2014, S. 38) findet auch in der aktuellen Politik Berücksichtigung. Am 25. Juli 2015 trat das Präventionsgesetz (PrävG) mit dem Ziel in Kraft, Gesundheitsförderung direkt im Lebensumfeld wie Kindertageseinrichtungen, Schule, Kommunen, Betriebe und Pflegeeinrichtungen zu stärken und „[...] Krankheiten zu vermeiden, bevor sie entstehen". Das PrävG soll außerdem „[...] die zielgerichtete Zusammenarbeit der Akteure in der Prävention und Gesundheitsförderung [fördern] [...]" (Bundesgesundheitsministerium 2015).

21.3 Zusammenfassung und Ausblick

Der Wandel von Demografie, Gesellschaft und Morbidität bedingt einen wachsenden Versorgungsbedarf bei Personengruppen (zum Beispiel chronisch Kranke, Multimorbide, Pflegebedürftige, psychisch Beeinträchtigte, Alleinstehende, Menschen mit Migrationshintergrund), die auch sozialer Unterstützung bedürfen. Die ungleiche Verteilung von Gesundheitschancen und Lebenserwartung, bedingt durch soziale Faktoren wie Geschlecht, Einkommen, Bildung, soziale Teilhabe und berufliche Stellung, verstärkt die Notwendigkeit sozialer Unterstützung (Ansen et al. 2004, S. 127 f.; Rosenbrock und Gerlinger 2014, S. 49 ff.; Franzkowiak 2006, S. 18).

Der beschriebene Wandel sowohl der Krankheitslast der Bevölkerung hin zu chronischen Erkrankungen, deren Ursachen größtenteils in den Lebens-, Arbeits- und Umweltbedingungen liegen, als auch des Verständnisses von Gesundheit und Krankheit bedingt eine vermehrt ganzheitliche Herangehensweise an die Gesundheitsversorgung. Erforderlich ist hierbei nicht nur eine Zusammenarbeit von Gesundheits- und Sozialberufen, sondern auch eine Stärkung der Präventionspolitik. Der Bedarf an Fachkräften der Sozialen Arbeit wird also steigen, wenn der gesundheitspolitisch forcierte Ausbau und Wandel von

Prävention erfolgreich umgesetzt werden soll. Zukünftig werden hier unter anderem die Weiterentwicklung des Arbeits- und Gesundheitsschutz mit dem Ziel einer Reduzierung von Fehlbelastungen, die Verbesserung des Sozialklimas und die Erhöhung von Partizipation und Autonomie relevanter werden. Weitere Zukunftsfelder sind angesichts der Gesundheitsrisiken, die zunehmend entdeckt werden, der gesundheitliche Umwelt- sowie Verbraucherschutz, der den Abbau gesundheitlicher Belastungen beabsichtigt (Rosenbrock und Gerlinger 2014, S. 36 ff.).

Trotz der nationalen und internationalen Postulierung eines ganzheitlichen Ansatzes mit dem Ziel, die Gesundheitsförderung zu stärken, bewegt sich Soziale Arbeit im Gesundheitswesen nach wie vor in einem bio-medizinisch geprägten System, welches sich auf verhaltensbezogene Individualprävention konzentriert. Laut Homberg soll daher daran gearbeitet werden, der Rolle der Sozialen Arbeit auf diesem Gebiet sowie der Kooperation der verschiedenen im Gesundheitswesen tätigen Professionen mehr Gewicht zu gegeben, um dem künftigen Versorgungsbedarf sowie der Forderung nach einer ganzheitlichen Prävention und Gesundheitsförderung gerecht zu werden (Homfeldt 2014, S. 4–6; Homfeldt und Sting 2011, S. 576 f.). Dabei helfen könnten laut Franzkowiak heilberufliche Regelungen oder die Entwicklung berufsverbandlicher Strukturen mit verbindlichen Rahmenempfehlungen und Arbeitsplatzbeschreibungen für die Präventive Soziale Arbeit, um durch eine Professionalisierung die hierarchische Distanz zwischen den Professionen zu verringern (Franzkowiak 2006, S. 23).

Drei Learnings für die Gesundheitswirtschaft

1. In der Gesundheitswirtschaft gibt es aufgrund des demografischen Wandels sowie der ungleichen Verteilung von Gesundheitschancen zunehmend Bezugspunkte zur Sozialen Arbeit.
2. Wo Medizin an ihre Grenzen stößt, komplementieren die Angebote Sozialer Arbeit das Spektrum der Gesundheitsversorgung.
3. Der bio-medizinische Ansatz individueller Verhaltensprävention sollte zugunsten der Erkenntnisse über den Zusammenhang zwischen Gesundheit und sozialen Determinanten weiterentwickelt und individuelle und gesellschaftliche Gesundheitspotenziale gefördert werden.

Literatur

Ansen, H., Gödecker-Geenen, N., & Nau, H. (2004). *Soziale Arbeit im Krankenhaus*. München/Basel: Ernst Reinhardt Verlag.

BAGFW Bundesarbeitsgemeinschaft der Freien Wohlfahrtspflege (2012). *Einrichtungen und Dienste der freien Wohlfahrtspflege, Gesamtstatistik*. Berlin.

Bundesgesundheitsministerium (2015). *Pressemitteilung. Berlin, 18. Juni 2015. Fischbach: „Wir stärken die Gesundheitsförderung in Deutschland". Bundestag berät Präventionsgesetz in 2. und 3. Lesung*. Berlin: Bundesgesundheitsministerium.

DBSH Deutscher Berufsverband für Soziale Arbeit e. V. (2015). Gesundheit, Politik und die Soziale. Arbeit. http://www.dbsh.de/sozialpolitik/handlungsfelder/gesundheitshilfe.html. Zuletzt aktualisiert im August 2015.

Franzkowiak, P. (2006). *Präventive Soziale Arbeit im Gesundheitswesen.* München/Basel: Ernst Reinhardt Verlag.

Homfeldt, H.-G. (2010). Soziale Arbeit im Gesundheitswesen und in der Gesundheitsförderung. In W. Thole (Hrsg.), *Grundriss Soziale Arbeit. Ein einführendes Handbuch* (S. 489–503). Opladen: Leske + Budrich.

Homfeldt, H.-G. (2014). Soziale Arbeit und Gesundheit. *Klinische Sozialarbeit, 10*(3), 4–6.

Homfeldt, H.-G., & Sting, S. (2006). *Soziale Arbeit und Gesundheit. Eine Einführung.* München/Basel: Ernst Reinhardt Verlag.

Homfeldt, H.-G., & Sting, S. (2011). Gesundheit und Krankheit. In O. Thiersch (Hrsg.), *Handbuch Soziale Arbeit* (4. Aufl. S. 567–579). München/Basel: Ernst Reinhardt Verlag.

Hurrelmann, K., & Richter, M. (2013). *Gesundheits- und Medizinsoziologie. Eine Einführung in sozialwissenschaftliche Gesundheitsforschung* (8. Aufl.). Weinheim/Basel: Beltz Juventa.

Lützenkirchen, A. (2005). *Soziale Arbeit im Gesundheitswesen. Zielgruppen – Praxisfelder – Institutionen.* Stuttgart: Kohlhammer.

Plass, D., Vos, T., Hornberg, C., Scheidt-Nave, C., Zeeb, H., & Krämer, A. (2014). Entwicklung der Krankheitslast in Deutschland. Ergebnisse, Potenziale und Grenzen der Global Burden of Disease-Studie. *Deutsches Ärzteblatt, 111*(38), 629–638.

Rosenbrock, R., & Gerlinger, T. (2014). *Gesundheitspolitik. Eine systematische Einführung* (3. Aufl.). Bern: Verlag Hans Huber.

Statistisches Bundesamt (2012). *Geburten in Deutschland.* Bd. 2012. Wiesbaden: Statistisches Bundesamt.

vdek (2015). Entwicklung der Lebenserwartung bei Geburt in Deutschland nach Geschlecht in den Jahren von 1950 bis 2060 (in Jahren). In: Statista – Das Statistik-Portal. http://de.statista.com/statistik/daten/studie/273406/umfrage/entwicklung-der-lebenserwartung-bei-geburt-in-deutschland-nach-geschlecht/. Zugegriffen: 10. August 2015.

Virchow, R. (1848). *Der Armenarzt. Die Medicinische Reform.* Wien: Georg Olms Verlag.

World Health Organization (1997). *Jakarta Erklärung zur Gesundheitsförderung für das 21. Jahrhundert.* Gamburg: Verlag für Gesundheitsförderung, G. Conrad.

World Health Organization (2014). *Verfassung der Weltgesundheitsorganisation. Unterzeichnet in New York am 22. Juli 1946*

Sarah-Lena Böning ist Master of Science in Gesundheitsökonomie und als wissenschaftliche Mitarbeiterin an der Professur für Sozialpolitik und Methoden der qualitativen Sozialforschung am Institut für Soziologie und Sozialpsychologie (ISS) der Universität zu Köln tätig. Hier promoviert sie im Fach Sozialwissenschaften.

Prof. Dr. Edeltraud Botzum hat Diplom-Sozialarbeit (FH) studiert und leitet seit März 2015 das Institut für Sozialwissenschaften der SRH Hochschule Hamm. Im dortigen Präsenzstudiengang Soziale Arbeit ist Betriebliche Sozialarbeit und Gesundheitsförderung ein Studienschwerpunkt.

Was kann die Gesundheitswirtschaft von der Heilkunst lernen?

Heinz Lohmann und Konrad Rippmann

Zusammenfassung

Der Rollenwandel des Patienten zum Konsumenten hat entscheidenden Einfluss auf die „Normalisierung" der Branche Medizin. Dies wird ermöglicht durch die zunehmende Transparenz hinsichtlich der Art und Qualität medizinisch-klinischer Leistungen, es entstehen sogar erste Ansätze für Markenmedizin, – mit wiederum weitreichenden Folgen für das Arzt-Patienten-Verhältnis. Die zunehmende Patienten-Autonomie, in Verbindung mit einer immer schneller fortschreitenden Automatisierung und Technisierung der Medizin, führen bei den Heilkundigen selbst nicht selten zu Abwehrreaktionen. Die Ökonomisierung der Medizin wird als Schuldige gefunden, viele Ärzte grenzen die „tolle Medizin" vom „bösen Geld" ab. Was kann die Heilkunst dazu beitragen, diesen Widerspruch aufzulösen? Echte Heilkunst ist in der Lage, profundes medizinisches Wissen mit Erfahrung und Intuition zu verbinden und so erst zur Geltung zu bringen. Im Alltag der ärztlichen Praxis wird das Erleben der Heilkunst aber sowohl für den Arzt als auch den Patienten erschwert. Offenbar fehlt es an Zeit und Energie, die besondere Beziehung zwischen Heiler und Patient zu entwickeln, Raum für Konzentration, Zuwendung und Empathie zu schaffen. Erkennt die Gesundheitswirtschaft den Wert der Heilkunst, in der Konzentration auf das Kerngeschäft ihre Wirkung und Wertschöpfung zu entfalten, dann wird sie dazu beitragen, ihren Protagonisten die dazu notwendigen Ressourcen zur Verfügung zu stellen. Der medizinisch-technische Fortschritt, die Digitalisierung, ein modernes Wissensmanagement – und ein neues, konzertiertes Herangehen an gemeinsame Ziele durch Medizin und Management – dies werden die Faktoren sein, den Wandel der Gesundheitswirtschaft erfolgreich zu beste-

H. Lohmann (✉) · K. Rippmann
LOHMANN konzept GmbH
22085 Hamburg, Deutschland
E-Mail: h.lohmann@lohmannkonzept.de

© Springer Fachmedien Wiesbaden 2017
D. Matusiewicz und M. Muhrer-Schwaiger (Hrsg.), *Neuvermessung der Gesundheitswirtschaft*, FOM-Edition, DOI 10.1007/978-3-658-12519-6_22

hen. Erfahrungen aus anderen Branchen, die Veränderungsprozesse bereits erfolgreich
hinter sich gebracht haben, können dabei helfen.

22.1   Hintergrund

In der zweiten Hälfte des 20. Jahrhunderts rückte die Rolle der Konsumenten auf den
Märkten immer mehr ins Zentrum der Aufmerksamkeit – im 19. Jahrhundert stand dagegen die Auseinandersetzung zwischen Kapital und Arbeit, Unternehmern und Beschäftigten im Mittelpunkt der gesellschaftlichen Debatte. Heute hat sich die Politik noch
deutlicher der Stärkung der Konsumentenposition angenommen. Die Werte einer humanen Gesellschaft können in einem sich verschärfenden Wettbewerb dann zum Tragen
kommen, wenn gesellschaftliche Verantwortung durch Vorgabe der Rahmenbedingungen
wahrgenommen wird. Dazu zählt die Festlegung der Marktordnung, um Chancengleichheit für die Verbraucher gegenüber den häufig international handelnden Produkt- und
Leistungsanbietern zu sichern. Es geht hierbei zentral um die Stärkung der Souveränität der Kunden. Ein konstruktives Mittel dazu ist Transparenz. Wettbewerb als Instrument
der Herausbildung von Qualität und des schonenden Einsatzes von Ressourcen kann dann
wirksam werden, wenn das Verhältnis von Leistung und Preis die Marktchancen bestimmt.
Die Bewertung der Qualität eines Produktes oder einer Dienstleistung gewinnt hierbei
mehr und mehr an Bedeutung. Die rasant wachsende physische und zunehmend auch digitale Mobilität ermöglicht die Auswahl aus schier unbegrenzten Angeboten. Wer dabei
auf sich aufmerksam machen will, um im Wettbewerb zu überleben, kann das nur durch
aktive Vermittlung seiner spezifischen Leistungsfähigkeit.

Vor diesem Hintergrund hat sich der Blick auf die Akteure des Gesundheitssektors
in den vergangenen 20 Jahren nachhaltig verändert. Diese Entwicklung wird weitergehen und mit ihr die „Normalisierung" der Branche. Was anderswo bereits erfolgreich im
Einsatz ist, wird auf die Tauglichkeit für die Betriebe der Gesundheitswirtschaft derzeit
überprüft. Aber sie wird immer noch heiß diskutiert, die Frage: „Patient oder Konsument?". Im „richtigen Leben" geht es allerdings gar nicht um diese Alternative. Natürlich
ist der Patient im OP von Können und Wissen der Experten abhängig. Mit seiner Konsu-
mentensouveränität ist es nicht weit her. Genau Gleiches gilt aber auch im Flugzeug, wenn
es erst mal von der Startbahn abgehoben hat. „Auf Leben und Tod" ist der Reisende Piloten und Technologie ausgeliefert. Wenn er das Ticket kauft, ist es ganz anders. Auf dem
Gesundheitsmarkt ist die Situation ähnlich, nachdem Transparenz, zu zögerlich zwar, aber
dennoch Einzug hält. Zeitungen und Zeitschriften haben die Auflagen stärkende Funktion
von Gesundheitsthemen längst entdeckt. Medizinerrankings sind beliebter denn je. Und
im Internet boomen Bewertungsportale aller Art. Nach wie vor ist der Patient aber angesichts der Vielfalt der teilweise widersprüchlichen Informationen immer noch häufig auf
sich allein gestellt.

Der Patient rückt nur dann ganz in den Mittelpunkt der Gesundheitsbranche, wenn die Leistungs- und die Qualitätstransparenz durchgängig gewährleistet sind. Eine kluge Gesundheitspolitik setzt hier an, weil das die Patienten wirklich interessiert und niemand sich dem offen entziehen kann. Dabei garantieren letztlich nicht die Formalqualifikationen der Experten hohe Qualität, sondern die objektiven Ergebnisse der Behandlungslösungen. Sie müssen künftig im Zentrum einer unabhängigen Bewertung stehen. Das deutsche Gesundheitssystem ist aber nach wie vor durch eine ausgeprägte Segmentierung gekennzeichnet. Dazu tragen ganz zentral die sehr unterschiedlichen Finanzierungsgrundlagen bei. Sie verhindern bisher weitgehend die Überwindung der traditionellen Grenzen zwischen den Systemteilen. Ambulante und stationäre Angebote sind deshalb nur sehr unzulänglich vernetzt. Die alte Trennung zwischen den in Praxen „vertikal" behandelten Leichtkranken und den in Krankenhäusern „horizontal" versorgten Schwerkranken lebt organisatorisch fort, obschon die Entwicklung der modernen Medizin inhaltlich längst die Behandlung von komplexen Erkrankungen auch ambulant ermöglicht. Der Gesundheitsmarkt wird dieser Entwicklung immer noch nicht gerecht. Praxen und Krankenhäuser repräsentieren nach wie vor genauso stark abgeschottete eigene Welten wie die Rehabilitationskliniken, die Apotheken und die vielen anderen Gesundheitsanbieter. Die immer stärkere Spezialisierung der Medizin in den vergangenen Jahrzehnten macht es allen Beteiligten schwer, sich in diesem „Dickicht" zurecht zu finden.

Patienten, die zu Konsumenten werden, erwarten entgegen der bisherigen Situation zunehmend ganzheitliche Gesundheitsangebote, die auf einem strukturierten Prozess beruhen. Diese tief greifenden Veränderungen bringen für die Anbieter der Gesundheitswirtschaft die Verpflichtung, sich positiv auf die neuen Herausforderungen einzustellen. Für die Akteure der Branche steht bisher „ihre" Institution im Zentrum. Für die Nutzer, also die Patienten, ist hingegen fast ausschließlich die Behandlungslösung von Interesse. Der Medizinprozess rückt ins Zentrum des Gesundheitsmarktes. Dabei ist besonders wichtig, zu einer geplanten und strukturierten Behandlung zu kommen. Eine solche Entwicklung ist die Voraussetzung für „Markenmedizin". Patienten können ihre Rolle als Konsumenten nur dann aktiv wahrnehmen, wenn ihnen Hilfe zur Erlangung von Transparenz zuteilwird. Hier setzt der Gedanke der „Stiftung Gesundheitstest" an. Die Zeit zur Realisierung ist jetzt reif. Die Angebote zur Verbesserung der Transparenz in der Gesundheitswirtschaft sind vielfältig. Was fehlt, ist eine unabhängige Institution, die die Rolle des Patienten als Konsument stärkt. Deshalb ist die Errichtung einer „Stiftung Gesundheitstest" in Analogie zur „Stiftung Warentest" wichtig.

Ein zentraler Treiber auf dem Gesundheitsmarkt ist künftig also der Patient selber. Während er noch vor einigen Jahren praktisch keine eigene Rolle spielen konnte, hat sich das jetzt schon verändert. Diese Entwicklung ist noch am Anfang, aber sie wird sich in den nächsten Jahren weiter entwickeln. Auf Märkten ist es nicht erforderlich, dass alle oder der Großteil der Konsumenten souverän agieren. Es genügt, wenn relevante Anteile ihre Präferenzen verändern, dann hat das für die Anbieter gewaltige Folgen. Das gilt auch auf den Gesundheitsmärkten. Deswegen muss diese Entwicklung von einer zukunftsgewandten Politik befördert werden.

Informierte Menschen erkennen, dass es sich lohnt, in die eigene Gesundheit zu investieren. Sie sind deshalb bereit, auch eigenes Geld auszugeben. Ob Bio-Kost oder Gesundheitsreisen, die Angebote nehmen stetig zu. Es gibt zudem inzwischen bei ambulant tätigen Ärzten viele Angebote, die nicht durch die Krankenversicherung abgedeckt sind. Einzelne Praxen haben in den letzten Jahren für diese Angebote bereits einen erheblichen Marktanteil erreicht. Auch Zusatzversicherungen, die über die gesetzlichen Versicherungen hinaus gehen, erleben einen Aufschwung. Dazu zählen Versicherungen für Brillen, aber auch für die Zahnbehandlung.

Menschen, die mehr Informationen über Gesundheitsangebote haben, erachten Komplettlösungen als außerordentlich wichtig. Konsumenten sind, auch in anderen Branchen, interessiert an umfassenden Produkten und Dienstleistungen. Ambulante, stationäre und rehabilitative Angebote werden zu „Strukturierter Medizin" verknüpft. Es wird ein durchgängiger Prozess aufgesetzt, in den die Zulieferung von Medizinprodukten, individueller Pharmaversorgung, Laborleistungen und Heil- und Hilfsmittel sowie vielem anderen mehr eingesteuert wird. Das wird die Zukunft der Medizin sein: nicht mehr einzelne Teilleistungen separiert voneinander, sondern ganzheitliche Angebote über die Institutionen hinweg. Das Expertensystem Medizin der Vergangenheit war auf Institutionen ausgerichtet. Je mehr der Patient auch Konsument wird, desto mehr nimmt die Bedeutung von Prozessen zu.

Für eine Gesellschaft ist es außerordentlich wichtig, dass auch Menschen, die die neuen Produkte und Dienstleistungen nicht selber finanzieren können, diese trotzdem bekommen. Das fördert die Stabilität jeder Gesellschaft. Deswegen ist es wichtig, sie in hoher Qualität finanzierbar für die Gesellschaft anzubieten. Das Ziel für Anbieter muss also sein, eine bessere Qualität zu niedrigen Preisen zu erreichen. Das wird nicht möglich sein, indem hier und da ein wenig gespart wird: eine Krankenschwester weniger, ein Arzt weniger, eine Physiotherapeutin weniger, eine Putzfrau weniger, ein Verwaltungsmitarbeiter weniger. Das alles reicht nicht mehr. Das war in der Vergangenheit der letzten 10–15 Jahre die Praxis, um im Wettbewerb zu bestehen. Die künftig notwendige Komplexität lässt sich nur realisieren, wenn statt „schneller" zu arbeiten „anders" gearbeitet wird. Diesen Umbruch haben viele Wirtschaftsbereiche in den letzten 30 Jahren erlebt. Er erreicht jetzt auch die Gesundheitsbranche.

All diese Anforderungen stellen ganz große Herausforderungen an die Art und Weise, wie Medizin künftig gemacht wird. Die Medizin hat aber die Möglichkeiten der Industrialisierung, die im zwanzigsten Jahrhundert entwickelt wurden, die Methodik und Technologie, nie genutzt. Das ist auch verständlich. Die Anfänge der Industrialisierung am Beginn des zwanzigsten Jahrhunderts waren für die Herausforderungen der Medizin nicht geeignet. Die Idee von Henry Ford war, in immer gleichen Teilen ein sehr preisgünstiges und hoch qualifiziertes Auto in Arbeitsteilung am Fließband zu erstellen. Im Laufe des zwanzigsten Jahrhunderts ist durch die Stärkung der Rolle der Konsumenten diese anfängliche Idee verwässert worden. Es war notwendig, immer mehr Varianten eines Grundmodells herzustellen. Ende der achtziger Jahre hatte das dazu geführt, dass die Produktivität ganz stark gesunken war. Die Menschen, die an den Produktionsbändern ein

Auto produziert haben, haben mehr Zeit damit verbracht, auf Leitern zu klettern und in Regalen die Einzelteile zusammen zu sammeln, die notwendig waren, um das jeweilige Auto zu bauen, als am Band zu stehen. Das ist heute nicht mehr nötig. Seit 30 Jahren benutzt die Automobilindustrie die Möglichkeiten der „Digitalen Industrialisierung". Das zu produzierende Auto wird mit den Einzelteilen, die notwendig sind, um dieses individuell in Auftrag gegebene Produkt herzustellen, passgenau zusammen geführt. Der Montagearbeiter sitzt auf einem Hocker. Er braucht nicht mehr auf einer Leiter herum zu klettern. Neben ihm sind in kleinen Kästen jeweils die Teile „just in time", die er benötigt, um das bestellte Auto zu produzieren. Diese Art und Weise, Produkte herzustellen, ist auch geeignet, um Medizin zu automatisieren. Wem das Beispiel der Automobilindustrie in Bezug auf die Medizin zu drastisch erscheint, kann auch ein Vorbild aus dem Dienstleistungsbereich, etwa die Flughafenorganisation, heranziehen. Es geht um die Übertragung der Methoden und Technologien, nicht um die Inhalte der Tätigkeiten.

Die technischen Voraussetzungen für den notwendigen Wandel sind vorhanden. Die IT gibt es. Es gibt informationstechnologische Lösungen für das Patientenmanagement und das Ressourcenmanagement. Supply-Chain-Management ist auch bereits entwickelt und das Prozessmanagement zur Integration verschiedener Akteure ebenso. Was fast durchgängig fehlt, ist die strukturierte Behandlungslösung der Medizin selber. Hier ist es notwendig, die Akteure an einen Tisch zu bekommen. Das ist besonders schwierig, weil in der Vergangenheit die Kultur der Gesundheitsanbieter in Krankenhäusern und in ambulanten Gesundheitseinrichtungen diesem Gedanken entgegen stand. Ärzte, Krankenpflegekräfte und Manager müssen in Zukunft an einem Strang ziehen, um diese große Aufgabe zu bewältigen. Nur so wird es möglich sein, die Produktivität und die Qualität zu erreichen, die notwendig ist, um in Zukunft hervorragende Medizin zu bezahlbaren Preisen zu realisieren. Die Politik ist gut beraten, durch Stärkung der Rolle der Patienten als Konsumenten diesen Weg nachhaltig zu befördern.

Medizin 4.0 ist die große Herausforderung und eine gleichermaßen wertvolle Chance für die Gesundheitsanbieter von heute. Es geht darum, die Erkenntnisse und Erfahrungen der letzten dreißig Jahre mit der Digitalisierung in anderen Branchen auf die Gesundheitsanbieter zu übertragen. Industrie 4.0 ist das Vorbild. Drei Segmente von Medizin 4.0 gilt es zu entwickeln. Zum einen muss durch den Wandel von institutions- zu prozessbezogenem Agieren den Wünschen und Erwartungen der Patienten entsprochen werden. Strukturierte Behandlungsprozesse erlauben die Nutzung eines digitalen Workflows, der die Ärzte, Pflegekräfte und die weiteren Therapeuten von den negativen Folgen des bisher unstrukturierten Vorgehens befreit. Zum zweiten erlaubt die moderne Informationstechnik die Etablierung einer wirksamen Internetmedizin. In diesen beiden Anwendungsbereichen gibt es erste Beispiele für erfolgreiche Anwendungen. Die dritte Gruppe von IT-Entwicklungen erlaubt die Auswertung großer Datenmengen. Letztlich wird „Big Data" die Medizin selbst verändern. Der gezielte Einsatz von diagnostischen und therapeutischen Verfahren ist mittels der Analyse von weltweiten Behandlungsweisen und ihrer Ergebnisse in der Lage, individuelle Patienten erkannten Profilen zuzuordnen und damit die Diagnose und Therapie einer größtmöglichen Wirkung zuzuführen. Die Anwendung solcher Methoden und Technologien steckt noch in den „Kinderschuhen". In einem ersten Schritt geht es jetzt darum, die technischen Möglichkeiten zu nutzen, den Ärzten „das aktuelle Wissen der Welt" passgenau für ihre jeweiligen Patienten zur Verfügung zu stellen. Das wird in den nächsten Jahren zum Standard bei den Gesundheitsanbietern werden.

Technik und Humanität sind keine Gegensätze. Im Gegenteil ermöglicht die Nutzung moderner Technologie den Expertinnen und Experten in der Medizin da zu sein, wo sie hingehören, nämlich beim Patienten. Wer mit seiner Nase im Dokumentationsbogen steckt, sein Ohr am Telefon hat, um „mal eben schnell" die einzelne Behandlung zu organisieren oder mit der Blutprobe über das Klinikgelände hastet, ist jedenfalls am falschen Ort. Eine Studie hat jüngst ergeben, dass Ärzte täglich vier Stunden und Krankenpflegekräfte drei Stunden allein mit solchen völlig berufsfremden Tätigkeiten verbringen. Deshalb wäre es fahrlässig, weiterhin auf den Einsatz der in anderen Branchen längst erprobten Methoden und Technologien der Prozessoptimierung zu verzichten. Ganz abgesehen davon, dass heute tagtäglich in Krankenhäusern und anderen Gesundheitsbetrieben die Arbeitskraft der immer rarer werdenden ärztlichen und pflegerischen Mitarbeiter „verplempert" wird, ist das „übliche Improvisationstheater" auch noch höchst uneffektiv. Angesichts der immer weiter sich öffnenden Schere zwischen sehr begrenzten Mitteln aus dem Sozialtransfer und der rasant steigenden Nachfrage nach Gesundheitsleistungen ist eine solche Situation nicht mehr hinnehmbar. Wer will, dass auch in Zukunft der Zugang zu guter Medizin allen, auch denen, die sie sich individuell nicht leisten können, offen steht, muss an der Verbesserung der Arbeitsprozesse mitarbeiten. Das erfordert von allen Beteiligten die Bereitschaft zum Umdenken. Das gilt für Manager genauso wie für Ärzte, Krankenpflegekräfte und alle anderen Akteure. Die Duldung von Unwirtschaftlichkeit ist unethisch.

22.2 Die Heilkunst

Die banale Definition „Kunst kommt von Können" bekommt im Kontext des Heilens ein besonderes Gewicht. Zu allen Zeiten und in allen Kulturen war die Kunst des Heilens verbunden mit der besonderen Expertise, der Erfahrung, dem umfänglichen Wissen des Heilkundigen. Heiler hatten neben ihrer Rolle, für das gesundheitliche Wohl ihrer Mitmenschen einzutreten, oft auch die Aufgaben von Priestern, Friedensrichtern, Stammeshäuptlingen. Alle Rollen und Bedeutungen vereinigten sie in der Person des Heilkundigen, der, wenn seine Wirksamkeit sich weitreichend und nachhaltig erwiesen hatte, als Heilkünstler angesehen und respektiert wurde. Die zentrale Rolle spielte und spielt dabei das Wissen – und der Aufwand, der damit verbunden ist, dieses zu erwerben. Dabei unterscheiden sich „primitive" Systeme kaum von „modernen": So benötigt ein afrikanischer Heiler, zum Beispiel im westafrikanischen Benin, zehn Jahre, bis er sich alles nötige Wissen angeeignet hat, um als Heilkundiger zugelassen und angenommen zu werden. Das lässt sich zeitlich durchaus vergleichen mit der bei uns üblichen Kombination aus Medizinstudium und Assistenzzeit bis zum Facharzt.

Doch das inhaltliche „Können" in der Medizin ist alles nichts, wird es nicht kombiniert mit den beiden weiteren Komponenten der Heilkunst: der Intuition und der Erfahrung. Erst im Dreiklang der Eigenschaften entfaltet sich die eigentliche Heilkunst, mit der sich der erfolgreiche Arzt identifiziert. Hier wird sich in Zukunft eine interessante Diskussion entwickeln, ob und in welchem Ausmaß sich digitale Instrumente, wie zum Beispiel WATSON von IBM, platzieren werden: Als Unterstützer der Heilkünstler? Oder gar als Substitut durch künstliche Intelligenz? Das schafft Neugier, aber auch Ängste und Abwehr.

Doch egal ob menschlich oder digital: Eines lässt sich aus der Erfahrung „echter" Heilkunst ableiten: Sie entfaltet sich dann am besten, wenn sich ihre Kräfte wirklich entwickeln können, wenn sich die Medizin tatsächlich auf ihr Kerngeschäft, die Heilung ihrer Patienten konzentriert. Dann entstehen auch Räume für Empathie und Zuwendung, welche essenziell sind für ein langfristig belastbares Vertrauensverhältnis zwischen Arzt und Patient.

Aber wie können Tätigkeiten, die das erfolgreiche Setting der Heilkunst stören, verlagert werden, ohne die Qualität zu gefährden? Das erschien lange kaum möglich und wird auch heute als wenig realistisch gesehen. Den Grund sehen viele in der Ökonomisierung der Medizin und mit den mit ihr verbundenen Aufgaben und Zwängen für die Mediziner. Die Einführung moderner Entgeltsysteme (LKF, DRG) in den Krankenhäusern hat die Auseinandersetzung um einen möglichst optimalen Einsatz personeller und struktureller Ressourcen zum Alltag gemacht. Krankenhäuser, die hierbei erfolgreich waren, erreichten damit gleich mehrere Ziele – so konnte die Verweildauer der Patienten verkürzt, das Budget geschont und die medizinische Qualität verbessert werden. Viele Ärzte erkannten die Vorteile einer engen Verbindung zwischen Medizin und Ökonomie und konnten sie für sich und ihre Patienten nutzen.

Aber die DRG-Einführung brachte eine kulturelle Herausforderung mit sich: Obwohl das Kerngeschäft in der Gesundheitswirtschaft natürlich die Medizin ist, verantwortet von den Heilberufen, oblag es fast vollständig den Ökonomen, die wirtschaftlichen Zusammenhänge zu erklären und deren Konsequenzen einzufordern. Und so ist zu beobachten, dass nach anfänglichem Schulterschluss, nun die Gräben zwischen Medizin und Management erneut ausgehoben werden. Gerne wird ein unheilvoller Gegensatz zwischen „guter Medizin" und „bösem Geld" kultiviert. Warum ist es für Ärzte so schwer, hier eine sachliche und am Ergebnis orientierte Position einzunehmen?

Wie gesagt, die Kultur: Nach wie vor werden Ärzte, besonders in den deutschsprachigen Ländern, als alleinentscheidende, souverän handelnde, nur ihren ethischen Grundsätzen verpflichtete, gesellschaftlich hoch angesehene „Individual-Wissenschaftler" sozialisiert. Seine Entscheidungen trifft der Mediziner in einem einzigartigen Gewebe aus Wissen, trainierten Fähigkeiten und vor allem Intuition – „Heilkunst" eben.

Um gleich einem Missverständnis vorzubeugen: Dies wird nicht kritisiert, es bietet die Grundlage für die Fähigkeit, eigenständig und schnell die richtigen Entscheidungen für die Patienten zu treffen. Ohne Folgen bleibt diese kulturelle Textur aber nicht. Zweifel oder

Modifikationen an dieser basalen Sozialstruktur werden schnell als Souveränitätsverlust, als Unsicherheit, mithin als Schwäche ausgelegt.

Eine solche Abweichung stellt für viele Ärzte die Beschäftigung mit ökonomischen Zusammenhängen dar. Und im Dialog mit dem Krankenhausmanagement oder auch in der öffentlichen Positionierung, wird der Umgang mit Zahlen und Finanzen sogar oft als unethisch abqualifiziert. Diese Neigung wird noch zusätzlich befördert durch die spezifisch deutsche Kultur korporierter Berufs-, Fachgesellschafts- und Interessensverbände.

Es wäre eine Illusion anzunehmen, eine Veränderung der Ausbildung, der interprofessionellen Zusammenarbeit oder gar des ganzen *mind-sets* der Ärzte könnte dazu führen, hier etwas zu verändern. Natürlich wird es immer Ausnahmen geben, und viele Ärzte mit „Doppelbegabungen", welche eine Karriere als Mediziner und Wissenschaftler mit einem erfolgreichen „Business-Master" verbunden haben, sind der Beweis dafür.

In der Realität wird es aber Aufgabe der Ökonomen bleiben, ihren gesundheitswirtschaftlichen Verstand und Erfahrung im Management von Krankenhäusern zusammenzubringen mit dem „Genie" ihrer Ärzte.

Ist das polemisch? Nein, vielmehr soll dies befreien und dazu führen, dass jede Berufsgruppe im Krankenhaus das tut, was sie am besten kann. Wobei den Managern hierbei eine größere Verantwortung als bisher zukommt: Um ihre Ärzte zum Beispiel bei größeren Optimierungen und Anpassungen mitzunehmen, ist es erforderlich, dass sich die Ökonomen mehr als bisher mit der spezifischen Medizinkultur auseinandersetzen, dass sie sich zutrauen, tiefer in das eigentliche Kerngeschäft Medizin mit einzusteigen. Warum sollen sie dazu nicht einmal in der Woche eine Visite begleiten, in den OP gehen oder einen Schichtdienst in der Notaufnahme mitmachen?

Dies würde auch einen weiteren Veränderungsprozess unterstützen, der in nur wenigen Jahren die gesamte Gesundheitswirtschaft tiefgreifend beeinflussen wird: Die fortschreitende Technisierung und Industrialisierung der Medizin.

Dies ist nicht neu, seit Jahren im Gange und wird von vielen Ärzten erfolgreich genutzt, um ihren Patienten eine moderne Medizin mit hoher Sicherheit und Qualität anzubieten. Die Mehrheit der Mediziner aber steht entsprechenden Innovationen reserviert gegenüber. Die erwähnten kulturellen Eigenheiten treten auch hier zutage: Technologischer Impakt wird dann als Ersatzvornahme für persönliche Kompetenz, Industrialisierung als Aufgabe grundlegender ärztlicher Position gesehen, jeden Patienten und Fall als Unikat zu betrachten. Um diesen Widerspruch zu lösen, sind sowohl Mediziner als auch Manager gefragt.

Zunächst die Ärzte: Im Gespräch mit vielen Kolleginnen und Kollegen bestätigen diese, dass mehr als Dreiviertel der täglichen Arbeit, sei es am Patienten oder in der Administration, geprägt ist von immer den gleichen Abläufen, von Routine. Dies erfordert aber so viel Zeit und Kraft, dass für das „spannende" Viertel nicht viel übrig bleibt. Der gesamte medizinische Ablauf könnte so viel mehr an Sicherheit, Qualität und Arbeitszufriedenheit produzieren, wenn er inhaltlich klar definiert und strukturiert abliefe:

Dabei ist aber weder die Rede von Leitlinien und klinischen Behandlungspfaden, noch von „medizinischen Rezeptbüchern" oder gar von Diagnoserobotern. Vielmehr geht es um eine strukturierte Übertragung medizinisch definierter Diagnose- und Behandlungsschritte in eine technologische Umgebung, in ein Tool, welches die Mediziner nicht ersetzt, sondern sie ganz gezielt bei ihrer jeweiligen Tätigkeit am individuellen Patienten und Fall unterstützt.

Dies klingt durchaus vernünftig, ist aber bisher an vielen Dingen gescheitert. Die kulturellen Probleme wurden angesprochen. Aber es gab auch technologische Herausforderungen: Bis vor wenigen Jahren waren Hard- und Software kaum in der Lage, entsprechend komplexe Abläufe, wie sie den medizinischen Alltag bestimmen, wirklich zu unterstützen. Dies hat sich nun fundamental geändert, und in anderen Branchen haben Automatisierung und Robotik bereits zu großen Verbesserungen – sei es beim Outcome oder der Arbeitszufriedenheit – geführt. Manche Errungenschaften der „Industrie 4.0" drängen sich geradezu auf, sie auch im klinischen Alltag zu nutzen.

22.3 Learnings für die Gesundheitswirtschaft

Dabei sollte nicht wieder der Fehler gemacht werden, dass die Ökonomen, die hier und da die Chancen der neuen Technologie erkennen, gleich wieder das ganze Thema für sich in Anspruch nehmen. Vielmehr müssen sich die Manager besser als bisher integrieren und einfühlen, was eigentlich in der klinischen Praxis passiert, wie klinische Entscheidungen getroffen und Behandlungsschritte umgesetzt werden.

Eines ist klar: Wir sprechen hier eben nicht von arztersetzenden Robotern, sondern von einem komplexen Interagieren zwischen eigenständig handelnden Medizinern und Therapeuten und einer Technologie, welche sie in jedem einzelnen Fall dabei unterstützt. Die setzt jedoch einen entscheidenden Schritt voraus, den ebenfalls Ärzte und Manager gemeinsam gehen müssen: Die technische Hülle muss mit den entsprechenden Inhalten gefüllt werden. Dies kann aber nicht „irgendwie" und „immer anders" geschehen, so wie es im klinischen Alltag oft passiert, sondern muss in einem geplanten Prozess mit klar definierten Inhalten erfolgen. Ergebnis ist eine „strukturierte Medizin", die nichts mit Standardisierung und Simplifizierung zu tun hat, sondern die geprüftes und konsentiertes Wissen speichert und abrufbereit zur Verfügung stellt, sobald es der individuelle Fall erforderlich macht.

Dass dies funktionieren kann, zeigen die Erfahrungen in Ländern wie Dänemark, Großbritannien oder den USA – mit ganz unterschiedlichen Gesundheitssystemen, aber mit einem vergleichsweise weniger verkrampften Umgang mit Themen wie Automation und Big Data.

Ganz verschieden sind auch die Handlungsebenen. So kann eine Software aus der Analyse großer Mengen klinischer und Labordaten, die Wahrscheinlichkeit der Entstehung einer Sepsis bei einem Intensivpatienten voraussagen – und sie gibt strukturierte medizinische Handlungsanweisungen, um dem entgegen zu wirken. Statt auf die Oberarztvisite zu warten, in der der erfahrene Arzt die Gesamtschau der klinischen Parameter bewertet und die entsprechenden Weichen für die Therapie stellt, kann so der entscheidende zeitliche Vorsprung gewonnen werden, um das drohende Multiorganversagen zu verhindern.

Den „roten Faden" im klinischen Alltag zu behalten und medizinisch-klinisches Wissen jederzeit *up to date* zu halten, helfen moderne Knowledge-Management-Systeme, welche den Ärzten sofort und unmittelbar am Krankenbett Entscheidungshilfen geben. Dabei werden zum Beispiel im Hintergrund kontinuierlich Literaturrecherchen durchgeführt, das Wissen spezifisch auf die jeweilige Fragestellung hin aufbereitet und dem Arzt fokussiert und referenzbasiert per Tablet am Krankenbett zur Verfügung gestellt. Wodurch das Wissen nicht nur schneller aktualisiert wird – es macht den klinischen Ablauf auch unabhängiger vom üblichen Rhythmus der Fortbildungen – und ein wenig auch vom gelegentlich kontraproduktiven Umgang mit „Herrschaftswissen" vonseiten mancher erfahrener Oberärzte …

Auch die operativen Fächer können von Medizin 4.0 profitieren. Zwar ist gerade die Chirurgie noch sehr von der traditionellen Kultur geprägt, in der der Chefarzt seinen Assistenten seine Technik als „Schule" vermittelt. Schon am nächsten Tag muss sich aber derselbe Assistent auf den Oberarzt einstellen, der wiederum eine andere Technik vermittelt – und alle zusammen stellen dies jeweils dem Patienten gegenüber als „genau auf ihn zugeschnittene individuelle Medizin" dar. Neben den Problemen für die Lernkurve des Assistenten kann diese Praxis aber durchaus auch Nachteile für Qualität und Effizienz mit sich bringen. Aber ganz abgesehen davon stellt sich die polemische Frage, ob die Medizin wirklich jedes Mal „neu erfunden" werden muss.

Impulse zur Veränderungen hergebrachter Traditionen von Wissenstransfer und -umsetzung sollten nicht von den Ökonomen, sondern zum Beispiel aus der Chirurgie selbst kommen. Dies geschieht tatsächlich immer häufiger. So hat ein erfahrener HNO-Professor komplexe Verbindungen aus Hard- und Software entwickelt, die Eingriffe im Bereich der Nasennebenhöhlen schneller, ressourcenschonender, günstiger und vor allem für den Patienten verträglicher durchführbar machen. Dabei behält der Operateur buchstäblich jederzeit das Heft des Handelns in der Hand und schafft die für den jeweiligen Patienten optimale individuelle Lösung. Die Technologie hilft ihm allerdings, auf Basis einer im Vorfeld exakt festgelegten und in fachlichen *peer groups* als Goldstandard festgelegten strukturierten Medizin, eine Homogenität in der Ergebnisqualität zu erreichen. Und dies nicht nur für sich selbst, sondern auch für alle anderen in das Verfahren eingebundenen Operateure, deren Lernkurve nun deutlich steiler verläuft und die sich operationstechnisch nicht immer wieder neu ausrichten müssen. Die Vorgehensweise ermöglicht durch den Einsatz innovativer Navigationsverfahren auch eine im Vergleich zu den üblichen Verfahren deutlich wirksamere Blutstillung – mit deutlichen Auswirkungen sowohl für den Patienten als auch für die Ökonomie: Der Patient wird nicht durch das Legen und die Entfernung einer unangenehmen Nasentamponade beeinträchtigt – und er kann noch am selben Tag nach Hause entlassen werden. Der bisher mehrtägige Klinikaufenthalt wird auf ein ambulantes Prozedere verkürzt. Der vordergründige Nachteil, nicht wie bisher die stationäre DRG abrechnen zu können, wird bei Weitem ausgeglichen über die durch das strukturierte Verfahren ermöglichte deutliche Steigerung der Fallzahlen.

22.4 Zusammenfassung und Ausblick

Das Fazit: Technologie „gängelt" nicht den Arzt, sondern setzt Ressourcen frei, verbessert Qualität und Patientenzufriedenheit und ermöglicht Leistungswachstum. Aber nicht wie bisher, indem oft „immer mehr" gearbeitet wurde, sondern in einem „anders Arbeiten", mit unmittelbarem Einfluss auf die Arbeitszufriedenheit.

Heilkunst kann und soll nicht abgelöst werden durch Robotik und Automation. Aber sie wird sich erst entfalten, wenn sie sich vom Druck der Routine und der Arbeitsverdichtung befreit. Sobald sie sich darauf einlässt, ihre medizinischen Kerninhalte transparent aufzuarbeiten und zu strukturieren, steht eine Vielzahl modernster Technologien zur Verfügung, sie dabei zu unterstützen. Dort, wo der Kulturwandel bereits begonnen hat, führt er zu überraschend positiven Ergebnissen und unterstützt die Ärzte in der Weiterentwicklung ihrer Rolle und Identität.

Drei Learnings für die Gesundheitswirtschaft

1. Heilkunst verbindet medizinisches Wissen mit klinischer Erfahrung und Intuition.
2. Heilkunst löst den Widerspruch auf, zwischen einer (ethisch und qualitativ) hervorragenden Medizin und einem (ethisch und ökonomisch) angemessenen Einsatz von Ressourcen.
3. Heilkunst benötigt dringend die Unterstützung durch optimierte Prozesse, modernes, digitales Wissensmanagement und Technologien, gerade auch aus Branchen, die einen Modernisierungsprozess schon erfolgreich bewältigt haben.

Prof. Heinz Lohmann, Gesundheitsunternehmer, Geschäftsführer der LOHMANN konzept GmbH und Gesellschafter des Kongressveranstalters WISO HANSE Management. Zuvor über 30 Jahre in leitenden Tätigkeiten in der Gesundheitswirtschaft. Autor zahlreicher Publikationen.

Dr. med. Konrad Rippmann, Geschäftsführer der LOHMANN konzept GmbH, davor langjährige Tätigkeit als Facharzt für Chirurgie in Kliniken in Hamburg, sowie über zehn Jahre in leitenden Positionen von Consulting-Unternehmen. Lehraufträge für Krankenhaus- und Gesundheitsmanagement an der FH Hannover und der HAW Hamburg.

Was kann die Gesundheitswirtschaft von der Medizin lernen?

23

Christian Thielscher

Zusammenfassung

Es wird untersucht, ob man eine quasi-medizinische ökonomische Theorie konstruieren kann und wie sie aussehen würde. Die Struktur der medizinischen wird auf die ökonomische Theorie übertragen, und ein Teilmarkt wird detailliert untersucht. Es erscheint grundsätzlich möglich, die ökonomische Theorie in einer Weise zu formulieren, wie die Medizin es (für ihren Gegenstand) tut. Eine quasi-medizinische ökonomische Theorie kann eine höhere diagnostische, prognostische und wirtschaftspolitische („therapeutische") Kraft erreichen als die aktuell verfügbare.

23.1 Hintergrund

Wenn ein Patient einen Arzt nach seiner Meinung fragt, erwartet er in der Regel die richtige Diagnose, idealerweise auch eine geeignete Therapie. Fragt eine Politikerin einen Ökonomen, dann rechnet sie mit einer klugen Antwort, aber nicht notwendigerweise mit *der* „Wahrheit", weil sie davon ausgeht, dass verschiedene Ökonomen unterschiedliche Antworten geben. Darin ähnelt die *antike* Medizin eher der modernen Ökonomie als der modernen Medizin. Wohlhabende Patienten ließen mehrere Ärzte kommen und miteinander diskutieren: Zu Galens Zeiten war es „a feature of medicine as it was practised ... (at least the medicine of the elite) that several doctors were often summoned to the patient's bedside, where they made competing diagnoses and prognoses, leaving the patient, or his representatives, to choose among them." (Hankinson 2008)

C. Thielscher (✉)
53797 Lohmar, Deutschland
E-Mail: christian.thielscher@fom.de

© Springer Fachmedien Wiesbaden 2017
D. Matusiewicz und M. Muhrer-Schwaiger (Hrsg.), *Neuvermessung der Gesundheitswirtschaft*, FOM-Edition, DOI 10.1007/978-3-658-12519-6_23

In einer früheren Untersuchung (Thielscher 2014) wurde gezeigt, dass die moderne medizinische und die aktuelle ökonomische Theorie – in ihrer neoklassischen Ausprägung – sich grundlegend darin unterscheiden, dass die moderne Medizin ihre Grundlagen (Anatomie, Physiologie) aus der Empirie gewinnt, während die Neoklassik von Annahmen ausgeht (homo oeconomicus, Fehlen von Transaktionskosten usw.). Dieser Unterschied ist neu: in früheren Zeiten war die Medizin selbst spekulativ in ihrem Ansatz. So beruhte das über viele Jahrhunderte herrschende humoralpathologische Paradigma auf der Annahme, dass Gesundheit sich aus der richtigen Mischung von vier Säften (Blut, Schleim, schwarze und gelbe Galle) ergibt. Die Medizingeschichte zeigt darüber hinaus, dass es riskant ist, Schlüsse aus einem plausiblen, aber nur fast richtigen Modell zu verwenden: Aretaios von Kappadokien, ein über Jahrhunderte hinweg studierter Autor, empfiehlt auf Grund seines fast richtigen Modells der Lungenentzündung eine vollkommen falsche Therapie, nämlich den sofortigen beidseitigen Aderlass (Kollesch und Nickel 2005). Auch der Neoklassik wurde vorgeworfen, zum Beispiel bei der Finanzkrise versagt zu haben, weil sie aufgrund ihrer – spekulativen – Annahmen zu falschen Ergebnissen kam, etwa dem, ein Markt sei umso besser, je größer er sei – was dazu führte, dass die Derivate-Blase lange nicht als solche erkannt wurde (Peukert 2011). Der Streit pro und kontra Neoklassik als solcher soll hier nicht geführt werden; es reicht darauf hinzuweisen, dass es inzwischen weitgehend akzeptiert ist, dass die ökonomische Theorie kluge Analysen, aber keine eindeutige Diagnose liefert. J. Stiglitz formulierte es so: „Die Ökonomie ist die einzige Wissenschaft, in der sich zwei Forscher einen Nobelpreis teilen können, weil ihre Theorien sich gegenseitig widerlegen." (Kaufmann 2004) Häufig wird der neoklassischen Theorie auch vorgeworfen, sie habe sich selbst als Naturwissenschaft missverstanden, obwohl sie eine Sozialwissenschaft sei (Brodbeck 2011).

Ähnlich kann man auch zweifeln, ob die gängige Managementtheorie die Wirklichkeit hinreichend umfassend und präzise beschreibt. So fällt auf, dass ganz grundlegende Definitionen in auflagenstarken Lehrbüchern einfach nicht diskutiert werden, zum Beispiel die Definition der „Arbeit", des „Arbeiters" und andere. Auch besteht Uneinigkeit, ob ein Modell, das von rationalem Verhalten ausgeht, tatsächliche Organisationen gut beschreibt.

Aus dem Vergleich der Medizin und der Ökonomie, der den Unterschied in ihrer empirischen beziehungsweise spekulativen Grundlegung zeigte (s. zuvor), ergibt sich der naheliegende Gedanke, einen Schritt weiter zu gehen, und zu untersuchen, ob sich auch die ökonomische Theorie – hier zunächst beschränkt auf die Volkswirtschaftslehre und die Managementtheorie – auf eine quasi-medizinische Weise betreiben lässt, also ihre Grundlegung aus der Empirie gewinnen könnte.

Um die zuvor genannte Frage zu klären, werden in diesem Artikel folgende Themen untersucht:

- Wie kann man das gesamte Wissen der Medizin strukturieren? Lässt sich diese Struktur auf die Ökonomie übertragen?
- Wenn das geht: Wäre eine quasi-medizinische Theorie in dem Sinne vollständig, dass sie die wesentlichen Gegenstände der Ökonomie erfasst?

- Kann man für einen inhaltlichen Ausschnitt aus der ökonomischen Struktur am konkreten Beispiel zeigen, dass er sich tatsächlich quasi-medizinisch beschreiben lässt?

Wenn dies zuträfe, bestünde die begründete Hoffnung, eine quasi-medizinische Ökonomie betreiben zu können. Entsprechendes gilt für die „Gesundheits"-Ökonomie als Subdisziplin.

Zur Klärung der ersten beiden Fragen werden im Folgenden die wesentlichen Ergebnisse früherer Untersuchungen zur Struktur der medizinischen Theorie kurz wiederholt; anschließend wird eine analoge ökonomische Struktur hergeleitet und an einem Beispielmarkt geprüft, ob er sich in quasi-medizinischer Weise darstellen lässt.

23.2   Moderne Medizin

Der Schlüssel zum Verständnis der modernen Medizin ist ihr Denken in Diagnosen (Wieland 2004). Diese Diagnosen beziehungsweise die daraus abgeleiteten Handlungsempfehlungen für einen konkreten Patienten wiederum beruhen auf einem stratigrafischen Modell (das, nebenbei, auch erklärt, warum die Medizin sowohl „Naturwissenschaft" als auch „Kunst" ist) (s. Tab. 23.1).

Das heißt (von unten nach oben gelesen): Um die Struktur und Funktion des Körpers zu verstehen, bedient sich die Medizin naturwissenschaftlicher Methoden (Anatomie und Physiologie, Chemie, Physik usw.); ihr Krankheitsverständnis beruht auf angewandten Naturwissenschaften; Sozialwissenschaften liefern Einsichten in Umwelteinflüsse; und bei der tatsächlichen Behandlung des Patienten schließlich spielen Empathie, Intuition und andere Aspekte der „Kunst" eine Rolle.

Diagnoseorientierung und naturwissenschaftliche Fundierung unterstützen sich gegenseitig: je präziser jede einzelne Krankheit ausdifferenziert wird, umso besser lässt sich das naturwissenschaftliche Instrumentarium anwenden. Zum Beispiel hilft es nicht viel, die Krankheit „rote Flecken auf der Haut" naturwissenschaftlich zu untersuchen, weil man dann die Befunde von Patienten mit Akne, Psoriasis, Scharlach usw. miteinander

Tab. 23.1 Stratigrafisches Modell

Erkenntnisgegenstand	Angewendete wissenschaftliche und andere Methoden
Patienten	Wissenschaften und medizinische Kunst, zum Beispiel Empathie, Intuition; Medizinethik; Philosophie
Psychosoziale und andere Umwelteinflüsse	Natur-, Sozial-, Geisteswissenschaften
Ätiologie und Pathogenese	Angewandte Naturwissenschaften (Pathophysiologie, Mikrobiologie usw.)
Struktur und Funktion des Körpers (Anatomie, Physiologie)	Naturwissenschaften

Tab. 23.2 Vom Organsystem zur Diagnose

Topografie / Organ	Mikroskopische Anatomie	Physiologie	Pathoanatomie	Pathophysiologie	Diagnose	Übergreifende Themen, z. B. Blutkreislauf
Kopf						
...(etc.)	...(etc.)	...(etc.)	...(etc.)	...(etc.)	...(etc.)	
Innere Organe — Herz -... Pankreas — ExokrinerTeil	...	...	...	...	...	
Endokriner Teil	Langerhans Zellen	Produktion von Insulin, Glucagon ...(etc.)	Zelltod	Insulinmangel	Diabetes typ I	
...(etc.)	...(etc.)					
...(etc.)						

vermischt. Hingegen macht es Sinn, „Psoriasis" zu untersuchen – und man erhält dann wiederum genauere Einsichten in diese Krankheit.

Die Medizin strukturiert ihr Wissen und ihre Aufgaben (Fachbereiche, zum Beispiel Innere Medizin, HNO, ...) im Wesentlichen entlang von Körperteilen beziehungsweise Organen und Organsystemen (zum Beispiel Nervensystem). Den Weg vom Organsystem zur Diagnose kann man sich als Baumstruktur vorstellen (dabei beschreibt die Anatomie die Struktur, die Physiologie Zweck und Funktion von Organen, während Pathoanatomie beziehungsweise -physiologie ihre krankhaften Veränderungen darstellen) (s. Tab. 23.2).

Die Medizin erarbeitet ihr Wissen typischerweise „von links nach rechts", das heißt, sie begann mit der topografischen Anatomie, die teils schon in der Antike bekannt war, dann kam die mikroskopische Anatomie usw. Langerhans entdeckte die nach ihm benannten Inseln 1869; zwanzig Jahre später wurde ihre Rolle bei der Diabetesentstehung erkannt; ein erster Pankreasextrakt zur Behandlung von Diabetes wurde 1906 verwendet; und 1982 wurde erstmals genetisch hergestelltes Insulin eingesetzt.

Lehrreich ist auch zu sehen, welcher Aufwand jahrhundertelang betrieben werden musste und noch betrieben werden muss, um den heutigen Stand der Medizin zu erreichen beziehungsweise weiter zu verbessern; die Datenbank „pubmed" listet aktuell >25 Mio. medizinischer Artikel.

Viele Untersuchungen verlaufen obendrein ergebnislos. Aber ohne detaillierte Analyse kleinster Details gäbe es keinen Fortschritt; ohne Langerhans' Inseln und die Wirkungsweise von Insulin kann man Diabetes nicht verstehen. Das dürfte auch für eine quasi-medizinische ökonomische Theorie gelten.

23.3 Was kann die Gesundheitswirtschaft von der Medizin lernen?

Lässt sich die Struktur der Medizin auf die ökonomische Theorie übertragen? Ja, wie die Abb. 23.1 zeigt (tatsächlich ist die Analogie der Strukturen verblüffend).

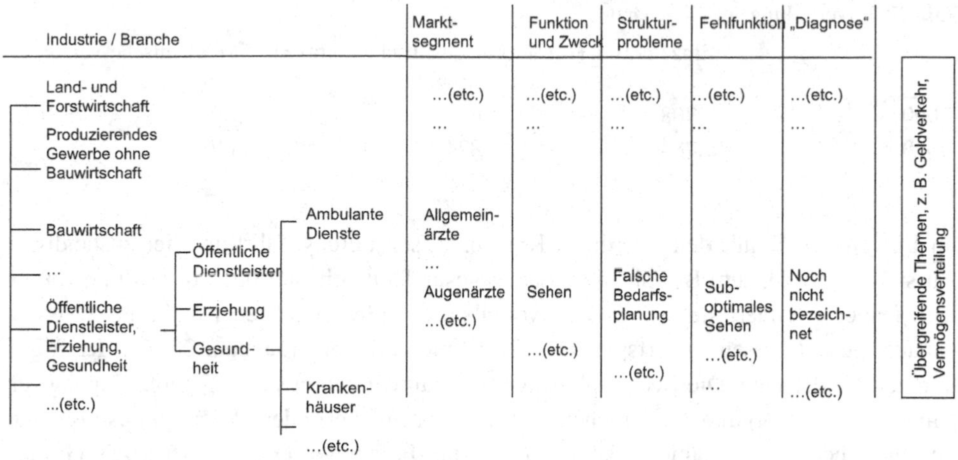

Industrie / Branche			Markt-segment	Funktion und Zweck	Struktur-probleme	Fehlfunktion	„Diagnose"	Übergreifende Themen, z. B. Geldverkehr, Vermögensverteilung
Land- und Forstwirtschaft			...(etc.)	...(etc.)	...(etc.)	...(etc.)	...(etc.)	
Produzierendes Gewerbe ohne Bauwirtschaft			...	...	...	...	...	
Bauwirtschaft	Öffentliche Dienstleister	Ambulante Dienste	Allgemein-ärzte					
...			...		Falsche Bedarfs-planung	Sub-optimales Sehen	Noch nicht bezeich-net	
Öffentliche Dienstleister, Erziehung, Gesundheit	Erziehung		Augenärzte ...(etc.)	Sehen				
	Gesund-heit		...(etc.)	...(etc.)	...(etc.)	...(etc.)	...	
...(etc.)		Kranken-häuser					...(etc.)	
		...(etc.)						

Abb. 23.1 Potenzielle Struktur der ökonomischen Theorie

Wenn demnach die Gesamtstruktur passt: Kann man auch das Schichtenmodell der Medizin auf die Ökonomie übertragen, insbesondere: Könnte man ökonomische Analysen empirisch fundieren – wie die Medizin das mit Anatomie und Physiologie tut?

Das soll und kann im Folgenden natürlich nicht für die Gesamtheit ökonomischer Vorgänge getan werden, aber doch für einen kleinen Ausschnitt daraus. Dabei geht es nicht um den Ausschnitt als solchen – es soll nur die grundsätzliche Machbarkeit gezeigt werden. Das erlaubt außerdem die Abschätzung des Gesamtaufwands: Rechnet man ca. fünf bis zehn Seiten Beschreibung für einen Markt von ca. einem Promille des Bruttoinlandsproduktes, so ergibt sich – einfach hochgerechnet – für die Beschreibung aller Branchen ein Umfang von ca. 5–10.000 Seiten.

23.3.1 „Anatomie": Struktur der ambulanten augenärztlichen Versorgung

Ende 2014 gab es laut Bundesärztekammer 5947 ambulant tätige Ophthalmologen in Deutschland, von denen 1087 von anderen Ärzten angestellt wurden (das heißt, die Mehrheit der Ärzte arbeitet in der eigenen Einzel- oder Gemeinschaftspraxis). Außerdem gab es 932 Augenärzte in Krankenhäusern und 277 in anderen Organisationen (zum Beispiel Behörden) (BÄK 2014).

Zwar ist die Einzelpraxis noch die häufigste Form der Niederlassung, aber ihr Anteil sinkt (s. Tab. 23.3).

Der Anteil weiblicher niedergelassener Augenärzte stieg von 40,7 % im Jahr 2000 auf 44,6 % in 2010 (Wolfram und Pfeiffer 2012). Die Anzahl an Augenärzten je Region wird geplant. Die Bedarfsplanung wird von den Kassenärztlichen Vereinigungen

Tab. 23.3 Verteilung der Augenärzte

Jahr	Einzelpraxen (Anzahl)	Gemeinschaftspraxen (Anzahl)	Medizinische Versorgungszentren
2000	3,708	675	0
2010	2,784	824	110

im Einvernehmen mit den jeweiligen Krankenkassen durchgeführt und der zuständigen Aufsichtsbehörde, zum Beispiel dem Landesgesundheitsministerium, zur Prüfung vorgelegt. Dabei orientiert sie sich an den Vorgaben des Gemeinsamen Bundesausschusses, genauer gesagt dessen Bedarfsplanungs-Richtlinie in der am 1. Januar 2013 in Kraft getretenen Neufassung. Die Bedarfsplanung sollte damit einen gleichmäßigeren Zugang zur ambulanten Versorgung ermöglichen und flexibler auf besondere Versorgungsprobleme im ländlichen Raum reagieren können (vgl. zum Folgenden GBA (2015)). Als Grundstruktur der Bedarfsplanung definiert die Richtlinie folgende vier Versorgungsebenen: hausärztliche Versorgung, allgemeine fachärztliche Versorgung (zu der Augenärzte gehören), spezialisierte fachärztliche Versorgung sowie gesonderte fachärztliche Versorgung. Jeder Versorgungsebene sind nun Arztgruppen (einschließlich der Psychotherapeuten), ein Planungsbereich (Mittelbereiche, Kreise beziehungsweise kreisfreie Städte, Raumordnungsregion, KV-Gebiet) und Verhältniszahlen (ein Arzt je Anzahl der Einwohner) für die Versorgungsgradfeststellung zugeordnet. Bei Augenärzten wird auf Ebene der Kreise beziehungsweise der Kreisregionen geplant. Um den Unterschiedlichkeiten von Kreisen und kreisfreien Städten Rechnung zu tragen, wurde für neun Kreistypen ein neues Konzept erarbeitet, das prinzipiell fünf Kreistypen unterscheidet. Die Differenzierung erfolgt nach dem Ausmaß der Mitversorgung in den Kreistypen 1 bis 4: Großstädten wird zum Beispiel eine höhere Arztdichte zugebilligt als umliegenden Gebieten. Im sogenannten Kreistyp 5, der ländlichen Regionen abseits großer Städte entspricht, sind kaum Mitversorgungseffekte möglich, sodass ein solcher Kreis eine vergleichbar gute Versorgung mit eigenen Möglichkeiten sicherstellen muss. Für jede einzelne Arztgruppe wird je Kreistyp eine Verhältniszahl festgelegt.

Die so ermittelten Bedarfe können aufgrund regionaler Besonderheiten angepasst werden. Konkret erhält man für die nordrheinischen Kreise, Stand 19. 11. 2013, eine Übersicht (s. Abb. 23.2) (KVNo 2015).

Faktisch geht die Tabelle in Abb. 23.2 von einer „Verhältniszahl" aus, die angibt, wie viele Einwohner auf einen Augenarzt kommen sollen. Für Aachen, Stadt, sind das zum Beispiel 13.399, für Aachen, Kreis 20.229. Teilt man die Einwohnerzahl durch diese Verhältniszahl, erhält man den rechnerischen Bedarf an Augenärzten für den jeweiligen Kreis (18,5 für Aachen Stadt). – Dieser Wert wird unter anderem für Demografieeffekte angepasst, das heißt, ob in einer Region besonders wenige oder viele über 60-Jährige wohnen. – Das Ergebnis wird mit den tatsächlich in der Region niedergelassenen Ärzten verglichen; gibt es bereits mehr Ärzte, als laut Bedarfsplanung erforderlich, wird der Kreis gesperrt, das heißt, dort darf sich kein Arzt zur Behandlung von GKV-Patienten niederlassen. Wie

KV-Gebiet		Nordrhein	Arztgruppe									Augenärzte				
Stand		01.11.2013	Kriterien für die Zuordnung zu dieser Arztgruppe [1] (z.B. BPI-RILI, WBO, Abrechnung etc.)									Bedarfsplanung-Richtlinie				
1	2	3	4	5	5a	6	7	8	9	10	11	12	13	14	15
Name des Planungsbereichs/ Kreis bzw. kreisfreie Stadt	Gemeindekennziffern der Gemeinden im Planungsbereich [1]	EW im Planungsbereich	Verhältniszahl im Planungsbereich	Verhältniszahl [Z] angepasst	Grenze zur Überversorgung nichtmedizinische Soll + 10,00 %	Zahl der Vertragsärzte im Planungsbereich	Zahl der angestellten Ärzte im Planungsbereich	Zahl der ermächtigten Ärzte im Planungsbereich, die in der Bedarfsplanung zählen	Gesamtzahl der Ärzte (Sp. 6 + 7+8)	Dauerfiler: Ärzte in Berufsausübungsgemeinschaften	Versorgungsgrad [3]	Versorgungsgrad im Vorjahr [4]	Planungsbereich gesperrt [1] (1 = ja/ 2 = nein)	Zahl der Niederlassungsmöglichkeiten bis zur Sperrung [3]	Anzahl Ärzte oberhalb der Sperrgrenze
Aachen, Stadt	05313	240.086	13.399	14.443	18,5	18,50	3,50	0,10	22,10	9,00	132,9	111,3	1	0	3,8
Aachen, Kreis	05334	302.747	20.229	20.376	16,5	15,50	1,50	0,00	17,00	8,00	114,4	115,6	1	0	0,7
Bonn, Stadt	05314	309.869	13.399	14.314	24,0	25,00	6,00	0,10	31,10	13,00	143,7	124,6	1	0	7,3
Düren, Kreis	05358	258.651	24.729	25.501	11,5	14,00	1,00	0,00	15,00	8,00	147,9	130,8	1	0	3,8
Düsseldorf, Stadt	05111	593.682	13.399	13.789	47,5	40,00	15,00	0,40	55,40	22,50	128,7	122,3	1	0	8,0
Duisburg, Stadt	05112	486.816	20.440	20.110	27,0	24,00	4,00	0,20	28,20	17,00	116,5	121,5	1	0	1,6
Essen, Stadt	05113	566.862	20.440	19.634	32,0	33,00	5,75	0,20	38,95	24,75	134,9	139,0	1	0	7,2
Euskirchen, Kreis	05366	187.724	22.151	22.517	9,5	9,00	1,00	0,00	10,00	0,00	119,9	122,2	1	0	0,8
Heinsberg, Kreis	05370	247.827	22.151	23.107	12,0	9,00	5,00	0,00	14,00	2,00	130,5	114,5	1	0	2,2
Kleve, Kreis	05154	301.977	20.664	21.493	15,5	13,00	2,50	0,00	15,50	5,00	110,3	113,4	1	0	0,0
Köln, Stadt	05315	1.024.373	13.399	14.345	79,0	71,50	13,50	0,30	85,30	43,00	119,4	110,1	1	0	6,7
Krefeld, Stadt	05114	222.026	13.399	13.081	19,0	16,00	4,00	0,40	20,40	7,00	120,2	112,4	1	0	1,7
Leverkusen, Stadt	05316	159.920	20.229	19.332	9,5	12,00	2,00	0,00	14,00	10,00	169,2	114,4	1	0	4,9
Mettmann, Stadt	05158	477.397	20.229	18.986	28,0	22,00	5,00	0,00	27,00	12,00	107,4	113,8	2	1	0,0
Mönchengladbach, Stadt	05116	255.087	13.399	13.464	21,0	19,00	3,00	0,00	22,00	11,00	116,1	112,7	1	0	1,2

Abb. 23.2 Übersicht der ermittelten Bedarfe des nordrheinischen Kreises. (KVNo 2015)

man sieht, sind auf Basis der Bedarfsplanung unter den hier genannten 15 Kreisen 14 überversorgt und daher gesperrt.

Die Verhältniszahlen selbst stammen ursprünglich aus der tatsächlichen Versorgungssituation im Jahr 1990. In der aktuellen Tabelle erkennt man, dass auch hier mit standardisierten Verhältniszahlen gearbeitet wurde, zum Beispiel taucht die Zahl 13.399 sechsmal auf. Es wäre zu überlegen, ob es nicht sachgemäßer wäre, die Verhältniszahlen aus dem tatsächlichen medizinischen Bedarf zu ermitteln (s. nachfolgend). Das würde auch erlauben, zukünftige Veränderungen des Versorgungsbedarfs (+25 % in 15 Jahren) zu berücksichtigen. Der Altersdurchschnitt der Augenärzte hat sich in den letzten Jahren erhöht. Wenn die Zahl der neu niedergelassenen Augenärzte bei ca. 200 pro Jahr konstant bliebe, würde dies bis 2020 zu einem Rückgang der Arztzahl um ca. fünf Prozent führen (Wolfram und Pfeiffer 2012). Die Struktur der Praxen verändert sich ebenfalls: Die Einzelpraxis ist zwar nach wie vor die häufigste Praxisform, aber ihre Anzahl sinkt (−24,9 % zwischen 2000 und 2010), während Gemeinschaftspraxen zunehmen (+22,1 % im selben Zeitraum). Zwischen 2000 und 2010 ist der Frauenanteil unter den ambulant tätigen Augenärzten von 40,7 % auf 44,6 % angestiegen. 2013 gab es rund 28 Mio. ambulante Behandlungsfälle bei GKV-Patienten (KBV 2015), was bei 5856 (in 2014: 5947) niedergelassenen Augenärzten, von denen 856 angestellt waren, rechnerisch rund 5600 Fällen pro Arzt und Jahr entspricht. Laut Abrechnungsstatistik waren es genau 5351 Fälle pro Arzt (in 2013).

Da ein „Fall" ein „Abrechnungsfall pro Quartal" ist, der mehrere Arztkontakte umfassen kann, umgekehrt aber derselbe Patient mehrfach gezählt wird, wenn er den Arzt in mehreren Quartalen aufsucht, ist nicht bekannt, wie viele Patienten ein Augenarzt pro Tag sieht beziehungsweise wie viel Zeit pro Patient zur Verfügung steht.

Zu den rund 28 Mio. GKV-Fällen kommt noch eine unbekannte Zahl an Fällen für PKV-Versicherte hinzu, die ca. neun Prozent der Bevölkerung ausmachen.

Die häufigsten Hauptdiagnosen waren dabei:

Glaukom	19 %,
Sehfehler	18 %,
Augenentzündungen oder Verletzungen	16 %,
Katarakt	15 %,
Netzhautkrankheiten	13 %,
Schielen/kindliche Sehstörungen/Kopfschmerz	10 %,
Allgemeinerkrankungen mit Augenbeteiligung	9 %

(Berufsverband der Augenärzte o. J.).

Es gibt Hinweise, dass bei einzelnen Krankheiten zu wenig augenärztliche Leistungen in Anspruch genommen werden. So sollte laut Leitlinie jeder Diabetiker jährlich augenärztlich untersucht werden; tatsächlich erfolgt das nur in 52,8 % der Fälle (Wolfram und Pfeiffer 2012).

Die Inanspruchnahme augenärztlicher Leistungen steigt mit dem Alter (s. Abb. 23.3). Viele augenärztliche Krankheiten treten erst im Alter auf (zum Beispiel Glaukome, AMD, Katarakt unter anderem). Mindestens zwei Effekte werden dazu führen, dass der Bedarf an augenärztlichen Leistungen zukünftig steigt: Die demografische Entwicklung führt zu einem Anstieg älterer Menschen und damit zu mehr Augenerkrankungen. Gegenüber 2015 wird die Anzahl an Augenerkrankungen bis 2030 um ca. 25 % ansteigen. Neben der demografischen Entwicklung wird die Nachfrage möglicherweise aufgrund neuer Behandlungsverfahren steigen. In den letzten Jahren wurde zum Beispiel die Behandlung der feuchten AMD durch intravitreale Injektionen entdeckt und in die Praxis eingeführt. Es ist umstritten, ob dadurch mehr Augenärzte gebraucht werden. Aus Sicht der Krankenkassen fehlen – über alle Arztgruppen hinweg – in Versorgungslücken 800 Ärzte, während in überversorgten Gebieten 25.000 Ärzte über den Bedarf hinaus tätig sind (Schönbach et al. 2011). Demzufolge sollten nicht mehr Ärzte tätig werden, sondern nur die existierenden Praxen anders verteilt werden. Andere Autoren kommen, bezogen auf die Augenärzte, zum Schluss, dass bis 2020 eine Unterversorgung nicht eintritt, allerdings unter der Annahme, dass die Ärzte erst mit 68 in den Ruhestand gehen, was zu einer Zunahme der Arztzahl um 19 % führen würde (Amelung et al. 2012). Hier besteht zweifacher Forschungsbedarf: Erstens wäre die aktuelle Bedarfsplanung anhand des tatsächlichen Bedarfs zu überprüfen (s. zuvor). Zweitens wäre zu untersuchen, welche – hier vor allem politisch geprägte – Haltung zum Versorgungsbedarf sich in der tatsächlichen Gesetzgebung beziehungsweise in den GBA-Richtlinien durchsetzen wird. Zusätzlich zu den 5947

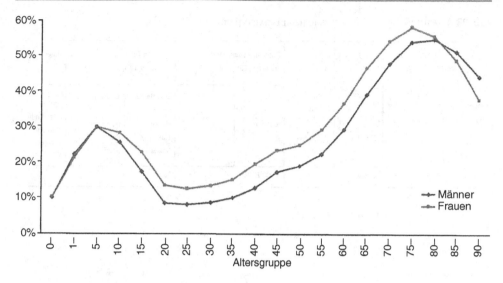

Abb. 23.3 Inanspruchnahme augenärztlicher Leistungen nach Altersgruppen

ambulant tätigen Augenärzten gibt es weitere 932 in Kliniken. Es dürfte kaum möglich sein, den zusätzlichen ambulanten Bedarf im stationären Sektor aufzufangen, zumal in den letzten Jahren Leistungen vermehrt ambulant durchgeführt wurden; derzeit werden zum Beispiel 87 % aller Kataraktoperationen ambulant erbracht.

Die Kosten der ambulanten augenärztlichen Behandlung sind nur näherungsweise bekannt. Nach Schätzungen des Berufsverbandes der Augenärzte betragen sie:

- für ambulant-konservative Behandlung von GKV-Patienten ca. 700 Mio. €,
- für ambulante Operationen bei GKV-Patienten ca. 600 Mio. €,
- für Privatpatienten ambulant und stationär ca. 400 Mio. €,
- für IGeL-Leistungen ambulant und stationär ca. 300 Mio. €.

Im Jahr 2013 erhielten Augenärzte im Durchschnitt 45 € pro Behandlungsfall und Quartal. Insgesamt betrug der GKV-Jahresumsatz je Arzt rund 243.000 €. Der gesamte Honorarumsatz belief sich auf 1,26 Mrd. €.

Für die Aufteilung des Honorars je nach Praxistyp und -größe existiert eine aktuelle Untersuchung des Statistischen Bundesamts (Statistisches Bundesamt 2011) – hier ein Ausschnitt (s. Tab. 23.4).

Nach Abzug der Praxiskosten schwanken die Reinerträge sehr stark, vor allem in Anhängigkeit der Praxisgröße. Zum Beispiel erzielten Einzelpraxen die folgenden Reinerträge (in Euro) vor Steuern (Tab. 23.5).

Inwieweit bei den Kleinpraxen „Liebhaberpraxen" mitgezählt wurden beziehungsweise bei den Großpraxen Sondereffekte zu berücksichtigen wären (zum Beispiel Belegabteilungen) und andere Fragen wären noch zu klären. Auch kann man so nicht zwischen

Tab. 23.4 Aufteilung des Honorars je nach Praxistyp und -größe

Einnahmen von...bis unter...EUR	Praxen	Praxis-Inhaber	Einnahmen aus selbständiger ärztlicher Tätigkeit		Von den Einnahmen aus selbständiger ärztlicher Tätigkeit entfielen auf		
			je Praxis	je Praxis-Inhaber	ambulante und stationäre Kassen-praxis	ambulante und stationäre Privat-praxis	sonstige selbständige ärztliche Tätigkeit |1
	Anzahl		1 000 EUR		%		
Praxen für Augenheilkunde							
Insgesamt...............	3 466	4 502	573	442	63,0	34,9	2,1
davon	-	-	-	-	-	-	-
12 500 - 250 000.	1 130	1 130	(154)	(154)	73,5	23,7	2,8
250 000 - 500 000..	1 311	1 493	340	299	59,8	38,4	1,8
500 000 - 1 000 000..	409	732	680	380	59,7	37,9	2,4
1 000 000 und mehr.....	617	1 148	(1 766)	(949)	63,5	34,6	2,0
davon: Einzelpraxen							
Insgesamt...............	2 738	2 738	/	/	64,3	33,9	1,8
davon	-	-	-	-	-	-	-
12 500 - 250 000.	1 130	1 130	(154)	(154)	73,5	23,7	2,8
250 000 - 500 000..	1 129	1 129	327	327	58,3	40,2	1,5
500 000 und mehr.....	480	480	1 075	1 075	65,5	32,8	1,6

Tab. 23.5 Reinerträge von Einzelpraxen

Praxiseinnahmen	Reinertrag
12.500–250.000	71.000
250.000–500.000	176.000
500.000 und mehr	605.000

operierenden und nicht operierenden Ärzte trennen beziehungsweise den Einfluss spezifischer Behandlungsmethoden differenzieren (zum Beispiel Laserbehandlungen).

Leider ist wenig darüber bekannt, welche Leistungen Augenärzte erbringen. Theoretisch könnte man das aus der Dokumentation der Ärzte in ihrem Praxiscomputer oder aus der Abrechnung gegenüber der KV erkennen. Daten aus den Praxiscomputern werden derzeit nicht gesammelt und veröffentlicht; Daten der Abrechnung sind schwer zu deuten, weil ein Großteil der Leistungen in Form einer Pauschale vergütet wird und weil die Abrechnungsregeln außerordentlich kompliziert sind (der EBM Augenärzte umfasst aktuell über 1000 Druckseiten). Hinzu kommen Selektivverträge, zum Beispiel zum ambulanten Operieren, zur Schieldiagnostik unter anderem; eine gesamthafte Darstellung dieser Verträge fehlt. Augenärzte erbringen insgesamt IGeL-Leistungen (die der Patient selbst bezahlt) für rund 300 Mio. €. Ihr Nutzen ist umstritten. Die Messung des Augeninnendrucks zur Früherkennung von Glaukomen wird zum Beispiel von der AOK abgelehnt und deshalb auch nicht bezahlt: „Die Einführung eines bundesweiten Screenings auf Glaukom, das heißt die Untersuchung von gesunden, symptomlosen Personen, die keine Risiken aufweisen, ist auf Grundlage der gegenwärtig bestehenden Erkenntnisse nicht sinnvoll." (AOK 2015) Tatsächlich sind Sensibilität und Spezifität der Tonometrie zur Erkennung des Glaukoms gering – rund die Hälfte aller Glaukompatienten haben keinen erhöhten Druck, und umgekehrt gibt es Hochdruckpatienten, die kein Glaukom entwickeln. Außerdem mangelt es an randomisierten Studien, die die Nützlichkeit des Screenings belegen. Andererseits dauert die Untersuchung nur wenige Sekunden, ist schmerzfrei, und die Hälfte der Glaukompatienten (die einen erhöhten Druck haben) kann man damit vor dem Beginn von Symptomen erkennen und behandeln. Ob man das mit einer randomisierten Studie beweisen muss und ob diese überhaupt ethisch vertretbar wäre (man würde bewusst riskieren, dass ein Teil der Patienten ein Glaukom entwickelt), erscheint fraglich. – Über die Struktur der augenärztlichen IGeL-Leistungen ist praktisch nichts bekannt.

23.3.2 „Physiologie": Die Funktionsweise der ambulanten augenärztlichen Versorgung

Die ambulante augenärztliche Behandlung zielt darauf, ophthalmologische Krankheiten zu verhindern beziehungsweise zu heilen, falls dies nicht stationär erfolgen soll. Das Verhalten der Patienten und Ärzte hängt daher im Wesentlichen ab vom Krankheitsspektrum und seiner Bewertung durch die Patienten und Ärzte, den zur Verfügung stehenden Behandlungsmethoden und vom Weg des Patienten durch das Medizinsystem. Über die Häufigkeit augenärztlicher Erkrankungen in der deutschen Bevölkerung ist wenig bekannt, weil man dafür groß angelegte epidemiologische Studien benötigte. Erfasst werden Patienten ja erst, wenn sie sich beim Augenarzt, beim Hausarzt, einer Klinik oder einer anderen Einrichtung vorstellen. Dadurch fehlen Informationen zum Beispiel über Patienten, die eine Behandlung zwar benötigen, aber nicht erhalten, weil sie zum Beispiel zu krank oder bettlägerig sind, um einen Augenarzt aufzusuchen.

Aus internationalen Studien kann man die Häufigkeit einiger wichtiger Krankheiten in der Bevölkerung lediglich abschätzen (Wolfram und Pfeiffer 2012):

Krankheit	Betroffene
Blindheit/Sehbehinderung	353.000
AMD	1.608.000
AMD-Frühstadien (Drusen)	2.610.000

Glaukom	972.000
Glaukom-Frühstadien	1.269.000
Diabetische Retinopathie	557.000
Diabetisches Makulaödem	109.000
Katarakt	9.853.000

Zwar kennt man in etwa die Diagnosen, die der Augenarzt nach der Untersuchung des Patienten stellt (oder könnte sie zumindest zum Beispiel aus der Praxissoftware ermitteln), unbekannt ist aber, was für den Patienten der Anlass war, den Arzt aufzusuchen, etwa: Schmerzen oder andere (Seh-)Beschwerden, Vorsorgeuntersuchungen, Kontrolluntersuchungen, Rezeptverlängerungen usw. Es ist auch nicht bekannt, woran Patienten merken, dass sie einen Augenarzt (oder überhaupt einen Arzt) aufsuchen sollten, welche Vorsorgeuntersuchungen sie kennen beziehungsweise für erforderlich halten und was der Arzt für behandlungswürdig hält: Ist zum Beispiel ein bloßes Sandkörpergefühl oder ein rotes Auge ein Grund, den Augenarzt aufzusuchen – aus Sicht des Patienten und des Arztes? Welche Rolle spielt dabei, dass Ärzte in Deutschland keine telefonischen Diagnosen stellen dürfen und, falls sie es dennoch tun, haftungsrechtliche Konsequenzen befürchten müssen?

Sehr gut bekannt ist das zur Verfügung stehende medizinische Wissen (es steht ja in Lehrbüchern). Hingegen ist fast nichts darüber bekannt, was Augenärzten in ihrer Tätigkeit wichtig ist beziehungsweise wie sie ihre Praxis „managen". So gibt es Aussagen zur berufsethischen Orientierung der Augenärzte, zum Beispiel die folgende des Berufsverbandes der Augenärzte: „Die Nähe zum Patienten, Vertrauen und gute Kommunikation sind daher die Basis, auf der der Augenarzt seinen Beruf ausübt." Aber wie schlägt sich das im Alltag nieder? Und welche Rolle spielen finanzielle Anreize, zum Beispiel Einzelleistungs- versus Pauschalvergütung?

Dasselbe gilt für das Studium und die Facharztausbildung. Seit über 40 Jahren ist der Numerus Clausus das entscheidende Kriterium für die Zulassung zum Medizinstudium. Zu vermuten wäre, dass Ärzte sich durch hohe Lernbereitschaft und Belastbarkeit auszeichnen; darüber, inwieweit sich das im augenärztlichen Angebot wiederfindet, liegen nach Kenntnis des Autors derzeit keine belastbaren Studien vor. Zu untersuchen wäre auch, inwieweit Zuschnitt und Ausstattung (zum Beispiel mit Geräten) augenärztlicher Praxen eher historisch tradiert oder dem aktuellen Bedarf angepasst sind – und welche Faktoren sie beeinflussen. Leider ist nicht bekannt, wie viele Patienten ein Augenarzt pro Tag behandelt und wie sich das auf sein Verhalten auswirkt; welche Ziele er im Praxisalltag für besonders wichtig hält und wie er sie erreicht; das betrifft auch dynamische Effekte, das heißt, wie ein Augenarzt sein Verhalten anpasst, wenn die Patientenzahl steigt oder sinkt. Wenig untersucht sind Einsatz und Tätigkeit von anderen Praxismitarbeitern. Hier müsste zunächst mit Hilfe von Feldforschungsstudien Grundlagenwissen geschaffen werden. Eine wesentliche Rolle beim Verhalten und damit dem konkreten Angebot dürften auch das Studium und die Facharztausbildung spielen, ohne dass dies bisher genau analysiert worden wäre, zum Beispiel hinsichtlich der Ausbildung in verschiedenen

Inhalten (zum Beispiel Faktenwissen versus Kommunikationsfähigkeit) (Ärztetag 2015). Auch der internationale Vergleich würde sicher weitere Erkenntnisse liefern.

Schließlich wäre der Einfluss von EDV-Instrumenten, insbesondere der Praxissoftware zu untersuchen – etwa, inwieweit sie Verschreibungen beeinflusst oder – über die Finanzierung ärztlicher Leistungen – die Wiedereinbestellung von Patienten. Während die Struktur des augenärztlichen Angebots im Wesentlichen über die Bedarfsplanung gesteuert wird, erfolgt die Steuerung der Behandlungsqualität bisher eher implizit, nämlich durch die Ausbildung. Zur Sicherung einer hohen Qualität setzt das deutsche Medizinsystem traditionell auf die Qualifikation der Ärzte, die durch lange Ausbildungszeit (elf bis zwölf Jahre) und strenge Prüfungen erreicht wird. Nach der Facharztausbildung lässt die Kontrolle allerdings nach und stützt sich vor allem auf den Erwerb von CME-Punkten und die Überwachung durch die Ärztekammern. Traditionell dienen Zeitschriften und Kongresse der medizinischen Fachgesellschaften dazu, niedergelassene Ärzte auf dem Laufenden zu halten; ihre Nutzung ist freiwillig (über Nutzungsquoten ist nichts bekannt).

Qualitätsmessverfahren, wie sie in der Industrie üblich sind, zum Beispiel durch Routinekontrollen, sind der Medizin fremd und auch tatsächlich schwer durchzuführen. (Das ist Gegenstand des allgemeinen Teils der Funktionsweise und kann hier nicht erläutert werden, vgl. Thielscher (2015).) In den letzten Jahren haben allerdings zwei Effekte dazu geführt, dass vonseiten der Gesundheitspolitik vermehrt eine externe Qualitätsüberprüfung durchgeführt wird: (i) die Zunahme der Komplexität medizinischer Behandlung und (ii) der Kostendruck, der zu einer Qualitätsminderung führen kann. Tatsächlich wurde auch versucht, ein Indikatorenset für die Augenheilkunde zu entwickeln; so erhielt 2009 das AQUA-Institut vom GBA den Auftrag, Qualitätsindikatoren für die Kataraktchirurgie zu entwickeln. Der Abschlussbericht wurde Ende 2010 dem GBA übergeben. Allerdings wurden diese Indikatoren, möglicherweise aufgrund erheblicher methodischer Mängel, die von Kassenvertretern und ärztlichen Experten kritisiert wurden (Stellungnahme 2015), nicht in den Regelbetrieb übernommen. Tatsächlich ist eine korrekte Qualitätsmessung auch sehr schwierig (Steiert 2011). Nach Kenntnis des Autors finden sich aktuell weder in strukturierten Berichten der Krankenhäuser, noch an anderer Stelle verpflichtende augenärztliche Qualitätsindikatoren. Wenn sich ein Patient über die Qualität eines Augenarztes informieren möchte, ist er damit weiterhin auf mehr oder informelle Quellen angewiesen, also Bekannte, Verwandte, den Hausarzt oder nicht validierte Internet- oder Printmedien.

23.4 Zusammenfassung und Ausblick

Das Fehlen einer detaillierten Beschreibung der tatsächlich existierenden Volkswirtschaft und ihrer Spielregeln (Institutionen) wurde immer wieder bemängelt. So schrieb Schmoller schon 1900: „Die alte Volkswirtschaftslehre mit ihrem Untergehen in Preisuntersuchungen und Circulationserscheinungen stellte den Versuch einer volkswirtschaftlichen Säftephysiologie ohne Anatomie des socialen Körpers dar." Ganz ähnlich äußerte sich Coase 1984: „The objection essentially is that the theory floats in the air. It is as if one studied the circulation of the blood without having a body. Firms have no substance. Markets exist without laws and therefore without any clear specification of what is bought and sold." Dabei könnte man, wie zuvor am Beispiel der Augenheilkunde gezeigt, die Wirtschaft genau so beschreiben, wie ein Arzt bei Krankheiten vorgeht. Während das bei der Struktur der Versorgung heute bereits gut gelingt, besteht Forschungsbedarf vor allem auf der Seite der Funktionsweise wirtschaftlicher Einheiten: *Warum* handeln Ärzte, Patienten und andere Beteiligte so, wie sie es tun? Das war auch bei der Medizin als solcher so: erst entwickelte sich die Anatomie, dann die Physiologie. Auf Basis dieser Analysen könnte man dann präzise Probleme und Lösungen beschreiben, und zwar sowohl volkswirtschaftliche, als auch einzelbetriebliche („Management"). Man erhielte so eine vollständige, anatomisch und physiologisch korrekte Analyse des Wirtschaftssystems. Es sollte dann möglich sein, Krisen, „Blasen" und andere Fehlentwicklungen sauber zu beschreiben (in Einzelfällen ist das ja auch bisher schon gelungen, zum Beispiel Sinn 2011) und – später – auch zu verhindern. Es wäre dies vergleichbar mit dem Übergang von der Humoralpathologie zur modernen Medizin.

Drei Learnings für die Gesundheitswirtschaft

1. Die Volkswirtschaftslehre (in ihrer herrschenden Variante) betreibt ihre Untersuchungen auf Basis spekulativer, nicht-empirischer Annahmen. Sie ähnelt darin der antiken Medizin.
2. Entsprechendes gilt für die „Gesundheits"-Ökonomie.
3. Sowohl die Volkswirtschaftslehre als Ganzes, als auch die „Gesundheits"-Ökonomie im Speziellen könnte – wie die Medizin es getan hat – von einer spekulativen auf eine empirische Grundlage wechseln.

Literatur

Amelung, V. E. et al. (2012). *Sehen im Alter* (S. 83). Berlin: MVV.

AOK. https://www.aok.de/bundesweit/gesundheit/glaukom-frueherkennung-7963.php. Zugegriffen: 16.5.2015

Ärztetag. Förderung der ärztlichen Kommunikationskompetenz gefordert. http://www.aerzteblatt.de/nachrichten/62808. Zugegriffen: 15.5.2015

BÄK (2014). Ärztestatistik. http://www.bundesaerztekammer.de/ueber-uns/aerztestatistik/aerztestatistik-2014/. Zugegriffen: 15. 5. 2015.

Berufsverband der Augenärzte (Hrsg.) (o. J.). Klarheit schaffen. komm-passion, Düsseldorf, S. 6.

Brodbeck, K.-H. (2011). *Die fragwürdigen Grundlagen der Ökonomie* (S. 28). Darmstadt: Wissenschaftliche Buchgesellschaft.

Coase, R. H. (1984). The New Institutional Economics. *Zeitschrift für die gesamte Staatswissenschaft (ZgS), 140,* 230.

GBA, https://www.g-ba.de/institution/themenschwerpunkte/bedarfsplanung/richtlinie/. Zugegriffen: 15.5.2015

Hankinson, R. J. (Hrsg.). (2008). *The Cambridge Companion to Galen* (S. 8). Cambridge: Cambridge University Press.

Kaufmann, S.: Der Problemlöser. Berliner Zeitung, 6. 3. 2004

KBV. Kennzahlen der Abrechnungsgruppen. www.kbv.de/media/sp/Honorarbericht_Tabellen.xls. Zugegriffen: 15.5.2015

Kollesch, J., & Nickel, D. (2005). *Antike Heilkunst* (S. 164). Stuttgart: Reclam.

KVNo. https://www.kvno.de/10praxis/20niederlass/20bedarfsplanung/. Zugegriffen: 15.5.2015

Peukert, H. (2011). *Die große Finanzmarkt- und Schuldenkrise* (S. 249). Marburg: Metropolis-Verlag.

v. Schmoller, G. (1900). *Grundriss der Allgemeinen Volkswirtschaftslehre*. Bd. 1, S. 64). Leipzig: Duncker & Humblot.

Schönbach, K. H., et al. (2011). Zukunft der Bedarfsplanung und Gestaltung der Versorgung. *Gesundheits- und Sozialpolitik, 1*, 11–20.

Sinn, H.-W. (2011). *Kasino-Kapitalismus*. Berlin: Ullstein.

Statistisches Bundesamt (2011). *Kostenstruktur bei Arzt- und Zahnarztpraxen sowie Praxen von psychologischen Psychotherapeuten*. Fachserie 2 Reihe 1.6.1.

Steiert, R. F. (2011). Cataract surgery quality, streetlamps, and car keys. *Ophthalmology, 118*(11), 2103–2104.

Stellungnahme der zur Stellungnahme berechtigten Organisationen. https://www.sqg.de/entwicklung/neue-verfahren/katarakt.html. Zugegriffen: 16.5.2015

Thielscher, C. (2014). Healthy economics. *Gesundh ökon Qual manag, 19*(5), 237–241.

Thielscher, C. (2015). Qualität, Qualitätsmessung und Qualitätsmanagement in der Medizin. In C. Thielscher (Hrsg.), *Medizinökonomie* Bd. 1 Wiesbaden: Springer Gabler.

Wieland, W. (2004). *Diagnose* (S. 32). Warendorf: Johannes G. Hoof.

Wolfram, C., & Pfeiffer, N. (2012). Weissbuch zur Situation der ophthalmologischen Versorgung in Deutschland. http://www.dog.org/wp-content/uploads/2013/03/DOG_Weissbuch_2012_fin.pdf. Zugegriffen: 15. 5. 2015. S. 12.

Prof. Dr. med. Dr. rer. pol. Christian Thielscher studierte Medizin, Betriebs- und Volkswirtschaftslehre in Bonn, Frankfurt/M. und Hagen, arbeitete als Arzt an der Universitätsklinik Bonn und als McKinsey-Unternehmensberater. Seit 2007 unterrichtet er Medizinökonomie an der FOM und leitet das dortige Kompetenzcentrum für Gesundheits- und Sozialmanagement. Schwerpunkt seiner Arbeit ist fakultätsübergreifendes Forschen, v. a. zu den Themen Qualität und Marketing.

Was kann die Gesundheitswirtschaft von der Präzisionsmedizin lernen?

Warum das Silicon Valley weltweit die Medizin antreibt

Henri Michael von Blanquet

Zusammenfassung

Die „Neuvermessung der Medizin" hat im Jahre 2000 durch die neue Fähigkeit zur Sequenzierung des humanen Genoms und der damit einhergehenden synchron fortschreitenden Molekularisierung und Digitalisierung der Medizin bei das Mooresche Gesetz übertreffenden Preisverfall eingesetzt und ist der Wendepunkt zu einer nachhaltigen **Precision Medicine**.
Medicine.

24.1 Hintergrund

Die Konvergenz von Biologie und Technologie bedingt eine lang anhaltende große globale Innovationswelle für neue Basisinnovationen für ein neues industrielles Zeitalter, das das Informationszeitalter ablöst (sechster Kondratieffzyklus; zurzeit bewegen wir uns noch im fünften Kondratieffzyklus, dem Informationszeitalter). Dies wurde bereits durch einen der großen Protagonisten der digitalen Ära, Steve Jobs, erkannt: „Ich denke, die größten Innovationen des 21. Jahrhunderts werden an der Kreuzung der Biologie und Technik sein. Eine neue Ära beginnt."

Die Basisinnovationen des Informationszeitalters sind im Dreiklang: Computer- und Datenbanktechnologie – Internet – Smartphone – alle drei sind gleichermaßen auch das Fundament für die *Konvergenz* der Medizin zur Precision Medicine. Der Begriff der Precision Medicine ist der von einem Ausschuss der Nationalen Akademie der Wissenschaften der Vereinigten Staaten offiziell eingeführte Begriff dafür. Im deutschen Sprachgebrauch wird synonym bereits der eingedeutschte Begriff „Präzisionsmedizin" beispielsweise vom Deutschen Ärzteblatt und der Deutschen Gesellschaft für Innere Medizin (DGIM) durch-

H. M. von Blanquet (✉)
10115 Berlin, Deutschland
E-Mail: Michael@Blanquet.de

© Springer Fachmedien Wiesbaden 2017
D. Matusiewicz und M. Muhrer-Schwaiger (Hrsg.), *Neuvermessung der Gesundheitswirtschaft*, FOM-Edition, DOI 10.1007/978-3-658-12519-6_24

gängig genutzt. Da Precision Medicine eine globale, die nationalen Grenzen überschreitende Entwicklung ist, verwende ich konsequent in diesem Beitrag den international gebräuchlichen Begriff der *Precision Medicine*.

Die derzeitige Transformation der Medizin zur Precision Medicine ist eine technologische. Diese Transformation wird unter anderem aus der Verschmelzung der immer höheren Leistungsfähigkeit von intelligenten Hochleistungs-Datenbanken und Dataware-Häusern, der weiterhin steigenden Computerpower zu immer günstigeren Preisen, dem sozialen Networking, dem Internet, der mobilen Konnektivität mit immer höheren Bandbreiten, der Zunahme an künstlicher Intelligenz, der weiter steigenden Leistungsfähigkeit medizinischer Bildgebung, den neuen Omics-Technologien (zum Beispiel Genomics, Proteoomics, Metabolomics usw.) und drahtlosen Sensoren gespeist. Der Arzt Eric Topol aus San Diego in Kalifornien, einem der internationalen HotSpots für Precision Medicine, hat diese multifaktoriellen Verschmelzungen in seinem weltweit beachteten Buch „The Creative Destruction of Medicine – How the Digital Revolution will create better Healthcare" als **Superkonvergenz** beschrieben (Topol 2012). Das trifft es wohl am besten, um diese gesamte Transformation der Medizin in einem Wort zusammenzufassen, um damit die nachhaltigen unumkehrbaren, nicht manipulierbaren Auswirkungen auf die Medizin im Sinne eines *Compelling Effects auf die Medizin* nachvollziehbar zu beschreiben.

24.2 Precision Medicine ist personalisiertes medizinisches Informationsmanagement

Der Beginn der erfolgreichen *Humangenomanalyse* durch Craig Venter und das *Human Genome Project* im Jahre 2000 in den USA verbindet sich mit dem Startpunkt der realen Neuvermessung der Medizin durch Krankheitsanalyse des individuellen Patienten auf Grundlage seines einzigartigen genetisch-molekularen und individuellen klinischen Profils durch die interdisziplinären wissenschaftlichen Fortschritte in der Molekularbiologie, der Biomathematik, der Humangenomik, der Immunologie, in den vielen klinischen Fachdisziplinen und vor allem auch auf der Grundlage der massiven technologischen Fortschritte zur beschleunigten Datenverarbeitung in der Informationstechnologie zu immer günstigeren Preisen.

Die Precision Medicine ist im besten Sinne einer validen Metapher eine moderne *„Silicon-Valley Medicine"* – die Medizin 2.0. Das dortige Leadership und die wissenschaftlichen und unternehmerischen Pioniere der Gesundheitswirtschaft weltweit befinden sich strategisch und operativ im Aufbruch zur Implementierung dieser Precision Medicine in den heutigen medizinischen Alltag. Wir erleben gerade den Anbeginn einer unumkehrbaren medizinischen Big-Data-Ära zum individuellen Patientennutzen.

Die Precision Medicine hat das Labor verlassen: Eine neue Medizinindustrie entsteht gerade weltweit. Es ist auch eine Ära eines neuen Typs von Gesundheits-Entrepreneuren, die all diese neuen Technologien zum Patientennutzen miteinander verschmelzen und in der Klinik und in der Forschung und Entwicklung einsetzen wollen. Die Precision Medicine ist eine am messbaren positiven Outcome für den Patienten orientierte Medizin, denn erst die *longitudinale Vergleichbarkeit* der Outcome-Daten aus präzisionsmedizinischen Methoden führt neben der „individuellen molekularen Vermessung" des einzelnen Krankheitsfalls zur „Neuvermessung der Medizin" insgesamt.

Der globale Markt für Precision Medicine soll 2020 bereits rund 40 bis 80 Mrd. Dollar Volumen erreichen; diese Vorhersagen zum Marktvolumen schwanken noch stark, gleichwohl ist es klar, dass es um den zukünftigen medizin-technologischen Kernmarkt mit einem hohen Milliardenvolumen geht. So gehen Analysten davon aus, dass bereits 2025 der Markt für Precision Medicine deutlich die 100 Mrd. Dollargrenze übertrifft. Diese Analysen machen verständlich, warum einzelnen Precision Medicine Startups bereits mehrere hundert Mio. Dollar an Investorenkapital zur Verfügung gestellt wurden.

Voraussetzung für eine erfolgreiche *Precision Medicine* sind neben der genetischen Analyse mittels der immer günstiger arbeitenden Next-Generation-Sequencing (NGS)-Technologie gewonnenen individuellen molekularen Daten zusätzliche integrative biomedizinische Technologieplattformen, die alle aktuellen biomedizinischen Datenquellen – *das biomedizinische Weltwissen als Referenzsystem* – mit den individuellen weiteren klinischen Daten des einzelnen Patienten logisch mittels Softwarelösungen vergleichen. Das ist klinisch zum Beispiel für die molekulare präzisionsmedizinische Analyse einer Tumorerkrankung, einer immunologischen beziehungsweise metabolischen Erkrankung usw. Voraussetzung. Die IT wird durch *individualisiertes Informationsmanagement* zum Schrittmacher der Precision Medicine.

Das Grundkonzept der Präzisionsmedizin – die individuelle Variabilität des Organismus in den Mittelpunkt von Präventions- und Therapiestrategien zu stellen – ist nicht neu. Seit Jahrzehnten ist die Blutgruppentypisierung vor Bluttransfusionen ein funktionierendes praktisches medizinisches Beispiel dafür, das erst aufwendige Operationsverfahren und das Überleben nach Polytrauma-Verletzungen oder beispielweise Hochdosis-Chemotherapie ermöglicht hat.

Aber heute, nunmehr dank des rasanten synchronisierten technologischen Fortschrittes in der Molekularen Medizin und der Informationstechnologie, die realistische Aussicht zu haben, dieses Basiskonzept durch die jüngste Entwicklung von großen biologischen globalen Datenbanken (wie beispielsweise Datenbanken für die menschlichen Genomsequenzen oder Datenbanken zur Sammlung des biomedizinischen Weltwissens als Referenzsystemen zur „Vermessung des Einzelfalls oder von großer Kohorten" verfügbar zu haben) und darüber hinaus leistungsfähige molekulare Methoden zur Charakterisierung von Patienten (wie Methoden zur Bestimmung von Biomarkern, des Proteoms, Metaboloms, Genomics, tele- und internetmedizinische Anwendungen und sogar mobile Gesundheitstechnologie verfügbar zu machen) und die neue immer preiswerter werdende medizinische Computerintelligenz zur IT-basierten Analyse dieser großen „Omics"-Datenmengen verfügbar zu haben, macht die Precision Medicine zu einem bereits heute realen Szenario und scheint der Schrittmacher für unsere Medizin 2.0 zu sein, denn diese „Silicon-Valley Medicine" ist durch ihren globalen Ansatz und den täglich steigenden

Informationsgrad der Patienten und gesunden Konsumenten täglich auf dem Vormarsch, gleichwohl wir gemeinsam erst am Anfang dieser neuen medizinischen Epoche stehen.

Was jetzt gebraucht wird, sind breit angelegte international aufeinander abgestimmte Forschungsprogramme, um die Etablierung von internationalen Standards durch die Förderung der kreativen und nachhaltigen Ansätze (zum Beispiel standardisierte longitudinale Outcome-Messung) der Präzisionsmedizin zu fördern, sie streng zu testen, und sie letztlich klinisch im Alltag als neue Standards zu verwenden, um dadurch die notwendige global verfügbare medizinische Evidenzbasis mit aufzubauen, die nicht nur zu messbar verbesserten individuellen Behandlungsergebnissen für den einzelnen Patienten führt, sondern das Gesundheitssystem weltweit volkswirtschaftlich in die dringend benötigte bessere Performance katapultiert und über die nationalen und die Grenzen der Kontinente hinweg miteinander vernetzt.

Precision Medicine wird sich daher weltweit erst dann komplett durchsetzen können, wenn sie die Performance der Gesundheitssysteme nachweisbar nachhaltig so verbessert, dass die Ausgaben für Gesundheit nicht mehr ansteigen. Die weitere Explosion der Gesundheitskosten durch eine international unkoordinierte Einführung der Precision Medicine würde nur zum beschleunigten Kollaps aller Gesundheitssysteme beitragen. Die neuen IT-Technologien aus dem Silicon Valley haben bisher die Performance jeder anderen Industrie weltweit verbessert, so wird es auch für die Medizin kommen. Volkswirtschaftlich gibt es kein anderes Szenario; den endgültigen Kollaps seines Gesundheitswesens kann sich keine Industrienation leisten. Verständlich daher, dass die USA nicht nur technologisch, sondern auch mit ihrem politischen und unternehmerischen Leadership weltweit an der Spitze die Einführung der Precision Medicine aggressiv vorantreiben. Die Amerikaner müssen bereits rund den doppelten Betrag je Behandlungsfall investieren – rund 7000 Dollar im Vergleich zu rund 3000–3800 Dollar in der EU – die amerikanische Formel für diese *Value-based Precision Medicine* könnte daher sehr bald weltweit zur Anwendung kommen: „**better and cheaper**".

24.3 Learnings für die Gesundheitswirtschaft

24.3.1 Learnings aus der Molekularpathologie

Die Geburtsstunde eines neuen medizinischen Fachgebietes für molekulare Medizin. Die computer-analytische biomathematische „Vermessung" der individuellen NGS-Sequenzierungsdaten und aller weiteren Patientendaten mit dem biomedizinischen Weltwissen eines logischen standardisierten „molekular-medizinischen" Data-Warehouses begründet, analog des Mikroskops und der Zellularpathologie von Virchow, das neue medizinische Fach der Molekularpathologie seit der ersten *Humangenomanalyse* im Jahre 2000.

So wie das Mikroskop durch die Anwendung von Virchow in Berlin vor rund 150 Jahren die Zellularpathologie begründete – Virchow: „Die Erkrankung kommt aus der Zelle" – so hat die Kombination aus der Entschlüsselung des humanen Genoms durch Craig

Venter und der Innovationssprung der Next-Generation-Sequenzer in der Folge zur Begründung der Molekularpathologie und Molekularen Medizin als neue klinische Fächer geführt. Die erste Sequenzierung des humanen Genoms bedurfte noch eines Investments über drei Mrd. Dollar. In 2016, dem Erscheinungsjahr der ersten Auflage dieses Buches, sind die Sequenzierungskosten für ein humanes Genom bereits unter 1000 Dollar gefallen – neue NGS-Gerätegenerationen, die noch schneller in noch höherer Qualität zu noch geringeren Kosten arbeiten, sind bereits angekündigt und werden 2018 Bestandteil der Routine sein. Dann werden die Sequenzierungskosten bereits weiter auf deutlich unter 500 Dollar je Fall gefallen sein. Wurden anfangs zunächst vor allem solide Tumoren sequenziert, so wird in Zukunft die molekulare Information zusätzlich durch Liquid Biopsy via NGS direkt aus dem Blut gewonnen. Die Steigerung der Geschwindigkeit und Qualität bei sinkenden Kosten dafür wird ganz direkt den Konsumermarkt ansprechen. Entsprechende B-to-C-Businessmodelle sind bereits in Vorbereitung oder am Start.

Im Rahmen ihrer Innovationskraft hat die IT-Industrie das „Moor'sche Gesetz" geprägt: Alle 18 bis 24 Monate hat sich die Prozessorleistung unserer Personal Computer verdoppelt und der Preis für diese Leistungssteigerung gleichzeitig halbiert. Der Verfall der Sequenzierungskosten in den letzten Jahren hat dieses IT-bekannte Phänomen nochmals beachtlich deutlich unterschritten. Das ist bisher einzigartig und verursacht global unglaubliche Fallzahlsteigerungen. Es ist nunmehr nicht mehr der alte Rheingraben, der damals die Apotheke der Welt und damit die globale Pharmaindustrie hervorbrachte, sondern es ist heute vor allem das Silicon Valley und die globale IT-Industrie, das diese innovative Precision Medicine zum Patientennutzen weltweit etabliert. Diese neue vom „Silicon-Valley" getriggerte Medizin ist ein eindeutiger neuer Machtfaktor in der Gesundheitsarena der Partialinteressen geworden, die sich transparent für den Patientennutzen (Value-based Healthcare nach M. Porter von der Harvard Business School als volkswirtschaftliches und medizinethisches Leitmotiv) auf höchsten Ebenen als jüngste und mächtigste Industrie der modernen Welt einsetzt. Das wirtschaftliche Interesse der globalen IT-Industrie in der Medizin ist eindeutig: Der internationale Markt der Precision Medicine wird je nach Quelle bis 2020–25 von Analysten auf 80–100 Mrd. Dollar p. a. geschätzt.

Diese neue Medizin benötigt Leadership und Unterstützung von höchster Stelle und bekommt sie. Am 30. Januar 2015 hat US-Präsident Obama die medizinische Elite seines Landes ins Weiße Haus eingeladen, um Precision Medicine auf die nationale Agenda der USA zu heben. Precision Medicine ist in den USA zur Chefsache geworden (White House 2015). Eine Million Amerikaner werden bereits für eine erste Datenbasis sequenziert, klassisch ärztlich untersucht, Laborparameter usw. erhoben – der Patient wird durch diese bisher nie dagewesene Zusammenschau seiner in mehreren übereinanderliegenden Datenbankschichten abgelegten individuellen Informationen komplett digital vermessen. Ein noch nie dagewesenes Phänomen in der modernen Medizin. Daher sprechen wir im Kontext der Precision Medicine gleichermaßen von der Neuvermessung der Medizin.

Das World Economic Forum in Davos wurde 2016 von US-Vizepräsident Biden mit einem „Cancer Moonshot" eröffnet, der zuvor bereits von Präsident Obama in seiner State of the Union am 12. Januar 2016 verkündet wurde (World Economic Forum 2016). Einziges Panelthema: Precision Medicine für die Onkologie, das heißt, das internationale Leadership ist inzwischen bestens informiert, vermutlich deutlich besser als die Mehrzahl der Fach- und gesundheitspolitischen Kreise. Damit ist klar, dass in der nächsten Welle die Informationen über den nachhaltigen Patientennutzen durch Precision Medicine sich global über das Internet weiter ausbreiten werden. Das „Silicon Valley" wird aktiv helfen, diese Informationen an den Endverbraucher zu bringen. Die Patienten selbst werden gut informiert bei ihrem Arzt und direkt bei den Anbietern Precision Medicine nachfragen, die dafür bereits B-to-C-Precision Medicine in den Markt einführen. Ein für die medizinischen Institutionen, die medizinischen Fachgesellschaften, den einzelnen Arzt und die aktiven Lobbyorganisationen und die dazugehörige Gesundheitspolitik völlig unbekanntes Phänomen, dass sich Informationen über Neuerungen in der Medizin überhaupt nicht mehr steuern lassen, sondern dass jetzt der Patient und seine Angehörigen im Informationszeitalter teilweise deutlich schneller und effektiver informiert sind. So werden die Macher der Precision Medicine selbst auch gleichzeitig die Internetmedizin vorantreiben. Die Akteure der Gesundheitswirtschaft und der Medizin werden sich schnell in ihrer neuen Rolle einfinden müssen, nicht mehr Lenker, sondern „nur" noch Systemlotse zu sein. Diese neue internetbasierte Precision- und System-Medicine steht da, wo die Handys vor 20 Jahren standen.

24.3.2 Learnings aus der Big-Data-Herausforderung

Unsere neue Ära der Precision Medicine ist eine Herausforderung für unsere Medizinbetriebe und unsere Volkswirtschaften, die dafür auch eindeutiger auf den Patientennutzen unter transparentem Wegfall von Partialinteressen ausgerichtet werden müssen. Die Anpassung regionaler, nationaler und internationaler Rahmenbedingungen dafür ist durch aktives Leadership zu dynamisieren. Unser gesundheitswirtschaftliches, gesundheitspolitisches und medizinisches Leadership muss sich dafür im Wettbewerb der Medizinnationen neu miteinander zu supranationalen Big-Data-Verbünden koordinieren. Medizinbetriebe, Volkwirtschaften und Regierungen, die diese Herausforderung nicht aktiv bewältigen, werden im globalen Medizinwettbewerb zurückfallen. Es ist daher zu befürchten, dass die Qualität der Präzisionsmedizin international möglicherweise weit auseinanderdriften könnte. Der USA kommt hier die Aufgabe einer Leitnation zu, die nicht nur die eigenen nationalen Interessen im Focus haben kann, um seiner „Silicon Valley Medicine" weltweit zum eigenen Nutzen zum Durchbruch zu verhelfen.

Dieser Neubeginn ist medizinhistorisch vergleichbar mit der von Virchow vorgetragenen Erkenntnis, dass die Erkrankungsursache aus der Zelle kommt – nunmehr beginnend seit 2000 zusätzlich durch die neuen Technologien aus dem Genom, dem Proteom, dem Metabolom, dem Epigenom, dem Exposom usw. Der erstmalige Einsatz des Mikroskops vor rund 140 Jahren hat die Medizin unwiederbringlich verändert, wie es seit einem Jahrzehnt die neuen Technologien vor allem der Next-Generation-Sequenzer ausgelöst haben.

Tiefer als auf die DNA- und die anderen -omis-Ebenen können wir nicht mehr in unseren Organismus logisch analytisch eindringen und dies digital abbilden. Die Kunst ist, dies in mehreren übereinanderliegenden Datenbankschichten (Layers) mit den bereits klinisch vorhandenen strukturierten und unstrukturierten Patientendaten zu einem *Navigationssystem für die Medizin* analytisch zu vernetzen.

24.3.3 Learnings aus GPS-Navigationssystemen

Precision Medicine basiert auf dem gleichen technologischen Grundgedanken wie zum Beispiel Google Maps als dem am weitesten verbreiteten *Global Positioning System* (GPS) und *geografischen Informationssystem* (GIS):

Die geografischen Informationssysteme (GIS) wie Google Maps, die einen mehrschichtigen Ansatz übereinanderliegender Datenbanksysteme zur Auswertung und zur Visualisierung von Daten weltweit zur Verfügung stellen, wie zum Beispiel einen Standort via Satellit mit Straßennamen, Sehenswürdigkeiten und Echtzeit-Verkehrsdaten auf dem Smartphone-Bildschirm übereinander gelagert zu nur einer für den Nutzer verständlichen visuellen Ansicht verschmolzen dargestellt zu sehen, sind die besten illustrativen Beispiele, den Grundgedanken und die Technologie für ein Navigationssystem der Medizin allgemeinverständlich und übertragbar darzustellen. Das Beispiel des „Navis für die Medizin" ist die datenbanktechnische Basisarchitektur für eine nachhaltige Precision Medicine.

Mit den mehrschichtigen virtuellen Ansichten in Google Maps, je nach individueller Abfrage und Auswertung, hat man bereits teilweise das Gefühl zum Beispiel im Falle von Street View physisch vor Ort zu sein. Während Google unseren Globus digitalisiert hat und somit ein GIS für die Erde geschaffen hat, ist es nun möglich, einen Menschen vergleichsweise genauso zu digitalisieren. Ein „GoogleMedMap-System für den Menschen" liegt bestimmt nicht mehr in weiter Ferne. Der Google-Manager, der Google-Maps aufgebaut und erfolgreich in den Markt eingeführt hat ist gerade CEO eines u. a. von Bill Gates finanzierten Start-Ups im Silicon-Valley geworden, dass sich genau den Aufbau und Betrieb eines solchen *„Navi für die Medizin"* zum Ziel gesetzt hat.

Precison Medicine setzt sich in seiner Grundstruktur aus mehreren für Auswertungen zusammenschaltbaren Datenbankebenen zusammen, die nunmehr für jedes Individuum aufgebaut und analysiert werden können. Dazu gehören Daten von Biosensoren, Scannern, elektronische medizinische Aufzeichnungen, Social-Media-Daten, und die verschiedenen omics, die unter anderem die DNA-Sequenz umfassen, das Transkriptom, das Proteom, das Metabolom, das Epigenom, das Microbiome und Exposom (Datensammlung über die authentische Umgebung in der sich das Individuum in seinem Lebensumfeld bewegt).

24.3.4 Learnings aus dem Begriff „Panoromics"

Neben der einheitlichen Beschreibung und Nutzung des Begriffs Precision Medicine –
Words matters – ist für diese neue Ära auch eine einheitliche Nutzung der Umfeldbegriffe
zur Precision Medicine eine wichtige Basis. Einer der Vorreiter dafür ist auch der bereits
erwähnte Arzt Eric Topol. Er schlägt zur Beschreibung der bildhaft vergleichbar übereinanderliegenden mehrschichtigen Datenbankebenen der „Navigationssysteme für Precision
Medicine" für diese Zusammenschau großer biologischer Datenmengen den Begriff *Pano-
romics* vor. Wie ein Panorama enthält diese Ansicht „eine Vielzahl von Informationen und
deckt eine Vielzahl von Themen ab".

24.4 Zusammenfassung und Ausblick

Durch den weiter voranschreitenden und dem bereits zuvor beschriebenen Preisverfall,
der im 1. Quartal 2016 bereits die 1000 Dollargrenze für die Whole-Exomsequenzierung
unterschritten hat, wird klar, dass die NGS-Sequenzierung eine nicht mehr wegzudenkende Basistechnologie für die Precision Medicine darstellt, die bereits im Übergang
zur klinischen Routine ist. Entscheidend sind an dieser Stelle in Zukunft nicht mehr die
Sequenzierungskosten, sondern einerseits die Standard Operating Procedures für die Qualität der Sequenzierung von soliden Tumoren nach Tumoroperationen, beginnend am OP-
Tisch und die Einhaltung von SOPs für die Blutentnahme und Verarbeitungstechniken für
die Liquid Biopsy, damit die Ergebnisse in internationalen Benchmark-Datenbanken vergleichbar werden und zum Patientennutzen und für die Forschung insbesondere auch der
pharmazeutischen Industrie anwendbar sind, damit die Entwicklungskosten neuer Präpa-
rate insbesondere im Zulassungsprozess drastisch sinken können. Genauso entscheidend
ist die Qualität einer standardisierten softwareunterstützten Analyse dieser Sequenzie-
rungsdaten, da diese Datenmengen nicht mehr von in Molekularpathologie ausgebildeten
Ärzten und bioinformatischen Instituten allein gehandelt werden können. Es bedarf einer
industriellen Lösung, die global anwendbar ist und auf die Interpretation aller Precision-
Medicine-Daten ausgeweitet werden kann.

Zusammenfassend lässt sich festhalten, dass heute die Datenanalyse dieser Big-Da-
ta-Mengen (Bioinformatik) das eigentliche Nadelöhr für die weltweite Ausbreitung der
Precision Medicine darstellt, denn dies muss in „real time" individuell qualitativ nachvollziehbar hochwertig zu vertretbaren Kosten geschehen, wie auch die Fähigkeit beinhalten,
große Kohorten von Tausenden von Patienten gleichzeitig für die Forschung oder die
medizinökonomische Optimierung von Behandlungspfaden zu analysieren. Auch hier ist
bei den weltweit extrem steigenden Fallzahlen für Sequenzierungen aufgrund des massiven Preisverfalls (heute insbesondere Sequenzierung von soliden Tumoren) im Sinne
des Mooreschen Gesetzes in der IT mit ähnlichen Preisverfallszenarien für die Big-Da-
ta-Analyse zu rechnen, wie wir dies für die NGS-Technologie erlebt haben. Diese wird
von softwaregestützten Systemen erfolgen, die alle Schichten (Genomics, Transcripto-

mics, Proteomics, Epigenomics, Metabolomics, strukturierte und unstrukturierte klinische Daten, Daten aus der Bildgebung, das Exposome, Daten von drahtlosen medizinischen Devices usw.) durchdringen und auf das individuelle Bedürfnis in „real-time" auswerten, die zum Beispiel direkt pharmakogenomische Ergebnisse liefert, die auf der Basis der individuellen Molekularität eines Organismus die richtigen wirksamen nicht toxischen Medikamente empfiehlt. Es wird folglich ein umfassendes nie vorher dagewesenes „*vollständiges Navigationssystem für die Medizin*" entstehen, das die Precision Medicine durch die millionenfache Nutzung preiswert anwendbar macht. So entsteht in den nächsten Jahren im Sinne der Superkonvergenz von Topol eine völlig neue faktenbasierte bezahlbare Ära der Medizin. Alle Akteure in der Gesundheitswirtschaft, die sich dem entgegenstellen, werden langfristig im System durch die Wucht und Macht dieser „*Silicon Valley Medizin*" nicht mehr mitwirken können. Die Precision Medicine wird zu einer heute noch nicht vorstellbaren Verdichtung der interdisziplinären Zusammenarbeit führen und heute noch getrennt agierende Fachgebiete wieder enger zusammenwirken lassen. Auch dies wird die Performance und das Outcome verbessern und Kosten sparen helfen. Krankenhäuser, die ab ca. 2020 neu gebaut werden, werden bereits in der Planung die neuen medizinischen Prozesse der Precison Medicine baulich-funktionell abbilden müssen und es werden optimierte Krankenhausbetriebe entstehen, die durch den Einsatz der IT auf allen Ebenen prozess- und kostenoptimiert sein werden – auch auf der Personalebene der medizinischen Experten, denn die Precision Medicine wird neue *Expertensysteme* zur Verfügung stellen. Gleichwohl, die Einführung von Autopiloten im Flugbetrieb hat nicht zur Abschaffung der Piloten geführt, vielmehr sind diese jetzt dank Simulatoren besser ausgebildet und im Training. So wird es auch in der Medizin sein.

Drei Learnings für die Gesundheitswirtschaft

1. Die Konvergenz von Biologie und Technologie bedingt eine lang anhaltende große globale Innovationswelle für neue Basisinnovationen für ein neues industrielles Zeitalter.
2. Precision Medicine wird neue Expertensysteme zur Verfügung stellen.
3. Krankenhäuser, die ab ca. 2020 neu gebaut werden, sollten auch die interdisziplinären Abläufe der Precison Medicine baulich-funktionell abbilden.

Literatur

Cancer Moonshot (2016). Call for Action. World Economic Forum. https://www.weforum.org/events/world-economic-forum-annual-meeting-2016/sessions/cancer-moonshot-a-call-to-action/. Zugegriffen: 1. Juli 2016.

White House. (2015). *President Obama's Precision Medicine Initiative.*

Porter, M. E. (2012). Chancen für das deutsche Gesundheitssystem: Von Partikularinteressen zu mehr Patientennutzen. Clemens Guth.

Topol, E. (2012). *The Creative Destruction of Medicine. How the Digital Revolution will create better Health Care.* Basic Books.

Henri Michael von Blanquet, wurde 1964 in Genf geboren und studierte Medizin in Heidelberg und zeitweise in Paris, promovierte am Deutschen Krebsforschungszentrum (DKFZ) und am Institut für Immunologie der Ruprecht-Karls-Universität zu Heidelberg, 2012 erwarb er in Ergänzung einen Master for Hospitalmanagement an der Christian-Albrechts-Universität zu Kiel. Seit 2016 Partner des In.IAK - Institut für nachhaltige Präzisionsmedizin Berlin – (In.IAK - gegründet 2012 von Krankenhäusern für Krankenhäuser), Senior Medical Advisor der Orphoz GmbH & Co. KG – eine McKinsey & Company Tochterfirma, zuvor Medical Director Business Development (EMEA) der Molecular Health GmbH; zuvor Referent des Ärztlichen Direktors und Geschäftsführers des Unfallkrankenhaus Berlin, als M&A-Manager der Marseille-Kliniken AG für den Vorstand und langjährig im Bereich strategische & operative Krankenhausmanagementberatung der Alerion-Gruppe, der Planungsgruppe M & M AG und der Lohfert & Lohfert AG tätig gewesen. Seit 2002 Gründer und Chairman von SÜNJHAID! Think-Tank and Network for Value-based Health Sciences – www.suenjhaid.org

Was kann die Gesundheitswirtschaft vom Fußball lernen?

25

Ernst Holzmann

Zusammenfassung

Vorher Überlegen macht nachher überlegen, und: Menschen machen den Unterschied! So oder ähnlich müssen Joachim Löw und seine MANNSCHAFT auf dem Weg zu unserem „vierten Stern" gedacht und gehandelt haben. Erfolgreiche Teambildung, zielführendes Führen von Organisationen und Menschen, Motivation, situationsgerechtes Konflikt- und Krisenmanagement, wirkungsvolle Strategie und Taktik. Man könnte darüber hochkomplizierte Abhandlungen lesen, ohne ein Wort davon zu verstehen, oder brauchbare Tipps für die tägliche Praxis zu bekommen. Beispiele aus dem Spitzensport bieten dagegen perfekten – und kostenlosen – Anschauungsunterricht, wie aus vorhandenen Kompetenzen ein starkes Konzept entwickelt werden kann, wie leidenschaftlich Menschen auf ein Ziel hinarbeiten können und auch, dass am Schluss eine perfekt zusammengestellte und harmonierende Mannschaft immer gegen eine Ansammlung von Einzelspielern gewinnt. Und davon kann die Gesundheitswirtschaft eine Menge lernen.

25.1 Hintergrund

Vorher Überlegen macht nachher überlegen, und: Menschen machen den Unterschied! So oder ähnlich müssen Joachim Löw und seine MANNSCHAFT auf dem Weg zu unserem „vierten Stern" gedacht und gehandelt haben. Erfolgreiche Teambildung, zielführendes Führen von Organisationen und Menschen, Motivation, situationsgerechtes Konflikt- und Krisenmanagement, wirkungsvolle Strategie und Taktik. Man könnte darüber hochkomplizierte Abhandlungen lesen, ohne ein Wort davon zu verstehen, oder brauchbare Tipps für die tägliche Praxis zu bekommen. Beispiele aus dem Spitzensport bieten dagegen per-

E. Holzmann (✉)
14467 Potsdam, Deutschland
E-Mail: holzmanne@aol.com

© Springer Fachmedien Wiesbaden 2017
D. Matusiewicz und M. Muhrer-Schwaiger (Hrsg.), *Neuvermessung der Gesundheitswirtschaft*, FOM-Edition, DOI 10.1007/978-3-658-12519-6_25

fekten – und kostenlosen – Anschauungsunterricht, wie aus vorhandenen Kompetenzen ein starkes Konzept entwickelt werden kann, wie leidenschaftlich Menschen auf ein Ziel hinarbeiten können und auch, dass am Schluss eine perfekt zusammengestellte und harmonierende Mannschaft immer gegen eine Ansammlung von Einzelspielern gewinnt.

Der Schlüssel zum Erfolg liegt dabei nicht nur bei den handelnden Personen (Menschen machen den Unterschied!), sondern besonders auch im alten Lehrsatz, „dass vorher Überlegen nachher überlegen macht". Das Setzen von ehrgeizigen und begeisternden Zielen („Wir wollen Weltmeister werden"), das Entwickeln eines schlüssigen Plans, intensive Beobachtung und Analyse der Gegner (wo sind diese zu „packen"), der Fokus auf eigene Stärken und das Formen eines schlagkräftigen Teams gehören genauso dazu, wie das Erzeugen einer Siegermentalität und das Zeigen von Führungsstärke und Leidenschaft auf und neben dem Spielfeld. In der Fußballsprache sagt man dazu: „Da steht eine MANNSCHAFT auf dem Platz, die Spieler verstehen sich blind und man erkennt die Handschrift des Trainers". Bei Unternehmen spricht man von Konzentration auf Kernkompetenzen, klarem Profil, Stärkung des Markenkerns, oder dem Erzeugen von nachhaltigen Wettbewerbsvorteilen. Als Lohn für die entsprechenden Mühen winken dann in beiden Lebenswelten begeisterte und treue Fans (nicht nur bloße „Kunden"), welche die Basis für nachhaltigen Erfolg und wiederkehrende Einnahmen bilden und beste Referenzen sind.

25.2 Fußball

Am Beispiel unserer Fußball-Weltmeister ist die Vorgehensweise für die Zusammensetzung und Führung von erfolgreichen Mannschaften einfach nachzuvollziehen, die dafür passende Bezeichnung D.R.E.A.M. T.E.A.M. kann man dabei wie folgt „übersetzen":

D = Definition von ehrgeizigen Zielen und einer wirksamen Strategie

Dabei ist es egal, ob man sich vornimmt, Weltmeister, Marktführer, die beliebteste Praxis, die beste Klinik, oder die bevorzugte Krankenkasse zu werden. Ehrgeizige Ziele helfen, den Fokus zu schärfen und den Einsatz der Mannschaft hochzuhalten. Messbare Zwischenziele auf dem Weg zur Spitze definieren, den Weg in kleine, überschaubare Etappen aufteilen. Eine wirkungsvolle Strategie zur Zielerreichung entwickeln und dann noch die passende Taktik (Maßnahmen) für deren Umsetzung festlegen und konsequent verfolgen. Wenn die Ziele und die entsprechende „Roadmap" dann noch gemeinsam mit dem Team entwickelt und vereinbart werden, umso besser!

Die deutsche Fußball-Mannschaft wurde noch kurz vor Beginn des WM-Turniers in Brasilien für die ausgerufene Zielvorgabe „Wir wollen Weltmeister werden" von vielen belächelt und diese Aussage als unrealistisch abgetan. Ähnlich war die Meinung von vielen sogenannten Experten zur Leistungsfähigkeit unserer „Bad Boys", den Handballern, bei der Europameisterschaft 2016. Gerade weil beide Teams schon vor Beginn der Turniere von Verletzungssorgen wichtiger Stammspieler geplagt wurden und entsprechende

Ausfälle zu verkraften hatte. Von Spiel zu Spiel konnte man aber erkennen, dass die Ansprüche beider Teams und die Aussagen der verantwortlichen Teammanager nicht pure Überheblichkeit waren, sondern auf dem Bewusstsein der eigenen Stärken, eines darauf aufgebauten Planes (zum Beispiel das Spielsystem unserer Fußballer mit einer „falschen Neun", das heißt ohne echten Mittelstürmer) und vor allem dem unbedingten Willen aller Beteiligten beruhten.

R = Rollen verteilen; oder „der richtige Mann am richtigen Platz"
Klare Zuordnung von Aufgaben und Verantwortungen auf Basis der Stärken der einzelnen „Spieler" beseitigt Missverständnisse im Team, jeder kann sich auf seine Position und die volle, effiziente Entfaltung individueller Fähigkeiten konzentrieren, Verschwendung von Energie wird vermieden. Die Schnittstellen beim Zusammenspiel müssen definiert sein, keiner darf sich aus der Verantwortung stehlen. Die große Kunst und die große Herausforderung für die Führungskräfte besteht darin, herauszufinden, welche tatsächlichen und besonderen Stärken die einzelnen Teammitglieder haben und ob diese den zugedachten Aufgaben und Verantwortungen entsprechen. Hier hilft im ersten Schritt das intensive Auseinandersetzen mit der jeweiligen Person (Studium von Erfahrung, Kenntnissen, Fähigkeiten, Motivation, ...), genaues „Zuhören" (Aufnehmen der Ziele, Ansprüche, Vorschläge, ...) im Dialog und aufmerksames Beobachten und Begleiten in der täglichen Arbeit. Der Vorgesetzte übernimmt dabei eine Coach-Funktion, achtet auf den Leistungsstand der „Spieler" und bietet bei Bedarf (zum Beispiel bei neuen, anspruchsvollen Aufgaben) entsprechende Hilfestellungen und/oder zusätzliches, individuelles Training an.

Das Übertragen von neuen, anspruchsvollen Arbeiten gehört zum Prinzip „Fördern durch Fordern", auch im Hinblick auf neu zu besetzende Führungspositionen und das frühzeitige Entdecken und Entwickeln von dafür infrage kommenden Talenten. Dabei ist der Team-Coach mehr als Rat- und Impulsgeber (Anbieten von Hilfen, Aufzeigen von alternativen Wegen, ...) gefragt, statt als „Vorgesetzter" nach alter Prägung, der Anweisungen erteilt und nur auf deren korrekte Erfüllung achtet.

„Ganz Deutschland" hatte noch bis zum WM-Halbfinale gegen Brasilien (7:1, nochmals: 7:1 gegen BRASILIEN!) über die Taktik mit einer „falschen Neun" (ohne echten Mittelstürmer) über die Besetzung der Verteidiger-Position mit Benedikt Höwedes, oder über die „richtige" Position von Philipp Lahm diskutiert, und in den Spielen gegen Ghana oder Algerien schien die Besetzung der Spielpositionen wirklich „suboptimal". Aber als es im Endspiel gegen die „Gauchos" darauf ankam, bestätigte der Titelgewinn die getroffenen Entscheidungen bezüglich Aufstellung und Aufgabenverteilung, gerade auch mit den Einwechslungen von André Schürrle und Mario Götze als Vorbereiter beziehungsweise Schütze des „goldenen Tores".

E = Entschlossenheit und Eingreifen. Ergebnis von Leistung trennen
Genauso wichtig ist es, auf zu erkennende Störungen im Mannschaftsgefüge zu reagieren. Wenn die Spieler (egal ob in kurzen oder Anzughosen) nicht miteinander können (oder wollen), ist der Projekterfolg massiv gefährdet und die Zusammensetzung des Teams ist

zu ändern. Auch kann es trotz harmonischer Teambildung passieren, dass „im Eifer des Gefechtes" Stress innerhalb der Gruppe auftaucht. Frühzeitiges Konfliktmanagement vermeidet dabei unnötige Eskalationen und das unnötige Auseinanderfallen der Gruppe. Bei den dabei zu führenden Gesprächen ist es oft auch ratsam, neutrale Moderatoren (bei Unternehmen zum Beispiel gerade auch aus der Personalabteilung) hinzuzuziehen, um sachlich und objektiv (und nicht emotional und befangen) die Lage zu beurteilen und den „Betriebsfrieden" wieder herstellen zu können.

Gerade dieses „nicht laufen lassen", konsequentes Eingreifen und die sachliche Analyse von erreichten Ergebnissen erwarten die Spieler von einer Führungskraft, egal ob im Erfolg oder Misserfolg. Auch hier kann Jogi Löw als Beispiel dienen, als er trotz des Sieges im WM-Achtelfinale gegen Algerien auf die unzureichende Leistung der Mannschaft reagierte, ohne komplett alles über den Haufen zu werfen. Für die nächsten Spiele wurde das System leicht angepasst, Mitarbeitern (Lahm, Boateng) neue Aufgaben zugewiesen und frische Kräfte (Klose, Schweinsteiger) eingesetzt.

Bei diesem gemeinsamen Weg gehört es auch dazu, die Mitarbeiter/innen zu eigenen Lösungen zu animieren, Freiräume für „Experimente" zu schaffen und auch Fehler zuzulassen. Dies natürlich nur, wenn es die „Spielregeln" (zum Beispiel auch gesetzliche, rechtliche Rahmenbedingungen) zulassen und wenn kein nachhaltiger, irreparabler Schaden verursacht werden kann. Im Zweifel muss man dann halt auch einmal in Kauf nehmen, dass die Mannschaft oder der einzelne Spieler damit auch mal sprichwörtlich „auf die Nase fällt", wie es Thomas Müller bei der innovativen, aber missglückten Freistoß-Variante im WM-Achtelfinale gegen Algerien passiert ist.

A = Anreize und Atmosphäre schaffen. Anerkennung

Menschen, egal auf dem Platz oder im Büro, arbeiten zwar für Geld, aber nicht ausschließlich. „Man muss aus seinem Unternehmen den aufregendsten Ort der Welt machen", das war die Maxime von Jack Welch, dem legendären Ex-CEO von General Electric. Oder wie Philipp Lahm seine Motivation beschrieb, als er den WM-Pokal in der Hand hielt: „Ich wollte nicht schon wieder von unten zugucken, sondern das Ding endlich einmal selber hochhalten." Diese Sehnsucht nach etwas Außergewöhnlichem, als Teil eines „ganz Großen zu sein", Beachtung zu finden, gemeinsam mit Kollegen/innen etwas Besonderes zu erreichen, treibt Menschen oft mehr an, als nur ein ganz „normaler" Arbeitsplatz mit sicheren, aber langweiligen Rahmenbedingungen. Eine sinnvolle Aufgabe finden, seine Talente dabei entfalten können, Verantwortung tragen und für die erbrachte Leistung vielleicht noch ein ehrliches Lob erhalten. Gerade dieses „Lob" kostet so wenig und bringt so viel. Auch wie es Astrid Lindgren (Die „Erfinderin" von Pippi Langstrumpf) so treffend beschrieben hat: „Man kann in Kinder nichts hineinprügeln, aber alles herausstreicheln!" Und dies trifft bestimmt nicht nur für Kinder zu. Wenn schon monetäre Anreize geschaffen werden, wäre es kontraproduktiv, diese nur für einzelne Mitarbeiter auszuloben und andere Teamplayer auszugrenzen. Gemeinsam hart arbeiten, gemeinsam Erfolg und Spaß haben, sowie „gleiches Recht für Alle" sind hier die Erfolgsfaktoren für eine lebendige und wirkungsvolle Unternehmenskultur!

M = Mischung

Erfahrung und jugendliche Unbekümmertheit, Experten und „Querdenker", introvertierte und emotionale Typen, weibliche und männliche „Spieler", auch aus unterschiedlichen Kulturkreisen und Regionen. So macht die Arbeit im und mit dem Team Spaß, es kommt keine Langeweile auf, gute Ideen fallen nicht unter den Tisch und man kann voneinander lernen. Für die Unternehmen bedeutet dies ganz besonders, dass die Suche nach Talenten (die auch empathische Führung und Freiräume erwarten) immer wichtiger wird, dass Cross-funktionale Teams meistens bessere Ergebnisse abliefern als eine reine „Experten-Mannschaft" und dass die „Alten" mehr denn je unverzichtbar werden. Es hatte schon seinen Grund, dass in Brasilien unterschiedliche Spielertypen in den „Wohngemeinschaften" untergebracht wurden, auch zur Stärkung des Mannschaftsgeistes und zur Vermeidung entsprechender Gruppenbildung. Und ein „Podolski" tut jedem Team gut, gerade wenn's mal nicht so richtig läuft.

T = Teamgeist entwickeln und pflegen

Jeder ist gleich wichtig, es darf keine „Lieblings- und Ersatzspieler" geben. Dazu gibt es aus meiner Sicht neben Jogi Löw kein besseres Vorbild als Jupp Heynckes, lange Jahre erfolgreicher Trainer von Spitzenteams. Hermann Gerland (viele Jahre sein Co-Trainer) beschrieb dessen Arbeitsstil einmal so (Fußball-Magazin „11 Freunde" 2013): „Jupp hat nämlich eine unvorstellbar wichtige Fähigkeit: Er vermittelt jedem Mitarbeiter, dass er wichtig ist. Den Spielern und allen drum herum. Ob für den Platzwart, den Zeugwart oder die Angestellten auf der Geschäftsstelle, er hat für sie immer ein nettes Wort". Bei der Führung von Teams, bei denen auch unterschiedliche Charaktere unterschiedliche Spezialaufgaben wahrnehmen, ist das Führen dieser Spezialisten mit entsprechendem Fingerspitzengefühl unerlässlich. Weniger das „althergebrachte" Kommandieren – Kontrollieren und Korrigieren ist gefragt und akzeptiert, sondern mehr Koordinieren – Kooperieren – Kommunizieren. Wenn nicht explizit fachliche, rechtliche Vorgaben dagegensprechen, erwarten Experten und Leistungsträger auch entsprechende Freiräume bei der Umsetzung der an sie gestellten Anforderungen.

Gerade bei bevorstehenden Veränderungen, beim Setzen anspruchsvoller Ziele oder beim Übernehmen einer neuen Mannschaft ist nichts besser, als den ersten Tag nicht mit langweiligen Ansprachen oder beschwörenden Reden zu gestalten, sondern das Team im wahrsten Sinne des Wortes „mitzunehmen", am besten bei einer Veranstaltung außerhalb der gewohnten Umgebung. Egal, ob in einem Biergarten, auf einer Bowlingbahn, bei einer gemeinsamen Bergwanderung oder bei sonstigen Aktivitäten. Hier hat man endlich in ungezwungener Atmosphäre Zeit, den „Mitspieler" (oder Coach) besser kennenzulernen, sich auszutauschen und vielleicht sogar gemeinsame Interessen zu entdecken.

Nicht nur um dem „Lagerkoller" zu entgehen, wählte das Trainerteam um Jogi Löw deswegen bewusst Aktivitäten jenseits des Fußballplatzes, wie gemeinsame Ausflüge, egal ob „zu Lande oder auf dem Wasser". Und die Auswahl der Belegung der Bungalows im Camp Bahia erfolgte auch nicht zufällig. Spieler aus unterschiedlichen Vereinen – die in der Bundesliga sogar erbitterte Konkurrenten waren – teilten sich hier den Wohnraum und junge Spieler wurden „alten Hasen" zugeteilt, um von deren Erfahrung in Spielvorberei-tung und im Bewältigen von großen Turnieren zu profitieren.

E = Einsatz zeigen und verlangen

„Wer selber nicht brennt, kann in anderen kein Feuer erzeugen!" Getreu dieser Lebens-weisheit von Augustinus ist Führung mehr, als das Setzen und Kontrollieren von Kenn-zahlen, oder das Überwachen von Prozessen und Regeln. Morgens der Erste, abends der Letzte ist hier der Anspruch an die Verantwortlichen, nicht Wasser predigen (Tourist-Class fliegen) und selber Wein trinken (Business-Class buchen). Vorleben statt nur „Vorbeten", nicht von anderen verlangen, was man selbst nicht bereit ist zu tun. Selbstdarsteller, die sich bei Erfolgen in den Vordergrund drängen und bei Misserfolgen die Schuld beim Team suchen, sind deswegen als Führungspersönlichkeiten unerwünscht und werden nicht akzeptiert, ob „an der Seitenlinie" oder als Manager im Unternehmen. Sich nicht unter-kriegen/klein kriegen lassen, leidenschaftlich für seine Ziele kämpfen. Getroffene Zusagen einhalten, notwendige Ressourcen zum Erreichen der vereinbarten Ziele besorgen und bereitstellen. Sich immer bewusst sein, dass man Führung nicht geschenkt bekommen hat, sondern nur geliehen. Das sind Eigenschaften und Verhaltensweisen für akzeptier-te „Mannschaftskapitäne", für die sich dann auch ihre „Spieler" entsprechend einsetzen. Herausragendes Beispiel dafür ist Bastian „Kampf-Schweinsteiger", der im WM-Endspiel gegen Argentinien Gott sei Dank öfters aufstand als er „hingefallen wurde" und auch mit seinem Beispiel die anderen Spieler zu entsprechendem Einsatz auf dem Weg zum Titel ansornte.

A = Achtung des Einzelnen, Anerkennung

Gerade die Reaktion der nach dem WM-Spiel gegen Algerien nicht mehr berücksich-tigen Spieler (Per Mertesacker, Lukas Podolski) zeigt, wie wichtig es bei erfolgreicher Mannschaftsführung ist, alle Beteiligten „mitzunehmen" und harte, aber im Sinne des an-gestrebten Erfolges notwendige, Entscheidungen rational zu begründen. Bei Misserfolgen eben keine Sündenböcke suchen, und schon gar nicht Einzelne öffentlich diskreditieren. Dass dabei aber kein Missverständnis aufkommt: Respektvolles Umgehen und Achtung des Einzelnen bedeutet nach meinen Erfahrungen nicht „in Watte packen" oder „Weg-gucken" im Einzelfall. Bei Fehlverhalten und/oder mangelnder Leistung bedarf es klarer Worte, aber hier ist das „Wie" entscheidend. Emotionen sind fehl am Platz, klare Ar-gumentation, das Aufzeigen von getroffenen Vereinbarungen und Verabredungen und das Anbieten von Unterstützung stehen im Mittelpunkt. Konstruktive Diskussion von Soll und Ist und erneute Vereinbarungen zur weiteren Vorgehensweise bilden die Basis für die wei-tere vertrauensvolle Zusammenarbeit, persönliche Angriffe würden diese dagegen massiv beeinträchtigen. Dass auch hier das Sprichwort stimmt: „Wie man in den Wald hineinruft, so schallt es heraus" beweist eine Aussage wieder von Jupp Heynckes (Spiegel 2013) zu den Gründen des Erfolges und der Reflektion der Spieler auf seinen Führungsstil: „Die Rekordsaison (des FC Bayern) war vor allem deswegen möglich gewesen, weil alle Spieler ihre Egoismen überwunden haben, selbst die, die das vorher nie gelernt hatten. Sogar Robben und Ribery haben plötzlich Defensiv-Aufgaben übernommen."

M = Motivation hochhalten, Mut beweisen
Natürlich gehört entsprechendes Aufmuntern der Mannschaft auch zur Aufgabe einer Führungskraft, gerade wenn es mal nicht gut läuft. Damit sind weniger das „Tanzen an der Außenlinie" oder flammende Appelle gemeint, die zwar gut gemeint, aber oft ohne nachhaltige Wirkung sind. Und nicht jeder Mensch ist fähig, den speziellen „Push" wie Jogi Löw bei seiner Kabinenansprache („Ihr müsst heute so viel geben wie noch nie. Dann werdet ihr das bekommen, was ihr noch nie hattet"!) vor dem WM-Endspiel gegen Argentinien zu geben. Oder so anzufeuern, wie er es bei der Einwechslung von Mario Götze tat: „Zeige der Welt, dass Du besser als Messi bist!" Damit Menschen in ihrer „normalen" Arbeit die volle Leistungsfähigkeit entfalten können, sind eher kleine, aber speziell auf die jeweilige Situation abgestimmte, Maßnahmen gefragt. Die klare Aufgabenbeschreibung, Definition der Zuständigkeiten und Verantwortungen gehören genauso dazu, wie das Bereitstellen von notwendigen, funktionalen Arbeitsmitteln und -räumen, oder das Anpassen von Arbeitszeiten auf die individuellen Bedürfnisse der Beteiligten. Faire, angemessene Bezahlung sollte selbstverständlich sein, auch unter der Berücksichtigung, dass Qualität nun einmal kostet. Man könnte diese simplen Maßnahmen auch mit folgender Empfehlung zusammenfassen: „Geben Sie Ihren Mitarbeitern genau die Arbeit, bei der sie ihre Fähigkeiten voll ausschöpfen müssen. Geben Sie ihnen dabei alle notwendigen Informationen und erläutern sie ihnen klipp und klar, was es zu erreichen gibt. Und dann – lassen Sie sie in Ruhe ihren Job machen!"

Herausragendes Beispiel, wie man nicht nur eine Mannschaft oder ein einzelnes Unternehmen, sondern sogar ein ganzes Land mit einem mutig gewählten Kurs motivieren, elektrisieren und mitreißen kann, ist Jürgen Klinsmann. Beim „Sommermärchen 2006" führte er zuerst ein konsequentes „Change Management" durch (unter anderem Installation eines komplett neuen Trainer- und Betreuerstabes; Einführung neuer Trainingsmethoden), entwickelte eine konsistente Strategie (Fußball mit Leidenschaft und hoher Laufbereitschaft) und setzte davon ableitend eine konsequente Personalpolitik durch, unter anderem auch mit der Aufstellung von Jens Lehmann statt Oli Kahn auf der Torwart-Position. Viel von diesem Kurs mitgenommen hat Jogi Löw, der gerade im Endspiel gegen Algerien mit einer offensiv gewählten Aufstellung (und den letztendlich entscheidenden Einwechslungen) „auf Sieg spielte", während die Argentinier in erster Linie in der regulären Spielzeit nicht verlieren wollten.

Das macht ein **DREAM TEAM** aus
D efinition der Ziele
R ollen klar verteilen
E ingreifen und Entscheiden
A nreize und Atmosphäre schaffen
M ischung
T eamgeist entwickeln und pflegen
E insatz zeigen und verlangen
A chtung des Einzelnen
M otivation hoch halten

25.3 Learnings für die Gesundheitswirtschaft

Oft scheitern die besten Strategien einfach an den Mühen des Tagesgeschäftes in einer Gesundheitsorganisation und dem Rückfall der Beteiligten in alte Verhaltensmuster und Bequemlichkeiten. Auf dem Weg zum gesteckten Ziel gehört deswegen Durchhaltevermögen genauso dazu, wie bei Abweichungen vom Kurs oder bei unvorhergesehenen Ereignissen schnell und entschlossen zu handeln. Dabei ist es wichtig, im ständigen Kontakt mit der Mannschaft zu bleiben, auf die Einhaltung der besprochenen und vereinbarten Maßnahmen zu achten und die gewählte Strategie der Gesundheitsorganisation laufend an den aktuellen Rahmenbedingungen und Einflussfaktoren zu messen. Hektische Anpassungen sind dabei genauso fehl am Platz, wie das sture Festhalten am einmal gewählten Kurs, mit der Hoffnung, dass der „drohende Eisberg" noch verschwinden wird.

Kluge Gesundheitsmanager (nicht nur am Spielfeldrand) trennen zusätzlich und sehr sorgsam das erzielte Ergebnis von der erbrachten Leistung, auch unter Berücksichtigung nicht vorhersehbarer oder nicht beeinflussbarer Umstände. Sie wissen genau, dass sie besonders mit ihren jungen Talenten Geduld haben und diese schützen und stützen müssen, damit diese weiter im Team bleiben und keine Angst vor Fehlern und Versagen entwickeln. Dass dabei aber kein Missverständnis aufkommt: Dieses respektvolle Umgehen miteinander bedeutet nach meinen Erfahrungen aber nicht „in Watte packen" oder „Verharmlosen" von schlechten Ergebnissen. Fehler sollten zwar sachlich und vertraulich angesprochen, Wege zu Verbesserungen aufgezeigt und Chancen zur erneuten Bewährung, zum Hinzulernen und zum „Erfahren" im wahrsten Sinne des Wortes gegeben werden. Bei Fehlverhalten und/oder mangelnder Leistung bedarf es aber klarer Worte, trotzdem macht hier „der Ton die Musik". Emotionen sind fehl am Platz, nachvollziehbares Aufzeigen der Fakten und der Austausch von Argumenten stehen im Mittelpunkt.

Bei der entsprechenden Vorgehensweise ist es entscheidend, herauszufinden, was die eigene Gesundheitsorganisation besonders auszeichnet (quasi das Erkennen der unverwechselbaren, eigenen DNA), wo man besser als der Wettbewerb ist und ob sich von dieser Positionierung ein unverwechselbarer, bewertbarer und nicht so leicht zu kopierender Nutzen für den Kunden ableiten lässt. Genauso wichtig ist das Antizipieren und Ausrichten auf zu erwartende Änderungen im Marktumfeld, das Berücksichtigen von erkennbaren Trends im Kundenverhalten, oder zu erwartende externe Einflussfaktoren wie zum Beispiel demografische Entwicklungen und Einflüsse von neuen medizinischen Technologien.

Um Betriebsblindheit und fehlerhafte Schlüsse zu vermeiden, empfiehlt es sich, die entsprechende Analyse und anschließende Positionierung nicht im sogenannten „Elfenbeinturm" durchzuführen, sondern so viele Menschen wie möglich einzubeziehen. Eigene Erfahrungsträger aus unterschiedlichen Bereichen beispielsweise eines Krankenhauses (zum Beispiel Stationen, Forschung, Personal, Management, Marketing,) gehören deswegen genauso dazu, wie externe Experten (auch aus artverwandten Branchen), die oft neue Blickwinkel öffnen und befruchtende Impulse bieten. „Weltmeisterlich" geht man vor, wenn man auch ausgewählte Geschäftspartner (zum Beispiel Schlüssel-Kunden, Strategische Lieferanten, oder Händler und Zuweiser) mit einbezieht und nicht zu „klein", vielleicht sogar global, denkt.

Da Menschen nicht nur auf dem Platz den Unterschied ausmachen, ist gerade bei der finalen Strategiedefinition die enge Einbindung der eigenen Mannschaft entscheidend. Wenn die Beteiligten die Strategie nicht mittragen, oder vielleicht sogar ablehnen – auch weil sie den Nutzen für sich persönlich nicht erkennen können – bleiben Top-Down-Vorgaben ohne entsprechende Wirkung und sind von vornherein zum Scheitern verurteilt. Dieser Grundsatz trifft ganz besonders für den Dienstleistungs- und Gesundheitssektor zu, da hier die jeweiligen Menschen mit und am Menschen, dem Patienten, arbeiten. Und dies betrifft alle Beteiligten, nicht nur zum Beispiel behandelnde Ärzte, Therapeuten, oder Pfleger. Freundliches, aufmerksames Service-Personal in der Kantine kann für eine hohe Kundenzufriedenheit und einen entsprechenden Wettbewerbsvorteil genauso sorgen, wie qualifiziertes und motiviertes Personal in der Verwaltung. Menschen machen hier den Unterschied zwischen „Dienst nach Vorschrift" und „Dienst am Kunden". Unternehmenskultur-/Philosophie.

Und gerade wenn man in der Gesundheitsbranche tätig ist, dann sollte man über ergonomische Arbeitsplätze nicht nur reden, sondern diese auch zur Verfügung stellen. Genauso, wie sich mit anderen, präventiven Maßnahmen um die Gesundheit der Mitarbeiter/Innen zu kümmern. Vom „berühmten" Obstkorb und ausgewogenem Essen in der Kantine angefangen, bis hin zu der Bereitstellung von Pausengetränken, klimatisierten Arbeitsräumen, dem Achten auf Pausenzeiten und dem Anbieten von Sportmöglichkeiten auf oder im Umfeld des jeweiligen Unternehmens. Und da Motivation am besten auch über das „Vorbild sein" funktioniert, kommt der jeweiligen Führungskraft und deren Vorleben eine entscheidende Rolle zu. Wer dabei selber mit seiner Gesundheit schlampt, bis zur Erschöpfung arbeitet, Stress mit Alkohol und/oder Nikotin bekämpft und sich maximal vom Schreibtisch bis zur Kaffeemaschine bewegt, wird auch bezüglich dieser Lebensweise bald viele Nachahmer finden. Und auch mit den nicht ausbleibenden, negativen Ergebnissen bezüglich Leistungsfähigkeit und Ausfallzeiten.

25.4   Zusammenfassung und Ausblick

Auch den Verantwortlichen in Gesundheitsorganisationen wünscht man diesen Mut, den eingeschlagenen Kurs nicht zu verlassen, gerade bei ersten Rückschlägen und zunehmendem Druck der unterschiedlichen Interessengruppen. Kühl die Ursachen für Zielabweichungen analysieren, beharrlich bleiben, argumentieren statt zu resignieren und sich im Zweifel bei Angriffen auf das Team auch vor dieses stellen. Dass sich hier „die Spreu vom Weizen trennt" ist auch klar, weil nach einer fernöstlichen Weisheit „bei ruhigem Wetter jeder leicht Steuermann sein kann." Man könnte jetzt über Führung und die Bausteine eines DREAM-TEAMS noch lange philosophieren, aber ich persönlich halte es jetzt erstmal mit Karlheinz Riedle (Ex-Fußball-Profi), der passend zu den letzten Wochen mal gesagt hat: „Es war eine lange, kraftraubende Saison und ich werde mich erstmal regen …, regeneren …, ach was, ich fahr erst mal in Urlaub!"

Drei Learnings für die Gesundheitswirtschaft

1. Mut bei Rückschlägen auch mal den strategischen Kurs zu verlassen.
2. Führungskräfte sollten sich immer schützend in Krisen vor das Team zu stellen.
3. Erfolgsformel des DREAM-TEAMs verinnerlichen und Performance zeigen.

Literatur

Interview mit Jupp Heynckes im „Spiegel", Ausgabe Nr. 25 vom 17. Juni 2013. http://www.spiegel.
    de/spiegel/print/d-98091128.html
Interview mit Hermann Gerland im Fußball-Magazin „11 Freunde", Juli 2013, Seiten 38–41

Ernst Holzmann trug über 30 Jahre Verantwortung in führenden Unternehmen der ITK-Branche. Parallel widmete er sich als Trainer und Vorstand in verschiedenen Vereinen seiner zweiten Leidenschaft, dem Fußball. In beiden Lebenswelten sind aufgrund seiner Erfahrungen die Erfolgsfaktoren ähnlich: Eine wirkungsvolle Strategie, Kompetenz und Zusammenhalt im Team und Leidenschaft in der Umsetzung. Und die jeweilige Führungskraft spielt eine entscheidende Rolle. Dabei soll diese als Vorbild agieren, Orientierung geben, respektvoll mit der wichtigsten Ressource im Unternehmen (den Menschen) umgehen und mit der richtigen „Ansprache" motivieren. Sein Wissen und seine Erfahrung gibt Ernst Holzmann als Keynote Speaker, Referent bei Seminaren und als Dozent an Hochschulen zu den Themen Geschäftsstrategie, Führung, Kommunikation, Marketing und Sportmanagement weiter. Siehe auch www.ernstholzmann.com.

Was kann die Gesundheitswirtschaft aus dem Kanurennsport lernen?

Erfolg ist planbar – vom Start bis zum Ziel!

26

Tanja Schuck

Zusammenfassung

Jeder der schon einmal ein spannendes Kanurennsport-Ereignis verfolgt hat, ist fasziniert von den extremen Leistungen der Athleten. Dabei ist es egal, ob es sich um den Einer oder die Mannschaftsboote handelt. Kaum vorstellbar, dass hinter den perfekt ablaufenden Bewegungen, die oftmals nur wenige Sekunden oder Minuten dauern, jahrelanges hartes Training, vor allem im Winter, mit zahlreichen Höhen und Tiefen stecken. Oftmals entscheiden nur Kleinigkeiten über Sieg oder Niederlage. So kann eine kleine Unachtsamkeit zu einer Verletzung führen und die letzten Jahre der harten Schinderei umsonst erscheinen lassen. Auch Missverständnisse zwischen Trainern und Sportlern oder der Sieg des inneren Schweinehundes in schwachen Momenten können im entscheidenden Moment die Ursache für eine Niederlage beim Wettkampf sein. Auch in Unternehmen können Kleinigkeiten, Missverständnisse, zu ungenaue Ziele oder die eigene Trägheit den wirtschaftlichen Erfolg verhindern. So kann die Gesundheitswirtschaft vom Kanurennsport lernen, wie sie vom Start bis zum Ziel erfolgreich ist, Konflikte sportlich nimmt und den inneren Schweinehund besiegt.

26.1 Hintergrund

Kanurennsport hat auf den Seen und Flüssen dieser Welt sein Zuhause. Es lassen sich dabei zwei verschiedene Bootsformen unterscheiden: das Kajak und der Canadier. Wobei das Kajak von einem Paddel mit zwei und der Canadier mit einem Blatt fortbewegt wird. Die Besonderheit dieser Sportart liegt in der Kombination aus Einzel- und Mannschaftssport. So gibt es das Einer-Boot, indem jeder Kanute alleine beweisen muss, was er

T. Schuck (✉)
Haeckelstr. 7, 04600 Altenburg, Deutschland
E-Mail: schuck@tasccoa.de

© Springer Fachmedien Wiesbaden 2017
D. Matusiewicz und M. Muhrer-Schwaiger (Hrsg.), *Neuvermessung der Gesundheitswirtschaft*, FOM-Edition, DOI 10.1007/978-3-658-12519-6_26

imstande ist zu leisten. Während es dann im Mannschaftsboot, entweder zu zweit oder zu viert, darauf ankommt, im Team seine Leistung abzurufen. Somit verbindet der Kanusport sowohl die Herausforderungen einer individuellen Performance als auch des Zusammenspiels von mehreren Teammitgliedern. Hinzukommen die typischen Bedingungen einer Outdoor-Sportart. So ist der Kanute verschiedenen Witterungen wie Wind, Regen und Wellen ausgesetzt. Aus diesem Grund gibt es auch keine klassischen Rekorde, an denen sich gemessen werden kann. Wer also als erstes über die Ziellinie fährt, wird am Ende der Sieger sein. Wie in den meisten Sommersportarten gilt auch hier der Winter als eine der wichtigsten Jahreszeiten. So entstand auch der Spruch „Ein guter Kanute wird im Winter gemacht". Das bedeutet natürlich auch, dass solange gepaddelt und auf dem Wasser trainiert wird, bis die Flüsse oder Seen zufrieren. Ist es nicht möglich, aufs Wasser zu gehen, wird im Kraftraum das Training fortgesetzt. Oftmals liegt zwischen zwei wichtigen Events wie zum Beispiel einer Weltmeisterschaft ein ganzes Jahr. Bei den Olympischen Spielen sind es sogar vier Jahre. Bedenkt man auch noch, dass der Kanusport zu den Randsportarten zählt, bei dem nicht davon auszugehen ist, dass ein Kanute mit seinen Erfolgen für sein Leben ausgesorgt hat, wird die Doppelbelastung eines Hochleistungskanuten deutlich. Oftmals bleibt wenig Zeit für andere Freizeitaktivitäten, da der Trainingsplan eine sechs bis sieben Tagewoche vorsieht. Der Kanusportler im Hochleistungsbereich trainiert somit wöchentlich zwischen vierzig bis sechzig Stunden. Hinzukommen die Wettkämpfe an den Wochenenden. Somit muss ein erfolgreicher Kanute über ausreichende Bewältigungsstrategien im Umgang mit Niederlagen, ein hohes Maß an Konfliktbewältigungsverhalten und die entsprechenden Anreize verfügen. Das alles lernt er im Zuge seiner sportlichen Entwicklung und es wird ihm im späteren Leben einen Vorteil verschaffen. Es zeigt jedoch auch, dass jeder dazu in der Lage sein kann, wie ein Kanute zu denken und zu handeln, wenn er sich an bestimmten Verhaltensweisen des Kanusports orientiert.

26.2   Der Kanurennsport

26.2.1   Mit dem Feind im Boot und kein Land in Sicht – Konflikte sportlich nehmen

Ein Kanute, der alleine im Boot sitzt, kann nach einem Wettkampf seine eigenen Fehler im Zuge der Selbstreflexion sehr gut analysieren und ein Ursachenzuschreiben betreiben. Eine Herausforderung wird es jedoch mit mehreren Athleten im Boot. Umso mehr Sportler am Ergebnis beteiligt sind, umso schwieriger wird es am Ende, die Defizite zu bestimmten Teammitgliedern zuzuordnen. Hinzu kommt, dass im Sport oftmals das Leistungsprinzip entscheidet, sodass nicht unbedingt die besten Freunde gemeinsam im Boot sitzen müssen. Oftmals werden die leistungsstärksten Sportler zusammengesetzt. Dann kann es durchaus passieren, dass man plötzlich von seinem größten Konkurrenten abhängig ist und eine Harmonie im Boot durch Gleichschlag beziehungsweise Abstimmung erzeugen muss, um erfolgreich sein zu können. Dieser Prozess benötigt entweder einen hohen Grad an Flexibilität oder eine entsprechende Kompetenz, die es erlaubt, sich genau in solchen Situationen auf sich zu konzentrieren und sein Bestes zu geben.

Fast jeder, der in Projektgruppen arbeitet, kennt diese Situation im Unternehmen. Man wird einfach in eine Arbeits- oder Fachgruppe gesteckt und soll dort auf der Grundlage von nüchternen Kompetenzen sowie entsprechender Fachqualifikationen ein zielführendes Ergebnis abliefern. Leider basieren die Kriterien bei solchen Gruppenprozessen ebenfalls selten auf Sympathie und Freundschaft, was die zwischenmenschliche Zusammenarbeit erschwert. Nun sitzt man am Tisch mit seinem jahrelangen Konkurrenten, dem ungeliebten Kollegen oder dem Erzfeind seit Ausbildungstagen und soll gemeinsam zum beschlossenen Ziel des Vorgesetzten gelangen. Mag sein, dass aufgrund der Daten und Zahlen am Ende ein tolles Ergebnis rauskommen müsste, doch die Realität sieht oftmals anders aus.

Egal ob man nun am Ende zusammen am Konferenztisch oder gemeinsam im Boot sitzt. In einem Dilemma steckt man so oder so. Denn Fakt ist, wenn man selbst erfolgreich sein will, dann geht das nur in Zusammenarbeit mit dem „ungeliebten" Teammitglied. Was letztendlich auch bedeutet, dass die eigenen Anstrengungen ihm oder ihr zugutekommen werden. Genauso auch anders herum. Mit anderen Worten: Gönnt man dem anderen den Sieg (Erfolg) nicht, dann muss man ebenso auf den eigenen verzichten. Dies kann also nicht die Lösung sein. Ebenso wie ein dauerhaftes Konkurrenzdenken im Team eine langfristige und ergiebige Zusammenarbeit verhindern wird. Damit eine solche Situation vermieden werden kann, ist es sinnvoll, zu Beginn der Zusammenarbeit eine gemeinsame Grundlage festzulegen und Aufgaben klar zu verteilen. Wenn jeder im Team weiß, was er zu tun hat, beschäftigt er sich nicht mehr mit den Unzulänglichkeiten der anderen, sondern konzentriert sich darauf, in seinem Bereich 100 % zu erbringen. Im Kanu-Zweier gibt es somit einen, der die Rolle des Lenkers beziehungsweise Taktgebers und einen der die Rolle des Schiebers beziehungsweise Antriebs übernimmt. Haben dazu beide im Boot noch das gleiche Ziel, in diesem Fall zum Beispiel das Rennen zu gewinnen, dann werden die Reibungspunkte von vornherein verringert und eine erfolgreiche Zusammenarbeit wird möglich.

Damit nachträgliche Schuldzuweisungen im Team verringert werden können, ist es sinnvoll, jedem im Boot noch einmal eine spezielle Aufgabe zu geben, wie zum Beispiel gerade zu sitzen oder das Paddel weit vorne einzusetzen. Dies hat den Vorteil, dass dann jeder für seine persönliche Leistung noch einmal eine individuelle Auswertung in Form von Lob oder Kritik erhalten kann. In Bezug auf den Projekt-Kontext würde das bedeuten, dass jeder im Team seine Aufgabe bekommt und diese bis zu einem bestimmten Datum in einer vorgegebenen Qualität zu erfüllen hat. Somit sieht jeder seine eigenen Vorgaben, an denen er zu arbeiten hat und für deren Verfehlung er am Ende persönlich gerade stehen muss. Dies setzt eine konkrete Arbeitsteilung, eine genaue Aufgabenbeschreibung und eine individuell definiertes Leistungsziel voraus, welches als Teil des Gesamtziels gesehen werden kann. Alle im Team müssen bewusst oder unbewusst die gleiche Richtung ansteuern. Will einer woandershin, muss das Ziel enger definiert werden, bis man den kleinsten gemeinsamen Nenner gefunden hat. Erst dann werden alle mit ganzer Kraft dem Ziel entgegen „paddeln". Es ist somit egal, wer mit einem am Tisch oder im Boot sitzt. Ist erst einmal ein gemeinsamer Nenner gefunden, ist es völlig irrelevant, ob jemand mit seinem Feind oder Freund auf unbestimmte Zeit gemeinsam das Ziel erreichen soll. Am Ende zählt in diesem Fall das Ergebnis und nicht der Weg.

26.2.2 Sommersportler im Winter – der Kampf mit dem inneren Schweinehund

Nun sind es im Kanurennsport nicht nur die zwischenmenschlichen Konflikte, die es rund ums Boot auszutragen gilt, sondern auch die Auseinandersetzung mit der eigenen Einstellung. Jeder, der schon einmal mit den Leistungssystemen im Spitzensport konfrontiert worden ist, weiß, dass ein gewisser Grad an Ehrgeiz und Motivation vorhanden sein muss, um erfolgreich zu sein. Erfolg beginnt im Kopf und lässt sich nur von Niederlagen oder Hindernissen aufhalten, wenn der „innere Schweinehund" siegt. Fakt ist, nichts passiert einfach nur auf der Grundlage von Talent und Wunsch.

Damit ein bestimmtes Ziel erreicht werden kann, müssen verschiedene Komponenten eine entscheidende Rolle spielen. Eine der wichtigsten jedoch ist die Fähigkeit, Ziele zu formulieren und bis zum Ende zu verfolgen, ohne vorher aufzugeben, auch wenn der Weg noch so unangenehm ist. So fragt sich sicher jeder normal denkende Mensch, was wohl in einem Kanufahrer vorgehen muss, der sich im Winter bei eisiger Kälte aufs Wasser begibt und trainiert. Noch dazu mit dem Wissen, dass der nächste Wettkampf erst deutlich später bei warmen Temperaturen ansteht. Es muss etwas sein, was seinen inneren Schweinehund besiegen und die Motivation über die Wintermonate aufrechterhalten kann. Mit anderen Worten, das Ziel, den Wettkampf im Sommer zu bestreiten, ist für den Kanuten attraktiver, als die Vermeidung der Qualen im Winter auf dem eisigen Wasser zu trainieren. Wäre ihm der Wettkampf wie zum Beispiel die Weltmeisterschaft im Sommer nicht wichtig genug, so würde er keinen Anlass sehen, sich dieser Tortur auszusetzen. Er würde höchstwahrscheinlich die Vermeidung der unangenehmen Kälte bevorzugen und im Warmen trainieren. Der Schlüssel sich anzustrengen und den inneren Schweinehund zu besiegen, liegt also in der Attraktivität des Ziels. Dabei ist es irrelevant, ob ihn die Anerkennung der Zuschauer, der Status in Form einer Medaille oder die Ehre für sein Land zu starten antreiben. Will man also sich selbst, seine Mitarbeiter oder sein Team motivieren, muss das Ziel entsprechend lukrativ gestaltet werden. Nur wenn der Anreiz des Ergebnisses hoch genug ist, ist man auch dazu bereit über die eigene Wohlfühlzone hinauszugehen. Möchte zum Beispiel der Geschäftsführer einer Pflegeeinrichtung seine Angestellten dazu bewegen die Servicequalität zu verbessern, so muss er erst einmal feststellen, welches Motiv bei seinen Mitarbeitern eine Rolle spielt. Diese können von Mensch zu Mensch variieren und sind von der jeweiligen Persönlichkeit abhängig. Beispielsweise gibt es Personen, denen ein bestimmter Status sehr wichtig ist. Wenn diese also die Chance haben, mit Hilfe einer Bonuszahlung für hohe Qualitätsarbeit bestimmte Statussymbole zu erhalten, wie zum Beispiel einen größeren Dienstwagen, mehr Geld oder ein luxuriöseres Büro, dann werden diese Menschen auch dazu in der Lage sein, unangenehme Situationen wie zum

Beispiel längere Arbeitszeiten oder Kritikgespräche in Kauf zu nehmen. Ist ihnen jedoch dieses Motiv nicht so wichtig, dann werden sie eher dazu tendieren, auf das Ziel zu verzichten und sich in ihre Wohlfühlzone begeben. Es ist allerdings auch möglich, dass sie auf andere Motive reagieren, wie zum Beispiel Anerkennung oder Wertschätzung. Dann kann ein Lob schon dafür sorgen, dass sich ein Mitarbeiter über seine sonstige Leistung hinaus anstrengt und ohne viel zutun seine Arbeitsqualität verbessert.

Hat nun der Kanute seine Weltmeisterschaft mit einer Medaille, jubelnden Zuschauern und in seinem Landestrikot hinter sich gebracht, wird es Zeit für ihn, sich eine neue Herausforderung zu suchen. Er braucht ein neues Ziel, denn die Attraktivität seines alten Anreizes ist verbraucht. Er könnte sich zum Beispiel vornehmen, seine eigene Zeit beim nächsten Wettkampf zu verbessern, eine neue Strecke anzugehen, auf der er seine Leistung unter Beweis stellt oder an seiner alten Technik zu feilen, um am Ende noch besser auszusehen. Was er sich auch vornimmt, es sollte sich von seinem letzten Ziel abheben, damit es für ihn anstrebenswert bleibt. Nicht selten kommt es vor, dass ein Kanute in dem einen Jahr Weltmeister wird und im darauffolgenden nicht einmal in den Endlauf kommt. Oftmals hat er es dann verpasst, sich im Winter vor der nächsten Meisterschaft entsprechend zu motivieren. Er ruht sich dann auf seinen sogenannten „Lorbeeren" aus. Auch die Mitarbeiter in der Pflegeeinrichtung wird ein ähnliches Schicksal ereilen, wenn die Steigerung der Attraktivität in Bezug auf ein bestimmtes Ziel ausbleibt. Sie werden sich an die vorteilhafte Situation gewöhnt haben und das Motiv sich weiter anzustrengen wird abgeschwächt. Will also der Geschäftsführer einer Pflegeeinrichtung sich selbst oder seine Mitarbeiter mit Bonuszahlungen motivieren, sollte er bedenken, dass er diesen Anreiz ständig erhöhen muss, um seine gewünschten Ziele zu erreichen. Dabei wird deutlich, dass externe Motive wie beispielsweise Geld, Anerkennung und Status immer von Dritten abhängig sind. Der Kanute kann bei seiner Weltmeisterschaft noch so gut abschneiden, wenn ihm die Zuschauer oder der Trainer nicht die gebührende Wertschätzung für seine Leistung entgegen bringen, wird er enttäuscht sein und sich entmutigen lassen. Wählt er jedoch einen intrinsischen Antreiber, wie zum Beispiel die Steigerung seiner eigenen Leistungsfähigkeit, entfernt er sich gleichzeitig von der Abhängigkeit seines Umfeldes. Er selbst bestimmt dann, ob er sein Ziel erreicht hat oder nicht. In Bezug auf die Pflegekräfte wären beispielsweise selbstgesteckte, realistische und individuelle Ziele in Bezug auf das eigene Serviceverhalten auf lange Sicht gesehen effektiver als der ausschließlich monetäre Anreiz.

Die Herausforderungen im Umgang mit dem inneren Schweinehund liegen also zum einen darin zu erkennen, welches Motiv dazu in der Lage ist, dass unangenehme Situationen akzeptiert beziehungsweise Niederlagen in Kauf genommen werden und zum anderen darin, dass ständig neue Impulse gesetzt werden, um die Attraktivität aufrecht zu erhalten. Mit anderen Worten, nur wer dazu in der Lage ist, sich selbst und andere in Bezug auf aktuelle Bedürfnisse zu reflektieren, wird auf Dauer gemeinsam mit dem inneren Schweinehund erfolgreich sein, getreu dem Motto jeder Schweinehund ist dressierbar.

26.3   Learnings für die Gesundheitswirtschaft

Es gibt wohl kaum einen Paddler, der noch nie ins Wasser gefallen ist. Kentern gehört zum Bootfahren. Das Wesentliche für ein erfolgreiches Handeln ist somit nicht das Ergebnis an sich, sondern der Weg dorthin. Der Spruch: „Siegen kann jeder, verlieren nur die Wenigsten", spielt dabei eine entscheidende Rolle. So lernt ein Kanute für seine weitere Entwicklung nicht aus den Siegen, sondern für ihn sind die Niederlagen eine Quelle an Informationen, um am Ende zum gewünschten Ziel zu gelangen. Dieser Gedanke ist eine wichtige Erkenntnis für das Arbeiten in der Wirtschaft. Nun muss nicht jeder Manager, jede Führungskraft oder jeder Mitarbeiter zum Kanusportler werden und ins Wasser fallen, um zu lernen, wie mit Niederlagen erfolgreich umgegangen werden kann. Sinnvoll sind dabei die Übertragung der wesentlichen Mechanismen und die Akzeptanz der Fehlbarkeit.

Betrachtet man Unternehmen der Gesundheitsbranche mit ihren Führungskräften und Mitarbeitern, dann wird hier deutlich, dass sie sich mit den Strukturen aus dem Kanusport vergleichen lassen. So gibt es beispielsweise in einer Pflegeeinrichtung einen Geschäftsleiter, der die Ziele (Jahreszahlen, Auslastung, Weiterbildungen und Prognosen) für die gesamten Abteilungen festlegt. Dort gibt es wieder Verantwortliche wie zum Beispiel die Abteilungsleiter, die dafür zuständig sind, das umzusetzen und weiterzutragen, was vom Chef verlangt wird. Für eine direkte Umsetzung der Ziele sind dann die Pflegekräfte verantwortlich. Ihre Performance entscheidet über ein gutes oder schlechtes Ergebnis. Mit anderen Worten, wir haben einen Cheftrainer (Geschäftsleiter), einen Bundestrainer (Pflegeleiter) und die Athleten (Pflegekräfte). Wird einem Kanuten ein Ziel vorgegeben, so wird seine erste Frage sein, wie er dieses Ziel erreichen kann und bis wann. Sagt ihm sein Trainer zum Beispiel, dass er beim nächsten Wettkampf als erstes über die Ziellinie fahren soll, so wird er wissen wollen, wie der Trainingsplan für die nächsten Wochen und Monate aussieht. Ohne Vorgaben würde er improvisieren, dabei kann er Glück haben, vielleicht aber auch nicht. Aufgrund der Tatsache, dass er seinen Erfolg nicht vom Zufall abhängig machen möchte und er Gefahr läuft, seinen Trainer zu enttäuschen, wenn er das Ziel nicht erreicht, werden alle Störvariablen so gut es geht ausgeschlossen. Er schafft sich somit Rahmenbedingungen, die seinen Erfolg unterstützen. Der Kanusportler versucht zu kontrollieren, was zu kontrollieren ist. So stellt er sicher, dass er die Trainingsinhalte optimal umsetzen kann, ernährt sich ordentlich, testet seine Werte regelmäßig, pflegt sein Boot und feilt an seiner Technik. Für seine Performance beim Wettkampf kann er somit alle, durch ihn beeinflussbaren Parameter so gut wie möglich selbst bestimmen. Alle anderen Einflüsse, wie zum Beispiel hohe Wellen, Regen oder Sturm muss er hinnehmen und mit all seiner Kraft und seinem Siegeswillen bewältigen. Auf dieser Grundlage ist es ebenso angebracht, auch in Unternehmen einen sinnvollen (Trainings-)Plan mit allen wichtigen Hinweisen zur Umsetzung für die Mitarbeiter bereitzustellen. Gleichzeitig sollten Niederlagen als ein wichtiger Schritt betrachtet werden, um seine Vorhaben noch einmal zu überdenken und das Verhalten anzupassen. Es ist somit sowohl Aufgabe der Führungskraft (des Trainers) als auch der Pflegekraft (Athleten) die richtigen Schlüsse zu ziehen, sich abzustimmen und geeignete Strategien entsprechend des Leistungsstandes zu entwickeln, um erfolgreich agieren zu können. So stellt die Pflegekraft zum Beispiel sicher, dass sie alle Termine bei den Patienten einhält, achtet auf die eigene Fitness, hält das Auto in Schuss, damit es nicht stehen bleibt und bildet sich entsprechend der Qualitätsrichtlinien weiter.

Es ist jedoch nicht nur der Trainingsprozess an sich, der den Kanuten dazu befähigt sich weiterzuentwickeln. Es spielt ebenso das Feedback in Form von Lob oder Kritik des Trainers eine entscheidende Rolle, ob eine Trainingseinheit sinnvoll ist oder nicht. So kann zum Beispiel der Trainer sagen, dass der Sportler seinen Arm beim Paddeln nicht nach unten drücken soll. Dies wäre gleichzusetzen mit der Kritik an einer Pflegekraft, die die Patientendaten falsch notiert. Wird dem Athleten nicht gleichzeitig gesagt, wie er seinen Arm zu halten hat, wird er sicher seine Armhaltung verändern, jedoch bedeutet das nicht gleichzeitig, dass er es diesmal so macht, wie es der Trainer gerne hätte. Ebenso ist es bei den Notizen in Bezug auf die Patientendaten. Die Pflegekraft wird mit hoher Wahrscheinlichkeit etwas an ihrer Dokumentation ändern, doch ob es dann den Vorgaben des Pflegeleiters entspricht, ist fraglich. Sinnvoller ist an dieser Stelle gleich den Lösungsansatz positiv zu formulieren. Im Falle der ungünstigen Armhaltung beim Kanuten könnte der Trainer sagen, dass der Arm gerade nach vorne gestreckt werden soll. Für die Pflegekraft wäre zum Beispiel eine Dokumentenvorlage hilfreich. Die positive und direkte Formulierung des Ziels hilft dabei, destruktive sowie zeitraubende Verhaltensweisen durch das Versuch-Irrtums-Prinzip zu vermeiden und schneller zum Ziel zu gelangen. Egal ob im Boot oder am Patientenbett.

26.4   Zusammenfassung und Ausblick

Beim Kanurennsport heißt es teilweise mit dem Feind im Boot zu sein und kein Land in Sicht zu haben. Die Gesundheitswirtschaft kann lernen, Konflikte sportlich nehmen. Zudem beginnt Erfolg im Kopf, sodass die Gesundheitswirtschaft daraus lernen kann, wie der „innere Schweinehund" besiegt werden kann. Es geht hierbei um Training und Disziplin. Zudem sind die folgenden drei Appelle an Entscheider an der Stelle herauszukristallisieren.

Drei Learnings für die Gesundheitswirtschaft

Fazit 1: Umso präziser der (Trainings-)Plan und das Ziel beschrieben ist, desto höher ist eine erfolgreiche Ausführung beziehungsweise Umsetzung. Erfolg und Misserfolg sind somit planbar.

Fazit 2: In Teams, in denen sich Kollegen nicht leiden können, sollte zunächst ein gemeinsamer Nenner gefunden werden. Jeder erhält seine eigene Zielvorgabe und kann so eine perfekte Performance unabhängig von der Leistung des anderen abliefern, für die er am Ende auch selbst verantwortlich ist. Das Ergebnis ist somit das Ziel und nicht der Weg.

Fazit 3: Führungskräfte und Mitarbeiter sollten darauf achten, geeignete Motive als Anreiz für Verhaltensänderungen zu wählen. Ist ein Ziel erreicht, müssen neue Anreize geschaffen werden, um Stagnation zu vermeiden.

Weiterführende Literatur

Schuck, T. (2015). Der innere Schweinehund ist dressierbar – Erfolg beginnt im Kopf. *wirtschaft – Das Magazin für die Mitglieder der IHK zu Leipzig, 2015*(4), 26.

Schuck, T. (2015). Konflikte sportlich nehmen – mit dem Feind im Boot und kein Land in Sicht. *wirtschaft – Das Magazin für die Mitglieder der IHK zu Leipzig, 2015*(1–2), 26.

Schuck, T. (2015). Wie Niederlagen Unternehmen erfolgreich machen können – Erfolg ist planbar – vom Start bis zum Ziel. *wirtschaft – Das Magazin für die Mitglieder der IHK zu Leipzig, 2014*(12), 23.

Tanja Schuck, ehemalige Kanu-Vizeweltmeisterin, hat es sich zur Aufgabe gemacht, ihre Erfahrungen aus dem Leistungssport auf die verschiedensten Bereiche des (Berufs-)Lebens zu übertragen. Mögliche Arbeitsfelder können zum Beispiel die berufliche Karriereentwicklung, familiäre Verantwortung, partnerschaftliche Beziehung oder individuelle Persönlichkeitsentwicklung sein. Die psychologische Beraterin und ehemalige Leistungssportlerin unterstützt Sie dabei, für sich den optimalen Weg zu finden und die richtige Strategie anzuwenden. Sie können selbst entscheiden, welche Art der Betreuung Sie bevorzugen und ob Sie eine Optimierung für sich alleine in Form eines individuellen Coachings oder als Seminar für Ihre Mitarbeiter durchführen wollen.

Was kann die Gesundheitswirtschaft von Märchen lernen?

27

Swanette Kuntze und Gabriele Kottlorz

Zusammenfassung

Nur wer den Frosch küsst, erlangt das Königreich – oder wie man durch Selbstführung, Transparenz und Menschlichkeit die Krankheitswirtschaft genesen lässt. Wer kennt sie nicht, die Helden in den Märchen, die sich den Weg durch dunkle Sümpfe suchen, furchteinflößende Drachen töten und am Ende die liebreizende Prinzessin küssen dürfen? Viele Geschichten der heutigen Vordenker klingen ähnlich. Und es gibt sie wirklich, die Helden, die uns an ihren Erfahrungen teilhaben lassen und so für Orientierung und Inspiration sorgen. Wie Leuchttürme in der Nacht zeigen sich Hotels am Meer, schatten-lichtende IT-Unternehmen und wegweisende Pflegeorganisationen. Sie ermutigen und bestärken all jene, die auch Unternehmen aus der Gesundheitswirtschaft auf eine abenteuerliche Reise schicken wollen. Am Anfang steht häufig ein mutiger Blick in den Spiegel und die Offenheit für das, was sich darin zeigt. Vor allem dann, wenn man nicht der/die Schönste im ganzen Land, sondern noch einen großen Schritt weit davon entfernt ist. Wer dann mutig den Frosch küsst und sich seinen Schatten stellt, erlangt Stück für Stück ein Königreich mit vielen zufriedenen Bewohnern.

S. Kuntze (✉)
29352 Großmoor, Deutschland
E-Mail: SK@Kuntze-CundC.de

G. Kottlorz
KUNTZE consulting + coaching
Jägerheide 22, 29352 Großmoor, Deutschland

© Springer Fachmedien Wiesbaden 2017
D. Matusiewicz und M. Muhrer-Schwaiger (Hrsg.), *Neuvermessung der Gesundheitswirtschaft*, FOM-Edition, DOI 10.1007/978-3-658-12519-6_27

27.1 Hintergrund

Der ursprüngliche Sinn eines Krankenhauses ist das Helfen und Heilen mit Kompetenz und menschlicher Zuwendung. Ausgebrannte Mitarbeiter und hilflose Patienten leiden jedoch zunehmend unter dem sinnbefreiten Diktat von Effizienz und Profit. Was für alle Branchen gilt, ist in diesem besonderen Lebensraum ein Naturgesetz: Leistung und Motivation braucht eine stabile Einbindung in eine soziale Gemeinschaft mit klar definiertem, gemeinschaftlichem Sinnstreben. Diese Gemeinschaften gibt es. Da sind Hotels, deren Mitarbeiter mit großem Engagement für gemeinsame Werte einstehen und jenseits von Dauerkontrolle täglich Probleme lösen, Verbesserungen anstoßen und ihre Gäste begeistern. Ein Blick in die Schweiz zeigt ein Unternehmen, dessen Geschäftsführer eines Tages sein Zepter frei und willig abgab und seinen Nachfolger demokratisch wählen ließ. Bei unseren Nachbarn in den Niederlanden zeigen fast 10.000 mobile Pflegekräfte, dass sie ohne Personalabteilung, ohne Marketing, ohne Kontrolle und ohne Strategiepläne ein kraftvolles Netzwerk für zufriedene Kunden aufbauen konnten. Drei völlig unterschiedliche Branchen und sicher auch drei sehr verschiedene Persönlichkeiten stellen sich vor. Die Verbindung zwischen ihnen besteht aus einer hohen Bereitschaft zu Selbsterkenntnis, Vertrauen und den Mut, bestehende Regeln zu brechen.

27.2 Märchen

Es war einmal – so fangen Märchen an und sie enden damit, dass alle glücklich und zufrieden sind bis in alle Zeiten. Damit sind sie natürlich auch ein Synonym für das Fantastische, für das, was nicht wirklich machbar ist im echten Leben. Spannend und zeitlos inspirierend ist jedoch der Mittelteil, der Weg zwischen Anfang und Ende mit all seinen Drachen, Hexen und finsteren Sümpfen. Hier muss sich der Held beweisen, seine ganz persönlichen Dämonen bezwingen und sich durch eine mühevolle Transformation kämpfen. Wenn er das nicht annimmt und bewältigt gibt's am Schluss keine Prinzessin – so einfach ist das. Märchen erhalten ihre Kraft und Magie aus den elementaren Lebensthemen, die sich auch nach Jahrhunderten menschlicher Evolution nicht verändert haben. Wir kämpfen heute nicht mehr gegen Drachen und können in unserer komplexen Umwelt kaum noch gut von böse unterscheiden. Heute kommen die Aufgaben in anderer Gestalt daher, fordern aber ganz ähnliche Handlungsweisen. Die drei „Helden" unserer Erzählung stehen vor elementaren Herausforderungen. Einer von ihnen erzählt von den Schatten, die es auszuleuchten gilt, anstatt sich aus Furcht oder Gewohnheit immer nur dem Licht zuzuwenden. Eine kraftvolle Metapher, die das Zusammenspiel von Helligkeit und Dunkelheit deutlich macht. Beide bedingen sich gegenseitig und entfalten im Miteinander ihre Kraft. Ein anderes, klassisches Märchenbild ist die Erleuchtung durch Verzicht und Einkehr, die oft gegen den Willen des kraftstrotzenden Ritters durch widrige Umstände erzwungen wird. Meistens ist es eine Verletzung, die den entschlossen voran strebenden Recken buchstäblich auf den Rücken wirft und ihn so seinen Zweifeln und Schwächen ausliefert. So erlebe es auch der moderne Held in unserem zweiten Interview. Obgleich die Verletzung nicht sichtbar war, führte sie ihn doch in die Stille eines Klosters, in dem er Kraft und Selbsterkenntnis fand. Gut gerüstet zog er weiter und inspirierte viele Mitstreiter, die wie er an das Machbare glauben.

Ein wichtiges Gegengewicht zu den eher unabhängig agierenden Heldengestalten ist die kraftvolle Gemeinschaft, die sich weitreichend unterstützt und von guten Beziehungen lebt. Darauf baut der dritte Gesprächspartner, der bereitwillig seine Geschichte erzählt hat. Wo viele Menschen in guter Nachbarschaft leben, entsteht soziale Sicherheit, von der auch die Schwächsten profitieren. Man kennt sich und teilt, was man hat. So lassen sich auch schlechte Ernten, Not und Krankheit überstehen. Dieser Zusammenhalt bildet das Grundgerüst einer Pflegegemeinschaft, die mit hoher Eigenverantwortung ein dichtes Netzwerk aus gegenseitiger Unterstützung spannt.

Uralte Geschichten in neuem Gewand – ein reiches Werk voller Inspiration, Mut und Hoffnung.

27.3 Learnings für die Gesundheitswirtschaft

Marc Stoffel wurde inzwischen zum dritten Mal mit über 85 % der Stimmen zum CEO der Haufe umantis AG in St. Gallen wiedergewählt (Stoffel o.J.). Über die Vorteile einer Demokratisierung im Unternehmen hat er in den letzten Jahren viel gesprochen und hat dabei klar gemacht: „Mitarbeiter wählen ihren Chef ohnehin jeden Tag. Wenn ich als Chef Dinge tue, die niemand versteht, dann werden meine Mitarbeiter Anweisungen nicht befolgen und im extremsten Fall mit den Füßen abstimmen und uns verlassen." Marc Stoffel betont, dass man die Fragen zur Problemlösung nicht ins Top-Management geben soll. Stattdessen gilt es, „mit einem offenen Dialog zwischen allen Ebenen und Professionen an den Start zu gehen. Voraussetzung für eine gelungene Umgestaltung ist ein klares Problembewusstsein und die Erkenntnis darüber, dass man die Probleme nicht mit den bereits erprobten Möglichkeiten lösen kann". Für diesen Blick in den Spiegel braucht es sicher persönlichen Mut und die Fähigkeit, seine eigenen Schatten auszuleuchten. In den aktuell starren und hierarchischen Strukturen gibt es dafür weder Raum noch Verständnis, sondern schlimmstenfalls schiefe Blicke oder Karrierebremsen in Form von ausbleibenden Chancen. In größerem Zusammenhang finden sich die Schatten auch in der Unternehmenslandschaft wieder. Stoffel und seine Kollegen haben vier unterschiedliche Regionen ausgemacht, die in den meisten Organisationen voneinander getrennt oder sogar massiv konkurrierend nebeneinander existieren.

Hier herrschen Weisung und Kontrolle neben Überlastung, agilem Netzwerk und – besonders interessant – der Schattenorganisation. Klingt finster, ist es aber nicht. Im Schutz der Schatten wirken kreative Macher, die unerkannt vom Adlerblick der Kontrolleure täglich neue und hochwirksame Lösungen und Innovationen entwickeln. Sie verhalten sich „artgerecht", indem sie allen Vorgaben zum Trotz ihrer Berufung und dem höheren Sinn ihres Tuns treu bleiben. Hier verbirgt sich unschätzbares Potenzial! Zur konstruktiven

Nutzung ist es erforderlich, die trennenden Mauern einzureißen und Transparenz und Kooperation zu schaffen. Stoffel weiß, wie es gehen kann: „Traditionen der Abgrenzung kann man nur aufbrechen, indem man Erfolgserlebnisse fördert, über alle Bereiche hinweg. Die Geschäftsführung muss auf die Mitarbeiter zugehen und klar zum Ausdruck bringen: Bitte helft uns, diese Probleme zu lösen. Wir stellen sicher, dass das Projekt unterstützt, gefördert und nicht gemobbt wird. Wir halten als Geschäftsführung die Hand darüber!"

Unter diesem Schutz kann sich die Schattenwirtschaft zu sichtbaren, agilen Netzwerken entwickeln, die mit Erfolgserlebnissen ein „wahnsinniges Upgrade der Kultur" und einen unwiderstehlichen Sog erzeugt, aus dessen Strom sich die Motivation für weitere Veränderungen speist. Stellen wir uns vor, in einem Krankenhaus sind die ersten Klippen erklommen. Mitarbeiter haben das Vertrauen zur Geschäftsleitung und beteiligen sich mit Ideen und Projekten. Werden dann die ersten Ideen umgesetzt, „wird es zweifelsohne dazu kommen, dass die Managementstrukturen Abstoßungsmechanismen gegen den entwickeln, der die Idee hatte. Wie beim Immunsystem werden diese Ideen bekämpft!" Stellen sich Führungskräfte auf Dauer und absichtlich gegen Prozesse oder sogar gegen Mitarbeiter, muss die Geschäftsführung glaubwürdig handeln. „Der Erfolg hängt von unbedingter, gelebter Konsequenz ab", betont Stoffel. Wie in jeder guten Heldengeschichte müssen also auch „Köpfe rollen", wenn dadurch großer Schaden abgewendet wird. „Sollte der CEO sogar jemanden aus der Leitung entlassen, weil er sich gegen ein Projekt aufgelehnt hat, generiert das einen deutlich spürbaren Ruck durch die Organisation. Dann hat man Vertrauen geschaffen und es ist klar, dass man es ernst meint".

Ein Held ist also nur ein Held, wenn die Rettung der Prinzessin mit angemessenen Schmerzen und sichtbaren Blessuren einhergegangen ist. Sonst könnte es ja jeder.

Die konsequente Umsetzung der erforderlichen Schritte hinterlässt ganz sicher Spuren. „Ich muss mit bestehenden Denkstrukturen brechen und die Dinge anders machen, auch wenn es ein bisschen wehtut. Das muss man wirklich wollen. Eine Unternehmensumstellung braucht viel Zeit und Energie. Sie bringt auch vorübergehend negative Effekte. Das muss man irgendwie aushalten können", so Stoffel.

Gelingen kann das mit Unterstützung und Schutz von ganz oben. Und durch die Kraft der vielen, die, verbunden durch ein gemeinsames Ziel und die Freude an der Berufung einen erfüllenden Lebens- und Arbeitsraum schaffen.

Seit Jahrhunderten begeben sich Suchende in die Mauern eines Klosters, um in der Abgeschiedenheit und Stille Erleuchtung und Orientierung zu finden. Anno 2010 tat **Bodo Janssen** genau das, nachdem seine Mitarbeiter ihm und seinen Managern ein vernichtendes Zeugnis ausgestellt hatten. „Herrisch" wären sie, „unsensibel und diktatorisch" – als würde der Sheriff von Nottingham nun im norddeutschen Emden sein Unwesen treiben. Im Gegensatz zu dem Fiesling, dem Robin Hood mit einem gut gesetzten Pfeil den Garaus machen musste, hat Janssen den Handschuh aufgenommen und ihn sich selbst angezogen. Er hat „den Frosch geküsst" und sein persönliches Zielbild gefunden. In seinem Königreich gibt es auf jeden Fall einen bequemen Ohrensessel: „Ich sitze mit meinen Enkelkindern auf dem Schoß und erzähle Geschichten von glücklichen Menschen". Und schon sind wir wieder mittendrin im Märchenland. Ein Unternehmen im knallhart umkämpften Tourismusgeschäft, gefangen in einem Dauergefecht um Gäste, Standorte und Mitarbeiter will nun plötzlich für glückliche Menschen sorgen? Die Skepsis ist den Zuhörern anzumerken, wenn Janssen seine Geschichte erzählt. Glaubwürdigkeit schaffen nicht nur die Eckdaten, die dem hocherfolgreichen Unternehmen das wirtschaftliche Krönchen aufsetzen, sondern vor allem die Offenheit, mit der Janssen über seine Reise zu sich selbst erzählt. „Wie kann man denn führen, wenn man nicht weiß, wohin man sich selbst führt?" fragte er sich und sorgte zuerst dafür, dass er sich die Frage aus ganzem Herzen beantworten konnte.

Diese Möglichkeit der Selbsterkennung bietet Janssen allen Mitarbeitern, unabhängig von Stellung oder Profession. Das kann dann dazu führen, dass ein Zimmermädchen an der Rezeption landet oder ein Koch im Controlling. Jeder hat die Möglichkeit, seiner persönlichen und fachlichen Art gerecht zu werden. So geht artgerechte Haltung! So findet der Sinn zurück in den Arbeitsalltag.

Bezogen auf die Gesundheitswirtschaft rät Janssen zur Entbürokratisierung und sagt: „Ein Arzt, der zahllose bürokratische Parameter berücksichtigen muss, verliert den eigentlichen Auftrag aus den Augen und der eigentliche Sinn, das Helfen und Heilen, steht nicht mehr im Vordergrund. Der Arzt wird vom Alltag entführt in die Verwaltung. Wenn die Arbeit vom Sinn entkoppelt wird, entstehen Frust und Demotivation". Was er damit meint, weiß jeder, der nach einer 36-Stunden-Schicht unzählige Checklisten und Nachweise ausfüllen muss, während bereits der nächste Notfall wartet.

Ein weiterer wichtiger Schritt ist die „neue Definition des Maßstabes. Der Sinn des Handelns muss wieder ins Bewusstsein treten, um das gemeinsame Verständnis aller Fachbereiche für das WOFÜR zu ermöglichen". Um das Problembewusstsein zu schaffen, das für Veränderungen erforderlich ist, rät er „die unterschiedlichen Wahrnehmungen zu einem gemeinsamen Verständnis zu lenken. Das geht über Dialog, integrierte Arbeit und den Austausch unterschiedlicher Perspektiven. Darüber hinaus braucht es Er-Läuterung im Sinne von Klärung. Wichtig ist dabei die Überschreitung/Aufhebung von Hierarchien".

Leichter gesagt als getan, schließlich bildet die gewohnte Ordnung einen gewissen Schutzraum, in dem es sich für viele sehr sicher leben lässt. Um mit neu entstandener Freiheit gut umgehen zu können, ist Ansprache und Unterstützung nötig, eine Art empathischer Führung. Darüber hinaus erfordert es von allen Seiten ein hohes Maß an Vertrauen, in sich selbst und andere. Wie kann man das erschaffen, wenn es nicht bereits von selbst gedeiht? Janssen weiß aus eigener Erfahrung. „Das muss eine Führungskraft vorleben. Es geht nicht um Lippenbekenntnisse, sondern um Aktivitäten, die unmittelbare Auswirkungen mit sich bringen. Ärzte müssen neben der Fachkompetenz ihre Führungsqualitäten ausbauen, denn Vertrauen ist ganz klar ein Führungsthema".

Von den genannten Qualitäten zeichnet Janssen ein klares Bild: „Man braucht in erster Linie Demut und viel von dem, was dem Sinn eines Krankenhauses entspricht. Empathie, Einfühlungsvermögen, Unterstützung, Wertschätzung und Klarheit". Janssen zitiert Albert Schweitzer: „Das Heil der Menschen liegt nicht in einer neuen Methode, sondern in einer neuen Gesinnung." Und er ergänzt: „In einer **gemeinsamen** Gesinnung".

Selbstverständlich ist die Suche nach den geforderten Eigenschaften und deren Kulti-
vierung in teilweise verbrannter Erde kein Spaziergang. Jeder hat sein eigenes Tempo, der
eine ist mit einem rassigen Vollbluthengst unterwegs und der andere mit einer klapprigen
Rosinante. Janssen weiß, wie man Durststrecken aushält und erzählt: „Zwischenzeitlich
war ich völlig orientierungslos und wusste gar nicht, wo es hin geht. Dann zog der erste
Erfolg viele weitere nach sich. Plötzlich war klar, dass es möglich ist. Der Glaube an das
Mögliche beflügelt dann weitere Schritte und Erfolge. Ohne Glaube funktioniert es nicht.
Es geht darum, Ausschau zu halten nach dem Machbaren. Beispiele dafür gibt es genug!"

Eine vertrauensvolle Unternehmenskultur lässt sicherlich auch Raum für Zweifel. Nur
völlig querstellen darf man sich nicht, da ist der Friese Janssen aus dem gleichen Holz wie
der Schweizer Marc Stoffel. Wer sich bewusst sperrt gegen ein gemeinsam erarbeitetes
Ergebnis, muss seinen Hut nehmen und abreisen. Bleibt zu hoffen, dass diejenigen das
versteckte Gold am Wegesrand entdecken und ihre neuen Chancen nutzen.

**Gouda, Grachten und Gemüse gehören zu den Niederlanden wie die Zwerge zu
Schneewittchen. Tulpen aus Amsterdam wurden sogar besungen und bringen den
Frühling in die ganze Welt.**

Einen ähnlichen Siegeszug tritt gerade eine Bewegung an, die mit einer radikalen Ab-
kehr von Kontrolle und Verwaltung zurückholt, wonach wir uns oft sehnen, wenn wir an
„gute alte Zeiten" denken: Die nachbarschaftliche Fürsorge. So lautet die Übersetzung von
Buurtzorg, einer Organisation für ambulante Pflegedienstleistungen. Gründer und CEO
Jos de Blok mag Menschen, deshalb wurde er Pfleger mit Leib und Seele. Tief frustriert
über die Rahmenbedingungen in konventionellen Organisationen wollte er als Manager
etwas Grundlegendes verändern und sagt über diese Zeit: „Es war für mich sehr frustrie-
rend, all diese Entwicklungen über die Jahre zu beobachten, die mehr Komplexität und
Probleme erzeugen, als dass sie für bessere Pflege sorgen. Meine Idee war, dass es ohne
die unnötige Bürokratie einfacher und besser gehen kann, mit viel mehr Inspiration für die
Mitarbeiter und einem spürbaren Gewinn für die Patienten".

De Blok verbannte den Profitgedanken aus seinem neu zu gründenden Reich und
schaffte somit einen klaren Fokus auf die Reduzierung von Verschwendung und unnötigen Problemen, um einen nachhaltigen Weg zu hochwertiger ambulanter Pflege zu
ebnen.

Dieser Weg beginnt für die regionalen Teams, die sich vollständig selbst organisieren
mit dem Aufbau eines festen Netzwerkes vor Ort. Sie kontaktieren andere Leistungsträger,
stationäre Einrichtungen und Menschen in der Nachbarschaft. Ohne Broschüren, ohne
Marketingstrategie, ohne professionelle Marktschreier. De Blok nennt das Erfolgsrezept:
„Die intrinsische Motivation der Pfleger und die hohe Qualität ihrer Leistungen erzeugt
die Sichtbarkeit. Die Patienten promoten, was wir tun. Alles basiert auf Verbindungen und
vertrauensvollen Beziehungen".

Diese guten Beziehungen sind auch der Kitt, der die Teams zusammenhält. Nur logisch, dass diese nicht per Einsatzprogramm zusammengewürfelt werden, sondern sich
eigenständig bilden und gemeinsam wachsen. So lässt sich nachhaltig das elementare Bedürfnis der sozialen Sicherheit und Zugehörigkeit erfüllen. Aus dieser Sicherheit heraus

entsteht die Kraft, sich voll und ganz in seine Aufgabe einbringen zu können. Diese Energie spürt jeder, insbesondere die, die auf Hilfe angewiesen sind.

De Blok und seine Teams sehen die Welt aus der Perspektive dieser Menschen: „Bei uns steht der Patient im Mittelpunkt. Er ist unser Klient und unser wichtigster Stakeholder. Es geht um die Verbindung zwischen ihm und den Menschen, die ihn pflegen." Mit einer guten und vertrauensvollen Bindung kann man viele Steuerungs- und Koordinationsaufgaben ablegen wie einen verschlissenen Mantel. So entsteht die Bewegungsfreiheit, die auch in stürmischen Zeiten für Handlungsfähigkeit und Einfallsreichtum sorgt.

Da sind wir wieder mittendrin im Märchenland! Gibt es denn wirklich keine Hierarchie, keine Autorität, keinen König? „Ich bin der Diktator", scherzt de Blok in unserem Interview und erläutert seine wirkliche Rolle: „Ich sehe mich selbst als Facilitator, als Verantwortlichen. Meine Aufgabe ist es, ein Umfeld zu kreieren, in dem die Pfleger ihre eigenen Entscheidungen fällen können. Und ich bin dazu da, den Trouble durch Administration und Finanzen von ihnen fern zu halten".

Ist Buurtzorg ein rosaroter, realitätsferner Elfenspielplatz? Wenn ja, dann ein höchst erfolgreicher! Und er ist – wie die kunterbunten Frühlingsblumen – längst auf dem Weg, die ganze Welt zu erobern. De Blok trägt Buurtzorg nach Schweden, Japan, China, Korea, Norwegen, Dänemark, Finnland, in die Tschechische Republik und über den großen Teich nach Kanada. Wir haben es gut in Deutschland – wir brauchen nur mal zu unserem Nachbarn rübergehen. Zu dem mit den Tulpen (de Blok 2015).

27.4   Zusammenfassung und Ausblick

Jeder Reisende verliert einmal die Richtung, wird von Unwettern, Sümpfen oder sinnlichen Verlockungen vom geraden Weg abgebracht. Die Orientierungslosigkeit soll insbesondere im Gesundheitswesen durch immer mehr Regeln, Kontrollen und Standards kuriert werden. Die dramatischen Auswirkungen dieser Bemühungen sind hier besonders gut sichtbar und lassen sich mit den althergebrachten Waffen und Zaubertränken nicht mehr bekämpfen. Am Ende leiden gerade die Patienten darunter, die doch Heilung und Unterstützung suchen. Dennoch sind wir nicht verloren! Überall machen sich Unternehmer und Führungskräfte auf die Reise und finden erstaunliche Wege, die ein glückliches Ende nicht garantieren, aber sehr wahrscheinlich machen. Von ihnen können wir lernen, auch wenn wir nicht auf dem gleichen Pfad unterwegs sind. Die Aufgaben sind steinalt, die Lösungen passen dennoch in unsere schöne neue Welt. Ein freier Blick auf die Schattenseiten macht neue Möglichkeiten sichtbar. Das Innehalten in stiller Umgebung lässt Fragen zu, deren Antworten unsere Bemühungen um Veränderung befeuern. Und letztendlich sind wir nicht allein unterwegs! Die Kraft einer sozialen Gemeinschaft ermöglicht uns gegenseitige Unterstützung in schwierigen Zeiten.

Die Besinnung auf diese märchenhaften Metaphern ist sicher kein Zauberspruch, mit dem sich alle Probleme in Feenstaub auflösen lassen. Sie birgt jedoch eine Menge Energie, die wir für unseren Weg gut brauchen können.

Drei Learnings für die Gesundheitswirtschaft

1. Was aber helfen die edelsten Rechte denen: Nur wer sich dem Schatten in seiner Organisation bewusst ist, kann die Kultur ins Licht führen.
2. Spieglein, Spieglein an der Wand: ... Nur wer über sich selbst Bescheid weiß, kann auch sein Gegenüber erkennen und führen.
3. Gemeinsam sind wir stark: Mit Nähe und Unterstützung lassen sich auch schwere Stürme überstehen.

Literatur

de Blok (2015). http://www.tedxgeneva.net/talks/jos-de-blok-healthcare-humanity-above-bureaucracy/ und 2014: https://youtu.be/BeOrNjwHw58

Stoffel (o.J.). Marc Stoffel erneut demokratisch gewählt. http://presse.haufe.de/pressemitteilungen/detail/article/ceo-marc-stoffel-erneut-demokratisch-gewaehlt/

Swanette Kuntze ist Diplom-Ingenieurin (chemische Umwelttechnologie) und Expertin für Humanökologie. Zudem ist sie zertifizierter Business-Coach und begleitet als Facilitator Menschen und Organisationen in Veränderungsprozessen. Sowohl ihre umfassenden Erfahrungen in Kliniken, Pharmaunternehmen und vielen anderen Branchen, als auch ihre Beratungstätigkeit in der Personalentwicklung und Organisationstransformation erlauben ihr qualifizierte Einblicke – weit über den Tellerrand hinaus – in sehr unterschiedliche Unternehmenskulturen.

Gabriele Kottlorz ist Systemischer Coach, Mediatorin und Trainerin für Gewaltfreie Kommunikation (M.B. Rosenberg) und Fachberaterin Burnout-Prävention. Sie hält Vorträge und leitet Seminare und Workshops rund um Persönlichkeit, Führung und Kommunikation. Als Mediatorin lädt sie ein zum „Schöner Streiten" und begleitet Einzelpersonen und Gruppen bei der Konfliktlösung. Im Einzelcoaching setzt sie auf schnell wirksame, körper- und erlebnisorientierte Interventionen, eine sichere Intuition und empathische Präsenz. In allen Bereichen sorgt sie für eine gute Balance zwischen Hirn, Herz und Humor und ermöglicht so neue Handlungskompetenz.

Was kann die Gesundheitswirtschaft von Gamification lernen?

28

Philipp Plugmann

Zusammenfassung

Computerspiele haben eine jahrzehntelange Tradition und Akzeptanz. Vielen sind aus den 1980ern Spiele für Kinder und Jugendliche wie „Donkey Kong" oder „Pac Man" in Erinnerung, die auf dem Commodore 64- oder ATARI-Computer gespielt wurden. Nun werden weltweit global vernetzt Computerspiele von Mio. Kindern, Jugendlichen und Erwachsenen gespielt. Zusätzlich gibt es Tausende von Apps und die Leistungsfähigkeit von Computern, Tablets und Smartphones nimmt jährlich zu. Leistungsfähige erschwingliche Computer/Smartphones, eine technikaffine Gesellschaft und viele Unternehmen, die Computerspiele und Apps entwickeln, unterstützen den Einzug der Computerspiele und Apps in das Gesundheitswesen. Diese können dabei von Patienten und Leistungserbringern als innovative Präventivstrategie in der Medizin verwendet und mit Rechnern, Medizintechnik und Sensoren verlinkt werden. Auch die Integration in eine Wertschöpfungskette oder einen bestimmten Prozess ist möglich. Entscheidend für den langfristigen Erfolg ist die Innovationsfähigkeit der Startup-Szene, um den Nachschub an innovativen technologischen Produkten und Dienstleistungen zu gewährleisten. Die enormen Präventions- und Kostensenkungspotenziale dieser innovativen Technologie (sogenannte Gamification) in der Medizin, bedarf auch einer hohen Bereitschaft der Nutzer, (Patienten)Daten weiterzugeben. Voraussetzung ist seitens der Nutzer vor allem die IT-Sicherheit. Die neue Ära der Gesundheitswirtschaft involviert den Patienten, sich durch „Gamification" präventionsorientiert zu verhalten.

P. Plugmann (✉)
51737 Leverkusen, Deutschland
E-Mail: plugmann@gmx.de

© Springer Fachmedien Wiesbaden 2017
D. Matusiewicz und M. Muhrer-Schwaiger (Hrsg.), *Neuvermessung der Gesundheitswirtschaft*, FOM-Edition, DOI 10.1007/978-3-658-12519-6_28

28.1 Hintergrund

Wir leben in einem neuen Zeitalter. Das alte Zeitalter war nicht das Mittelalter oder die
Zeit der präbyzantinischen Kirchenarchitektur, es war das „Before Internet"-Zeitalter.
Gegenwärtig sind wir global vernetzt, es arbeiten die leistungsfähigsten Supercomputer
der Menschheitsgeschichte, die Kinder gehen bereits mit den technischen Möglichkeiten
selbstverständlich um und Innovationsprojekte bringen unserer Gesellschaft neue Produkte und Dienstleistungen. Parallel dazu haben wir in Deutschland eine stark kurativ
ausgerichtete Medizin in Kombination mit einer für 90 % der Gesellschaft auf eine „ausreichend, wirtschaftlich, notwendig" (Sozialgesetzbuch V) ausgerichtete Kassenmedizin.
Der demografische Wandel, die sinkende Bevölkerungsgesamtzahl der nächsten 20 Jahre
und der diskutierte Fachkräfte- und Ärztemangel, können den Kostendruck im Gesundheitswesen verstärken. Wie viel wir als Gesellschaft im Gesundheitswesen ausgeben können, hängt auch von der zukünftigen Wirtschaftskraft unseres Landes ab.

Unsere Wirtschaft kämpft im internationalen Wettbewerb um den Anschluss im Bereich Innovationen, denn es führen zunehmend international junge disruptive Geschäftsmodelle zu Veränderungen ganzer Industrien (inklusive der Senkung der Transaktionskosten). Die „Business Model Innovation"-Szene, geprägt durch angriffslustige Unternehmensgründungen (sogenannte Startups) gehen ganz nach Schumpeters Philosophie
disruptiv vor und zerstören alte Geschäftsmodelle über Nacht. Unternehmen wie Uber,
Airbnb, Facebook, Apple, Tesla oder Google zeigen grundsätzlich auf, wie schnell Markt-
kapitalisierungsbewertungen und Arbeitsplätze durch neue innovative Geschäftsmodelle
angegriffen werden können. Des Weiteren erfolgt der strategische Aufkauf von Teilen des
deutschen Mittelstandes aus bestehenden Wertschöpfungsketten heraus durch internationale Investorengruppen und es zeigt sich eine sinkende Bereitschaft von jungen Menschen,
die Risiken einer Unternehmensgründung auf sich zu nehmen (Plugmann 2016). Diese
Faktoren können über Rückkopplungseffekte zu Kostensenkungszwängen im deutschen
Gesundheitssystem führen.

Auch Langlebigkeit, Pflege, zunehmende onkologische Krankheitsbilder, innovative
medizinische Produkte und Dienstleistungen, Medizintechnik, Robotik, Telemedizin, E-
Health und neue Krankheitsbilder werden die Gesamtkosten stetig erhöhen. Dies wiederum drückt auf die Leistungsträger im Gesundheitssystem in Form höherer Produktivität,
dem Anstreben sinkender Lohnstückkosten, Preisdumping, Prozessvorgaben und Wett-
bewerbszunahme. Man wird sich der Herausforderung stellen müssen, ob der „Medizin-
standard 2035" absinkt oder ob man eine neue Ära einläutet und mit neuen Ansätzen
gemeinsam eine Verbesserung für die Zukunft anstrebt. Ein auf Prävention ausgerichte-
tes Patientenverhalten wäre wünschenswert als Prägung einer neuen Ära, da Prävention
ein Kostenhebel ist. Präventiv bedeutet, Vorbeugung, die erst gar keine Kosten durch eine Ersterkrankung oder Folgekosten bei bereits bestehender Erkrankung, in der kurativen
Medizin entstehen lässt. Es ist Zeit für einen Paradigmenwechsel und der Patient muss
stärker involviert werden. Welches Potenzial „Gamification" im Gesundheitswesen zukünftig als innovative Präventivstrategie hat, hängt in großem Maße von der Bereitschaft

der Patienten ab, ihre medizinischen und nicht-medizinischen Daten einzubringen beziehungsweise zu öffnen. Dies soll dieser Beitrag darstellen.

28.2   Die Computer-, Videospiele- und App-Industrie

Die Industrie der Computer-, Videospiele und Apps ist sehr innovativ. Bei den Computer- und Videospielen sind Unternehmen wie Electronic Arts (EA) oder Activision Blizzard marktführend. Das Schnittfeld zum Gesundheitswesen beschränkt sich aktuell auf sportlich-motorische Aktivitäten der Nutzer. So bieten Spielekonsolen wie „Wii" (Firma Nintendo) die Möglichkeit, durch Hüpfen, Springen oder Nachahmen von bestimmten Sportbewegungen sich spielerisch fit zu halten.

Bei den IT-Lösungen, die sich als App am Markt anbieten, gibt es eine Vielzahl von kleinen, mittleren und großen Unternehmen, die basierend auf eingegebenen Daten, dem Nutzer unterstützend helfen, ein bestimmtes Gesundheitsziel zu erreichen und sich mit anderen Nutzern, Organisationen oder Unternehmen zu vernetzen. Das kann eine App sein, die bei der Gewichtsabnahme hilft oder durch regelmäßige Eingabe von medizinischen Daten Frühwarnsignale sendet. Diese Form der kognitiven Assistenz wird mit steigender Rechenkapazität der Smartphones und Tablets an Bedeutung gewinnen.

Die wirtschaftliche Bedeutung von Apps im Gesundheitswesen kann an folgendem Beispiel dargestellt werden. Die App „Runtastic" wurde 2015 von Adidas für 220 Mio. € aufgekauft. Die vier Gründer dieser Fitness-App konnten 70 Mio. Nutzer und 140 Mio. Downloads verbuchen. Es gibt aber auch Angebote, die sich auf die Analyse von beispielsweise Blutwerten, Blutzuckerwerten und Kalorienberechnungen beziehen. Ob nun Unternehmen gegründet werden, um Apps für den Gesundheitsmarkt zu produzieren und dann das Unternehmen zu verkaufen, oder etablierte Unternehmen Apps entwickeln, um innerhalb ihrer eigenen Wertschöpfungskette Nutzen zu bringen oder dies als Teil eines Business-Model-Design-Prozesses einbringen, in allen Szenarien ist die Bereitschaft des Nutzers, seine Daten einzubringen und somit an Dritte zu öffnen, Voraussetzung.

Apple bietet inzwischen auch eine eigene Gesundheits-App an, die Schrittanzahl, Gewichtsentwicklung, Herzschlagrate und weitere Analysetools abdeckt. Am Markt finden sich auch professionelle Anbieter, die für gesetzliche und private Krankenkassen, aber auch für andere Unternehmen, Apps entwickeln, die Individuen, Institutionen und Organisationen dabei unterstützen, die Belegschaft, Kunden oder Patienten beim Erreichen von Gesundheitszielen zu unterstützen. Das geht in manchen Bereich von E-Health, Telemedizin und Home-Care bis in den Bereich des Monitorings.

Im Rahmen der Selbstbestimmungsrechte, Patientenrechte und Verbraucherschutzperspektive, ist die Bereitschaft von Nutzern, medizinische und nicht-medizinische Daten an Unternehmen abzugeben, eine heikle Frage. In verschiedenen Studien wurde mit unterschiedlichem Studiendesign untersucht, wie die Bereitschaft und Akzeptanz der Nutzer ist, dies zu tun. Dabei wurden hemmende oder fördernde Rahmenfaktoren herausgearbeitet und einige Nutzeranforderungen an solche Gesundheits-Apps und -unternehmen, die diese IT-Lösungen anbieten, identifiziert.

28.3 Learnings für die Gesundheitswirtschaft

Es ist Zeit für einen Paradigmenwechsel im deutschen Gesundheitssystem. Bisher war der Patient reiner Leistungsbezieher. Um die in Abschn. 28.1 genannten Kostensteigerungen und Herausforderungen zum Wohle der Allgemeinheit nachhaltig langfristig gewährleisten zu können, muss der Patient nun sukzessiv aktiv in die Prozesskette des Gesundheitswesens integriert werden. Computerspiele und Apps bilden dabei eine ideale Grundlage, um alters- und bildungsbezogen Angebote machen zu können, die eine hohe Wahrscheinlichkeit haben, eine grundlegende Akzeptanz bei Patienten und Leistungserbringern zu erzielen. Im Folgenden sollen mehrere aktuelle eigene Studien zu diesem Themenfeld dargelegt und im Anschluss mögliche Handlungsempfehlungen und Ideen besprochen werden.

Studie 1
Wie bereits im August 2014 auf der „12th International Open and User Innovation Conference" an der Harvard Business School, Boston/USA (verantwortlich Humboldt-Forschungspreisträger Prof. Dr. Eric von Hippel, MIT Sloan School of Management, Cambridge/USA und Prof. Dr. Karim Lakhani, Harvard Business School, Boston/USA) bei der Präsentation wissenschaftlicher Ergebnisse (Co-Autorin Julia Plugmann, Ärztin) dargelegt, bestand in unserer Studie auf Patientenseite, abhängig vom Erkrankungsgrad, eine hohe Bereitschaft, eine App zu nutzen. Das Studiendesign bezog sich dabei auf das Schnittfeld Zahnmedizin/Medizin. Es ist bekannt, dass eine enge Beziehung zwischen langjährigen Zahnfleischerkrankungen und Volkskrankheiten wie Diabetes oder koronaren Herzerkrankungen mit hoher Wahrscheinlichkeit besteht. Diese interdisziplinäre Situation für den Patienten macht ein individuelles personenbezogenes Gesundheitsdatenmanagement erforderlich, bei dem der Patient mittels einer App aktiv mitarbeiten kann, um weitere Gesundheitsrisiken zu vermeiden. In dieser Studie setzten wir die Annahme voraus, dass es effizienter wäre, wenn Arzt, Zahnarzt und Patient über eine Webapplikation/App ihre Daten einpflegen und austauschen, des Weiteren der Patient zusätzlich die Möglichkeit hätte, individuell Daten einzugeben.

Dieser interdisziplinäre Ansatz könnte Nutzern (Patienten) helfen und Kosten im Gesundheitssystem reduzieren durch Prävention und Frühwarnindikatoren. Die Technologie ist verfügbar, aber die Forschungsfrage war, ob bei den Patienten die Bereitschaft vorhanden ist, ihre Gesundheitsdaten an eine solche App weiterzugeben.

Im Rahmen dieser Studie wurden zwischen Januar und Dezember 2013 in einer Multicenterstudie (vier Zahnarztpraxen in NRW) 528 Patienten mit einer Zahnfleischerkrankungshistorie in zwei Gruppen eingeteilt. In der ersten Gruppe (n = 244) hatte kein Nutzer (Patient) eine Allgemeinerkrankung (zum Beispiel Diabetes; koronare Herzerkrankungen) und in der zweiten Gruppe (n = 284) hatten die Nutzer mindestens eine Allgemeinerkrankung oder mehr. Wir fanden, dass 93 % der zweiten Gruppe ihre Gesundheitsdaten einer solch innovativen App öffnen würden, dem Arzt und Zahnarzt erlauben würden, bestimmte medizinische Parameter einzupflegen und auch selber auf Tages- oder Wochenbasis Informationen einfügen würden, beispielsweise wie sie sich fühlen, was sie gegessen haben und ob sie noch rauchen. In der ersten Gruppe, ohne Allgemeinerkrankungen, würden lediglich 32 % ihre individuellen Gesundheitsdaten weitergeben. Unsere empirischen Resultate zeigten signifikant, dass es eine hohe Bereitschaft auf Nutzerseite gibt, persönliche Gesundheitsdaten für eine innovative App zu öffnen, um eine effizientere Gesundheitsdienstleistung zu erhalten, betreffend der Untersuchungsgruppe mit einer Zahnfleischerkrankungshistorie und einer oder mehr Allgemeinerkrankungen.

Diese Nutzerbereitschaft sollte genutzt werden, um entsprechende IT-Lösungen zu entwickeln, diese in das Gesundheitswesen zu implementieren und die Kosten im Gesundheitssystem zu reduzieren. Der Patientennutzen ist die Prävention weiterer medizinischer Risiken. Wir diskutierten die Implikationsmöglichkeiten der Resultate für die Zukunft der Gesundheitsdienstleistungen und die Rolle des Nutzers (Patienten) in diesem Innovationsprozess. Ein Transformationsmodell der Zukunft von der Erbringung von Gesundheitsdienstleistungen ist auch ein Szenario, über das wir spekuliert haben. Die Zukunftsszenarien und -prototypen helfen uns zu verstehen und Nutzer zu involvieren, um neue Produkte und Dienstleistungen zu entwickeln (Kanto et al. 2014; Parmentier und Mangematin 2014; Steen et al. 2014).

Die drei Zukunftsszenarien (s. Abb. 28.1) unterteilen sich wie folgt:

1. Zukunftsszenario: Der Nutzer (Patient) entscheidet, ob die medizinischen und zahnmedizinischen Daten zusätzlich zu seinen eigenen Patientendaten eingegeben werden und wer die Legitimation bekommt, die Daten und Ergebnisse einzusehen.
2. Zukunftsszenario: Die Versicherungsgesellschaft (oder andere Dienstleistungsunternehmen im Gesundheitssektor) bieten App-Nutzern einen geringeren Monatsbeitrag an, wenn sie die App benutzen.
3. Zukunftsszenario: Das IT-Entwicklungsunternehmen ist ein Dienstleister und der Nutzer ordert eine Gesundheits-App, wie er sie individuell zusammengestellt haben möchte, mit durch den Nutzer definierten Funktionen und Einstellungen.

Die Forschungsergebnisse dieser Studie über Nutzerverhalten (Patientenverhalten) persönliche Gesundheitsdaten gegenüber einer Gesundheits-App zu öffnen, zeigten, dass 93 Prozess der zweiten Gruppe signifikant (p < 0,02) ihre Daten öffnen und eingeben würden.

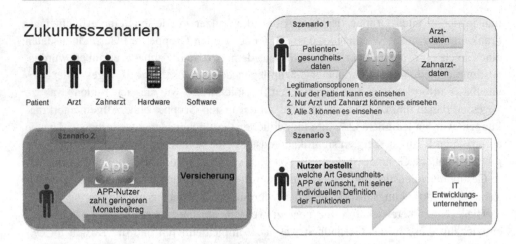

Abb. 28.1 Drei Zukunftsszenarien. (Eigene Darstellung)

Studie 2

Basierend auf der Forschungsfrage aus „Studie 1" entwickelten wir nun in der Folgestudie eine weitere Forschungsfrage, bei der untersucht wurde, wie hoch die Nutzerbereitschaft (Patientenbereitschaft) grundsätzlich ist, persönliche Gesundheitsdaten an eine „zukünftige IT-Plattform" (Prototyp; Kombination IT, Elektronik und Sensoren) von offener Innovation geprägten IT-Gesundheitsdienstleistungsunternehmen zu übermitteln, um einen effizienten Service zu erhalten.

Die wissenschaftlichen Ergebnisse dieser Folgestudie präsentierte ich im November 2015 auf der „2nd World Open Innovation Conference" in Silicon Valley/USA, verantwortet von Professoren der UC Berkeley Haas School of Business, Berkeley/USA. Das Motto der Konferenz „where Theory meets Practise" zog sowohl Akademiker als auch Industrievertreter an, so waren zahlreiche CEOs, CTOs und CIOs internationaler Konzerne anwesend für Panel-Discussions, gemeinsamen Case-Studies, bei denen diese ein Problem aus ihrem Unternehmen schilderten, und die Konferenzteilnehmer in gemischten Gruppen innovative Lösungsansätze erarbeiten konnten. Auch hier bestätigte sich, dass interdisziplinäre Teams mit Teilnehmern unterschiedlicher Altersgruppen ein hohes Problemlösungspotenzial haben.

Unsere Folgestudie ging von der Annahme aus, dass technologische Unternehmen, auch im Gesundheitssektor, einen limitierten Ansatz bei offener Innovation benutzen (West 2003), um Kosten in Forschung und Entwicklung zu senken und höhere Gewinne zu erzielen (Chesbrough 2006). Die Integration der Öffentlichkeit in Forschung und Entwicklung im Gesundheitswesen wird als essenziell für die Fortentwicklung der Innovation angesehen (Bullinger et al. 2012).

Höhere Profite könnten nur erreicht werden durch neue Produkte und Dienstleistungen für den Markt, die den Wettbewerbern voraus sind und die Kundenbedürfnisse treffen.

Im Gesundheitswesen ist damit auch „mobile-Health" gemeint (Estrin und Sim 2010), wobei durch das Öffnen der „mobile-Health-architecture" die Eintrittsbarrieren abgesenkt werden und die Entwicklung neuer Tools durch die Teilnahme der „Community" hilft, neue „m-Health-Apps" zu entwickeln.

Diese IT-Unternehmen involvieren Nutzer und führende Anwender (sogenannte Lead-User), um neue Produkte und Dienstleistungen anzubieten (Bogers et al. 2010), die die Marktforschung noch nicht auf dem Radar hat oder interne Innovationsteams, und somit bahnbrechende Innovationen erzielen (von Hippel et al. 1999). Die Studie zeigt eine hohe prozentuale Bereitschaft der Nutzer (Patienten) zum Transfer all ihrer persönlichen Daten, medizinische und nicht-medizinische, an einen „zukünftigen IT-Service" eines von offener Innovation getriebenen Gesundheits-IT-Unternehmens, um einen besseren Gesundheitsservice zu erhalten.

Der **THEORETISCHE HINTERGRUND** stützt sich auf diverse Literatur aus dem Bereich des Technologie- und Innovationsmanagements, bei dem es auch um die Entstehungszusammenhänge der Mitwirkung von Nutzern und radikaler Innovation geht (Lettl et al. 2006). Der „Open Innovation"-Ansatz mit Nutzern und Lead-Usern war sehr erfolgreich unter bestimmten Voraussetzungen (Reichwald und Piller 2007; Baldwin und von Hippel 2011), dabei muss der Prozess offener Innovation ständig neu aufgebaut werden und trotz allem gibt es eine gewisse Unsicherheit, ob die Nutzer (Patienten) solch einen „Zukunft-IT-Service" (Prototyp) unterstützen und mit ihren medizinischen und nicht-medizinischen Daten versorgen werden.

Die Ergebnisse dieser Studie könnten Unternehmensgründern in der „Health Care"-Industrie helfen, Prototypen zukünftiger IT-Gesundheitsdienstleistungen zu entwickeln, auf dem Fundament eines Ansatzes offener Innovation. Dabei müssen auch Entscheidungen getroffen werden, wie offen die Innovationsprozesse und Prototypen werden dürfen, um den Unternehmensgründungsprozess nicht zu gefährden (West 2003). Die Studie hilft, die Nutzererwartungen zu verstehen.

Studiendesign

Diese Folgestudie basiert auf der 2014 präsentierten Erststudie. Während die Erststudie untersuchte, wie die Bereitschaft von Nutzern ist, Medizindaten an eine innovative Gesundheits-App zu transferieren, untersuchte die Folgestudie, die Bereitschaft zum Transfer aller Daten, medizinische und nicht-medizinische, um eine bessere Gesundheitsdienstleistung zu erhalten.

Bei der Erststudie war der Fokus auf rein medizinischen Daten, die der Arzt, Zahnarzt und Patient selbst, in die App einpflegen. Nachdem mit 93 %, innerhalb der zweiten Untersuchungsgruppe (Zahnfleischerkrankungshistorie und mindestens eine Allgemeinerkrankung), eine sehr hohe Bereitschaft Gesundheitsdaten einer innovativen App gegenüber zu öffnen, empirisch festgestellt werden konnte, war die logische nächste Forschungsfrage, ob die Datensammlung auf einen ganzheitlichen Ansatz ausgeweitet werden könnte. Mit fortschreitenden Forschungsleistungen lassen sich die Grenzen der aktuellen Erkenntnis über offene Innovationsprozesse stetig erweitern (Chesbrough und Bogers 2014).

Wir interviewten in Deutschland von Februar 2014 bis Februar 2015 in einer Multicenter-Studie in Köln und Bonn (vier Zahnarzt- und sechs Arztpraxen) 821 Patienten und befragten sie nach der Wichtigkeit verschiedener Faktoren. Von 2439 Patienten erfüllten 821 die Einschlusskriterien: Vorgeschichte zahnmedizinischer und allgemeinmedizinischer Erkrankungen; Alter 20–75 Jahre; mindestens eine chronische Erkrankung (zum Beispiel Diabetes oder koronare Herzerkrankungen); erfahren im Umgang mit IT; positive Einstellung gegenüber IT-Dienstleistungen.

Die Ergebnisse dieser Studie ergaben folgende Wichtigkeit bei den befragten Nutzern (Patienten):

1. Für 91,1 % (n = 748) ist es wichtig, die „Zukunft-IT-Dienstleistung" im Gesundheitswesen durch den offenen Innovationsprozess mit beeinflussen zu können.
2. Für 89,4 % (n = 734) ist die Sicherheit der IT-Daten wichtig.
3. Für 86,6 % (n = 711) ist es wichtig, aus wissenschaftlichen Forschungsergebnissen basierend auf den Daten der „App-Community" zu profitieren.

Die auf diesen drei priorisierten Faktoren aufbauende Frage war, ob die Nutzer für den Fall, dass alle drei Faktoren garantiert werden könnten, ihre medizinischen und nichtmedizinischen Daten eingeben würden. 87,8 % (n = 721) bejahten dies. Daraus schlussfolgerten wir, dass eine sehr positive Akzeptanz und Bereitschaft bei den Nutzern (Patienten) vorhanden ist, wenn die drei priorisierten Faktoren gewährleistet werden können.

Der digitale Transformationsprozess schreitet voran und hat auch die Gesundheitswirtschaft erreicht. Aufgrund der zu erwartenden wirtschaftspolitischen Veränderungen in den nächsten 20 Jahren, muss der Kostensteigerung im Gesundheitswesen mit präventiven Strategien begegnet werden. Hier ist der Patient gefordert, in dem er sich aktiv präventionsorientiert verhält und seine Daten öffnet, um die technologischen Innovationen zu nutzen, die ihm als „kognitive Assistenz" als Begleiter und Frühwarnindikator dienen kann. Die Industrie der Computerspiele und Apps kann durch neue Produkte und Dienstleistungen „Gamification" zum Durchbruch als innovative Präventivstrategie im Health-Care-Bereich führen.

Die neue Ära der Gesundheitswirtschaft involviert den Patienten einerseits und schafft bessere Rahmenbedingungen für Unternehmensgründungen und Innovationsprojekte etablierter Unternehmen im Health-Care-Bereich andererseits, was zum Vorteil der Allgemeinheit letztlich führt. Denn nur, wenn Unternehmen und Patienten gemeinsame Anstrengungen vollbringen, kann ein qualitativ hochwertiges Gesundheitssystem im Jahr 2035 in Deutschland angestrebt werden.

Angeführte Studien zeigen eine hohe Bereitschaft bei bereits vorerkrankten Patienten, ihre Daten einer innovativen Gesundheits-App und entsprechenden Unternehmen zu öffnen, wenn sie dafür eine signifikante Verbesserung der Gesundheitsdienstleistung erhalten können. Ein wichtiger Knackpunkt seitens der Patienten ist die absolute IT-Sicherheit bezüglich der individuellen Daten. Wenn dieser Punkt nicht gelöst werden kann, wird sich der Prozess der Integration des Aspektes „Gamification" deutlich verzögern.

28.4   Zusammenfassung und Ausblick

Die Patienten- und Leistungsträgeranimation durch Computerspiele und Apps birgt enormes Präventions- und Kostensenkungspotenzial. Damit dieser Markt weiter wächst, ist es wichtig, Startups und Innovationsprojekte etablierter Unternehmen zu fördern. Hier setzt die Innovationskultur neue Impulse. Die Rahmenbedingungen der Unternehmensgründungen für Innovationen technischer Produkte und Dienstleistungen müssen optimiert werden. Denn nur die Vielfalt und der stetige Wettbewerb der Business-Modelle untereinander ermöglicht dauerhaft, erfolgreiche Innovationen zu erschaffen und am Markt zu implementieren.

Die neue Ära nimmt den Patienten in die Pflicht. Gerade der Einsatz von „Gamification" mildert emotional die Tatsache ab, dass das Individuum über die Beitragszahlung hinaus, präventionsorientierte Pflichten hat. Dieser Weg ist alternativlos, wenn die Kosten im Gesundheitssystem im Griff gehalten werden sollen.

Voraussetzung ist, so die Ergebnisse der besprochenen international präsentierten Multicenter-Studien, an erster Stelle die IT-Sicherheit. Ohne Gewährleistung der Sicherheit der vom Patienten geöffneten medizinischen und nicht-medizinischen Daten, wird die Akzeptanz und Bereitschaft auf Patientenseite niedrig sein. Hier ist es im Interesse des Staates in seiner Schutzfunktion, aber auch der Patienten, klare Standards im IT-Security-Bereich zu definieren und durchzusetzen, um den Weg für ein bezahlbares solides Gesundheitssystem in Deutschland zu bereiten. Als Land mit Hochtechnologie in allen MINT-Bereichen, einer starken Industrie und engagierten Institutionen, ist die Prognose, diese Herausforderungen zu meistern, als positiv zu betrachten.

Drei Learnings für die Gesundheitswirtschaft

1. „Gamification" ist eine innovative Präventivstrategie in der Medizin mit einem enormen Kostensenkungspotenzial, wenn der Patient sich mit der Öffnung seiner Daten beteiligt. Es kann auch als Teil der Wertschöpfungskette im Health-Care-Sektor betrachtet werden. Daher müssen Unternehmensgründungen in diesem Bereich gefördert und unterstützt werden.
2. Eine hohe IT-Sicherheit als Standard ist ein zentrales Thema, denn es wird vom Nutzer (Patient) als Voraussetzung benannt, um seine medizinischen und nicht-medizinischen Daten innovativen Technologieprodukten und -dienstleistungen gegenüber zu öffnen.
3. Die neue Ära in der Gesundheitswirtschaft stellt die aktive Involvierung des Patienten in Prävention und Frühwarnsysteme zur Grundlage, um das Versorgungsniveau flächendeckend und auf solidem Niveau, auch zukünftig gewährleisten zu können.

Literatur

Bogers, M., Afuah, A., & Bastian, B. (2010). Users as innovators: a review, critique, and future research directions. *Journal of management*.

Buijs, S. M. J., & Williams, D. (2014). The role of scenarios and demonstrators in promoting shared understanding in innovation projects. *International Journal of Innovation and Technology Management, 11.01*, 1440001.

Bullinger, A. C., et al. (2012). Open innovation in health care: Analysis of an open health platform. *Health policy, 105.2*, 165–175.

Carliss, B., & von Hippel, E. (2011). Modeling a paradigm shift: From producer innovation to user and open collaborative innovation. *Organization Science, 22.6*, 1399–1417.

Chesbrough, H. W. (2006). *Open innovation: The new imperative for creating and profiting from technology*. Harvard Business Press.

Chesbrough, H., & Bogers, M. (2014). *"Explicating open innovation: clarifying an emerging paradigm for understanding innovation." New Frontiers in Open Innovation. Oxford* (S. 3–28). Forthcoming: Oxford University Press.

Estrin, D., & Sim, I. (2010). *Open mHealth architecture: an engine for health care innovation* (S. 759–760). Washington: Science. doi:330.6005.

Von Hippel, E., Thomke, S., & Sonnack, M. (1999). Creating breakthroughs at 3M. *Harvard business review, 77*, 47–57.

Kanto, L. et al. (2014). *How do customer and user understanding, the use of prototypes and distributed collaboration support rapid innovation activities?." Management of Engineering & Technology (PICMET)*. Portland International Conference on. IEEE, 2014.

Lettl, C., Herstatt, C., & Gemuenden, H. G. (2006). "Users' contributions to radical innovation: evidence from four cases in the field of medical equipment technology." *R&D Management, 36.3*, 251–272.

Parmentier, Guy, & Mangematin, V. (2014). Orchestrating innovation with user communities in the creative industries. *Technological Forecasting and Social Change, 83*, 40–53.

Plugmann, P. (2016). Kreativitätstechniken reichen für Start-Up's alleine nicht aus – die Einstellung muss stimmen: Innovationshemmnisse für Unternehmensgründungen in der Zukunft aus Sicht von deutschen Studenten der MINT-Fächer. Ideen- und Innovationsmanagement (DIB – Deutsches Institut für Betriebswirtschaft), 1.16.

Reichwald, R., & Piller, F. (2007). Open Innovation: Customers as partners in the innovation process. http://www.impulse.de/downloads/open_innovation.pdf.

West, J. (2003). How open is open enough? Melding proprietary and open source platform strategies. *Research Policy, 32*(7), 1259–1285.

Dr. Dr. Philipp Plugmann MSc MBA, hat nach seiner Doppelzulassung zum Studium der Human und Zahnmedizin (Uni Köln) das zahnmedizinische Examen abgelegt und arbeitet seit 2002 als Zahnarzt in eigener Praxis in Leverkusen. Er unterrichtet seit zehn Jahren an der Hochschule Karlsruhe Innovationsmanagement und ist Mitentwickler in der Medizintechnikindustrie. Er verfasste über 40 Publikationen. Sein Buch „Zukunftstrends und Marktpotentiale in der Medizintechnik" wurde 2012 von CISCO Systems reviewt. Im Zuge seiner akademischen Laufbahn präsentierte er seine Forschungsergebnisse im Bereich Innovationen unter anderem an der Harvard Business School, dem MIT in Boston sowie der University of California in Berkeley.

Teil VII
Verantwortung

Was kann die Gesundheitswirtschaft von den Staatshilfen des „Euro-Rettungsschirms" lernen? 29

Alexander P.F. Ehlers und Anke Moroder

Zusammenfassung

Abstract: Eine europarechtliche Vereinheitlichung ist nur in Teilen des Rechts der Gesundheitswirtschaft eingeführt. Fest verankert ist nach wie vor der Grundsatz, dass die Gesundheitspolitik und Organisation des Gesundheitswesens sowie die medizinische Versorgung den einzelnen Mitgliedsstaaten obliegen und nicht europarechtlich vereinheitlicht betrieben werden; allenfalls ergänzend kann die Union hier tätig werden. Diese bislang eindeutig gelebte Kompetenzabgrenzung bietet zwar vom Wortlaut der Normen her Abgrenzungsschwierigkeiten; wann wird die Union nur ergänzend tätig? Allerdings war im Tatsächlichen bis dato unumstritten, dass beispielsweise die Finanzierung von Gesundheitsausgaben allein durch die Mitgliedsstaaten geregelt wird. Die Hilfs- und Stabilisierungsmaßnahmen innerhalb der Europäischen Union haben in den letzten Jahren zu erheblichen Eingriffen in die Gesundheitspolitik und die Organisation des Gesundheitswesens in den dem Rettungsschirm unterstellten Ländern geführt. Man kann von einer De-Facto-Regulierung durch die Europäische Union sprechen, die nicht nur ergänzenden Charakter hatte. Die Rechtmäßigkeit dieser Maßnahmen wurde gerichtlich bewertet und dabei schlussendlich nicht beanstandet. Andere Beispiele aus der gesundheitsrechtlichen Rechtswirklichkeit zeigen, dass eine Harmonisierung

A. P. Ehlers (✉)
Ehlers, Ehlers & Partner
80538 München, Deutschland
E-Mail: A.Ehlers@eep-law.de

A. Moroder
EHLERS, EHLERS & PARTNER RECHTSANWALTSGESELLSCHAFT MBB
Widenmayerstraße 29, 80538 München, Deutschland

der europäischen Gesundheitswirtschaft in Zukunft ressourcensparend sein könnte und vielleicht gar nicht so weit entfernt ist.

29.1 Hintergrund

Nicht erst seit dem Vertrag von Lissabon hat sich die EU zur gemeinschaftlichen Aufgabe gemacht, dass jede Person das Recht auf Zugang zur Gesundheitsvorsorge und auf ärztliche Versorgung hat und ein hohes Gesundheitsschutzniveau das Ziel jeder mitgliedsstaatlichen und gesamteuropäischen Politik und Maßnahme sein soll. Ausdrückliche Adressaten dieser Prämisse sind die EU-Organe und die Mitgliedsstaaten hinsichtlich der Durchführung von EU-Recht gleichermaßen.

Waren zunächst die öffentliche Gesundheit und der Gesundheitsschutz als Gemeinschaftsaufgabe kein Regelungsgegenstand der Europäischen Wirtschaftsgemeinschaft, so hat sich im Lauf der Jahrzehnte die EU von einer markt- und wirtschaftsorientierten Gemeinschaft zu einem Staatenbund entwickelt, der auch gesellschaftspolitische Ziele zur gemeinsamen Aufgabe erklärt hat. Dabei hat die Kompetenzverteilung innerhalb des Vertragswerks, insbesondere dem Arbeitsvertrag der Europäischen Union (AEUV), immer getrennt zwischen der mitgliedsstaatlichen Verantwortlichkeit für die Gesundheitspolitik einerseits sowie einzelner, sektorial verstreuter Maßnahmen mit gesundheitspolitischen Auswirkungen andererseits, die eigentlich die Verwirklichung der Niederlassungsfreiheit und des freien Verkehrs mit Gesundheitsdienstleistungen zum Ziel hatten. Letztere sind harmonisiert worden, insbesondere im Bereich der Einführung von Arzneimitteln, Lebensmitteln, Veterinär- und Medizinprodukten. Ein gesundheitspolitisches Gesamtkonzept allerdings ist der EU fremd und es blieb im Verlauf der Jahre bei der Regelung von Einzelbereichen (Lurger 2012, § 168 AEUV Rn. 3). Mit dem Vertrag von Maastricht wurde schließlich der heutige § 168 AEUV eingeführt, dessen maßgeblicher Regelungsinhalt die mitgliedsstaatliche Kompetenz für gesundheitspolitische Fragen ist.

Nicht zuletzt der Zusammenhang mit Krisen, wie beispielsweise der 1996 aufgetretenen BSE-Krise, führte zu dem Verlangen nach schlagkräftigerer gemeinschaftlicher Gesundheitspolitik. Ausdrücklich wurde daher der Beitrag der Union zur Sicherstellung eines hohen Gesundheitsschutzniveaus verankert und die Union hat die Politik der Mitgliedsstaaten insbesondere im Hinblick auf eine Verbesserung der Gesundheit der Bevölkerung, der Verhütung von Humankrankheiten und der Beseitigung von Ursachen für die Gefährdung der körperlichen und geistigen Gesundheit zu ergänzen. Nach dem Amsterdamer Vertrag war also nicht mehr im Fokus, die Sicherstellung eines hohen Gesundheitsschutzniveaus allein in den Händen der Mitgliedsstaaten zu belassen, sondern die Kompetenznormen wurden in ihrer trennscharfen Abgrenzung durch die „Unterstützung" der EU aufgeweicht. Eine Vereinheitlichung der Gesundheitssysteme geht damit dennoch nicht einher.

Der maßgebliche § 168AEUV lautet wie folgt:

Beitrag der Union zur Sicherstellung eines hohen Gesundheitsschutzniveaus

(1) Bei der Festlegung und Durchführung aller Unionspolitiken und -maßnahmen wird ein hohes Gesundheitsschutzniveau sichergestellt.
Die Tätigkeit der Union ergänzt die Politik der Mitgliedstaaten und ist auf die Verbesserung der Gesundheit der Bevölkerung, die Verhütung von Humankrankheiten und die Beseitigung von Ursachen für die Gefährdung der körperlichen und geistigen Gesundheit gerichtet. (...)

(4) Abweichend von Artikel 2 Absatz 5 und Artikel 6 Buchstabe a tragen das Europäische Parlament und der Rat nach Artikel 4 Absatz 2 Buchstabe k gemäß dem ordentlichen Gesetzgebungsverfahren und nach Anhörung des Wirtschafts- und Sozialausschusses sowie des Ausschusses der Regionen mit folgenden Maßnahmen zur Verwirklichung der Ziele dieses Artikels bei, um den gemeinsamen Sicherheitsanliegen Rechnung zu tragen:
(...)
   c) Maßnahmen zur Festlegung hoher Qualitäts- und Sicherheitsstandards für Arzneimittel und Medizinprodukte.

(7) Bei der Tätigkeit der Union wird die Verantwortung der Mitgliedstaaten für die Festlegung ihrer Gesundheitspolitik sowie für die Organisation des Gesundheitswesens und die medizinische Versorgung gewahrt. Die Verantwortung der Mitgliedstaaten umfasst die Verwaltung des Gesundheitswesens und der medizinischen Versorgung sowie die Zuweisung der dafür bereitgestellten Mittel ...

Grundsätzlich sind also die Mitgliedsstaaten für die Festlegung ihrer Gesundheitspolitik, die Organisation des Gesundheitswesens sowie die medizinische Versorgung der jeweiligen Landesbevölkerung zuständig und die diesbezügliche Unabhängigkeit von Europäischer Vereinheitlichung ist sicherzustellen.

Dass das Gesundheitswesen unterschiedlich organisiert ist, hat sich nicht zuletzt aufgrund wirtschaftlicher Unterschiede der Mitgliedsstaaten immer als richtig erwiesen. Eine Verpflichtung zu teuren Gesundheitsausgaben muss die jeweilige Volkswirtschaft verantworten können.

Dabei hat die systematische Trennung mitgliedsstaatlicher Hoheit in Gesundheitsfragen und Intervention durch die Europäische Union durch die Hilfs- und Stabilisierungsmaßnahmen der Europäischen Union beziehungsweise der Troika, also der Europäischen Kommission, der Europäischen Zentralbank und dem Internationalen Währungsfonds, eine Zäsur erfahren. Durch diese Stabilisierungsmaßnahmen wurden in den letzten Jahren erhebliche Finanztransaktionen beziehungsweise Kreditvergaben der Mitgliedsstaaten der Europäischen Union an einige Länder, insbesondere Griechenland, durchgeführt, um die Finanzstabilität Europas aufrecht zu erhalten. Diese Kredite wurden allerdings nicht bedingungslos gewährt, sondern von gewissen Voraussetzungen abhängig gemacht. Forderungen wurden aufgestellt, die de facto einen Eingriff in die Gesundheitspolitik und Organisation des Gesundheitswesens bedeuteten wie beispielsweise die Anordnung von Ausgabeneinsparungen.

Beobachtet man die historische Entwicklung, lässt sich feststellen, dass der bereits in der Vergangenheit deutlich sichtbare Trend zu einer zumindest kumulativen Kompetenz der Mitgliedsstaaten und der Europäischen Union verstärkt wird und Fakten geschaffen wurden, die einer rechtstheoretischen Diskussion über weitergehende Harmonisierung des Gesundheitswesens vorausgingen.

Dabei ist unabhängig davon in einzelnen Bereichen das Verlangen nach Harmonisierung groß, weil einzelstaatliche, spezifische Regelungssysteme nicht zuletzt extrem teuer sind und Markthemmnisse darstellen.

29.2 Euro-Rettungsschirm

Die rechtliche Grundlage für den sogenannten Euro-Rettungsschirm war zunächst Art. 122 Abs. 2 Satz 1 des Arbeitsvertrages der Europäischen Union (AEUV) und die darin verankerte Möglichkeit finanziellen Beistands für Hilfs- und Stabilisierungsmaßnahmen: Art. 122 AEUV lautet: *„Ist ein Mitgliedstaat aufgrund von Naturkatastrophen oder außergewöhnlichen Ereignissen, die sich seiner Kontrolle entziehen, von Schwierigkeiten betroffen oder von gravierenden Schwierigkeiten ernstlich bedroht, so kann der Rat auf Vorschlag der Kommission beschließen, dem betreffenden Mitgliedstaat unter bestimmten Bedingungen einen finanziellen Beistand der Union zu gewähren."*

Eine ernstliche Bedrohung der finanziellen Stabilität sollte durch Maßnahmen aufgefangen werden, die eine Kreditvergabe an akut gefährdete Volkswirtschaften gewährleisten sollte. Mehrere derartige Maßnahmen der Europäischen Union und der Mitgliedsstaaten der Eurozone, die die finanzielle Stabilität Europas absichern sollten, wurden eingeführt; bilaterale Kredite, der Ankauf von Staatsanleihen, der europäische Finanzstabilisierungsmechanismus und die europäische Finanzstabilisierungsfazilität zur Erhöhung des Kreditvolumens sowie der europäische Stabilisierungsmechanismus und schließlich der europäische Fiskalpakt.

Der europäische Finanzstabilisierungsmechanismus ist zunächst als EU-Verordnung (Nr. 407/2010) erlassen worden und nennt Art. 122 Abs. 2 AEUV als Rechtsgrundlage. Das außergewöhnliche Ereignis, das es abzuwenden galt, war die akute Finanznot, die rechtfertigen sollte, dass Teile der mitgliedsstaatlichen Kontrolle entzogen und dadurch ernsthafte Schwierigkeiten verhindert werden sollten. Ursprünglich waren für die finanzielle Stabilisierung 60 Mrd. € bereitgestellt, die für die Länder Portugal und Irland fast umfassend verbraucht wurden; allein 40 % ging an Irland, das sich im Dezember 2013 aus dem Rettungsschirm befreien konnte.

Kurze Zeit später wurde das Kreditvolumen auf 440 Mrd. € aufgestockt, allerdings änderte sich das rechtliche Gerüst nun grundlegend: Eine Aktiengesellschaft nach luxemburgischem Recht wurde gegründet und die rechtliche Berufung auf die Europäischen Gesetze aufgegeben. Auch dieses Rechtsinstitut wurde nicht beibehalten, sondern der europäische Finanzstabilisierungsmechanismus basierte in der Folge auf einem völkerrechtlichen Vertrag zwischen den EU-Mitgliedsstaaten und einer internationalen Institution mit

Sitz in Luxemburg. Wie zuvor regelt auch dieser Vertrag die Vergabe von Hilfskrediten an die zu unterstützenden Mitgliedsstaaten. Zur Absicherung aller Kredite wurden umfassende Bedingungen gestellt, die inländische Reformen und radikale Sparmaßnahmen zum Gegenstand hatten. Davon maßgeblich betroffen war das Gesundheitswesen der dem Rettungsschirm unterstellten Länder; bezogen auf die Leistungen beispielsweise des griechischen Gesundheitswesens, wurden von den Vertretern der Troika radikale Kürzungen vorgenommen, die Selbstbehalte erhöht und die wichtigsten Krankenkassen zu einer nationalen Organisation für Gesundheitsversorgung (EOPYY) verschmolzen. Die Forderungen der Leistungserbringer wurden zeitweise nicht bedient und das Defizit des EOPYY wuchs an; ein dauerhafter Zahlungsausfall war häufig in greifbarer Nähe.

Seit dem 01.05.2013 ist Art. 136 III AEUV in Kraft getreten, welcher es den Mitgliedsstaaten der Eurozone erlaubt, zur Sicherung der Währungsstabilität im Euroraum insgesamt Stabilitätsmechanismen einzurichten, wobei die Gewährung aller erforderlichen Finanzhilfen strengen Auflagen unterliegt. Art. 136 III AEUV lautet: *„Die Mitgliedstaaten, deren Währung der Euro ist, können einen Stabilitätsmechanismus einrichten, der aktiviert wird, wenn dies unabdingbar ist, um die Stabilität des Euro-Währungsgebiets insgesamt zu wahren. Die Gewährung aller erforderlichen Finanzhilfen im Rahmen des Mechanismus wird strengen Auflagen unterliegen."*

Die Ausgaben im Gesundheitsbereich sollten durch Einsparungen reduziert werden und die dem Rettungsschirm unterstellten Länder zu radikalen Reformen gezwungen werden, wobei den Ländern dabei nicht freie Hand gelassen wurde. Beispielsweise wurden Ausgabeneinsparungen für Arzneimittel in der Höhe von drei Mrd. Euro vorgegeben; eine Verordnungsquote von 60 % für Generika wurde bestimmt und eine Positivliste für erstattungsfähige Arzneimittel definiert, welche Therapien verordnungsfähig bleiben sollten. Das Apothekenmonopol wurde gelockert, wobei ohnehin Rechnungen von Apotheken durch Krankenkassen nicht mehr beglichen werden konnten. Für versorgungswichtige Arzneimittel wurde ein Exportverbot eingeführt, sodass in Griechenland ansässige pharmazeutische Unternehmer auch nicht mehr von dem sehr viel wirtschaftlicheren Verkauf durch Export profitieren konnten; 21 patentierte Arzneimittel, die als therapierelevant eingestuft wurden, sollten im griechischen Markt verfügbar bleiben.

29.3 Learnings für die Gesundheitswirtschaft

Im Jahr 2014 wurde dem Bundesverfassungsgericht zur Entscheidung vorgelegt, ob sich die Bundesrepublik Deutschland an dem Europäischen Stabilisierungsmechanismus (ESM) beteiligen kann, beziehungsweise der Europäische Stabilisierungsmechanismus gegen Art. 38 Abs. 1, 20 Abs. 1, 2 i. V. mit 79 Abs. 3 GG verstieße. Dabei entschied das Bundesverfassungsgericht mit Urteil vom 18.03.2014 (Az. 2 BVR 1390/12), dass die Haftungsbegrenzung des Europäischen Stabilisierungsmechanismus genüge, hinreichend sicher zu stellen, dass keine unbegrenzte Zahlungsverpflichtung begründet wird. Eine hinreichende parlamentarische Kontrolle sei durch den Deutschen Bundestag gewährleistet und eine umfassende Unterrichtung könnte stattfinden.

Relevant war für das Bundesverfassungsgericht der mögliche Stimmrechtsausschluss, der eintritt, soweit ein ESM-Mitglied den Pflichten bei Kapitalabrufen nicht nachkommt. Eine deutsche Pflichtverletzung müsse daher verhindert werden, denn bei Stimmrechtsausschluss entfiele gleichermaßen die Vetoposition, die Deutschland nach der Stimmrechtsverteilung im ESM zukommt. Insoweit müsste nicht nur der anfänglich einzuzahlende Kapitalbeitrag im Haushalt bereitgestellt werden, sondern es müsste die ganze Zeit lang sichergestellt werden, dass die weiteren auf Deutschland entfallenen Anteile am genehmigten Stammkapital jederzeit fristgerecht und vollständig eingezahlt werden könnten. Diese Raten müssten im Bundeshaushalt entsprechend ausgewiesen werden.

Der Vertrag über Stabilität, Koordinierung und Steuerung in der Wirtschafts- und Währungsunion (SKSV, auch Fiskalpakt genannt) trat zum 01.01.2013 in Kraft und beinhaltet im Kern die Verpflichtung der Mitglieder, ausgeglichene Haushalte zu verabschieden und diese Verpflichtung verbindlich vorrangig auf Verfassungsrang normativ zu verankern (Schuldenbremse). Dieser wurde allerdings nur von 25 Mitgliedsstaaten unterzeichnet (ohne Vereinigtes Königreich und Tschechien). Auch dieser verstößt nicht gegen das Grundgesetz, so urteilte das Bundesverfassungsgericht am 12.09.2012 (Az. 2 BvR 1390/12).

Im „Pringle-Urteil" vom 27.11.2012 bestätigte der EuGH die Unionsrechtskonformität des Beschlusses 2011/199/EU, auf welchem die Änderung des § 136 AEUV beruht. Ein alleiniges Abstellen auf § 122 II AEUV ist daher nicht mehr erforderlich, da hiermit eine Spezialregelung geschaffen wurde.

Mit Beschluss vom 14.01.2014 (Az. 2 BvR 2728/13) urteilte das Bundesverfassungsgericht in der Folge allerdings, dass der Beschluss der EZB vom 06.09.2012 über „Technical Features of Outright Monetary Transactions" (OMT-Beschluss), nach dem unter bestimmten Bedingungen Staatsanleihen ausgewählter Mitgliedsstaaten in unbegrenzter Höhe aufgekauft werden können, vorbehaltlich der Auslegung durch den EuGH mit Art. 119, 127 I, II AEUV und Art. 17 ff. der ESZB-Satzung unvereinbar ist, weil er über das in den genannten Vorschriften geregelte Mandat der Europäischen Zentralbank hinausgeht und in die Zuständigkeiten der Mitgliedsstaaten für die Wirtschaftspolitik übergreift. Er erscheint ferner mit dem in Art. 123 AEUV verankerten Verbot monetärer Haushaltsfinanzierung unvereinbar.

Die EZB als Organ der EU überschritte ihre Kompetenzen hierbei soweit, dass der OMT-Beschluss als ein Ultra-vires-Akt angesehen werden müsse. Die EZB betreibe durch Anleihekäufe wirtschaftspolitische Steuerung, während sie nur zur Geldpolitik ermächtigt sei. Ebenfalls ziele das OMT-Programm auf primärrechtlich verbotene monetäre Staatsfinanzierung.

Dazu urteilte der EuGH am 16.06.2015 (Az. C 62/14) auf die Vorlage des Bundesverfassungsgerichts, dass „Art. 119, 123 I, 127 I, II AEUV sowie Art. 17–24 des Protokolls (Nr. 4) über die Satzung des Europäischen Systems der Zentralbanken und der Europäischen Zentralbank dahin auszulegen seien, dass sie das Europäische System der

Zentralbanken dazu ermächtigen, ein Programm für den Ankauf von Staatsanleihen an den Sekundärmärkten wie dasjenige zu beschließen, das in der Pressemitteilung angekündigt wurde, die im Protokoll der 340. Sitzung des Rates der Europäischen Zentralbank am 5. und 6.9.2012 genannt ist" (Ruffert 2015, S. 758 ff.).

Laut EuGH handelt es sich um ein geldpolitisches Programm, da es darauf abziele, eine einheitliche Geldpolitik zu gewährleisten und die ordnungsgemäße Transmission der geldpolitischen Entscheidungen zu sichern. Der Umstand, dass das Programm möglicherweise auch zur Stabilität des Euro-Währungsgebietes beitrage, die eine Aufgabe der Wirtschaftspolitik sei, könne diese Beurteilung nicht in Frage stellen. Eine währungspolitische Maßnahme kann nämlich nicht alleine deshalb einer wirtschaftspolitischen Maßnahme gleichgestellt werden, weil sie mittelbare Auswirkungen auf die Stabilität des Euro-Währungsgebiets haben kann (Urteil Rn. 60 ff., Ruffert 2015, S. 760).

Zur Frage der Umgehung des Verbots der monetären Staatsfinanzierung urteilte der EuGH, dass Art. 123 I AEUV und Art. 18 I EZB-Protokoll mittelbaren Anleiheerwerb erlaubten. Eine Umgehung des Finanzierungsverbots liefe dem Zweck der Vorschrift zuwider und müsse durch hinreichende Garantien im Rahmen des jeweiligen Programms vermieden werden. Den Mitgliedstaaten dürfe nicht der Anreiz genommen werden, eine gesunde Haushaltspolitik zu verfolgen. Überdies sei ein Erwerb von Staatsanleihen nur von Mitgliedstaaten vorgesehen, die erneut Zugang zum Anleihemarkt haben. Diejenigen Mitgliedstaaten, deren finanzielle Lage derart zerrüttet ist, dass sie keine Finanzierung mehr auf dem Markt erhalten könnten, sollten auszuschließen sein. Schließlich würde dadurch, dass der Ankauf von Staatsanleihen von der vollständigen Einhaltung der strukturellen Anpassungsprogramme abhängt, denen die betreffenden Staaten unterliegen, ausgeschlossen, dass ein Programm diese Staaten dazu veranlassen könnte, auf eine Sanierung ihrer öffentlichen Finanzen zu verzichten, indem sie sich auf die Finanzierungsmöglichkeiten stützten, die ihnen die Durchführung eines solchen Programms eröffnen könnte.

Im Ergebnis ist also gerichtlich festgestellt worden, dass sämtliche Maßnahmen des Rettungsschirms als rechtskonform beurteilt wurden, auch wenn den Vätern der Europäischen Union gewiss nicht vorgeschwebt hat, durch wirtschaftliche Stabilisierungsmaßnahmen beziehungsweise Kreditvergaben direkten Einfluss auf die Gesundheitspolitik der Länder zu nehmen. Ein Fortschreiben der etwaig harmonisierten EU-Gesundheitspolitik sollte sich in übereinstimmend getroffenen Kompetenzübertragungsregeln wiederfinden. Dass in kurzer Zeit ein sich verselbstständigendes System geschaffen wurde, um im Rahmen einer „Kooperation von Regierungen" in hohem Tempo die gemeinsame Währung zu stabilisieren, hat die Diskussion über mitgliedsstaatliche Vereinheitlichung überholt.

29.4 Zusammenfassung und Ausblick

Die Intervention der Troika insbesondere in die griechische Gesundheitspolitik und die Finanzierung der Gesundheitsausgaben belässt keinen Spielraum mehr für eigene politische Ansätze, auch wenn der Sparzwang weniger politische Akzente setzen sollte, sondern ausschließlich die Ausgabeneinsparungen bezweckte. Anhand dieses Beispiels sieht man jedoch, dass die Instrumente zur Steuerung und Limitierung von Gesundheitsausgaben nicht neu und insbesondere nicht individuell sind. Ein Blick in die einzelnen Mitgliedsstaaten zeigt, dass überall auf Instrumente wie Generikaquoten, Positivlisten etc. zurückgegriffen wird, wenn Ausgabeneinsparungen nötig sind. Grenzenlose Verordnung auf Staatskosten ist insoweit längst in allen Ländern passé.

Gesamtwirtschaftlich gesehen würde es dabei Sinn machen, die Vielfalt der Systeme durch gewisse Vereinheitlichungen ökonomischer zu gestalten. Mögliche Fortentwicklungen der Harmonisierung im Gesundheitsbereich sollten nach Auffassung der Verfasser zunächst diejenigen Bereiche betreffen, bei denen der freie Warenverkehr und die Niederlassungsfreiheit verwirklicht werden könnten. Durch unterschiedliche Systeme der Gesundheitspolitik und Finanzierung wird derzeit mehr als nur doppelte Arbeit produziert.

So zeigt sich am Beispiel von orphan drugs, also Arzneimitteln für seltene Leiden, dass die teils kostspieligen Verfahren zum Nachweis von Zusatznutzen oder Kosteneffektivität mittels ausreichenden Datenmaterials in einem einzigen Verfahren belegbar gemacht werden könnten. Wäre zumindest die Systematik für den wissenschaftlichen Nachweis des jeweiligen Zusatznutzens harmonisiert, wäre das Ziel, insbesondere Arzneimittel gegen seltene Leiden rasch für alle Betroffenen verfügbar zu machen, besser erreichbar. Nicht zuletzt wegen der hohen Kosten für die verschiedenen Verfahren ist ein Marktzutritt derzeit erheblich erschwert.

Zwar muss man den Anforderungen an unterschiedliche Preisniveaus in unterschiedlich starken Volkswirtschaften gerecht werden, da sonst die Europäische Harmonisierung entweder das Gesundheitsschutzniveau für alle absenken oder einzelne Staaten finanziell zu stark belasten würde. Durch individuelle und einzelstaatliche Preisverhandlungen kann jedoch der Wirtschaftskraft im Einzelnen Rechnung getragen werden. Allein diejеnigen Verfahrensschritte, die in den Mitgliedsstaaten im Grundsatz gleich verlaufen und allesamt die Bewertung des Arzneimittels bezwecken, können vereinheitlicht werden.

Dabei bleibt abzuwarten, ob hier durch den Europäischen Gesetzgeber in gewohntem Verfahrensgang ein einheitlicher rechtlicher Rahmen entwickelt wird oder letztlich vergleichbar mit den Interventionen der Troika durch die Health Technology Assessment Bodies (HTA-Behörden, also diejenigen Institute, die wie in Deutschland G-BA und IQWiG in der EU die Erstattungsverfahren durchführen) im Wege der behördlichen Zusammenarbeit Dokumente austauschen und somit Verfahren gleichlaufen lassen.

Drei Learnings für die Gesundheitswirtschaft

1. Die Intervention der Troika in die Gesundheitssysteme der dem Rettungsschirm unterstellten Mitgliedsstaaten zeigt, dass letztlich eine auch intern wirtschaftlich schlagkräftige EU nötig ist, um langfristig eine stabile Währung und stabile Volkswirtschaften zu gewährleisten.

2. Harmonisierung im Gesundheitsbereich muss, um auf rechtskonforme Weise durchgeführt zu werden, insbesondere diejenigen Bereiche betreffen, die durch ohnehin gleichlaufende Verfahren für alle Beteiligten unnötig hohe Kosten produzieren.
3. Gerade Patienten mit seltenen Krankheiten hängen von Regulierungssystemen ab, da es zum raschen Marktzugang von orphan drugs keine Alternativen gibt; die Kosten der Behandlung seltener, oft schwerwiegender und chronischer Krankheiten, sind nicht stemmbar ohne ein staatliches Finanzierungssystem. Um die Finanzierbarkeit aufrecht zu erhalten, müssen Synergieeffekte genutzt werden.

Literatur

Lurger in: Streinz, EUV/AEUV, 2. Auflage 2012, § 168 AEUV Rn. 3

Ruffert, Europarecht: Vorabentscheidung des EuGHs zum OMT-Programm – Das OMT-Programm der EZB ist europarechtskonform, weil es bestimmte Bedingungen einhält, JuS 2015, 758 ff.

Prof. Dr. iur. Dr. med. Alexander P. F. Ehlers ist Seniorpartner der Rechtsanwaltsgesellschaft Ehlers, Ehlers & Partner mbB in München. Von 1983 bis 1999 war er als Vertragsarzt in eigener Praxis in München tätig. Von 1989 bis 2005 hatte er den Lehrauftrag Medizinrecht an der Ludwig-Maximilians-Universität, München. Seit 2004 ist er Honorarprofessor für Medizinrecht und Health Care Systems an der European Business School in Oestrich-Winkel. Von 1997 bis 2012 war er Managing Director der Conférence Bleue. Professor Ehlers berät seit 25 Jahren in allen Fragen des Pharma- und Medizinrechts.

Dr. iur. Anke Moroder ist Rechtsanwältin der Rechtsanwaltsgesellschaft Ehlers, Ehlers & Partner mbB in München. Nach dem Abitur studierte sie Rechtswissenschaft an der Julius-Maximilians-Universität in Würzburg mit Europäischem Begleitstudium. Im Anschluss promovierte sie an der Universität zu Köln am Lehrstuhl für Staatsrecht im Bereich des Organ- und Geweberechts. Im Referendariat war sie in einer Großkanzlei, der Hamburger Ärztekammer sowie an der Kammer für Arzthaftungssachen des Landgerichts Lübeck tätig. Frau Dr. Moroder berät in allen Fragen des Medizinrechts. Sie hat hierzu zahlreiche Beiträge in Büchern und Zeitschriften veröffentlicht.

Was kann die Gesundheitswirtschaft von der Arbeitserziehung lernen?

André Trinks

Zusammenfassung

Leere Kassen, der ansteigende Ärzte- und Fachkräftemangel, sowie besorgniserregende Hygiene- und Qualitätsmängel haben zu einem erheblichen Vertrauensverlust im Sozial- und Gesundheitswesen geführt, der es unumgänglich macht, alte Verhaltensweisen und Denkstrukturen hinter sich zu lassen, damit Raum für einen längst überfälligen Paradigmenwechsel entstehen kann, der zu einer ganzheitlichen Betrachtungsweise des Menschen und dessen Ressourcen führt.

30.1 Hintergrund

Flächendeckend ist das Pflegepersonal in Deutschland überlastet. Viele Stellen bleiben unbesetzt und die Fachkräfte aus dem Ausland bleiben aus, da sie woanders bessere Bedingungen vorfinden. Der Widerstand der noch verbliebenen Beschäftigten mehrt sich, wie jüngst in Wetzlar, Dortmund und Westfalen Lippe, als ungefähr 1600 Beschäftigte für bessere Bedingungen auf die Straße gingen. Weitere Kliniken und Einrichtungen in Dillenburg, Limburg, Gießen-Marburg, Herborn, Bad Homburg, Frankfurt, Offenbach und Gelnhausen sollen bestreikt werden. Die Qualität der Versorgung von Patienten in einem der reichsten Länder der Welt leidet extrem. Die Finanzierungsmängel und der damit verbundene Abbau beziehungsweise Nichtbesetzung von Stellen, schafft eine Situation der andauernden Überforderung und Resignation. Die Zahlen der Engpassanalyse der Bundesagentur für Arbeit lassen keine positive Prognose zu und zeichnen ein düsteres Bild für die Gesundheitsversorgung (s. Abb. 30.1).

Zudem sind laut der Kassenärztlichen Bundesvereinigung KBV immer weniger Ärzte bereit, sich als Vertragsärzte in ländlichen Gebieten niederzulassen, dadurch ist eine

A. Trinks (✉)
69207 Sandhausen, Deutschland
E-Mail: trinks@andretrinks.de

© Springer Fachmedien Wiesbaden 2017
D. Matusiewicz und M. Muhrer-Schwaiger (Hrsg.), *Neuvermessung der Gesundheitswirtschaft*, FOM-Edition, DOI 10.1007/978-3-658-12519-6_30

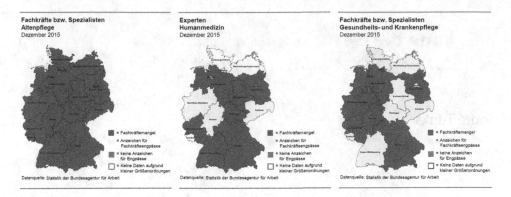

Abb. 30.1 Fachkräftemangel Gesundheits- und Pflegeberufe. (Bundesagentur für Arbeit 2015; © Statistik der Bundesagentur für Arbeit)

flächendeckende Rund-um-die-Uhr-Versorgung erheblich gefährdet. Die schwache Infrastruktur, die zunehmende Bürokratisierung und die Budgetierung gehören zu den Gründen der Mediziner, sich nicht auf dem Land niederzulassen (Destatis 2016a).

Schreckensmeldungen über Infektionsgefahren in Kliniken wie zum Beispiel in der Uniklinik Mannheim, in der nach Presseberichten vermutlich jahrelang Hygiene-Vorschriften für OP-Bestecke missachtet wurden, unnötige Rückenoperationen, über die in den Medien immer wieder berichtet wird und Organhandel-Skandale, wie zuletzt an der Uniklinik in Göttingen, haben ihren Teil zum Vertrauensverlust beigetragen. Die Politik und die verantwortlichen Akteure des Sozial- und Gesundheitswesens haben es leider nicht geschafft, Ökonomie und die Orientierung an den Bedürfnissen des Menschen in Balance zu bringen.

Die Notwendigkeit, bestehende Organisations- und Denkstrukturen aufzubrechen und die Prioritäten neu zu ordnen, ist unausweichlich geworden. Die Ablösung des (Selbst-)Kostendeckungsprinzip durch das leistungsbezogene und pauschalierende Vergütungssystem, wie zum Beispiel in Krankenhäusern und Kliniken das DRG-System, das dem Grundgedanken einer Ökonomisierung sicherlich entspricht, war grundsätzlich nicht falsch, hat im Ergebnis aber zu einer Disparität in der Gewichtung zwischen betriebswirtschaftlichen Zielen und Patientenzielen beziehungsweise zwischen den volkswirtschaftlichen Zielen und den gesellschaftlichen Zielen geführt. Die Planung und Umsetzung der Ökonomisierung hat aus einer Vielzahl von Gründen nicht den gewünschten Erfolg erzielt. Die dadurch entstandene „Fließbandkultur", in der immer mehr Betroffene in immer kürzerer Zeit durchs System geschleust werden müssen, führte zu erheblichen Mehrkosten. Die finanzielle Schieflage vieler Unternehmen im Sozial- und Gesundheitswesen spricht eine deutliche Sprache. Die Finanzierung und Sicherstellung der gesundheitlichen Versorgung ist nicht nur Aufgabe des Sozial- und Gesundheitswesens, sondern eine gesamtgesellschaftliche Aufgabe, die es zeitnah zu lösen gilt, bevor die Systeme in ihrer künstlich geschaffenen Komplexität kollabieren, denn auch der demografische Wandel und die Notwendigkeit von Forschung und Entwicklung gehören zu den Ursachen der steigenden Kosten.

In 2014 flossen laut dem statistischen Bundesamt in Wiesbaden insgesamt 328 Mrd. € in den Gesundheitssektor. Das ist eine Steigerung um 4,2 % (13,3 Mrd.) zum Vorjahr. Das bedeutet, dass selbst die Steigerungsrate einen Zuwachs von 0,2 % aufweist, denn 2013 hatte die Steigerungsrate im Gesundheitssektor noch vier Prozent betragen.

Mit knapp 58,5 % der Ausgaben (191,8 Mrd. €) war die gesetzliche Krankenversicherung an der Finanzierung beteiligt. Somit kann die GKV mit einem Anstieg von 5,6 der Kosten zu 2013 aufwarten (Abb. 30.2).

163,5 Mrd. € wurden für Güter und Dienstleistungen im ambulanten Bereich aufgebracht, das entspricht 49,84 %. Das waren 5,2 % mehr als 2013. Die größte Steigerung gab es allerdings im Sektor der ambulanten Pflegeeinrichtungen. Dort stiegen die Ausgaben um 7,8 % auf 13,3 Mrd. €, sowie im Sektor der Apotheken um sieben Prozent auf 44,7 Mrd. € (Destatis 2016b).

Demnach entfielen 2014 statistisch gesehen 4050 € auf jeden Einwohner. 2013 waren es noch 3902 €. Der Anteil der Gesundheitsausgaben am Bruttoinlandsprodukt änderte sich allerdings nicht und blieb mit 11,2 % stabil. Auf den ersten Blick mag sich dies alles als ein unüberwindbares und unlösbares Hindernis darstellen, aber auf den zweiten Blick hingegen birgt die Situation auch eine Vielfalt an Möglichkeiten, die es uns erlaubt, uns und das System weiter zu entwickeln. Behalten wir jedoch den derzeitigen Kurs bei, steuern wir sehenden Auges weiter auf ein totales Systemversagen zu. Die gute Nachricht dabei ist, dass Krisen immer die Impulsgeber sind, um neue Wege zu gehen. Krisen sind also der Motor für Entwicklung. Daher sollten wir die Chancen, die sich aus dieser Kri-

Gesundheitsausgaben nach Ausgabenträgern

Gesundheitsausgaben in Millionen Euro

Merkmal	2012	2013	2014
Ausgabenträger insgesamt	302 907	314 666	327 951
Öffentliche Haushalte	14 353	14 266	14 769
Gesetzliche Krankenversicherung	172 468	181 664	191 767
Soziale Pflegeversicherung	22 985	24 398	25 452
Gesetzliche Rentenversicherung	4 264	4 268	4 363
Gesetzliche Unfallversicherung	4 899	5 005	5 213
Private Krankenversicherung[1]	27 963	29 039	29 262
Arbeitgeber	12 825	13 458	13 938
Private Haushalte und private Organisationen ohne Erwerbszweck	43 149	42 568	43 186

[1] einschließlich privater Pflege-Pflichtversicherung.

Abb. 30.2 Gesundheitsausgaben. (Statistisches Bundesamt KBV; © Statistisches Bundesamt, Wiesbaden 2016)

sensituation ergeben, nutzen und uns neu ausrichten. Wir müssen lernen unser bisheriges Handeln besser zu reflektieren, um daraus neue zielführende Strategien abzuleiten (KBV).

30.2 Arbeitserziehung und ganzheitliche Ressourcenorientierung

Die Festlegung von Kriterien für eine gerechte Ressourcenverteilung im Sozial- und Gesundheitswesen ist nicht nur eine politische Aufgabe oder Aufgabe der Selbstverwaltungen, sondern ein gesamtgesellschaftlicher Reflexionsprozess, über den wir als ganzheitliches System lernen müssen, so effizient und zielgerichtet wie möglich unsere vorhandenen Ressourcen auf allen Ebenen zu nutzen. Die Komplexität der Aufgabenstellung erfordert den kleinsten gemeinsamen Nenner in der Betrachtungsweise der zukünftigen Herausforderungen zu finden. Ausgehend davon müssen wir zudem auch berücksichtigen, dass es höchstwahrscheinlich nicht möglich sein wird, allen Erwartungshegern/Stakeholdern in vollem Umfang gerecht zu werden. Jedoch kann ein gemeinsames Menschenbild und die ressourcenorientierte Sichtweise auf unser Handeln einen Rahmen für das Sozial- und Gesundheitswesen geben, der nicht nur die Verantwortung in der Legislative sucht, sondern auch bei jedem einzelnen Akteur und Betroffenen im System.

Entscheidend für das Gelingen ist, dass alle Verantwortlichen im Sozial- und Gesundheitswesen „Inklusion, Teilhabe und Ressourcenorientierung" als das vorrangige Ziel aller Bemühungen begreifen und mit ihrem Verhalten den Paradigmenwechsel hin zur ganzheitlichen Ressourcenorientierung einleiten, fördern, unterstützen und begleiten. Nur wenn sie es schaffen, selbst ein authentisches Modell für den Paradigmenwechsel zu sein und das Paradigma mit Leben füllen, kann ein gesamtgesellschaftlicher Veränderungsprozess erfolgreich erzielt werden.

Zum Gelingen müssen wir die persönlichen, familiären, sozioökologischen, sozioökonomischen und kulturellen Ressourcen aller Beteiligten anerkennen, diese nutzen und fördern.

Der Paradigmenwechsel hin zu einer gesamtheitlichen Ressourcenorientierung, die die Ressourcen der Betroffenen und der Unternehmungen in den Mittelpunkt unseres Handelns stellt, ist unumgänglich, um ein tragfähiges Fundament für ein gesundes System zu errichten. Zur Umsetzung dieses gesamtgesellschaftlichen Zieles gilt es, ein allgemeingültiges Menschenbild zu definieren und unser Handeln ressourcenorientiert danach auszurichten, Prozesse so effizient wie möglich zu gestalten und dabei existierende Strukturen so zu nutzen, dass sich der gesamte Veränderungsprozess nachvollziehen und evaluieren lässt. Unser Handeln muss in qualitäts- und betriebswirtschaftlichen Kennzahlen messbar sein.

30.3   Learnings für die Gesundheits- und Sozialwirtschaft

Zunächst sollten wir uns daher einmal mit der Heterogenität des Menschenbildes im Sozial- und Gesundheitswesen beschäftigen. Und schon hier zeigt sich, wie vielfältig das Bild durch die verschiedenen Perspektiven, Erfahrungen und Professionen ist. Während in der Behindertenhilfe schon weitestgehend ressourcenorientiert gearbeitet wird, bringt der neue Pflegebedürftigkeitsbegriff die Ressourcenorientierung voraussichtlich erst 2017 in die Pflege. Wie können wir es also schaffen, ein homogenes ressourcenorientiertes Menschenbild zu entwickeln, das trotz der Individualität des Betrachters und des Betroffenen, den individuellen Ansprüchen gerecht wird?

Für einen tragfähigen Paradigmenwechsel ist es zwingend notwendig, dass sich alle Interessensheger über das Menschenbild einig sind und es voll anerkennen, egal ob es sich um Menschen in Rehabilitationseinrichtungen, Kliniken, Werkstätten für behinderte Menschen, in Alten- und Pflegeeinrichtungen oder Menschen in ambulanten Maßnahmen und Angeboten handelt. Uns sollte bewusst sein, dass das politisch erklärte Ziel, immer die Inklusion und Teilhabe am gesellschaftlichen Leben ist und dabei alle Lebensbereiche umfasst.

Alle Bemühungen zur Persönlichkeitsentwicklung, Prävention, Behandlung, Therapie, Rehabilitation und Pflege sollen den ganzen Menschen umfassen. Wenn irgend möglich, soll jeder Betroffene die Chance erhalten, an Maßnahmen der Prävention, Behandlung, Therapie, Rehabilitation, Ausbildung und Persönlichkeitsförderung teilzuhaben. Alle Bemühungen müssen dabei zielgerichtet auf die Teilhabe am gesellschaftlichen Leben und die Inklusion sein. Mit allen Betroffenen, den Angehörigen und den verschiedenen Professionellen im Sozial- und Gesundheitswesen soll eine wertschätzende Gesprächskultur entwickelt und praktiziert werden, bei der jeder im Dialog zu seiner jeweiligen Geltung gelangt. Es sollte also jeder ernst genommen und auch angehört werden.

In der Anamnese soll es nicht nur um die chronologische und quantitative Erfassung von Krankheiten, von Plus und Minus im Lebenslauf, der Dauer oder Häufigkeit von Maßnahmen zur Rehabilitation oder Pflege gehen, sondern auch um die dahinterstehenden Aussagen, Schlussfolgerungen und der daraus entstehenden Möglichkeiten von ressourcenorientierten Maßnahmen und Behandlungen. Das bedeutet, es ist nicht nur von Relevanz, wann der Betroffene welche Krankheit, welche Maßnahme zu welchen Kosten wo hatte, sondern es geht darum, zu erkennen, warum es zur jeweiligen Situation gekommen ist und welche Ressourcen der Betroffene weiterhin nutzen kann, um wieder am gesellschaftlichen Leben teilzunehmen.

Dies soll über die gemeinsame Reflexion der relevanten Systeme erfolgen. Zu diesen zählen die Systeme der Krankenhäuser und Kliniken, der niedergelassenen Ärzte, der Einrichtungen (zum Beispiel: BBW, WfbM, Alten- und Pflegeheime usw.), der Sozialwelt (Krankenkasse, Pflegekasse, Beratungsstellen, RV), des Arbeitsmarktes (Jobcenter, Agenturen, Ministerien) und das System der Familie und des sozialen Umfeldes. Jeder professionelle Dienstleister muss seine eigene Rolle erkennen und ihre Wirkung auf den

Betroffenen möglichst offenlegen und reflektieren, damit alle Beteiligten Spielräume gewinnen.

Sozialstaatliche Prinzipien, wie das Solidaritätsprinzip und das Subsidiaritätsprinzip müssen konsequent auf alle Lebensbereiche angewandt werden. Den Grundstein dafür müssen wir bereits in der Sozialisation unserer Gesellschaft legen. Mit einer ausgeglichenen erzieherischen Leitkultur nach Wolfgang Brezinka (deutsch-österreichischer Erziehungswissenschaftler), die aus dem Aufbau des Vertrauens zum Leben und der Welt, der Bereitschaft zur Selbsterhaltung durch die eigene Anstrengung, einer Kultur des Herzens, der Erlangung eines realistischen Selbst- und Weltbildes, dem Gemeinsinn, Patriotismus und der Selbstdisziplin besteht, kann eine gesamtgesellschaftliche Basis für einen ausbalancierten Umgang mit den sozialstaatlichen Prinzipien geschaffen werden. Dies setzt allerdings voraus, dass diese Prinzipien politisch gewollt als Teil einer Ressourcenorientierung bereits in den Familien, Kindergärten, Schulen, Vereinen, usw. fest im Gedächtnis aller verankert werden.

Für uns als Gesellschaft verringern sich durch die ausgewogene Anwendung der sozialstaatlichen Prinzipien die sozialen Kosten in dem Umfang, wie sie Unterstützungs- und Hilfeleistungen im Rahmen der sozialen Netzwerke für Kranke, Alte, Behinderte oder anders beeinträchtigte Menschen erbracht werden. In einer intakten sozialen Lebensumwelt ist sogar davon auszugehen, dass viele Erkrankungen und Beeinträchtigungen erst gar nicht entstehen.

Die gesamtgesellschaftlichen sozialen Ressourcen sind am Wachstum oder Niedergang einer Volkswirtschaft keinesfalls zu vernachlässigen. Je konsequenter und effizienter wir die vorhandenen Ressourcen nutzen, desto besser ist das Vertrauen innerhalb des Systems. Wirtschaftliche Transaktionen und Investitionen werden nicht zu einem unüberschaubaren und unkalkulierbaren Risiko, sondern führen zu vertrauensvollen und gewinnbringenden Geschäftsbeziehungen. Sie benötigen wesentlich weniger Anstrengungen bei der Risikoanalyse, rechtlichen Absicherungen, Vertragsverhandlungen, usw. Damit steigt die Produktivität und Innovationskraft innerhalb des Systems.

Für den Einzelnen bedeutet das, dass er eine Vielfalt an Möglichkeiten hat, einen Zugang zu den sozialen, rehabilitativen und gesellschaftlichen Ressourcen zu erlangen. Er kann dort zielgerichtet Unterstützung und Hilfeleistungen bekommen, wo er aufgrund von Krankheit, Beeinträchtigung oder Behinderung, vorübergehend oder auch dauerhaft, über keine selbstständige Handlungssteuerung verfügt.

Die Ressourcenorientierung spielt demnach auf verschiedenen Betrachtungsebenen eine zentrale Rolle. Im therapeutischen, pflegenden, behandelnden und rehabilitativen Kontext steht der Begriff dafür, den Betroffenen vom passiv behandelten zu einem aktiv handelnden Menschen zu befähigen. Das Empowerment-Konzept bietet hier ein wirkungsvolles Werkzeug. Die Akteure im Sozial- und Gesundheitswesen müssen lernen, die Ressourcen der Betroffenen zu erkennen und die Fähigkeit besitzen, dem Betroffenen die eigenen Ressourcen bewusst zu machen und diese mit ihm gemeinsam in die Diagnostik, die Behandlungsplanung und Evaluierung der Ergebnisse mit einzubeziehen. Dadurch werden nicht nur das Selbstwertgefühl und das Erleben von Selbstwirksamkeit gefördert und gestärkt, sondern auch die Handlungskompetenz und die Bereitschaft zur Übernahme von Eigenverantwortung (vgl. empowerment.de 2016).

Die eigenen Ressourcen werden nicht mehr durch eine defizitorientierte Sichtweise verdeckt, was dazu führt, dass die Betroffenen schneller in einen Reflexionsprozess kommen, neue Perspektiven entwickeln und aktiv daran mitarbeiten, wieder in tragende gesellschaftliche Zusammenhänge zu kommen und somit Teil des Ziels einer inklusiven Gesellschaft zu sein. Dadurch werden nicht nur unsere ideellen Ziele wie die Inklusion, Gleichberechtigung, Teilhabe und soziale Gerechtigkeit erreicht, sondern unter anderem auch die Senkung der Kosten der Behandlung oder Maßnahme.

Die betriebswirtschaftliche Ressourcenorientierung ist Teil des strategischen Managements, deren Bedeutung für den Erfolg einer Unternehmung eine tragende Rolle zukommt. Die wichtigsten Ressourcen in Unternehmen des Sozial- und Gesundheitswesens sind die humanen, finanziellen, physischen, technologischen, organisatorischen Ressourcen, sowie die Reputation des Unternehmens. Dies spiegelt sich zum Beispiel in den Konzessionen, den Konzeptionen, den Mitarbeitern, dem Grad des Wissens, der Effizienz der Prozesse und dem Image wider.

Besondere Beachtung müssen die Unternehmen ihren Mitarbeitern schenken. Sie müssen lernen, diese als Ressource zu begreifen. Arbeitnehmer haben heute andere Bedürfnisse als in der Vergangenheit. Die Vereinbarkeit von Familie und Beruf in einer veränderten Gesellschaft stellen die Unternehmen vor eine Herausforderung, die es zu meistern gilt. Dazu müssen Instrumente der zielgerichteten Personalarbeit implementiert werden, die ihre Qualität und Attraktivität als Arbeitgeber messbar und somit auch beeinflussbar machen. Dadurch erhalten sie die Möglichkeit, sich auf die Bedürfnisse der Mitarbeiter einzustellen und deren Ressourcen optimal zu nutzen. Eine kennzahlenbasierte Analyse der Personal- und Führungsarbeit, sowie Mitarbeiterbefragungen sollten daher die Bewertungsgrundlage einer ressourcenorientierten Personal- und Führungskräfteentwicklung sein, um sich die besten Fach- und Führungskräfte zu sichern. Die geplante Entwicklung des vorhandenen Personals kann ein wesentlicher Beitrag dazu sein, dem Fachkräftemangel entgegenzuwirken und die eigenen Ressourcen zu nutzen. Die Förderung der sozialen Kompetenzen, Teambildungsmaßnahmen, Kommunikationsschulungen und Führungskräfte-Coachings sind wirkungsvolle Instrumente zur Sicherung des Unternehmenserfolges.

30.4   Zusammenfassung und Ausblick

Doch der einseitige Blick auf die Ressourcen und Fähigkeiten eines Unternehmens reicht nicht aus, um langfristig überdurchschnittliche Gewinne zu erwirtschaften und dauerhaft wettbewerbsfähig zu sein. Ein wichtiger Bereich ist also auch der Markt beziehungsweise der Betroffene selbst, den wir umfassend als ganzen Menschen mit all seinen Ressourcen betrachten müssen (vgl. van Well 1996, S. 161).

Erst die Summe und ganzheitliche Berücksichtigung der unternehmerischen Ressourcen und der Marktressourcen, zeichnet ein nachhaltig wettbewerbsfähiges Unternehmen des Sozial- und Gesundheitswesens aus. Alle Bemühungen müssen demnach auf die Bedürfnisse der Betroffenen, der Stakeholder und der Shareholder ausgerichtet sein. Das Erkennen der Situation und der Beschluss zur Umsetzung sind nicht die wirklich großen Herausforderungen, die sich uns stellen, sondern das „vom darüber nachdenken", über die „konkrete Planung" bis ins zielgerichtete „Tun" zu gehen, ist die Schwierigkeit. Oftmals bleibt es leider nur bei Absichtsbekundungen. Die Ziele müssen basierend auf der Managementtechnik MBO – Management by Objectives nach Peter Ferdinand Drucker SMART entwickelt werden (vgl. Drucker 1998).

Genau wie in der Behandlungsplanung mit der dazugehörigen Verlaufsdiagnostik und Evaluierung des Behandlungserfolges, muss die Planung der Umsetzung verschiedener Projekte so professionell wie möglich durchgeführt werden. Auch die ständige Verbesserung, also der Ansatz des KVP aus dem Qualitätsmanagement, das mit dem japanischen Kaizen vergleichbar ist, muss durch den PDSA-Zyklus nach William Edwards Deming zur Geltung kommen, um uns fortlaufend weiter zu entwickeln (vgl. Deming 2016). Blinder Aktionismus und Schnellschüsse der einzelnen Sektoren und Teilbereiche, werden uns langfristig nicht ans Ziel bringen, sondern werden die Komplexität des Sozial- und Gesundheitswesen weiter erhöhen und Prozesse noch weiter verkomplizieren. Wir müssen jetzt planvoll, zielgerichtet, mit viel Mut und großem Engagement vorgehen, uns selbst reflektieren und uns unserer eigenen Fähigkeiten und Ressourcen bewusstwerden, um die Weichen für die Zukunft zu stellen. Die ganzheitliche Ressourcenorientierung umfasst letztendlich die Parität der Ressourcen des Menschen, der Gesellschaft und dem System des Sozial- und Gesundheitswesens. Erst wenn wir uns auf ein gemeinschaftliches Menschenbild und eine ganzheitliche Ressourcenorientierung als Paradigma verständigen, werden wir die anstehenden Herausforderungen im Sozial- und Gesundheitswesen erfolgreich lösen.

Drei Learnings für die Gesundheitswirtschaft

1. Die Gesundheitswirtschaft sollte sich als Teil einer gesamtgesellschaftlichen Verantwortung gegenüber unseren Ressourcen begreifen. Das impliziert, dass Prozesse, Produkte und Behandlungen so effizient und nachhaltig wie möglich gestaltet werden müssen. Dabei sollten nicht nur die finanziellen und materiellen Ressourcen im Mittelpunkt stehen, sondern auch und vor allem die der Menschen. Dabei ist nicht nur der Patient Mensch, sondern auch sein Dienstleister aus der Gesundheitswirtschaft und sein soziales Umfeld zu betrachten.
2. Die Gesundheitswirtschaft sollte daher in den Dialog mit allen Beteiligten gelangen und den Blick von außen zulassen, um zu einer einheitlichen Strategie im Umgang mit vorhandenen Ressourcen zu gelangen und unentdeckte Ressourcen frei zu machen. Gemeinsame Forschungs- und Finanzierungsstrategien, sowie die Nutzung gemeinsamer Infrastruktur schafft Platz für neue Innovationskraft und einen

neuen Pioniergeist. Die Gesundheitswirtschaft sollte die sich daraus ergebenden medizinischen, rehabilitativen und betriebswirtschaftlichen Erfolge als Stärkung des Vertrauens in die Gesundheitswirtschaft verstehen.

3. Die Gesundheitswirtschaft sollte ihre Arbeitsbedingungen so gut es geht an den Bedürfnissen seiner Mitarbeiter ausrichten. Die Gesundheitswirtschaft sollte über neue moderne Anreize wie zum Beispiel Lebensarbeitszeitmodelle, modern ausgestattete Arbeitsplätze und betriebliche Fortbildungen, um den Mitarbeiter in die Lage zu versetzen, dauerhaft seine Ressourcen zielgerichtet und gewinnbringend einzusetzen.

Literatur

deming.de/Deming/Deming.html. Zugegriffen: 6.5.2016.

Destatis (2016a). https://www.destatis.de/DE/ZahlenFakten/GesellschaftStaat/Gesundheit/Gesundheitsausgaben/Tabellen/Ausgabentraeger.html. Zugegriffen: 7.5.2016.

Destatis (2016b). https://www.destatis.de/DE/PresseService/Presse/Pressemitteilungen/2016/03/PD16_080_23611.html.

Drucker, P. F. (1998). *Die Praxis des Managements*. Düsseldorf: Econ Verlag. Englischsprachige Originalausgabe: The Practice of Management. Harper & Row, New York 1954

empowerment.de/grundlagen/. Zugegriffen: 6.5.2016.

http://www.kbv.de/html/themen_1076.php. Zugegriffen: 6.5.2016.

https://statistik.arbeitsagentur.de/Statischer-Content/Arbeitsmarktberichte/Fachkraeftebedarf-Stellen/Fachkraefte/BA-FK-Engpassanalyse-2015-12.pdf.

Management, D. N. S. (1996). *Kapitel Ressourcenmanagement in strategischen Netzwerken van Well* (S. 161). Wiesbaden: Springer Fachmedien.

André Trinks, Dienstleister im Sozial- und Gesundheitswesen – Schwerpunkte: Projektmanagement, Konzeption, SKT-Trainer, Coaching – Stationen: Geschäftsführer Trinks GmbH & Co.KG, Mitglied der GL Rhein Neckar Werkstätten GmbH, Ausbildung: staatl. anerkannter Arbeitserzieher, Fachwirt SuG, QB/QM im SuG, Sozialmanagement/Heimleitung nach PersV § 2, zurzeit MBA Gesundheits- und Sozialwirtschaft HS Koblenz.

Was kann die Gesundheitswirtschaft von Rotary lernen?

31

David Matusiewicz

> *Manchmal ist es besser,*
> *nicht härter,*
> *sondern klüger zu arbeiten*
> *Ravi Ravindran (Präsident Rotary International) 2016*

Zusammenfassung

Rotary International ist die älteste Non Governmental Organization (NGO) der Welt und die Dachorganisation der international verbreiteten Service-Clubs, zu denen sich Angehörige verschiedener Berufe unabhängig von politischen und religiösen Richtungen im Jahre 1905 zusammengeschlossen haben. Der Name Rotary (englisch für rotierend) entstand ursprünglich aus dem wöchentlich wechselnden Treffpunkt der Mitglieder. Heute entspricht ihm der Brauch, die meisten Ämter im Club jährlich neu zu besetzen. Ziele von Rotary sind Frieden und Konfliktprävention, Krankheitsvorsorge und -behandlung, Gesundheitsfürsorge für Mutter und Kind, Wasser und Hygiene, Elementarbildung, Lesen und Schreiben sowie Wirtschafts- und Kommunalentwicklung. Doch was kann die Gesundheitswirtschaft vom Rotary Club lernen? In dem vorliegenden Beitrag werden drei zentrale Learnings für die Gesundheitswirtschaft herausgearbeitet. Zunächst wird das Motto der Jugendorganisation Rotaract „Lernen – Helfen – Feiern" betrachtet. Es folgt die Betrachtung von Potenzialen aus der Verzahnung der unterschiedlichen Berufe. Schließlich wird auf den Lokalpatriotismus und globale Projekte eingegangen.

D. Matusiewicz (✉)
FOM-Hochschule
Essen, Deutschland
E-Mail: david.matusiewicz@fom.de

© Springer Fachmedien Wiesbaden 2017
D. Matusiewicz und M. Muhrer-Schwaiger (Hrsg.), *Neuvermessung der Gesundheitswirtschaft*, FOM-Edition, DOI 10.1007/978-3-658-12519-6_31

31.1 Hintergrund

Rotary ist die älteste und zugleich die diskreteste Service-Organisation der Welt. Jedenfalls wenn es um Gerüchte rund um Rotary geht. Das Motto „Tue Gutes, aber sprich
nicht darüber" war demnach das frühere Credo der älteren Clubs. Dass kein Beruf doppelt
vertreten sein darf, ist aber auch nur ein Gerücht. Heute ist Rotary eine weltweite Vereinigung von berufstätigen Männern und Frauen, die sich in den letzten Jahren zunehmend
geöffnet hat und mit der Zeit geht. So gibt es heute sogar elektronische Clubs (E-Clubs),
an denen virtuell an Meetings teilgenommen werden kann. Von anzugehenden Rotariern
werden berufliche Leistungen, persönliche Integrität, eine weltoffene Einstellung sowie
die Bereitschaft zu gemeinnützigem Engagement erwartet. Dem Rotary Club kann man
allerdings selbst nicht beitreten, sondern man wird im Laufe seines Lebens gefragt.

Berufliche Interessensgemeinschaften gibt es auch im Gesundheitswesen. Gerade in
der Gesundheitsbranche wird Lobbyismus großgeschrieben und manchmal wird mehr
blockiert als gestaltet, wie es CDU-Bundestagsabgeordneter Jens Spahn im Interview mit
der Süddeutschen Zeitung (SZ) betitelte. Ärzte, Krankenhäuser und Krankenkassen sollen
demnach wachgerüttelt werden. „Die müssen endlich mal merken, dass sie miteinander arbeiten sollen und nicht gegeneinander", sagte der Gesundheitsexperte im Interview (vgl.
Spahn 2015). Die Kritik an der Selbstverwaltung im Gesundheitswesen ist nicht unbe-
rechtigt. In Deutschland gibt es schließlich das Subsidiaritätsprinzip, das besagt, dass der
Staat erst dann eingreifen soll, wenn die Selbstverwaltung aus Ärzten, Krankenhausange-
stellten, Krankenkassen und Apothekern ihre Aufgaben nicht selbstständig lösen können.

Die Rotarier nennen ihre Mitstreiter aus anderen Branchen Freunde. An der Stelle stellt
sich die Frage, ob auch im Gesundheitswesen aus Feinden gegebenenfalls ebenso Freunde
werden können und was passieren muss, damit die Akteure sich am Wohl der Patienten
orientieren, statt sich untereinander Grabenkämpfe zu liefern.

31.2 Rotary Club

Aufbau

Das aktuelle Jahresmotto 2016/2017 von Rotary lautet: Rotary serving humanity (Rotary hilft Menschen). Das Motto beschreibt schlicht das, was Rotary seit jeher tut. Den
ersten Rotary Club gründete der Rechtsanwalt Paul Harris (1868–1947) in Chicago am
23. Februar 1905 zusammen mit drei Freunden, dem Kohlenhändler Sylvester Schiele,
dem deutsch-amerikanischen Bergbauingenieur und Freimaurer Gustav Löhr sowie dem
Konfektionär Hiram Shorey. Die Gründungsmitglieder wählten Schiele zum Präsidenten
des Clubs und den Drucker Harry Ruggles zum Schatzmeister.

Seit der Gründung des ersten Clubs durch die genannten vier Freunde vor etwa 111 Jahren hat sich Rotary zu einem weltumspannenden Netzwerk engagierter Männer und Frau-
en entwickelt. Im Jahre 2014 gab es insgesamt 1,2 Mio. Mitglieder in 34.500 Rotary Clubs
in mehr als 200 Ländern. In Deutschland gibt es rund 1042 Clubs mit 53.600 Mitgliedern

Abb. 31.1 Rotary-Distrikte in
Deutschland. (rotary.de)

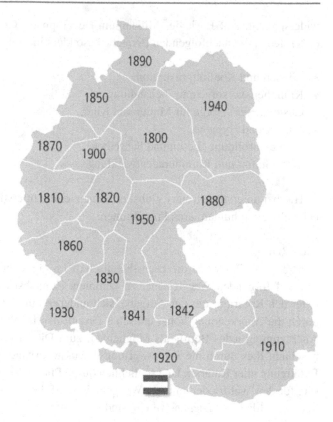

(Rotary 2014). Die Clubs in Deutschland sind in insgesamt 15 Distrikten (in Österreich sind es zwei weitere) organisiert (Abb. 31.1).

An der Spitze eines Distrikts steht der jeweils für ein Jahr gewählte Governor, der während seiner Amtszeit Mitglied im Governorrat des Landes ist. Dieser stellt das Bindeglied zwischen dem Hauptsitz von Rotary International und den einzelnen Clubs dar. Rotary International als Dachorganisation unterstützt die einzelnen Clubs bei der Umsetzung ihrer Projekte und gibt Rahmenbedingungen für das Clubleben vor, wobei die Clubs Freiheitsgrade in der bestimmten Ausgestaltung der eigenen Cluborganisation haben. In einem jährlich erscheinenden mehr als 2000-seitigen Mitgliedsverzeichnis sind alle Mitglieder nach Clubs sortiert. Das Verzeichnis ist nur für den Gebrauch der Rotary-Mitgliedern bestimmt, somit ist auch ein antiquarischer Verkauf ausgeschlossen. Somit darf das Verzeichnis weder als kommerzielle Versandliste noch zur Erlangung kommerzieller Vorteile genutzt werden.

Aufgaben

Im Fokus steht eine gemeinsame Vision, die sich sowohl in Hilfsprojekten im lokalen Umfeld der eigenen Gemeinde als auch in internationalen humanitären Hilfsprojekten widerspiegelt. Auf Basis der Millennium Development Goals der Vereinigten Nationen (UN) stehen die nachfolgenden Bereiche besonders im Fokus von Rotary:

- Frieden und Konfliktprävention,
- Krankheitsvorsorge und -behandlung,
- Gesundheitsfürsorge für Mutter und Kind,
- Wasser und Hygiene,
- Elementarbildung, Lesen und Schreiben,
- Wirtschafts- und Kommunalentwicklung.

Hierbei unterstützt Rotary global mit finanzieller Unterstützung der Rotary Foundation bei weltweiten humanitären Programmen.

Zielsetzung

Das Ziel von Rotary ist die Dienstbereitschaft im täglichen Leben. Rotary sucht diesem Ziel auf folgenden Wegen näher zu kommen. Zunächst durch Pflege der Freundschaft unter den Rotariern mit der Aufgabe, sich anderen nützlich zu erweisen. Dies geschieht durch die Anerkennung hoher ethischer Grundsätze im Privat- und Berufsleben und der Anerkennung jedes Berufs als Möglichkeit zum Dienst für die Allgemeinheit. Faktisch geschieht dies durch die verantwortungsbewusste private, geschäftliche und öffentliche Betätigung aller Rotarier. Und schließlich durch Pflege der Völkerverständigung und Einsatz für den Weltfrieden in einer Weltgemeinschaft berufstätiger Männer und Frauen, die in diesem Ideal des Dienens vereint sind.

Mitgliedschaft im Rotary Club

Rotary unterscheidet seit 2001 zwei Mitgliedsarten. Die aktiven Mitglieder (active members) und Ehrenmitglieder (honory members). Nach den Präsenzregeln sollte jedes Mitglied an regulären Zusammenkünften seines Clubs teilnehmen, was auch in den Wochenberichten nachgehalten wird. Hiervon gibt es allerdings zwei Ausnahmen: die Beurlaubung und Honory Members. Wenn die Addition des Lebensalters und der Mitgliedsjahre einen Wert von größer 85 ergibt, kann ein Antrag auf Befreiung der Präsenzpflicht gestellt werden. Im Gegensatz zu aktiven Mitgliedern sind Ehrenmitglieder weder beitrags- noch präsenzpflichtig, haben allerdings auch kein Wahl- und Stimmrecht. Bei Honory Members besteht allerdings ein Präsenzrecht (nicht nur im eigenen Club) und es gibt die Berechtigung das „Rotary-Rad" (Stecknadel) zu tragen.

Die Präsenzpflicht klingt erst einmal wie eine in die Jahre gekommene Zwangsgesellschaft, doch unter Rotariern hört man den Ausspruch, dass man keine Freundschaft mit leeren Stühlen machen könne. Das Council on Legislation – die satzungsgebende Versammlung von Rotary International – hat beschlossen, dass es zum einen keine „von oben" verordnete Präsenzpflicht in Zukunft mehr gäbe und es für einen Rotary Club nicht mehr verpflichtend ist, wöchentlich Meetings abzuhalten (Minimum: zwei pro Woche). Beide Themen seien ab sofort in die Autonomie der Clubs gestellt.

Vier-Fragen-Probe

In den folgenden Fragen fasste der spätere Präsident von Rotary International, Herbert J. Taylor, 1932 den Kern ethischen Handelns zusammen. Bezeichnenderweise entstand diese Probe bei dem Versuch, ein bankrottreifes Unternehmen durch neue Regeln für den Kundenservice zu retten. 1943 übernahm Rotary International die Fragen als Leitlinien für die Clubs. Sie dienen seither allen Mitgliedern als Orientierung im täglichen Leben und wurden in über 100 Sprachen übersetzt.

Bei allem, was wir denken, sagen oder tun, sollten wir uns fragen:

1. Ist es wahr?
2. Ist es fair für alle Beteiligten?
3. Wird es Freundschaft und guten Willen fördern?
4. Wird es dem Wohl aller Beteiligten dienen?

Rotary Ehrenkodex

Daneben gibt es den Rotary-Ehrenkodex, der Rotary Code of Ethics, der 1915 auf der Rotary Convention in San Francisco verabschiedet wurde.

Als Rotarier gelten für mich diese Prinzipien:

1. Ich folge privat und beruflich meinen moralischen Grundsätzen.
2. Ich verhalte mich stets fair gegenüber anderen und bringe ihnen und ihren Berufen Respekt entgegen.
3. Ich setze meine beruflichen Fähigkeiten zur Förderung junger Menschen ein, zur Unterstützung Hilfsbedürftiger und zur notwendigen Verbesserung von Lebensumständen anderer Menschen – zuhause und weltweit.
4. Ich werde mich immer so verhalten, dass ich das Ansehen von Rotary und anderen Rotariern nicht beschädige.
5. Ich werde keine geschäftlichen Vorteile oder andere Vergünstigungen von anderen Rotariern erbitten.

Abgrenzung

Es wird gelegentlich die Frage gestellt, ob Rotary eine Sekte oder ein Geheimbund ist. Darauf soll im Folgenden auch kurz darauf eingegangen werden. Rotary unterscheidet sich von Sekten, da es keine Beschneidung von (Meinungs- und Bewegungs-)Freiheiten des Individuums gibt, keine Gehirnwäsche, kein bedingungsloser Gehorsam, keinen Personenkult um einen Anführer, keine wirtschaftliche Ausbeutung des Einzelnen, hohes Konfliktpotenzial zwischen einem abhängigen Mitglied und seinen Angehörigen und keine Hürden bei einem gewollten Ausstieg gibt. Von einem Geheimbund unterscheidet Rotary, da es auch hier Unterschiede zu Geheimbünden wie beispielsweise zu den Freimaurern gibt. Anders als bei den Freimaurern nimmt Rotary inzwischen Frauen als gleichberechtigte Mitglieder auf. Und es geht auch nicht um geheime Einweihungsrituale im Tempel bei Kerzenschein, um verstohlene Erkennungszeichen und Handbewegungen und genauso wenig um zu erlangende Stufen wie vom Gesellen zum Meister (vgl. Rotary 2013).

31.3 Learnings für die Gesundheitswirtschaft

31.3.1 Lernen – Helfen – Feiern

Im Rotary Club gibt es ein großes Interesse, das Wissen an jüngere Menschen weiterzugeben. Auf der anderen Seite profitieren die Clubs von dem frischen Wind der jungen Generation. Insbesondere die Clubs, die einen insgesamt hohen Altersdurchschnitt haben. So müsste ein Club mit 60 Mitgliedern und einem Durchschnittsalter von 61 Jahren in jedem Jahr vier neue Mitglieder im Alter von 40 Jahren aufnehmen, nur um den Altersdurchschnitt zu halten (Rotary 2015). Deshalb gibt es auch eine Nachwuchsorganisation von Rotary, die junge Menschen fördert. Die Jungenorganisation von Rotary heißt Rotaract und besteht aus jungen Menschen im Alter zwischen 18 und 30 Jahren. Das gemeinsame Motto „Lernen – Helfen – Feiern" verbindet die rund 3100 Mitglieder in über 170 Rotaract Clubs in Deutschland. Die Rotaracter setzen sich für Mitmenschen ein und tragen zur Freundschaft, Fairness und Toleranz sowie internationalen Verständigung ein (vgl. Rotaract 2016). Doch was kann die Gesundheitswirtschaft von dem Motto für sich mitnehmen? Das wird im Folgenden kurz skizziert.

Lernen: Das Lernen spielt bei Rotaract eine wesentliche Rolle. Die Lernbereitschaft geht mit dem Interesse einer ständigen Weiterbildung einher. Es gilt darum, seinen Horizont zu erweitern und sprichwörtlich über den eigenen Tellerrand hinauszublicken. Dies bedeutet aber auch, dass man andere Menschen mit unterschiedlichen Ansichten kennenlernt und damit auch eine erweiterte Sichtweise auf bestimmte Themen bekommt. Dies beginnt bei Hobbys, Reisen, Kunst und Kultur und kann beim Studium und Beruf aufhören. Rotaracter hören oder halten selbst Vorträge, diskutieren über die jeweiligen Themen und setzen sich mit den externen Referenten auseinander. Ab und zu steht auch eine Betriebsbesichtigung auf dem Plan oder es werden in Seminaren Softskills trainiert. Und manchmal geht es zu Konzerten, in Museen, in ein Theater oder in den nächsten Partnerclub. Die Gesundheitswirtschaft sollte sich darauf einstellen, dass der Nachwuchs lernen will – und das ein Leben lang. Das zeigt sich beispielsweise im Allgemeinen daran, dass im Jahre 2015 erstmals mehr Studierende als Auszubildende registriert waren. Je länger wir leben, desto mehr lohnt sich auch ein Hochschulstudium. Wollen die Gesundheitsakteure gute Mitarbeiter, so sind sie zunehmend angehalten, ein duales Studium anzubieten oder Mitarbeitern während des Berufes die Möglichkeiten zu geben, sich fortzubilden (und gegebenenfalls eine längere Auszeit dafür zu nehmen). Die Akademisierung der Gesundheitsberufe hat erst begonnen. Darüber hinaus sollten Gesundheitsorganisationen zunehmend Traineeprogramme und Nachwuchsförderprogramme ins Leben rufen, bei denen die Nachwuchskräfte aus verschiedenen Abteilungen zusammen überlegen, wie sie die Organisation nach vorne bringen. Auch sind hier externe Gäste eine wertvolle Bereicherung oder Exkursionen. Als größte weltweite Austauschorganisation ermöglichen die Clubs jährlich Tausenden von Schülern, Studenten und jungen Berufstätigen Begegnungen mit fremden Kulturen. Es wäre doch denkbar, dass eine Gruppe junger Sozialversicherungsfachangestellter sich die Produktion von Arzneimitteln bei einem Pharmaunternehmen anschaut und die angehenden Pharmareferenten einen Tag in der Krankenkasse verbringen und mitbekommen, wie Versicherte bei Arzneimittelproblemen beraten werden. Ist es denkbar, mal in die Höhle des Löwen zu gehen? In der Vergangenheit gab es verschiedene Initiativen wie beispielsweise das Young Lions Gesundheitsparlament[1] oder das European Health Parliament, bei denen sich junge Menschen verschiedener Professionen in Denkfabriken zusammengeschlossen haben und über die Zukunft des Gesundheitssystems sinniert haben. Man kann also von der Herangehensweise der Rotaracter lernen, sich mit anderen Berufen aus der Gesundheitsbranche auszutauschen und gegenseitig voneinander zu lernen.

Helfen: Rotaracter helfen gerne dort, wo ihre Hilfe gebraucht wird. Dies gilt zum einen untereinander im Rotaract Club und zum anderen betrifft dies Mitmenschen. Die Hilfe findet in der unmittelbaren Nachbarschaft statt und erstreckt sich manchmal sogar deutschlandweit oder international. Konkret wird mit kranken Kindern gespielt, es werden Feriencamps veranstaltet oder Spielplätze gebaut. Aber auch die Älteren kommen nicht zu kurz und auch ihnen widmet sich die Aufmerksamkeit der Rotaracter. Durch gemeinsame Spendenpaketen unterstützen die jungen Menschen auch sogar internationale Kampagnen wie die Schülerinitiative Plant-for-the-Planet, die durch Wangari Maathai, die in Afrika 30 Mio. Bäume gepflanzt hatte, die Vision erschaffen wurde, Kinder könnten in jedem Land der Erde eine Mio. Bäume pflanzen, um auf diese Weise einen CO_2-Ausgleich zu schaffen. In den darauffolgenden Jahren entwickelte sich Plant-for-the-Planet zu einer weltweiten Bewegung, die auch von Rotaractern unterstützt wird. Die Gesundheitswirtschaft ist per se eine helfende Branche. Konkret könnte das Helfen aber auch über die normale therapeutische oder medizinische Tätigkeit hinausgehen. Vereinzelt gibt es einzelne Kampagnen wie beispielsweise Pharmahersteller, die auch Forschung bei Indikationen betreiben, bei denen sie keine Produkte im Portfolio (und auch nicht in der Pipeline) haben. Ebenso engagieren sich auch Krankenkassen bei sozialen Projekten, die engagierte Bürger für ihr soziales Tun auszeichnen. Das Helfen kann also neben dem beruflichen Helfen im Sinne der Rotaracter auch auf den außerberuflichen Bereich ausgeweitet werden und führt zu einer Erhöhung der Solidarität in der Branche. Auch ist eine Teilnahme an internationalen Hilfsprojekten wichtig.

Feiern: Gemeinsame Veranstaltungen, Partys und Reisen. Auch das gehört zum Rotaract-Dasein dazu. Es geht darum, Möglichkeiten zu schaffen, um mit unterschiedlichsten Menschen ins Gespräch zu kommen. Aus Fremden sollen Freunde werden und das häufig für das ganze Leben. Diese enge Vernetzung und das umfassende Netzwerk führen dazu, dass ein Rotaracter auf der ganzen Welt Gleichgesinnte treffen kann und somit ein willkommener Gast ist. Neben den Reisen gibt es Club- und Benefizveranstaltungen, Grillpartys, Cocktailabende und Jubiläumsfeiern. Im Grundsatz geht es darum, gemeinsam groß zu werden und Freundschaften zu schließen. Auch in der Gesundheitswirtschaft wird gerne gefeiert. Oft sind es Feten mit den Bezeichnungen wie das Frühlings-, Sommer-, Herbst- oder Winterfest. Insbesondere die Ärzte beziehungsweise deren Standesvertretung

---

[1] Der Name war ein Arbeitstitel, der dann so belassen wurde. Hat nichts mit dem Lions Club zu tun.

wie Landesärztekammer und kassenärztlichen Vereinigungen feiern gerne und tauschen sich in diesem Zusammenhang mit der Politik und Wissenschaft aus. Auch hier könnte die Gesundheitswirtschaft lernen, auch mit anderen Berufen des Gesundheitswesens Feste zu feiern und somit die Gräben zwischen den Sektoren und unterschiedlichen Disziplinen im Sinne des Patienten aufzuweichen, statt mit dem Finger auf andere zu zeigen. Schnittstellenprobleme im Gesundheitswesen gibt es nämlich noch genug: Problematisch sind insbesondere die Schnittstellenprobleme beziehungsweise Versorgungsbrüche bei der Inanspruchnahme ambulanter hausärztlicher und fachärztlicher Versorgung, dem Übergang ambulante und stationäre Versorgung (vice versa), dem Übergang von der akutmedizinischen zur rehabilitativen Versorgung, dem Zusammenwirken von Medizin einerseits, und Pflege, Sozialarbeit und anderen Berufsgruppen andererseits. Die Trennung der Versorgungsbereiche führt insgesamt zu einer Diskontinuität der Behandlung, Betreuung und Verantwortlichkeit für den Patienten, zur Belastung des Patienten mit unnötiger und teilweise riskanter Diagnostik, zu Unterbrechungen der Therapie, Informationsverlusten und unzureichende(n) oder fehlende(n) Nachsorge (vgl. auch Schaeffer und Ewers 2006). Es gibt also noch viele gemeinsame Feiern zu veranstalten, um sich im Sinne eines patientenorientierten gemeinsamen Handelns gegenseitig etwas besser kennenzulernen und eine gegenseitige Akzeptanz zu entwickeln. Vorurteile und Bunkermentalitäten können so schrittweise abgebaut werden.

31.3.2   Verzahnung von unterschiedlichen Berufen

Ein Rotary Club trifft sich in der Regel wöchentlich in seinem Clublokal, um Vorträge zu aktuellen Themen oder aus dem speziellen Berufsfeld eines Mitglieds zu hören. Hierbei wird von jedem Rotarier erwartet, dass er sich an diesem Vortragsgeschehen aktiv beteiligt. Neben den Vorträgen aus eigenen Reihen werden regelmäßig interessante Referenten aus anderen Clubs oder Externe eingeladen. Und genau das ist der Mehrwert, der schon bei der Gründung von Rotary eine wesentliche Rolle spielte. Der Gründer Paul Harris hat mit der Gründung von Rotary das Ziel verfolgt, in der Großstadt eine ähnlich stabile und vielseitige Wertegemeinschaft zu schaffen, wie er sie als Kind auf dem Land erlebt hatte. Es sollte eine gegenseitige Unterstützung erfolgen, zu der jeder nach seinen persönlichen Fähigkeiten beiträgt. Dieser Grundsatz einer „Gemeinschaft von Berufsleuten" ist das, was Rotary von Beginn an galt und von Anfang an ausmachte. Die Organisation lebt von Begegnungen mit Menschen – und zwar verschiedenen Menschen aus verschiedenen Bereichen.

Die Zusammenkunft und der Dialog mit Menschen und Themen, die einem persönlich eher fremd sind, ist eine der größten Bereicherungen bei den Rotariern. Es werden Vorträge aus allen möglichen Bereichen wie Musik, Kunst, Kultur, Naturwissenschaften, Philosophie, Medizin und unzähligen anderen Disziplinen gehalten. Dies erweitert den Horizont und der Rotarier weiß diese Vielfalt und Abwechslung zu schätzen.

Und was kann die Gesundheitswirtschaft daraus lernen? Franz Knieps, der Vorstand des BKK Dachverbandes e. V. hat in einem Interview gesagt, dass es ein Trainee-Programm im Gesundheitswesen geben müsse, damit man die verschiedenen Perspektiven der einzelnen Akteure wie Krankenkassen, Pharmaindustrie, Apotheken, Krankenhäuser und Ärzte einmal durchläuft und diese kennenlernt, um so den jeweils anderen besser zu verstehen. „Warum soll nicht ein Mitarbeiter, der später Nutzenbewertungsregeln für die Industrie aufstellt, sich ansehen, wie ein Medikament entwickelt wird, welche Studien wann aufgelegt werden und vor allem welche Zeiträume es braucht, bis erste wissenschaftlich valide Erkenntnisse über ein Produkt gewonnen werden können? Klar weiß man das aus der Theorie, doch erst, wenn man einmal solche Prozesse in einem Unternehmen erlebt hat, ahnt man, wie vulnerabel das Geschäft der Entwicklung eines neuen Arzneimittels ist. Genauso sollte ein Mitarbeiter im BMG, der später für das Vertragsarztrecht zuständig ist, mal eine Arztpraxis von innen gesehen und beispielsweise den Aufwand einer Abrechnung kennengelernt haben." (Monitor Versorgungsforschung 2013). In einem Prozess der „open innovation" könnten Lösungen zudem auch mit Wissenschaft, Politik, Bürgern und anderen Interessierten erfolgen, wobei weniger die Partikularinteressen eine Rolle spielen als die zielgerichtete Arbeit ohne Verteilungskämpfe um Geld und Ideologiekämpfe.

In der Tat ist es so, dass man sich in der Gesundheitswirtschaft primär mit der eigenen Aufgabe und Interessenvertretung auseinandersetzt und irgendwann derart sozialisiert ist und sich dann gemeinsame Verbündete und Feindbilder sucht. Das setzt sich bei Veranstaltungen wie Aus- und Fortbildungen als auch wissenschaftlichen Kongressen fort. Die Themen sind dann vielleicht gelegentlich aus einem anderen Wissensbereich, aber dann meist auf die jeweilige Zielgruppe zugeschnitten. Die Umsetzung des rotarischen Gedankens wäre ein intensiver und kollegialer regelmäßiger Austausch mit anderen Akteuren, mit denen man im Berufsalltag nichts zu tun hat. Und das sogar branchenübergreifend. Ziel ist es, innerhalb der Branche den anderen besser zu verstehen und aus anderen Branchen zu lernen. Runde Tische haben im Gesundheitswesen bislang leider nicht funktioniert, wie es auch eindrucksvoll die Einführung der elektronischen Gesundheitskarte (eGK) gezeigt hat. Das liegt sicherlich auch daran, dass nicht ein gemeinsames Ziel verfolgt wird, sondern jeder seine Eigeninteressen verfolgt. Eine Erweiterung der Sichtweise und das Lernen aus anderen Branchen wären sicherlich für alle Beteiligten interessant. Und die Karrieren von heute zeigen, dass die Veränderung der Sichtweise auch durch Berufswechsel möglich ist. Birgit Fischer wechselte aus ihrem Mandat als Landtagsabgeordnete der SPD in NRW zur Barmer Ersatzkasse und wurde dort stellvertretende Vorstandsvorsitzende. Später wechselte sie zum Verband Forschender Arzneimittelhersteller (vfa) als Hauptgeschäftsführerin. Franz Knieps hat einen Wechsel von der Allgemeinen Ortskrankenkasse (AOK) zum Bundesministerium (BMG) und vom BMG zur Beratungstätigkeit gemacht und ist schließlich Vorsitzender des Dachverbands der Betriebskrankenkassen (BKK DV) geworden. Jens Baas machte zunächst als Unternehmensberater und später Partner bei der Boston Consulting Group (BCG). Seit 2012 bis heute ist er der Vorstandsvorsitzende der größten Krankenkasse in Deutschland und lenkt die Geschicke des Tankers Techniker

Krankenkasse (TK) mit rund 9,5 Mio. Versicherten. Diese Top-Entscheider haben durch ihre beruflichen Quereinstiege mehrere Sichtweisen auf das Gesundheitssystem.

31.3.3 Vom Lokalpatriotismus zum Global grant

Das politische Engagement Rotarys ist durchaus vielfältig. Dazu gehört auch ein gesundheitspolitisches Engagement. Was die Rotarier antreibt ist die Freundschaft und der Willen, die Welt ein bisschen besser zu machen. Und das vor der Haustür und manchmal etwas weiter weg. Da die Rotarier in Distrikten organisiert sind (vgl. Abschn. 31.2) liegt es auch nahe, dass man insbesondere soziale Projekte in der Nachbarschaft unterstützt. Hier gibt es einen lokalen Bezug und die Clubs haben einen guten Überblick über die Geschehnisse vor, während und nach der Unterstützung. Viele Clubs versuchen zum einen punktuell bei bestimmten lokalen Herausforderungen (beispielsweise Ausstattung lokaler öffentlicher Krankenhäuser, Schaffung von sozialen Treffpunkten) zu unterstützen und zum anderen einige Projekte auch über längere Zeit zu begleiten. Dies macht die Rotarier zu wichtigen Sparing-Partnern auf lokaler und regionaler Ebene. Neben dem Lokalpatriotismus gibt es allerdings auch weltweite Projekte, die sogenannten global grants (Zuwendungen). Durch die Rotary Foundation fördern die Rotarier auf der ganzen Welt eine Vielzahl von Projekten, Stipendien und Trainings. So begann Rotary bereits 1979 den Kampf gegen Kinderlähmung (Polio). Das Projekt war zunächst für lediglich fünf Jahre angelegt mit dem Ziel, die Verbreitung der Schluckimpfung zu erhöhen. Das Projekt erreichte damals sechs Mio. Kinder auf den Philippinen. Der Erfolg bestätigte Rotary International in dem Vorhaben, das Programm unter dem neuen Namen PolioPlus weiter auszubauen, was 1985 auch geschah. Das neue Ziel war selbstbewusst und anspruchsvoll zugleich. Seit 1988 gelang es mit Hilfe von Partnern wie der Weltgesundheitsorganisation (WHO), dem Kinderhilfswerk UNICEF sowie der US-amerikanischen Gesundheitsbehörde Centers for Disease Control and Prevention (CDC) als auch der Bill & Melinda Gates Stiftung, den größten Teil der Welt durch massive Impfkampagnen von Polio zu befreien. Das Ziel, bis 2015 Polio weltweit vollständig auszurotten, ist Rotary sehr nahegekommen. Die Zahl der jährlichen Neuinfektionen ist auf weniger als 500 gesunken und als einzige Länder, die akut von Polio-Viren bedroht sind, gelten nur noch Afghanistan, Pakistan und Nigeria.

Was kann die Gesundheitswirtschaft hiervon mitnehmen? Zum einen ist es wichtig, Menschen vor Ort zu unterstützen. Und das betrifft nicht nur das lokale Angebot von Leistungserbringung oder Beratungsstellen der Kassen. Es gibt zunehmend auch interessante Ansätze, die ergänzend zum bestehenden Angebot geschaffen wurden. Hierzu zählen beispielsweise Mehrgenerationenhäuser, bei denen sich Jung und Alt gegenseitig helfen oder generell Ansätze des Quartiersmanagements. In der Praxis zeigt sich beispielsweise, dass ältere Patienten ohne Angehörige schneller wieder zurück ins Krankenhaus eingewiesen werden, als ältere Patienten, die ein funktionierendes soziales Umfeld haben. Das Umfeld kann sich nach einem Krankenhausaufenthalt um den Patienten kümmern, sodass die Rehospitalisierungswahrscheinlichkeit verringert wird. Die Akteure im Gesundheitswesen könnten daher einen Schritt weiter gehen und überlegen, wie sie in ihrem direkten Umfeld Strukturen schaffen, um die generelle Situation zu verbessern. Auch wenn das mit ihrem Kerngeschäft nichts zu tun hat. Die Gesundheitsorganisationen könnten auch ihre eigenen Ressourcen für die eigenen Mitarbeiter nutzen. Wenn beispielsweise eine Krankenversicherung eine Pflegeberatung hat, so liegt es nahe, dass die eigenen Mitarbeiter, die Mitarbeiter von Trägerunternehmen oder Freunde und Bekannte auf diese Ressource zurückgreifen und somit ihr Problem von Fachleuten geklärt bekommen. Der Mitarbeiter hat somit einen freien Kopf und kann in Ruhe seiner Arbeit nachgehen. Und das kann man auch auf Unterstützungsleistungen für andere (teilweise private) Probleme der Mitarbeiter übertragen. Die Rechtsabteilung kann bei Rechtsfragen helfen, die Finanzabteilung bei steuerlichen Fragen, die Personalabteilung bei der Ausbildungssuche der Kinder etc. Das wäre ein deutlicher Mehrwert für die Mitarbeiter, wenn die Gesundheitsorganisation ihnen in verschiedenen Bereichen unter die Arme greift und sie sich so auf ihre Arbeit konzentrieren können. Gesundheitsorganisationen sollten auch mehr Nachbarschaftshilfe leisten. Auch der Blick ins Ausland kann ab und zu nicht schaden. Sollen wir in Deutschland ein x-tes Generikum auf den Markt bringen oder macht es aus globaler Perspektive vielleicht sinnvoll, Medikamente für ein Land herzustellen, bei dem es noch an Basismedikamenten fehlt? Sollten sich deutsche Krankenhäuser und Ärzte nicht noch mehr in ausländischen Projekten beteiligen und Länder dabei unterstützen, ihre medizinische Infrastruktur aufzubauen? Projekte wie Ärzte-ohne-Grenzen und andere könnten hier ebenso Vorbilder sein. Wenn man es schafft, wie Rotary ein weltumspannendes Netzwerk zu bilden, so bietet dieses sicherlich einen guten Nährboden für internationale Projekte, von denen sicherlich alle profitieren können. Die Vier-Fragen-Probe und der Rotary Ehrenkodex könnten abgewandelt auch einen Rahmen für das Handeln der Gesundheitsakteure bieten, dann bräuchte es auch weniger Antikorruptionsgrundsätze und andere rechtliche Rahmenbedingungen.

31.4 Zusammenfassung und Ausblick

Während Rotary noch vor ein paar Jahren den Ruf einer geheimen Untergrundorganisation hatte, zeigt sich Rotary heute transparenter und offener. Früher wurde Rotary eher mit einem Upper-Class-Status gleichgesetzt, sodass sich die Freunde eher als „Auserwählte" fühlten. Das hat sich im Laufe der Zeit verändert, auch dadurch, dass die Clubs heute ebenso wie das Gesundheitswesen von Nachwuchsproblemen geprägt sind. Weniger als drei Prozent der Rotarier sind jünger als 40 Jahre. Auch ein Wertewandel ist spürbar. Die eher liberalen Freunde sprechen sich für Lockerungen der Regeln und einem zunehmend weiblichen Rotary aus, während die konservativeren Rotarier mit einem Austritt „Rexit" (wie es mit Großbritannien und der Europäischen Union geschehen ist) drohen, wenn es um die Absenkung der Zugangsvoraussetzungen, die Liberalisierungen der Präsenzpflichten und die Gleichstellung der normalen Clubs mit den E-Clubs geht (vgl. Rotary 2016).

Auch hier gibt es also nicht immer homogene Interessenslagen, doch etwas Reibung ist auch gut, denn das hilft, sich im Anschluss wieder neu zu justieren.

Das deutsche Gesundheitssystem würde auch von mehr Freundschaft zwischen den unterschiedlichen Berufsgruppen profitieren. Rotary ist als Non Governmental Organization (NGO) politisch, vertritt aber überparteiliche Interessen. Wäre das auch ein Weg für das Gesundheitswesen? Braucht das Gesundheitswesen mehr überparteiliche Interessen oder ist die Mesoebene jetzt schon überladen? Es würde sicherlich schon helfen, wenn die vorhandenen Akteure weniger ideologisch stattdessen gesamtsystemisch Probleme diskutieren würden. Hierzu könnte ein Ehrenkodex helfen, bei dem der Patient im Mittelpunkt steht (auch wenn der Satz schon sehr abgedroschen ist). Der rotarische Gedanke, verschiedene Interessengruppen an einen Tisch zu bringen und seinen Horizont zu erweitern, trifft es im Kern und deckt sich mit der Forderung von einigen Gesundheitsexperten. Nämlich die Akteure dazu auffordern, sich weniger zu blockieren und eher miteinander zu gestalten. Genauso wie Rotary Nachwuchsprobleme hat, geht es auch vielen Gesundheitsorganisationen. Hier sind sicherlich Nachwuchsprogramme gut investierte Zeit und auch hier gilt es, den jungen Menschen neue und verschiedene Kompetenzen mit auf den Weg zu geben. Und das am besten von Anfang an mit dem Verständnis und dem Respekt gegenüber allen anderen Berufsgruppen im Gesundheitswesen.

Gesundheit und Krankheit macht nicht an einer Landesgrenze halt. Deswegen sind internationale Projekte ebenso von hoher Bedeutung. Auch von derartigen erfolgreichen Kampagnen wie dem Programm „Polio Plus bzw. End Polio now" können die Gesundheitsakteure lernen. Als größte weltweite Austauschorganisation ermöglichen die Clubs jährlich Tausenden von Schülern, Studenten und jungen Berufstätigen Begegnungen mit fremden Kulturen. Rotary verschwendet also keine Ressourcen für Machtkämpfe, sondern setzt auf die Gemeinschaft und Verständigung. Manchmal ist es besser, nicht härter, sondern klüger zu arbeiten. Also miteinander statt gegeneinander.

Drei Learnings für die Gesundheitswirtschaft

1. Der Nachwuchs im Gesundheitswesen muss gefördert werden. Vielleicht hilft das Motto der Nachwuchsorganisation Rotaract „Lernen – Helfen – Feiern" dabei.
2. Das rotierende System als Kernprinzip von Rotary könnte auch im Gesundheitswesen helfen, dass die unterschiedlichen Akteure im Gesundheitswesen einander besser kennenlernen. Ein Trainee-Programm, bei dem ein Gesundheitsmanager verschiedene Kostenträger und Leistungserbringer durchläuft, schafft Akzeptanz.
3. Es sollte eine Kultur des Miteinanders nicht Gegeneinanders helfen. Hier könnte ein branchenübergreifender Ehrenkodex helfen, um eine Dialogkultur zu etablieren. Und manchmal ist es auch gut, über die Grenzen hinweg zu schauen und „global grants" gemeinsam anzugehen.

Literatur

Monitor Versorgungsforschung (2013). Es gibt keinen ökonomiefreien Raum. *monitor Versorgungsforschung*, *6*(05), 6–12.

Rotaract (2016). Unser Motto. http://www.rotaract.de/ueber-rotaract/unser-motto/. Zugegriffen: 07/2016.

Rotary (2013). Streng geheim – Über Freimaurer, Illuminaten und andere Bünde. https://rotary.de/streng-geheim-a-4339.html. Zugegriffen: 06/2016.

Rotary (2014). Das ist Rotary! http://rotary.de/was-ist-rotary/grundsaetze/das-ist-rotary-a-5298.html. Zugegriffen: 06/2014.

Rotary (2015). Den Clubs droht die Vergreisung. https://rotary.de/clubs/distriktberichte/den-clubs-droht-die-vergreisung-a-7981.html. Zugegriffen: 07/2016.

Rotary (2016). Mutiger Aufbruch – fatale Tendenz. *Rotary Magazin*, *6*, 26–27.

Schaeffer, D., & Ewers, M. (2006). Integrierte Versorgung nach deutschem Muster. *Pflege & Gesellschaft*, *11*(3), 197–209.

Spahn (2015). Mitunter wird mehr blockiert als gestaltet. https://www.cdu.de/artikel/spahn-mitunter-wird-mehr-blockiert-als-gestaltet. Zugegriffen: 06/2016.

David Matusiewicz ist Professor für Allgemeine Betriebswirtschaftslehre, insbesondere Gesundheitsmanagement an der FOM Hochschule. Seit 2015 verantwortet er als Dekan den Hochschulbereich Gesundheit & Soziales und leitet als Direktor das Forschungsinstitut für Gesundheit & Soziales (ifgs). Darüber hinaus ist er Gründungsgesellschafter des Essener Forschungsinstituts für Medizinmanagement (EsFoMed GmbH) und seit mehreren Jahren in der Stabsstelle Leistungscontrolling in der Gesetzlichen Krankenversicherung tätig. David Matusiewicz ist Mitglied des Rotary Clubs Recklinghausen des Distrikts 1870 (gegründet am 24. Juni 1954).

Erratum zu: Was kann die Gesundheitswirtschaft von antiken Hochkulturen lernen?

Arno Elmer und Anja Hilbig

Erratum zu:
David Matusiewicz / Marco Muhrer-Schwaiger (Hrsg.)
Neuvermessung der Gesundheitswirtschaft
DOI 10.1007/978-3-658-12519-6

Liebe Leserin, lieber Leser,

vielen Dank für Ihr Interesse an diesem Buch. Leider haben sich trotz sorgfältiger Prüfung Fehler eingeschlichen, die uns erst nach Drucklegung aufgefallen sind. Die nachfolgenden Korrekturen wurden jetzt ausgeführt.

Im Original waren die Literaturverweise in Kapitel 19 „Was kann die Gesundheitswirtschaft von antiken Hochkulturen lernen? Achtung Nebenwirkung: Geschichte führt zu Einsichten und verursacht Bewusstsein" von Arno Elmer und Anja Hilbig nicht immer korrekt angegeben. Sie wurden im Wesentlichen an den relevanten Textstellen mit dem Referenzvermerk „(Pommerening 2009)" ergänzt oder durch diesen ersetzt.

Im Literaturverzeichnis wurde die folgende Quelle ergänzt:

Pommerening, T. (2009). Krankheit und Heilung (Ägypten). https://www.bibelwissenschaft.de/stichwort/24048.html. Permalink. Zugegriffen: 12. Febr. 2016.

Die Online-Version des aktualisierten originalen Kapitels finden Sie unter: DOI 10.1007/978-3-658-12519-6_19

A. Elmer (✉)
10117 Berlin, Deutschland

A. Hilbig
Rathenaustr. 30, 12459 Berlin, Deutschland

Die Herausgeber

Prof. Dr. David Matusiewicz

Gesundheitsökonom/Querdenker/Healthcare Futurist

David Matusiewicz verantwortet als Dekan den Hochschulbereich Gesundheit & Soziales der FOM Hochschule und leitet als Direktor das Forschungsinstitut für Gesundheit & Soziales (ifgs). Darüber hinaus ist er Gründungsgesellschafter des Essener Forschungsinstituts für Medizinmanagement (EsFoMed GmbH) und unterstützt als Gründer bzw. Business Angel punktuell Start-ups im Gesundheitswesen. Vor seiner Berufung zur Professur an der FOM Hochschule arbeitete er mehrere Jahre als wissenschaftlicher Mitarbeiter bei Prof. Dr. Jürgen Wasem am Alfried Krupp von Bohlen und Halbach-Stiftungslehrstuhl für Medizinmanagement der Universität Duisburg-Essen. Seit mehreren Jahren ist Matusiewicz zudem in der Stabsstelle Leistungscontrolling in der Gesetzlichen Krankenversicherung tätig.

Foto: privat

© Springer Fachmedien Wiesbaden GmbH 2017

D. Matusiewicz und M. Muhrer-Schwaiger (Hrsg.), *Neuvermessung der Gesundheitswirtschaft*, FOM-Edition, DOI 10.1007/978-3-658-12519-6

Marco Muhrer-Schwaiger

Marketingspezialist/Pragmat/Gesundheitskapitän

Marco Muhrer-Schwaiger ist mit offenen Augen durch die Weltgeschichte gerollt und hat aufgrund seiner internationalen Berufserfahrung im Bereich der Kommunikation und des Marketings einen Blick zurück nach vorn geworfen. Er verbindet ohnehin gerne Sport mit Business, Klassik mit Moderne und Freizeit mit Beruf. Auf seinem Weg hat er sich mit Persönlichkeiten aus Wirtschaft, Politik und dem Gesundheitswesen getroffen und sie gebeten, aus ihren Hobbys, Erfahrungen oder Berufsbildern heraus eine neue Sichtweise auf die Gesundheitswirtschaft zu präsentieren. Ah ja, Marco Muhrer-Schwaiger ist noch im Think-Tank SÜNJHAID! – die Gesundheitskapitäne unterwegs. Aufgrund von derzeitiger hoher Piratendichte auf den Weltmeeren, konnte er jedoch kein Foto auf einem Schiff machen und rollt stattdessen lässig mit Rückenwind auf dem Land.

Foto: Milos Horvath

Printed in the United States
By Bookmasters